宋代乡村经济与
农商社会的互动与嬗变

The Interaction and Evolution of
Rural Economy and Agricultural and
Commercial Society in the Song Dynasty

张 倩 著

中国社会科学出版社

图书在版编目（CIP）数据

宋代乡村经济与农商社会的互动与嬗变/张倩著.—北京：中国社会科学出版社，2023.9
ISBN 978-7-5227-2584-0

Ⅰ.①宋…　Ⅱ.①张…　Ⅲ.①农村经济—经济史—研究—中国—宋代　Ⅳ.①F329.044

中国国家版本馆CIP数据核字（2023）第169926号

出 版 人	赵剑英
选题策划	宋燕鹏
责任编辑	金　燕
责任校对	李　硕
责任印制	李寡寡

出　　版	中国社会科学出版社
社　　址	北京鼓楼西大街甲158号
邮　　编	100720
网　　址	http://www.csspw.cn
发 行 部	010-84083685
门 市 部	010-84029450
经　　销	新华书店及其他书店
印　　刷	北京君升印刷有限公司
装　　订	廊坊市广阳区广增装订厂
版　　次	2023年9月第1版
印　　次	2023年9月第1次印刷
开　　本	710×1000　1/16
印　　张	17
插　　页	2
字　　数	305千字
定　　价	89.00元

凡购买中国社会科学出版社图书，如有质量问题请与本社营销中心联系调换
电话：010-84083683
版权所有　侵权必究

国家社科基金后期资助项目
出版说明

后期资助项目是国家社科基金设立的一类重要项目，旨在鼓励广大社科研究者潜心治学，支持基础研究多出优秀成果。它是经过严格评审，从接近完成的科研成果中遴选立项的。为扩大后期资助项目的影响，更好地推动学术发展，促进成果转化，全国哲学社会科学工作办公室按照"统一设计、统一标识、统一版式、形成系列"的总体要求，组织出版国家社科基金后期资助项目成果。

全国哲学社会科学工作办公室

目 录

绪 论 ……………………………………………………………… (1)

第一章 从"地旷人稀"到"人稠地狭"变化中的宋代乡村 ……… (24)
 第一节 唐代"地旷人稀"的乡村图景 ……………………… (24)
  一 唐代乡村人口数量的徘徊 ……………………………… (24)
  二 唐代乡村家庭结构的变动与土地占有量分析 ………… (28)
  三 唐代乡村"地旷人稀"的社会图景 …………………… (30)
 第二节 宋代乡村的家庭结构、规模与比例 ………………… (33)
  一 宋代乡村家庭形态的变化及其原因 …………………… (33)
  二 宋代乡村五等主户的家庭规模 ………………………… (35)
  三 从宋代主户五等户看各种家庭的比例 ………………… (40)
 第三节 宋代乡村人稠地狭的状况 …………………………… (45)
  一 乡村人多地狭的基本矛盾 ……………………………… (46)
  二 乡村五等民户的土地占有情况 ………………………… (49)
  三 人多地狭的状况及自我调适 …………………………… (55)

第二章 宋代农业生产的进步与"兼业"的多样化 ……………… (61)
 第一节 两宋时期农业生产的自然、社会条件 ……………… (62)
  一 气候变化对乡民民户农业生产的影响推测 …………… (62)
  二 宋代乡村民户农业生产的社会条件 …………………… (66)
 第二节 宋代乡村农户的副业和兼业情况 …………………… (73)
  一 乡村民户以家庭纺织业为副业的情况 ………………… (73)
  二 两宋乡村民户的兼业情况 ……………………………… (77)
  三 乡村下层民户从事兼业的原因 ………………………… (82)
 第三节 商品经济的发展与乡村的专业化经营 ……………… (84)
  一 商品经济的发展与经济作物的广泛种植 ……………… (84)

二　商品化趋势之下乡村民户的专业化生产 …………………… (91)

第三章　宋代乡村家庭与市场联系的日趋紧密 ……………………… (96)
　第一节　宋代乡村市场的类型和形态变化 ……………………… (97)
　　一　宋代乡村市场的基本类型 ……………………………… (98)
　　二　宋代乡村市场的形态变化 ……………………………… (102)
　第二节　宋代乡村市场经营的特点 ……………………………… (105)
　　一　宋代乡村集市的基本特点 ……………………………… (105)
　　二　宋代乡村市镇的基本特点 ……………………………… (111)
　第三节　多层次流通格局下乡村市场的影响 …………………… (115)
　　一　宋代乡村多层次商品流通格局的形成 ………………… (116)
　　二　宋代乡村市场对宋代乡村家庭的影响程度推测 ……… (122)

第四章　宋代乡村家庭收入状况与消费结构的转变 …………………… (128)
　第一节　宋代乡村民户的农业收支分析 ………………………… (129)
　　一　宋代乡村民户的家庭赋税负担 ………………………… (130)
　　二　宋代乡村第四等户的粮食收支状况 …………………… (131)
　　三　宋代乡村其他户等家庭的粮食收支状况 ……………… (137)
　第二节　宋代乡村小农家庭的消费需求 ………………………… (142)
　第三节　宋代农产品的价格水平及其变动趋势 ………………… (147)
　　一　宋代农产品价格变动的趋势 …………………………… (147)
　　二　农产品价格变动的原因探析 …………………………… (149)
　　三　农产品价格变动的历史影响 …………………………… (151)
　第四节　宋代乡村兼业与专业经营对家庭消费的影响 ………… (152)

第五章　农商社会下宋代乡村民户的心态更新与行为堕化
　　　　——以《夷坚志》为中心的考察 ………………………… (161)
　第一节　宋代农商社会下乡村民户的心态 ……………………… (162)
　　一　乡村民户商品生产意识的增强 ………………………… (162)
　　二　市场逐利意识显著增强 ………………………………… (165)
　　三　经商意识明显增强 ……………………………………… (166)
　　四　自私自利心态的凸现 …………………………………… (170)
　第二节　农商社会下乡村农民的极端消极心态 ………………… (174)
　　一　坑蒙拐骗、极端自私 …………………………………… (174)

二　罔顾人命、利欲熏心 …………………………………（176）
　　三　不孝长辈、违背伦常 …………………………………（179）
第三节　宋代乡村民户心态变化的社会根源 …………………（182）
　　一　精英阶层对于义利关系的新看法 …………………（182）
　　二　乡村民户争讼与争产风气的出现 …………………（184）
　　三　乡村经济商品化属性的增强 …………………………（186）

第六章　宋代乡村经济的横向对比与时代特色 ………………（188）
第一节　宋与同时期少数民族政权乡村经济的横向对比 ………（189）
　　一　宋与辽乡村经济的横向对比 …………………………（190）
　　二　宋与金乡村经济的横向对比 …………………………（194）
　　三　宋与西夏乡村经济的横向对比 ………………………（198）
第二节　宋与同时期"海上丝绸之路"沿线及西欧地区
　　　　乡村经济的横向对比 …………………………………（201）
　　一　宋与东南亚地区安南李朝和吴哥王朝乡村经济的对比 …（202）
　　二　宋与阿拉伯帝国乡村经济的对比 …………………（205）
　　三　宋与中古时期西欧乡村经济的对比 ………………（207）
第三节　宋代乡村经济的运行机制与时代特色 …………………（210）
　　一　宋代乡村经济的运行机制 ……………………………（210）
　　二　宋代乡村经济的时代特色 ……………………………（212）

第七章　宋代乡村经济运行的历史影响
　　　　——以宋明对比为中心 ……………………………（215）
第一节　宋明对比视角下明代土地制度的规范化改革 …………（216）
　　一　明代"鱼鳞册"和"黄册"制度的创立 ………………（216）
　　二　明代赤契制度以及其他土地制度 …………………（220）
第二节　宋明对比视角下明代赋役制度的改革创新 ……………（224）
　　一　明代的田赋和役法改革概况 …………………………（225）
　　二　明代赋役制度改革的货币化趋势 …………………（228）
　　三　明代赋役制度改革中的"一条鞭法"及其影响 ……（232）
第三节　宋明对比视角下明代乡村经济发展的新特点 …………（236）

结　语 ……………………………………………………………（240）

参考文献 ··· (248)
　一　古籍 ··· (248)
　二　今人专著 ··· (252)
　三　论文 ··· (256)

后　记 ··· (263)

绪　　论

无论何种社会发展理论都肯定人在社会生产发展中的中心地位。人的生存发展需要必须以物质资料的满足为基础。故而一定社会中人口数量及其组织形态的变化必然引起社会经济发生相应变化，即社会经济发展必须进行适度调试乃至发生根本变化，以适应人口数量的变化与组织形态改变。宋代人口的剧增意味着只有生产足够多的粮食等农产品才能供养。在国土面积萎缩而人口却两倍于汉唐的背景下，宋代乡村人地矛盾之突出可想而知。人地矛盾凸显之下，宋代乡村必须对土地制度、生产结构和家庭经营模式等作出调整，以保障家庭生存和发展基本需要的满足，巨大人地矛盾下宋代乡村家庭为满足生计之需而努力探索粮食种植以外的多种经营和生存方式，也因此成为宋代乡村经济发展与变动的基调。

在租佃之下，若一地的土地规模总量足够，理论上来说，即便无地的乡村客户也能通过土地租佃维持家庭生计之需，而那些本身具有一定土地的乡村下户，也可通过租佃弥补家庭耕地不足的现象，依靠精耕细作也基本可以满足家庭生计之需乃至过得稍微宽裕。宋代人口数量庞大，依靠租佃制可以对耕地进行二次生产分配，但若人口数量与土地规模的比例超越了一定限度，即超越了农民对租佃而来的土地进行精耕细作也难以满足乡村家庭生计之需的极限，仅仅依靠租佃制对耕地的二次生产分配也难以满足宋代乡村民户尤其是乡村下户和无地客户的生存需要。这意味着，仅仅依靠租佃制和对有限耕地进行精耕细作无法根本解决一些人地矛盾尤其突出的江南等地区的乡村家庭生计问题，此类区域中的乡村民户家庭必须进行更为深层的家庭生产模式调整。

宋代长江以南的诸多地域出现了人地矛盾突出、粮食等农产品本地资产难敷自用的现象。但此种现象并非全国性现象，即便在人地矛盾十分突出的江南地区，不同府县之间、不同州路之间，粮食等农产品的产量也会因自然生产条件不尽相同而存在较大差别。宋代各地乡村民户尤其是人地矛盾相对突出的江浙、四川和福建等路乡村中那些无地或少地的乡村下户和无地客户，开始主动改变以粮食种植为主、家庭副业为辅的家庭生产模式，广泛从事经济作物种植、家庭手工业生产、长短途商品贩运和劳动力出卖等兼业和专业经营活动，借助乡村各级市场的发育和市场价格传导机制下的商品价值传导机制，实现彼此生产生活物资的流通。乡村各级市场的发育为宋代乡村民户地域之间生产分工和物资流通的实现提供了基本条件。

为进一步拓宽宋代乡村经济问题的研究面向，并深化对相关规律性问题的认识，笔者拟以"宋代乡村经济与农商社会的互动与嬗变"作为研究选题，在系统梳理宋代乡村经济发展中农商经济模式发育发展嬗变轨迹的基础上，探索宋代乡村经济发展中农商互动中呈现出的规律性，分析宋代乡村经济发展中农商经济的经营形式、变化动因以及宋代乡村民户家庭生活、社会心态和行为习惯等方面的变化，并通过进行横向对比和纵向对比总结宋代乡村经济发展中农商互动的突出特色及其历史影响。

一 选题意义和概念阐释

传统经济史研究多关注于帝王权贵等社会上层的经济状况，研究视角多聚焦于国家赋税制度、土地制度、租佃关系、货币和工商业等宏观性的财经问题或经济产业现象，缺乏对乡村社会生产生活情况的细节探究，尤其是对关乎乡村农户家庭生计的民生问题关乎较少，存在重"国计"而轻"民生"的学术倾向性。乡村经济研究既是一个传统的学术话题，也是一个与现实社会紧密相关的学术热点领域。宋代乡村经济研究则属于经济史和社会史研究的交叉领域，主要讨论基层的社会经济问题，和近几十年间西方学界兴起之"经济—社会史"[①]研究方式类似。侯建新在其著作《经济—社会史：历史研究的新方向》一书中认为，"经济—社会史"主要特点有三：一是经济与社会互动的历史；二是整体的历史；三是普通人日常生活的历史，社会历史的重心是那些由底层产生的更有意义的运动，其核心是社会状况。侯先生在这部著作中还明确了一个基本的辩证唯物主义真理，那就是经济发展的历史必然是"来自底层的历史"（History from below），因而农民、工匠和其他普通劳动者的生产生活更值得历史学家们

[①] 经济—社会史在西欧颇有学术渊源，西方"经济—社会史"的兴起以经济史研究的退潮为前提。而新一代经济—社会史学家的出现则在西方史学界代表了一个新的研究方向，并逐渐发展成为一个成熟的学科，至今方兴未艾。经济—社会史的英文原文是"Economic and Social History"，所以准确的翻译应是"经济与社会史"。这一译法是齐世荣在天津2001年9月13—16日召开的经济—社会史学术研讨会上提出来的。

去关注和探究。在推动经济发展和社会进步的过程中，来自社会基层甚至最底层的人们，在宏阔的历史潮流中虽然渺小，但其汇聚成推动经济发展和社会进步乃至引领历史潮流的磅礴伟力，绝对不容忽视，也不容忘记[1]。这正是本书选取宋代乡村经济作为研究对象的立论依据，也是研究合理性的学理立足点和学术探究的重要起点。

本书以宋代乡村经济运行体系的互动与嬗变作为具体研究对象，宋政府新经济政策的推行及其引导发展中的乡村农商社会，对宋全国各地乡村经济发展及其乡村民众生产生活产生了深刻影响。在较为显著的农商互动及其乡村经济体系嬗变影响下，宋代乡村家庭的生产经营活动在时代潮流的激荡下汇聚成一股足以改变王朝统治形式和社会生活时态的洪流。在宋代乡村农商经济的动态互动和相互调试中，宋代乡村民众的社会生产和生活必然呈现出诸多新特点，展现出许多新面貌。

目前，"三农"问题是党和政府的各项工作的"重中之重"，农业商品化依然是推动乡村经济发展和实现农村产业升级的必由之路。研究宋代乡村农商经济互动运行的情形及其规律，对我国今天破解"三农"问题依然能够提供一些借鉴。为此，本书以"宋代乡村经济与农商社会的互动与嬗变"为题，选取乡村经济中农商互动问题作为研究的切入点，探讨宋代乡村经济在农商互动中出现的新特点及其深层历史动因，并将宋代乡村经济与同时代少数民族割据政权区域以及"海上丝绸之路"沿线的区域性人国乡村经济运行状况做横向对比，并对宋代乡村经济与明代乡村经济的运行情况做纵向对比，厘清宋代乡村经济嬗变的历史线索，并从中总结其农商互动的规律性。为开展这项研究，现就研究问题涉及的两个重要概念，阐述界定如下：

（一）乡村

近代人文学科兴起以来，传统中国的乡村一直备受关注。乡村逐渐成为政治学、经济学、社会学、人类学、历史学等各学科领域研究中经常会涉及的热门话题，凸显出乡村研究的重要价值，甚至于一些学者认为"乡村社会是中国古代社会的基点"[2]、"乡村是中国社会的缩影"[3]。

何为"乡村"？就现有研究来总结一个答案的话，很多人也许对所谓正确答案心知肚明，但却很难给予一个内涵明晰的权威表述。要讲清楚何

---

[1] 侯建新：《经济—社会史：历史研究的新方向》，商务印书馆2002年版，第27—31页。
[2] 马新：《两汉乡村社会史》，齐鲁书社1997年版，第1页。
[3] 复旦大学历史学系等编：《近代中国的乡村社会》，上海古籍出版社2005年版，第1页。

为"乡村",首先要理解"乡"的内涵。早于汉代,"乡"就已是我国的基层行政单位。据王棣考察,宋代乡既不是一级基层行政单位,也非"里"的上级行政机构,而是县以下的一种主要担负财政区划职能的基本建制。宋代的乡和里并不存在固定的统属关系,两者有时存在重叠,有时各自独立。宋代"乡"建制属性的这种变化主要是由两税法施行以来政府赋税征收方式变化导致。作为一种主要担负财税职能的基层建制机构的出现,"乡"可谓唐宋之际社会经济转型期乡村基层组织重构的产物[1]。夏维中认为,从乡里制到乡都制的转变反映了宋代乡村基层组织衍变的基本趋势。北宋前期,"乡"仍具有一定的职役功能,此功能直到南宋才因里正的废止而被基本剥离。随着北宋王安石变法中"经界法"的实施,"乡"开始成为宋代乡村基层的一种地域单位[2]。那么,何为"村"呢?据刘再聪考察,"村"这一概念出现于东汉中后期,直至隋朝,"村"一直作为一种自然聚落名称。唐初武德年间,唐政府开始推行"村"制度,至开元年间逐渐完善[3]。唐政府将所有野外聚落统一命名为"村",并依据村内家户数量设置"村正","村"开始成为我国古代的基层行政组织。

关于"乡村"何时开始组合在一起使用,谷更有在《唐宋时期从"村坊制"到"城乡交相生养"》一文中对此曾进行过深入研究。从唐代文献来看,"乡村"一词的出现要早于"乡村户"与"坊郭户"。唐肃宗时期以前的文献中,"乡村"虽有时连在一起使用,但此时的"乡"是"乡里"之乡的意思,"村"则为"村落"之村的意思,而不是将"乡"和"村"组合成为一个具有独立内涵的合词汇。唐代宗以后的历史文献中"乡村"便成为一个表述"乡下"和"农村"内涵的词汇了。《文苑英华》载:"自今以后,宜令天下诸州府切加禁断。各委本道观察使与刺史、县令,严加提搦,仍令分明,榜示乡村要路,并勒邻伍,递相为保。"[4] 此条史料中提到的"乡村"便已内含"乡下"之义。在唐德宗以后的历史文献中,"乡村"明确被用来指说农村之义。[5]因而,在宋代历史文献中,"乡村"一词便是农村、乡下的意思,其内涵

---

[1] 王棣:《宋代乡里两级制度质疑》,《历史研究》1999年第4期,第99页。
[2] 夏维中:《宋代乡村基层组织衍变的基本趋势——与〈宋代乡里两级制度质疑〉一文商榷》,《历史研究》2003年第4期,第137页。
[3] 刘再聪:《唐朝"村"制度的确立》,《史学集刊》2008年第2期,第20页。
[4] (宋)李昉等编:《文苑英华》卷四六五"诏敕七常衮"之《敕天文图谶制》,中华书局1966年版,第2377页。
[5] 参见谷更有《唐宋时期从"村坊制"到"城乡交相生养"》,《思想战线》2004年第6期,第103—107页。

与现代汉语中"乡村"之义基本相同,并不存在其是否为一种基层行政区划的分歧。

从人文地理的角度看,乡村是与城市相对存在的一种人类社会生活的聚落形态,其具体形式则可多种多样,既可以用来特指某个村落,也可用来指城市以外的广大地区。张小林曾从职业、生态和社会文化等方面归纳乡村概念的多重侧面,如从职业差异上来看,"乡村"是指以农业生产为主要从业形式的地域,也即农村。可见,乡村是从事农业生产的农民聚居的场所[①]。宋代在户口分类中便依据职业差异将全国户籍分为乡村户和坊郭户两种,前者以农耕为业,而后者则主要以工商为业。

(二)"乡村社会""家庭经济"和"乡村经济"

研究乡村经济离不开对乡村社会和家庭经济的认识。从概念上说,很难给乡村社会下一个准确的定义。据乔志强对乡村社会的分析研究,乡村社会由人口、婚姻、家庭、宗族、社区、民族、阶层等各类要素构成,乡村社会运行则可分为物质生活、精神生活、人际关系、社会组织等反面,乡村社会功能可分为教养功能、救治功能、控制功能、变迁功能等功能。可见,乡村社会是一个牵涉面甚广,且已经被各界广泛接受,但很难把握清楚的一个概念。但是,乡村社会却非常明确的涵盖着乡村经济领域。

家庭既是乡村社会的生产单元,也是基本消费单位。所谓"家庭经济"通俗讲就是农民"过日子",讲得文雅些可称其为"家计"。"家庭经济"是一个家庭为满足家庭成员日常消费而做出的生产和生活安排,是经济收入和消费开支等全部活动的总和[②]。家庭是社会的最小单位,乡村家庭是传统农业社会中最基本、最重要的组成部分,也是最基层的生产和经济组织。若广大乡村的家庭经济得以正常运行,能够做到家给人足,国家就会呈现国泰民安的景象,社会也会出现安定繁荣的面貌。因而,研究乡村经济绕不开对乡村家庭经济这一重要问题,家庭经济是乡村经济以家庭为单位的呈现,但乡村经济也有其作为一个完整经济运行体的各个环节。

(三)"农商社会"

农商社会也是本书研究开展中的一个重要概念。农商社会是学界在探究我国古代经济问题,尤其是乡村社会经济问题时形成的一个概念。葛金

---

① 张小林:《乡村概念辨析》,《地理学报》1998年第4期,第365—366页。
② 参见张国刚《唐代农村家庭生计探略》,《中华文史论丛》2010年第2期,第2页。

芳曾以"农商社会说的由来及其理论内涵"为题进行学术讲座。[①] 在该讲座中，葛金芳认为农商社会是农业社会与商业社会的结合，但并非简单的结合，而是在一定历史条件下的结合。也就是说，农商社会是人类社会经济形态发展到一定阶段的产物，属于古代经济社会的一种较高层次的形态。从概念内涵上来看，"农"是农业农民，"商"是商业商人。从社会发展的理论视角来看，农商指经济基础，而"社会"则是对"农商"这种经济基础决定的社会状态的综合概括，当然也包括其社会意识。"农商社会"的结合本质是社会分工的产物，"农"和"商"在结合并形成一种相对稳定的经济产业互动结构以及模式后，与之相契合的社会结构，如人口、职业和户籍结构等会出现相应变化，而其实质则是"农业"和"商业"在社会分工体系中进一步分工造成的结果。在"农"与"商"的经济产业互动中，乡村社会的各个方面也相应出现系统性变化。因而，从农业社会向农商社会的转变是一个系统工程，涉及农村经济社会生活的方方面面，并对中国传统社会的统治方式及其经济和社会治理模式产生重要影响。因而，农商社会是古代经济社会发展取得重要进步的体现，而宋代便是我国古代农商社会孕育发展中的重要里程碑。

二　学术史回顾

宋史是中国古代历史研究中的"显学"，在传世史料相对有限的背景下，既有史学研究视角下可供学者探讨的学术空间的确较为狭窄，但立足微观史学视角从乡村经济的运行体系及其嬗变的深层动因，以乡村中的家庭生产生活作为基本单位，对宋代乡村的农商经济互动及其规律性进行探究，确实在学界属于新兴研究趋向。正因为这种研究视角尚为近年来宋史学界研究的新趋向，故相关研究成果虽然存在，但对相关系列问题的思考并不够深入，而若要对宋代乡村社会农商经济互动和嬗变的诸多问题进行更为深入的探讨，又不得不正视此前的相关研究成果。鉴于此，将宋代乡村经济研究的既有成果梳理总结如下。

[①] "农商社会"是葛金芳教授首先提出的概念（参见葛金芳《农商社会的过去、现在和未来》，《安徽师范大学学报》2009年第5期，又载中国社会科学院历史所、南开大学和北京大学主编《中国古代社会高层论坛论文集》，中华书局2011年版），引起历史学者较多的关注，学界就此课题亦曾开过数次学术会议。第一、二、三、四届"中国农商社会/富民社会"学术研讨会，分别于2014年（昆明）、2015年（长春）、2016年（北京）和2017年（厦门）召开。此后，葛教授又曾就农商社会的主要特征和运行机制提出过一些看法，参见柳平生、葛金芳《"农商社会"的经济分析和历史论证》，《求是学刊》2015年第2期，又载《新华文摘》（网刊）2016年第3期。

（一）宋代人口研究

截至目前，学界有关宋代人口数字的研究和争论已经进行了数十年，从日本学者宫崎市定、曾我部静雄、加藤繁等人自20世纪30年代发表的诸多相关论著，到我国学者袁震[①]等人自50年代以来就该问题开展的系列研究，都属于研究宋代人口问题的研究成果。1970年，美籍学者何炳棣教授曾提出北宋人口在1亿上下，而12世纪末的宋金人口则超过了1亿[②]。但自20世纪80年代以来，国内不少学者如梁方仲[③]等认为学界既有研究成果中关于宋代的人口数量的研究估算并不可信，但北宋末年出现了我国古代的人口峰值却是学界基本公认的事实，而户数统计则比较接近事实，因为宋代官方文献如《宋史》中关于宋全国"人丁"的数量统计数据较为齐全。此外，日本学者加藤繁在《宋代的主客户统计》[④]一文中对宋代的主客户数量进行了研究推算，漆侠先生则在《宋代经济史》[⑤]中对宋代乡村中主客户的比例问题进行了探究。

俗话说，民以食为天。古代社会，尤其是古代中国，维持人口数量的基础是农业能够生产出足够供养的粮食。因而，在估算宋代人口数量时，还要考虑宋代的农业生产能否供养得了一亿人口的生活需要。葛剑雄先生曾对宋代人口的学界研究成果进行过总结，在现有史料证据和学者论证的基础上对宋代人口问题进行了系统总结[⑥]，认为宋代的农业生产能力与其人口规模基本适应，但在局部地区，人口压力已相当严重。葛剑雄先生还认为，宋代南方的人口分布很不均衡，在一些人口稠密地区，耕地不足的矛盾也已相当突出。

（二）宋代气候变迁及影响研究

当今，史学界的环境史研究属于热点方向，史学界早已在宋史研究的深入推进中注意到气候变化对宋代历史发展的重要性。农业生产在任何时期都要严重依赖于自然气候条件。尤其是古代的农业，由于生产技术落后，对自然气候条件的依赖性更强，所谓"靠天吃饭"便是这个道理。宋代应付自然灾害的能力依然较弱，因而气候变化很容易造成饥荒，乡村

[①] 袁震：《宋代户口》，《历史研究》1957年第3期。
[②] ［美］何炳棣：《宋金时中国人口总数的估计》，载《1368—1953年中国人口研究》附录五，上海古籍出版社1989年版。
[③] 梁方仲：《中国历代户口、田地、田赋统计》，上海人民出版社1980年版。
[④] ［日］加藤繁：《宋代的主客户统计》，载加藤繁著，吴杰译《中国经济史考证（第二卷）》，商务印书馆1959年版。
[⑤] 漆侠：《宋代经济史》，上海人民出版社1987年版。
[⑥] 葛剑雄：《宋代人口新证》，《历史研究》1993年第6期。

社会中农业生产、群众生活与气候变化的互动性较强,以饥荒为主的各种灾荒表现也较为敏感。所以,研究宋代乡村社会的农商经济互动问题需要关注那个时代气候变化对农业生产的影响。

张德二在其整理出版的《中国三千年气象记录总集》① 一书中曾将各个朝代有正式记载的气象记录进行系统梳理,据该书所载,我国古代在1126—1127 年的气象记录所见,南宋初年因天气严寒,北方少数民族的游牧经济受到严重影响,为图生存,其南侵次数明显频繁。因而,东亚范围内宏观气候的变冷也是造成北宋灭亡的重要间接因素。所以说,气候变化对一个国家或政权的存亡关系甚大,而气候变化影响一个国家主要通过其经济生产活动。具体到宋代,气候变化则主要通过影响其农业经济,进而对宋代的国家财经秩序乃至社会秩序造成冲击。目前,史学界关于宋代气候变化对农业生产影响的研究也有一些,如张家诚的《气候变化对中国农业生产影响的初探》②、严火其和陈超的《历史时期气候变化对农业生产的影响研究——以稻麦两熟复种为例》③ 等文章,主要探讨了宋代气候变化对粮食生产的影响。邢铁先生的《我国古代丝织业重心南移原因的补充》、满志敏等的《历史时期柑橘种植北界与气候变化的关系》④ 等文章则主要对宋代气候变化对经济作物生产的影响进行了分析。满志敏的《气候变化对历史上农牧过渡带影响的个例研究》⑤ 等文章则分析了气候变化对宋代农牧分界线的影响。

以上这些研究俱立足于宋代气候变冷说,而该说一般依据竺可桢的研究成果。竺可桢在其研究中曾提出这样一种观点,认为宋代气候转向寒冷,进而造成农作物冻害频率增加,当农作物遭遇冻害的频率达到一定值时,其便以退出一地分布的形式来响应气候的变化⑥。因此,农作物分布范围的变化与宋代气候向寒冷转变,可谓直接和同步的,而这种互动变化势必会影响到宋代一些乡村地区的农业种植结构及其经济产业形式。因而,研究宋代乡村经济,应当对宋代气候变化及其对宋代乡村经济的影响进行分析,并重视对如上前人研究成果的梳理总结。

---

① 张德二:《中国三千年气象记录总集》,凤凰出版社 2004 年版。
② 张家诚:《气候变化对中国农业生产影响的初探》,《地理学报》1982 年第 2 期。
③ 严火其、陈超:《历史时期气候变化对农业生产的影响研究——以稻麦两熟复种为例》,《中国农史》2012 年第 2 期。
④ 满志敏:《历史时期柑橘种植北界与气候变化的关系》,《复旦学报》1999 年第 5 期。
⑤ 满志敏等:《气候变化对历史上农牧过渡带影响的个例研究》,《地理研究》2000 年第 2 期。
⑥ 竺可桢:《中国五千年来气候变迁的初步研究》,《考古学报》1972 年第 1 期。

(三) 宋代农业生产

1. 农业整体研究

宋代是中国古代商品经济发展的重要高峰，但在我国传统社会中，商品经济发展与农业发展密切相关。农业经济在经济发展中占据主体地位，其他产业形式不仅在社会经济中所占比重很小，且还往往严重依赖于农业或与之直接相关的生产经营活动，因而即便宋代出现了我国古代商品经济发展的重要高峰，但其社会经济形态及其变化仍然主要取决于农业经济。因宋代商品经济的快速发展及其呈现出的较为显著的农商经济互动特征，故学界不仅关注宋代农业经济，且对宋代农业经济的研究也取得了一定成果。

韩茂莉的《宋代农业地理》① 一文，从自然条件对农业生产的影响以及人口和土地与农业生产的关系等角度，对黄河下游、东南地区、荆湖区、西南区、岭南区等区域农业生产和土地利用的特征、粮食作物的分布与轮作方式的变化以及主要经济作物的地理分布等问题进行了分析，认为宋代两浙地区是全国农业最发达的区域。方健在《南宋农业史》② 一书中指出，南宋两浙地区的平原地带，开垦出许多水田、圩田和梯田，其农作物单位面积产量要比唐代高出一到两倍，农业经济的整体发展水平大大超越唐代。日本学者宫崎市定则在其著《宋元的经济状况》一文中③对所谓唐宋变革中宋代农业生产的变化进行了探讨。约言之，宋代乡村的农业经济在我国古代达到了一种新高度，可谓学界公认的事实。

2. 农作物研究

宋代农业发展取得重要成就的表现有很多，诸如长江下游地区可以实现稻麦一年两熟，福建和广南路地区则开始种植双季稻，苏州耕地一般亩产米可达二三石，但精耕细作、提高复种指数和增加亩产量是宋代农业发展进步中最重要的体现。关于稻麦复种，曾雄生在其著《析宋代"稻麦二熟"说》④ 一文中曾用翔实的史料论证了宋代"稻麦二熟"的观点，认为因自然条件、经济和技术发展以及人们生活习惯变化等原因，稻麦复种在宋代推广区域实际有限，在南方各地并不普遍，所谓稻麦二熟在很多时候并非将稻麦在同一块田地上轮作复种，而是因地制宜，宜稻则稻，宜

---

① 韩茂莉：《宋代农业地理》，山西古籍出版社1993年版。
② 方健：《南宋农业史》，人民出版社2010年版。
③ [日]宫崎市定：《宋元的经济状况》，载宫崎市定著，中国科学院历史研究所翻译组编译《宫崎市定论文选集（上）》，商务印书馆1963年版。
④ 曾雄生：《析宋代"稻麦二熟"说》，《历史研究》2005年第1期。

麦则麦，仍然以一年一熟为主。李根蟠在《长江下游稻麦复种制的形成与发展——以唐宋时代为中心的讨论》[①]和《再论宋代南方稻麦复种制的形成和发展——兼与曾雄生商榷》[②]两篇文章中认为稻麦复种制的形成与发展，不但是中国农业史上的重要问题，而且关系到对唐宋经济发展水平的总体评价。作者在文章中批评了中外一些学者在稻麦复种制研究中对唐代估计过高而对宋代估计过低的倾向，对主张长江流域稻麦复种制形成和推广于唐代的各种说法逐一予以辨析，认为到了宋代，主要是南宋，稻麦复种制才有了较大发展，成为具有相当广泛性的、比较稳定的耕作制度，而江南平原则在此过程中始终处于领先地位。

3. 粮食产量研究

宋代已进入中国传统社会后期，农业经济和商品经济都有新发展，随着一些新耕具的推广、优良品种的采用和肥料的增施，粮食亩产出现了较大幅度提高。吴慧在《中国历代粮食亩产研究》[③]一书中认为，宋代南北方粮食平均亩产3.3石，合今市制亩产309斤，相比唐代降低7.5%，相比汉代增产17%以上。据余也非在《中国历代粮食平均亩产量考略》[④]一文中进行的考订，宋代粮食亩产量相比唐代，进行的推算，宋人月食米量为六斗。唐宋度量相同，宋每亩面积相当于唐每亩面积的1.09倍。由此推算，唐宋北方旱田一般均亩产为一石，虽俱名为一石，但宋石相比唐代每亩减产达到8.3%。对于南方水田，宋一般亩产二石，唐代一般亩产为一石五斗，宋比唐每亩增产达到22.1%。唐宋北方旱田和南方水田每亩实际产量的变化，基本与唐宋之际气候趋冷的趋势符合，也与吴慧在《中国历代粮食亩产研究》一文中提出的唐宋粮食亩产量的变化趋势基本一致。

4. 粮食商品化研究

目前，学界一般认同宋代出现了较为广泛的粮食商品化现象，但在粮食商品化的原因、形式和程度等方面的研究中却存在争论。魏天安在《宋代的粮食商品化及其特征》[⑤]一文中认为，宋代两浙路和江西路是主

---

① 李根蟠：《长江下游稻麦复种制的形成与发展——以唐宋时代为中心的讨论》，《历史研究》2002年第5期。
② 李根蟠：《再论宋代南方稻麦复种制的形成和发展——兼与曾雄生商榷》，《历史研究》2006年第2期。
③ 吴慧：《中国历代粮食亩产研究》，农业出版社1985年版。
④ 余也非：《中国历代粮食平均亩产量考略》，《重庆师范大学学报》1980年第3期。
⑤ 魏天安：《宋代的粮食商品化及其特征》，《中州学刊》1986年第2期。

要粮食产区,四川路和广南路粮食可实现自给外,略有余积,而北方诸路则大多为缺粮区。南北方粮食产量及其自给率的差异为粮食跨区域流通及其商品化提供了重要条件。魏天安还在该文中认为,宋代粮食商品化是封建性质的小商品经济,具有一定的畸形性。包伟民在《宋代的粮食贸易》[①]一文中探讨了宋代粮食商品化的程度问题,认为宋代粮食贸易虽然获得了很大发展,但并没有达到使自然经济近于匿迹的水平,与国外学者所谓"近世"水平仍有不小的距离,因为宋代粮食生产远未出现以地区分工为主要特征的专业性生产方式,粮食贸易中也很出现常年的跨地区长途贩运情形,米盐交易仍处在小商品交换范畴,农产品与手工业品之间大规模和常态化交换关系也未形成。可见,宋代商品经济及其与农业经济的互动,虽比前代有了显著进步,但与近代或西方学者所谓的"近世"经济仍然存在质的区别。

5. 粮食价格研究

宋代粮食价格也是史学界关注较多的问题,学者们主要围绕宋代粮价变动的历史趋势及其变动成因等方面展开讨论。何忠礼在《关于北宋前期的粮价》[②]一文中认为,北宋前期每斗米最低价格在十文左右,宋代基本粮价一般在30文至60文之间浮动。梁庚尧在《南宋的农产市场与价格》[③]一文中将南宋米价变动趋势划分为四个阶段,即建炎初至绍兴中叶,此阶段江浙地区平时米价在每升30文至60文之间;绍兴末至嘉定前,此阶段江浙地区平时米价在每升12文至20余文之间;嘉定至端平之间,此阶段江浙地区平时米价在30文至60文之间,此阶段的后半期该区域平时米价上涨到40文至90文之间;嘉熙至宋亡为止,此阶段江浙地区平时米价上涨至每升200余文至500余文之间。梁庚尧还认为,南宋米价变动的主要动因是战乱。

程民生则在《宋代物价研究》[④]一书对整个宋代各地粮价的变动进行了系统梳理,认为在两宋正常年景,其粮价基本为每斗几十文,至多一百文左右,如大中祥符元年(1008)米为每斗七八文,天圣八年(1030)全国粮价每斗米约升至三十文,熙宁元年(1068)斗米价格则高达七十五文,元祐元年(1088)斗米价格则降至不足三十文,绍兴九年(1139)

---

① 包伟民:《宋代的粮食贸易》,《中国社会科学》1991年第2期。
② 何忠礼:《关于北宋前期的粮价》,《中国史研究》1985年第1期。
③ 梁庚尧:《南宋的农产市场与价格》,载《宋史研究集(第14辑)》,台北"国立"编译馆中华丛书编审委员会1983年版。
④ 程民生:《宋代物价研究》,江西人民出版社2021年版。

东南地区粮价高达每斗四百文,乾道三年(1167)粮价则降至每斗一百五十文以下,乾道六年(1170)粮价又开始上扬,斗米价格超过三百五十文等。韩国学者曹福铉则在《宋代米价变动的原因》[1] 一文中提出了导致宋代米价变动的五种因素,即政府的市场介入、战争与骚乱、自然灾害、供需不平衡和货币制度的混乱。

(四) 宋代乡村民户兼业及专业研究

1. 乡村民户兼业研究

对于宋代民户兼业问题的研究在很多著述中都有涉及,如王曾瑜的《宋朝阶级结构》[2] 第二编第五章、傅宗文的《宋代草市镇研究》[3]、龙登高的《宋代东南市场研究》[4] 第一章、日本学者斯波义信的《宋代商业史研究》[5] 等。其中,李晓在《论宋代小农、小工、小商三位一体化趋势》[6] 一文中通过剖析宋代农民经济结构和经营方式的变化,提出了"小农、小工、小商三位一体化"概念,认为宋代农民在经营农业的同时,普遍以兼业方式从事手工业小商品生产、小商业经营、小雇佣劳动等,使其家庭经济呈现出多重复合形式。这种现象的出现,是宋代人地矛盾、官赋私债催逼以及市场机制导向等多重因素共同作用的结果。李晓还认为,宋代乡村民户兼业情况的出现和普及使小农经济更具弹性、韧劲和张力,也使农村社会更加稳定,并在前所未有的广度和深度上推动着宋代商品货币经济的发展。

随着商品经济的发展和人口流动的加大,宋代乡民除以传统的耕种业为生外,还广泛从事其他与农耕相关的行业,如经营乡村旅店等。唐代剑和甘云飞在《宋代乡村旅店业探析》[7] 一文中便对此宋代乡村旅店业进行了专门论述。杨贞则在《论宋代农村雇佣劳动力发展的原因》[8] 一文中对宋代农村大量出现的雇佣劳动力现象进行了分析,认为这种现象主要是宋代农村人地矛盾、人身依附关系松弛、手工业发展、农民生活贫困的现实压力以及农民思想变化等多重因素综合作用的结果。

---

[1] [韩] 曹福铉:《宋代米价变动的原因》,《中国社会经济史研究》2008 年第 3 期。
[2] 王曾瑜:《宋朝阶级结构》,河北教育出版社 1996 年版。
[3] 傅宗文:《宋代草市镇研究》,福建人民出版社 1989 年版,第 250—256 页。
[4] 龙登高:《宋代东南市场研究》,云南大学出版社 1994 年版。
[5] [日] 斯波义信著,庄景辉译:《宋代商业史研究》,浙江大学出版社 2021 年版。
[6] 李晓:《论宋代小农、小工、小商三位一体化趋势》,《中国经济史研究》2004 年第 1 期。
[7] 唐代剑、甘云飞:《宋代乡村旅店业探析》,《江苏商论》2010 年第 1 期。
[8] 杨贞:《论宋代农村雇佣劳动力发展的原因》,《商情》2010 年第 36 期。

2. 乡村专业户研究

宋代乡村经济在农商互动中还出现了一定数量的专业经营现象,同样引起一些学者的关注。许惠民在《两宋的农村专业户》①一文中认为,农村专业生产户是小农经济汪洋大海中的一叶扁舟,但在两宋时期已经发展成为乡村经济体系中的一支独立经济力量。宋代农村中的专业经济虽在乡村经济中所占比重不大,但毕竟在中国传统社会经济发展中具有划时代的重要意义。宋代快速发展的商品经济与前代相比出现了一个重要特点,便是一部分工商业从业者开始脱离农业生产,而专业化经营则是其脱离农业生产进行较为独立的工商业经营的一般形式。宋代乡村经济体系中的专业经营使农民能在人地矛盾不断凸显中谋取生路,甚至因此致富,进而实现身份和地位的改变。

(五) 宋代的乡村市场

对比汉唐,宋代乡村经济发展中颇为引人注目的一个特点,就是商品经济成分在传统农耕社会中得到加速性培育成长,而这种成长离不开对宋代市场发育问题的考察。市场机制下从事经济活动的主体是进行独立生产和自主经营并以逐利为目的的社会经济细胞。中国传统社会中担任该经济细胞地位的无疑是乡村中的各类家庭,尤其是小农家庭。因而,对于我国古代社会市场发育发展问题的研究应该从家庭经济入手。两宋时期,乡村集市在全国各地广泛兴起,并持续发展,直接推动着农村市场体系的发育成长,并对乡村家庭的生产和生活产生多方面影响。对于宋代乡村集市发展的一般情况,学术界大多是在探讨市镇和区域经济时附带涉及,如日本学者加藤繁的《关于唐宋的草市》和《唐宋时代的草市及其发展》②以及斯波义信的《宋代江南经济史研究》③、国内学者傅宗文的《宋代草市镇研究》④、龙登高的《宋代东南市场研究》⑤、梁庚尧的《南宋的农村经济》⑥等等著述,都对宋代草市镇的勃兴和地方性市场初步形成等问题进行了探讨。傅宗文认为,在宋代经济发达或人烟稠密的乡村地区以及水陆码头和交通孔道沿线,"草市"开始成批涌现,由草市—镇市—区域经济

---

① 许惠民:《两宋的农村专业户》,《历史研究》1987年第1期。
② [日] 加藤繁:《关于唐宋的草市》《唐宋时代的草市及其发展》,载加藤繁著,吴杰译《中国经济史考证(第一卷)》,商务印书馆1959年版。
③ [日] 斯波义信:《宋代江南经济史研究》,江苏人民出版社2001年版。
④ 傅宗文:《宋代草市镇研究》,福建人民出版社1989年版。
⑤ 龙登高:《宋代东南市场研究》,云南大学出版社1994年版。
⑥ 梁庚尧:《南宋的农村经济》,联经出版事业有限公司1984年版。

中心构成的三级地方性市场体系开始形成。

黎志刚在《宋代牙人与乡村经济的市场化》[①] 一文中认为宋代是中国传统社会的商品经济空前发展期，也是乡村经济走向市场化的重要阶段，随着农村土地产权制度的变化，广大农民从国家赋役束缚下得以初步解脱，拥有了开展多种经营和市场参与的自主权。黎志刚还认为，乡村民户或处于家庭生计，或以逐利为目的，纷纷将自己的家庭生产经营活动与市场进行对接，"牙"职业群体在宋代的迅速崛起，便是宋代乡村经济市场化的代表性产物。陈国灿在《南宋时期乡村集市的演变及其对农村经济的影响》[②] 一文中就南宋时期乡村集市的市场形态、活动特点及其与农村经济的关系等问题进行了专门分析认为南宋时期乡村集市发展呈现出不少新特点：一方面，期日市和常设市日益成为集市活动的重要形式，表明乡村经济的市场化水平不断提升；另一方面，主题市场大量出现，夜市活跃，贸易活动具有较好的开放性，反映出宋代乡村经济发展中乡村集市的内在结构和运作方式出现重要转变。龙登高则认为，宋代东南地区以集市网络为载体的农村初级市场快速成长，进而引发其乡村经济的系列变化，但南宋农村集市贸易兴盛的本质仍是小农经济的自我调节，而非根本性变化。

（六）宋代乡村民户的消费

消费是社会再生产过程中的一个重要环节，也是最终环节。消费是利用社会产品来满足人们各种需要的过程，分为生产消费和个人消费。前者指物质资料生产过程中的生产资料和生活劳动的使用消耗，后者指人们把生产出来的物质资料和精神产品用于满足个人生活需要的行为和过程，通常说的消费即指生产消费。学界对于宋代经济活动中消费问题的研究，也形成了一定成果。吴晓亮《略论宋代城市消费》[③] 对宋代城市消费问题进行了分析，秦开凤博士论文《宋代文化消费研究》对宋代文化消费现象进行了探究，研究宋代娱乐消费问题的文章如余江宁的《论宋代京城的娱乐生活与城市消费》[④] 一文，研究宋代奢侈品消费问题成果如柴勇的硕士论文《宋代奢侈禁令与奢侈消费》，研究宋代节日消费文章如魏华仙

---

① 黎志刚：《宋代牙人与乡村经济的市场化》，《云南社会科学》2006 年第 1 期。
② 陈国灿：《南宋时期乡村集市的演变及其对农村经济的影响》，《浙江社会科学》2010 年第 4 期。
③ 吴晓亮：《略论宋代城市消费》，《思想战线》1999 年第 5 期。
④ 余江宁：《论宋代京城的娱乐生活与城市消费》，《安徽教育学院学报》2004 年第 2 期。

《宋代政府与节日消费》①一文，研究宋代粮食消费问题的文章如日本学者斯波义信的《南宋米市场分析》②一文，还有研究宋代女性生活消费问题的成果如任欢欢的硕士论文《宋代女性生活消费研究》等，都属于研究宋代经济活动中消费问题的成果。程民生的《宋代婚丧费用考察》③一文既是对宋代婚丧嫁娶风俗问题的研究，也是研究宋代乡村民户消费行为的成果。

宋代商业的快速发展，商品经济的不断壮大，深刻影响着农村家庭经济的生产和消费状况，加深了农村家庭经济与市场的联系。陈国灿和陈剑锋在《南宋两浙地区农村家庭经济探析》④一文中认为，南宋时随着农村市场的快速成长和商品经济的发展，两浙地区农村家庭经济出现了一些新变化：一是家庭生活性消费和生产性消费逐步由自产自给走向市场供应。其中，在生活性消费方面，除粮食外，家居、婚丧、宗教活动也得依赖市场供给。在生产性消费方面，农村家庭的农业工具、粮种和劳动力供应也开始依靠市场；二是农村家庭的专业化生产有所发展，出现了不少农副业专业户，比如粮食生产和经济作物种植等都要与市场发生联系；三是南宋政府的赋税货币化程度不断提高，采取"折变"征收等方式，也加强了农村家庭经济与市场的联系。武建国和张锦鹏在《从唐宋农村投资消费结构新特点看乡村社会变迁》⑤一文中认为，中唐至宋，土地制度发生了重大变革，土地私有产权制度逐渐得到确立，使该时期农村经营结构发生了巨大变化，土地投资、以耕牛为主的农业生产资料投资和地方公共产品投资逐渐成为乡村社会投资的新热点。这也加速了农村社会结构的分化，使富民阶层崛起于乡村，并引起农村消费结构的变化，使农村消费水平总体上有了一定提高，乡民对高档消费品开始有追求，社会性消费中奢侈铺张之风也开始出现。同时，由于商品经济发展，宋代乡村民户的货币性消费也有了明显增加。

（七）宋代乡村民户生活状况及心态研究

古代经济社会发展的最终目标是让每一个人能够过上富裕安康的美好

---

① 魏华仙：《宋代政府与节日消费》，《中国经济史研究》2003 年第 2 期。
② ［日］斯波义信：《南宋米市场分析》，载《宋史研究集》第四辑，台北"国立"编译馆 1969 年版。
③ 程民生：《宋代婚丧费用考察》，《文史哲》2008 年第 5 期。
④ 陈国灿、陈剑锋：《南宋两浙地区农村家庭经济探析》，《浙江师范大学学报》2005 年第 4 期。
⑤ 武建国、张锦鹏：《从唐宋农村投资消费结构新特点看乡村社会变迁》，《中国经济史研究》2008 年第 1 期。

生活。国富之根本仍在于民富。国富民穷从来不是一个社会得以和谐健康发展的根本之道。经济发展在于底层人民群众的辛勤劳作。所以，农民以及其他基层劳动者的生活非常值得历史研究者们关注。孙达人便曾提倡研究"农民史"，关注"小、少、散"的普通小农①。谷更有则以"乡村户"为研究视角，分析宋代农民生活状态的若干层面②。目前，学界对宋代乡村农民生活问题的研究，也形成了一批成果和若干研究的面向。

1. 乡村民户负担和生活水平研究

任仲书在《宋代农民负担问题》③一文中认为，宋代占乡村总人口四分之三以上的农民承担的赋役名目繁多，主要有田税、支移、折变、丁口之赋、杂变之赋、和籴、和买和劳役等，非常庞杂。任仲书在研究中以宋代乡村的第四等民户为例，详细阐述了第四等民户即宋代乡村自耕农一年的粮食收入情况，其除去赋税和口粮外，还能结余1890公斤粮食，折合宋代制钱20.5千文，即20.5两宋银，基本上能满足家庭正常的生活支出，勉强可以应付疾病、死丧、婚姻之费，可以过上温饱生活。

谷更有在《宋代乡村户之生活水平析议》④一文中对宋代乡村农民的经济生活状况进行了系统分析，着重探讨了经济状况处于中间状态的第三等民户的生活水平，对其能"自足"的经济生活状态进行了深刻剖析。谷更有认为宋代乡村户中能维持日食2升或日进百钱以下者属于贫困层，能维持日食2升、月用钱15缗者属于乡村中的自足层，能维持日食2升、日用钱一贯以上者属于乡村户的小康层或富裕层，而第三等民户的生活水平则在日食2升、月用钱15贯—30贯之间，一般都能自给自足。

耿元骊在《北宋中期苏州农民的田租负担和生活水平》⑤一文中通过推算得出结论，认为北宋中期全国户均对公田的实际负担在1.5石左右，苏州户均实际负担约在1.9—2.4石之间，因苏州地区生产力较为发达，如此该地实际负担程度并不算高。耿元骊还分析了苏州民户的粮食消费情况，认为其能达到日食两升，高于全国平均标准。耿元骊还对苏州地区农

---

① 孙达人：《中国农民变迁论》，中央编译出版社1996年版。"小少散"的农民经济特征，后来在楼大为的博士论文得到进一步的阐释。参楼大为《16—20世纪江南农民经济研究》，博士学位论文，浙江大学，2003年。
② 谷更有：《唐宋国家与乡村社会》，中国社会科学出版社2006年版，第145—271页。
③ 任仲书：《宋代农民负担问题》，《辽宁师范大学学报》2002年第3期。
④ 谷更有：《宋代乡村户之生活水平析议》，载缪坤和主编《经济史论丛（一）》，中国经济出版社2005年版。
⑤ 耿元骊：《北宋中期苏州农民的田租负担和生活水平》，《中国经济史研究》2007年第1期。

民的生活水平进行了推算，苏州民户每家有约40亩地，亩产2.5石左右，其总产量为90石，去除公私负担15.2石、种粮8石、口粮28.8石，余下45石，按每石5贯计算，有钱225贯，平均每月可用钱为18.7贯，完全高于全国平均每月15贯就能满足温饱问题的生活标准，因而宋代苏州地区农户的生活水平高于全国水平。

程念祺在《中国历史上的小农经济——生产与生活》[①] 一文中所谈到，以往有关农民经济的讨论往往只涉及生产中的主业和副业，即粮食和纺织原料及其成品生产，而忽略了中国历史上家庭经济赖以生存的更多必要条件，如生产中的农业与家庭副业的互动互补。程念祺认为，我国古代一般小民家庭生活中"桑"与"枣"并称，说明农民生活消费中粮食的替代物较为常见，所谓"糠菜半年粮"就是此意。程念祺认为只有全面考虑农民的生产和消费方式，才能理解为什么农民能够持久承担高额赋税和地租，而农村家庭经济却依然能够保持生命力。

张成福则在其博士论文《唐宋农民比较研究》[②] 中，分析了唐宋农民的构成及其与国家的关系，对其生产生活、社会生活和日常生活三方面进行了比较，认为无论从宏观还是微观层面看，唐宋期间农民群体结构都表现出巨大变化，且这些变化表现在生活环境、生活状态以及个体农民生活的诸多方面，是一种社会性的立体变化。张成福认为，唐宋农民在历史变革进程中悄然发生转型，唐代农民承接并终结了魏晋以来中古农民的生产生活模式，而宋代农民则开启了宋以后历代王朝农民生产生活模式的先河。

整体来看，史学界对宋代农民生活状态的研究，特别是农民家庭生活和负担情况等方面的研究取得了一定成就，但因史料中关于宋代各阶层农民生活情形的记载少且分散，故将研究推进到宋代各阶层农民的具体生活状况以及精神文化生活分析等方面难度较大，但值得深入思考的空间依然存在。

2. 乡村民户社会心态研究

史学界对宋代文人和商人等群体社会心态的研究成果很多，在传统观念中，农民是勤劳且朴实的，故其社会心态和情感表现不若商人和文人那般狡猾多变和多愁善感。我国古代国家的经济基础是小农家庭经济。宋代随着商品经济的发展，小农家庭经济的发展情况对国家经济尤其是财政收

[①] 程念祺：《中国历史上的小农经济——生产与生活》，《史林》2004年第3期。
[②] 张成福《唐宋农民比较研究》，博士学位论文，山东大学，2021年。

支状况至关重要。小农家庭经济发展也是其家庭成员的社会心态和智慧创造的产物。因而，研究宋代农民的社会心态也很必要。

谷更有在《宋代乡村户意识形态研究》[①] 中一文中认为，因五代之纷争，土地私有制的盛行使乡民头脑中充盈着利欲观念，宋代乡村户的社会意识主要存在"追末逐利，诚信孝悌朴素伦理逐渐势微"、"富求贵，贫求贵"和"重鬼神，轻法度"三种形态。利欲观念植入宋代乡村户的价值观中是宋代社会经济运行方式转变的体现，赋予了宋代乡村社会以鲜明的时代特点，也对后世我国乡村民众社会心理的塑造产生了深刻影响。

综上，史学界对于宋代乡村经济之研究，面向可谓较广，诸如宋代乡村社会、土地制度、租佃关系、阶级结构、商品经济、市镇商业、村落、分家继承、农田水利、农民家庭经济和社会生活等方面都有涉及，且已形成一定体量的学术累积，但系统整合性却较为薄弱。历史研究的目的是透过历史现象层面的分析，去发现历史发展的本质及其规律性，进而服务当下。宋代乡村经济研究中缺乏系统性整合的情形，对于更好把握宋代乡村经济中农商互动的本质及其规律性显然严重不够。在此情形下，既有宋代乡村经济研究中的一些不足也更加凸显出来，并体现在如下几个方面：

1. 宋代经济史从来都不乏对乡村经济的研究，但仍局限在传统视角和内容层面，主要是对宋代土地制度、租佃关系和小农经济等方面进行分析，而从社会经济史视角对宋代乡村社会经济中的农商互动问题进行研究，有助于从更加立体地去呈现宋代乡村经济运行的实际样态；

2. 对于宋代乡村各等民户消费能力问题，史学界的研究涉及面广，但尚不够系统深入，且既有研究主要集中在农业经济状态下的各种消费类型和消费内容方面，缺乏对农商互动状态下农民消费状态的相关研究。

3. 对于宋代乡村民户收支状况的研究，对乡村主户中第三等和第四等温饱层的研究较多，但对乡村中第一等、第二等和第五等民户以及客户收支状况的关注还很少，难以通过有效对比进而对宋代乡村农户的收支状况进行整体把握。

4. 对于宋代乡村民户社会心态的研究，大多集中对农业经济状态下乡村民户社会心态的探讨，而对商品经济对乡村民户社会心态的影响研究不够。

---

① 谷更有：《宋代乡村户意识形态研究》，《思想战线》2003 年第 2 期。

三 研究方法、难点和创新点

（一）研究方法

在研究方法上，本研究以社会经济史的微观研究视角切入，综合运用政治学、经济学、社会学的相关知识和家庭史、环境史、历史地理等多学科的研究方法，对宋代乡村经济运行中农商经济互动的特点及其规律性进行分析。在具体研究方法上，既要运用史学研究中的史料考据、分析、对比、归纳等最基本方法，也要引入社会学的研究方法，以社会学的相关概念和理论，在社会史和经济史的研究视角和研究方法的交叉运用中探究宋代乡村经济运行体系、农商经济嬗变轨迹及其互动规律。

（二）难点和创新点

宋史研究涉及的史料很多，除正史典志外，文集、笔记、小说和诗词等，也是研究宋史尤其是社会史经常采用的史料。这些史料散见于宋代各类书籍之中，甄别、收集和整理难度较大。文集笔记的作者多为官员或文人，主要代表宋代社会上层的社会态度，需要在对这些史料的解读中总结出符合社会中下层实际的乡村经济面貌，也颇具挑战性。以上两点是本研究开展面对的主要难点。

本研究的创新点主要体现在如下几个方面：

一是以社会史与经济史结合的视角研究宋代乡村经济及其农商经济的互动问题。社会史研究为史学研究中提供了新视角和新方法。以社会史视角研究宋代乡村经济，有利于对宋代乡村经济进行微观透视和对宋代乡村经济运行体系进行全面分析；

二是综合运用多学科方法对宋代乡村经济的运行体系进行系统考察。开展多学科交叉研究也是近来史学研究领域中出现的新动向，比如环境史研究。一些学者注意到气候变化对历史进程影响的重要性，而农业经济对自然气候条件的依赖性很强。尤其是古代农业基本上靠天吃饭，家庭经营应付自然灾害的能力很弱，故宋代乡村经济对气候变化有着较强的敏感性。所以，研究宋代乡村经济要特别注意气候变化对农业生产以及农商互动关系的影响；

三是本研究在史料使用上既充分运用传统正史史料，也大量采用宋代的文集、笔记小说和诗词等，而后者更加生动地记录了当时的社会生活百态，对于考察宋代农民的生产生活、风俗习惯和思想观念等无疑是非常难得的宝贵资料；

四是聚焦宋代乡村经济问题，对其乡村经济运行体系进行带有整体性的系统化研究。目前，史学界对宋代乡村经济的研究多偏重某一面或某个点，整体性和系统性的研究成果尚很少。本研究从宋代乡村经济中的农商经济互动问题入手，对宋代乡村经济运行中的人地关系、社会分工、市场形态、消费能力以及社会心态等几方面进行系统化研究，并对宋代乡村经济的运行特色进行总结，尽量勾勒出宋代乡村社会经济发展的立体风貌。

此外，本研究还运用计量史学的方法，通过合理化的估算，对宋代乡村民户的收支情形进行定量分析。

四 研究思路

宋代乡村农业经济的繁荣与其商品经济发展存在密切关系，其乡村经济取得重大发展的体现之一是北宋末全国人口突破1亿，而其乡村经济在发展中形成的新特点与宋政府实行"田制不立""不抑兼并"的自由化土地政策有关。宋代乡村经济中农商经济的嬗变与互动正是其相比前代取得重大发展的主要体现，而宋代乡村经济发展中农商互动关系形成的原因为何？农商互动中商品经济的发展达到了何种程度？乡村经济转变的表现有哪些？宋代乡村民户的生活和收入水平怎样？在农商互动性显著增强的经济基础下，宋代乡村民户的社会形态如何？……这一连串的疑问不断启发着笔者逐渐形成本研究开展的基本思路。

人是经济活动中最本质的因素，人口增加既是社会经济发展的结果，也是经济社会发展乃至转型升级的推动力。北宋末，全国人口突破一亿，而汉唐之间一千多年的历史中我国古代人口数量从未出现如此一个峰值高度。显然，宋代人口迅速增加的直接原因应在于其乡村经济的繁荣发展，而这种发展背后的深层次原因，则在于宋代土地、赋役和财经政策的系统调整。尤其是宋政府推行的"田制不立""不抑兼并"自由化土地政策成为推动其赋役、财经政策深入调整和乡村经济运行体系转变的重要制度根源。为此，在研究开展中确立如下思路：从宋代人地矛盾问题出发，在宋政府政策调整的改革视角下，探索宋代乡村经济走向农商经济的嬗变轨迹及其互动规律，分析宋代乡村经济中农商互动的特点、宋代乡村民户的家庭生活和收支情况及其社会心态，并在与同时代少数民族割据政权区域和"海上丝绸之路"沿线的区域大国的乡村经济运行特色进行横向对比以及与明代乡村经济运行特色进行纵向对比的基础上，总结宋代乡村农商经济的互动模式及其历史影响。

五　研究的内容结构

除绪论和结语外，本书由七章组成：

第一章：从"地旷人稀"到"人稠地狭"变化中的宋代乡村。主要从人口和土地两个乡村经济中最重要的生产要素入手，对宋代乡村的人地比例和乡村民户结构进行考察。通过唐宋之间人口数量和土地开垦数量的对比，分析宋代乡村人稠地狭的乡村社会图景及其与计产育子和生子不举等社会现象之间的关系。

第二章：宋代农业生产的进步与"兼业"的多样化。主要对宋代乡村农业生产的进步和乡村民户兼业与专业多样化经营的出现这两个重要问题进行了分析。在人稠地狭的宋代乡村社会背景下，为维持生计，乡村民户的家庭经营必须充分考虑影响农业生产气候、水利、工具、农田管理和耕作制度等各种因素，在既有生产条件下，争取在对有限规模土地的集约经营中取得最佳产量。同时，宋代乡村农业经济的发展还为农产品商品化奠定了物质基础和分工基础，使乡村民户可以按照各地的生产条件安排各种经济作物种植，并造成在农产品商品化中出现较为普遍的副业和兼业经营状况，甚至有些乡村民户成为脱离农业生产的专业户。

第三章：宋代乡村家庭与市场联系的日趋紧密。本章主要对宋代乡村各级市场及其与家庭经济之间的紧密联系进行了分析。随着乡村经济商品化趋势的不断加强，宋代乡村中的集市和草市大量出现，并在城市经济辐射的边缘地带形成了一批主要担负市场交易功能的市镇。宋代乡村以兼业和专业经营及其孕育的商品化和市场化趋势也进一步培育和释放着乡村民户在消费中的一些新需求，为宋代乡村商品经济发展和以草市、市镇为主要形式的乡村各级市场发育提供了推动力，让宋代乡村家庭与市场更加紧密地联系在一起。

第四章：宋代乡村家庭收入状况与消费结构的转变。本章依据前文对宋代乡村民户家庭经营形式的分析以及宋代的传世史料文献，推算得出宋代乡村五等主户和客户的农业收支结余大概在 27 贯到 80 贯之间。这个数据推算的前提是在假设宋代乡村下户和客户可以租佃到足够土地的情形下得出。这个假设只是一种理想状态，在人地矛盾凸显的背景下，宋代一些地区的乡村下户和客户必然难以租佃到足够数量的土地，而这些乡村下户和客户必然要在粮食种植以外去开拓新的家庭收入来源，比如从事半脱离或完全脱离农业生产的兼业和专业经营活动。兼业和专业经营带来宋代乡村经济运行中生产结构的改变以及随之带来的乡村小农家庭消费结构的改变，因为其需要通过市场交易销售商品或服务，并获取原材料和生活资料等。

第五章：商品经济下宋代乡村民户的心态更新与行为堕化。本章主要是对"宋代乡村经济商品化之下的社会心态""商品经济下乡村农民的极端消极心态""宋代乡村民户心态变化的社会根源"三个问题进行了探讨。其中，在"宋代乡村经济商品化之下的社会心态"一节中主要是对宋代乡村民户的商品生产意识、市场逐利意识、经商意识和自私自利的社会心态等问题进行了分析。在"宋代商品经济下乡村农民的极端消极心态"一节中主要是对宋代乡村出现的坑蒙拐骗极端自私、罔顾人命利欲熏心和不孝长辈违背伦常等极端消极心态问题进行了讨论。在"宋代乡村民户心态变化的社会根源"一节中主要是从精英阶层对义利关系的新看法、乡村民户争讼与争产风气的出现和乡村经济商品化属性的增强三个角度分析了宋代乡村民户的心态更新与行为堕化的社会根源。

第六章：宋代乡村经济的横向对比与时代特色。本章主要内容是对宋与同时期的辽、金、夏等少数民族格局政权的乡村经济情形，以及同时期周边国家主要古代王朝政权和以欧洲和西亚为主的地中海沿岸大国政权下统治下的乡村经济运行情形进行对比分析，以更加充分的体现并总结归纳宋代乡村经济的运行机制及其时代特色，并在横向对比中体现宋代乡村经济运行机制的创新性和先进性。

第七章：宋代乡村经济运行的历史影响——以宋明对比为中心。本章主要内容为将明代的土地赋役制度及其变革情况与宋代进行对比，在突出宋代乡村经济运行特色的同时探索其与明代土地、户籍和赋役制度之间的关联，以说明宋代乡村经济运营模式对后世的历史影响。在该章讨论中，明代的"赋役黄册"制度、"鱼鳞册制度"、"里甲制度"以及张居正改革中推出的"一条鞭法"等内容所构成的三位一体的明代户籍、土地和赋役管理机制及其变革是对其与宋代乡村经济运行中相关制度和政策进行对比分析将要讨论的主要问题。

在人稠地狭的社会图景之下，宋代乡村的土地租佃、商品化经营、市场化消费和社会心态变化，围绕着乡村民户们初为生存后为求富的发展欲望，形成了一个微有瑕疵，但却整体能够实现良性互动的运行体系，使得宋代乡村能够在人地矛盾异常突出的生存压力下能够通过以上诸种方式的主动或被动调试得以缓解，乃至获得更高层次的发展。从社会发展的角度看，商品化代表了人类社会相对农业自然经济更高层次的发展阶段或发展模式，宋代乡村经济的商品化和专业化虽然仅在部分地区出现，且远远未达到撼动自然经济主体的程度。但它的出现绝非偶然，乃是中国古代社会缓慢发展的必然结果，预示着中国古代乡村发展到宋代，工业化和城镇化的萌芽已经出现，趋势已不可阻挡。也许学术界有诸多同仁难以赞同宋代资本主义萌芽的观点，研究者认为是否赞同资本主义萌芽说，只是一个程度问题，但宋代乡村经济在人口剧增下所作出的诸种调试及其所孕育出的商品化趋势确实代表了中国古代社会此后前进发展的基本方向，宋代乡村所孕育的新方向却是一个毋庸置疑的大趋势。

第一章　从"地旷人稀"到"人稠地狭"变化中的宋代乡村

从事农业生产的人口，聚集为一个个自然村落，成为宋代乡村社会的基本图景。人既是社会财富的创造者，也是土地的拥有者，人与土地的结合以及这种结合的稳定发展，孕育了成千上万的村落。村落的形成和存在既需要聚集一定数量的人口，还要有足够的土地规模和一定的生产水平，以出产足够的粮食，从而维持其存在。

宋代乡村既是人口与土地结合的产物，也是两者矛盾冲突的结晶。一方面，宋代乡村中的农业人口并没有严格的计划和控制，往往以不可逆的方式无节制增加。因为，农业生产的集约型、季节性以及单纯性都需要大量的人口，以维持乡村经济的运行。养儿防老、多子多福的传统观念，也是促使人口增加的原因。另一方面，在宋代农业生产技术并不发达的情况下，土地的供养能力有限，人口的不断滋生超出土地的供养上限，为了解决这一矛盾，在宋代乡村出现了"生子不举""计产生子"甚至"溺婴"现象。

人口和土地也是构成宋代乡村的基本要素，人口的增减，土地的多寡，以及农业生产技术水平的发展、农业商品化水平的提高和自然环境因素的变化等也是宋代乡村经济研究中必须考虑的基本问题。本章拟从人口和土地这两个宋代乡村经济中最为基本的要素入手，对宋代乡村经济运行中的家庭结构、人地比例等问题进行考察。

第一节　唐代"地旷人稀"的乡村图景

一　唐代乡村人口数量的徘徊

在农业社会，90%以上的人口是乡村人口，所以所谓的人口数大体上能反映当时的乡村人口数。自西汉至唐代，乡村人口一直在5000万左右徘徊，西汉的人口峰值在6000万左右，到唐代，其人口峰值达到8000万左右。总体看来，自西汉以至唐代，中国的乡村人口总量增加有限。究其原因，人地关系是导致古代乡村人口总量徘徊的主要根源。自汉代以来，虽然中国乡村的生产水平有了显著进步，如西汉铁制农具和牛耕已经全面普及，曹魏时期还发明了翻车，全国性的农田水利工程也大量修建。但是，总体来说，中国古代农业生产的基本条件并没有根本性改善，农村生产力发展水平变化不大，耕地面积所能达到的范围及农业生产效率是有限的。也就是说，自西汉以至唐代，农业生产能提供的生产物资可以供养的乡村人口数量有限且变化不大。于是，自西汉到唐，乡村人口总量一直徘徊于5000万上下，古代社会基本呈现出一种地旷人稀的乡村社会图景，人地关系相对较为宽松。有学者指出："在西汉到唐末的这一段历史进程中，人口发展的特点是高出生率、高死亡率、低自然增长率，呈周期性循环。"[①]

西汉到唐代以来，人口徘徊的原因是由多方面的原因所致。在古代乡村，无节制的生育必然意味着较高的人口出生率。然而，战争造成的人口损耗，自然灾害的频繁发生以及医疗水平的相对低下，导致人口的死亡率也很高。同时，古代乡村农业生产力水平虽有进步，但进步迟缓。在既有的生产条件下，乡村农户既无力开垦更多耕地，也无力养活更多人口。于是，人口的增长与生产的发展呈现出一种适应和调和的状态，导致西汉至唐代的人口数量呈现出周期性徘徊，虽有涨落，但基本没有脱离5000万这个人口数量基点。

宋代乡村经济是唐末五代乡村经济的历史延续。提到唐朝，人们总是首先想到唐朝的经济繁荣、政治稳定和文化昌盛。的确，唐朝乡村经济发展相当迅速，而且随着唐末五代社会动荡的加剧，有越来越多的北方农民背井离乡，来到南方，将北方的劳动力、农业生产技术和农业生产经验源源不断地带到南方，有力地促进了南方乡村经济的发展和乡村社会面貌的改变，并为宋代乡村经济的发展和繁荣，宋代乡村结构的调整和转型，乡村组织的发展和完善以及乡村风俗的继承和发展奠定了可靠基础。因此，研究宋代乡村经济中的人口和土地问题，很有必要对宋代以前主要是唐代的农业人口也即乡村人口规模和土地耕种面积以及人地比例问题做一下交代。

---

① 李慧芬、沈善忠：《西汉到唐末人口徘徊的原因》，《内蒙古社会科学》（汉文版）2003年第3期，第56页。

唐代是社会经济的大发展时期，"有唐一代，曾经历着由盛到衰的过程，其人口也相应呈马鞍形的发展"①。具体来说，以安史之乱为界点，唐代人口数量变化可以分为两个变动区间：隋唐之际，由于战乱频仍以及随之带来的瘟疫和疾病，人口呈现锐减趋势，随着唐朝的建立，社会经济秩序逐渐趋于稳定，贞观中期以后，人口数量开始直线上升；安史之乱后，藩镇割据导致了长期的社会动荡，因此人口数量从开始下降逐渐变为迟滞。

唐朝初年，经历隋唐易代的战乱，尤其是北方农村，民生凋敝，经济生产受到了很大冲击，人口数量锐减，全国人口仅 200 多万户。直到贞观年间，随着政治环境的逐渐稳定，北方农村经济开始恢复并有所发展，人口数量也开始直线上升。据《新唐书·地理志》记载，到天宝元年（742），唐代人口已达 900 万户，约 5000 万人。关于唐代人口数量，学术界有不同意见，一般认为唐代的人口峰值出现在唐玄宗天宝年间②。

自东汉末年开始的经济重心南移是我国古代经济中心的第一次转移，也是历时最长的一次经济格局转换。经济重心转移，从根本上来说，是南北农村经济发展水平不平衡的结果，在南方农村，由于大量北方经验丰富的农民涌入，并且带来了先进的农业生产工具和生产技术，而获得了经济的飞速发展，甚至不断超越北方乡村，并最终导致南方经济规模全面超越北方而成为经济重心。因此，可以说，南北经济重心的易位，是南方乡村经济全面超越北方的结果。然而，这是一个漫长的历史过程，直到唐代，北方乡村经济发展水平仍然超越南方，因为在唐代至少在人口数量上北方人口仍然超过南方。在古代，生产力发展水平相对不高，人口数量多即意味着能够开垦更多的土地，从而生产更多的农产品，也就意味着其乡村经济发展水平较高。所以说，唐代北方人口数量多，可以间接说明，北方乡村在经济发展水平上要超过南方。唐玄宗以后分天下为十五道，北方即秦岭、淮河以北领有 7 道，人口约为 3000 万人，占全国人口的六成。北方人口最多的是河南道和河北道③，有人口 2000 万，占到全国人口的四成。唐代人口密度最高的地区为以长安为中心的京畿道（人口约有 320 万）

---

① 王育民：《唐代人口考》，《上海师范大学学报》（哲学社会科学版）1989 年第 3 期，第 111 页。
② 现代学者综合权衡唐代因土地兼并而失去土地的农民、隐户、奴婢、士兵和僧道，一般认为，唐代的人口峰值在唐玄宗天宝十三载（754）到天宝十四载（755）之间。
③ 唐代的河南、河北二道，大约相当于今天河北、河南（洛阳地区除外，因为唐代洛阳属于都畿道）二省和安徽、江苏两省的淮河以北地区。

和以东都洛阳（人口约有 145 万）为中心的都畿道，京兆府人口为 200 万，河南府人口约为 120 万。除都城地区外，河北道地处永济渠枢纽位置的魏州有人口 110 万。由此可见，黄河中下游平原依然是唐代经济最为发达的地区。在北方，人口密度仅次于黄河中下游地区的为河东道和关内道，人口分别为 370 万和 150 万，而人口最少的陇右道，人口仅有 50 多万。[①]

在唐代南方诸道中，以江南东道人口最多，数量约为 660 万人，主要集中于太湖平原和钱塘江平原。其次为四川地区的剑南道，人口约为 400 万，人口密度最高的是成都府，人口近百万。江南道人口约为 370 万，淮南道人口约为 230 万，岭南道人口不到 120 万。唐代人口数量最少、人口密度最低的为黔中道，人口不足 20 万。[②] 可见，南方地区乡村经济虽有发展，但与北方乡村相比，无论是人口规模还是人口密度仍有较大差距，并且南方各地乡村经济发展水平相当不平衡，长江中下游地区经济发展水平最高，西南地区乡村农业发展水平仍然很低。

安史之乱之后，黄河流域战乱频仍，北方乡村多遭蹂躏，人烟断绝，一片萧条，人民或死于战乱，或逃命南方，北方乡村经济几乎陷于崩溃。北方人口最为密集的京畿道人口减耗过半，东都洛阳人口不足千户，据平定安史之乱的唐将郭子仪讲："东至郑、汴，达于徐方，北自覃怀，经于相土，人烟断绝，千里萧条"[③]，河北清河在安史之乱前，这里的农村人口数量很大，也是唐代农业经济的中心地区之一。天宝元年的时候，清河郡人口为 80 多万，安史之乱刚刚开始的至德元载，清河人口便锐减为 10 万左右。安史之乱平定后的建中元年（780），宰相杨炎建议实行两税法，以解决中央财政不足，然统计天下户口竟不足 400 万户，到元和二年（807），竟减至 240 万户。北方人口的锐减必然意味着北方的大量农田无人耕种，乡村经济凋敝已然成为安史之乱后北方农村的普遍现象。北方人口数量的减少，一是因为死于战乱，当然还有藩镇割据下隐匿户口不报的原因，但更主要的是因为大量北方农民南迁所致。

对于唐朝著籍人口峰值的具体数字，学者看法不同。如赵文林等认为唐代的人口峰值应当出现在 754 年，人口数量应为 6300 万[④]。王育民则认

[①] 各道人口数据参见冻国栋《中国人口史·隋唐五代时期》，复旦大学出版社 2002 年版，第 198—199 页。
[②] 各道人口数据参见冻国栋《中国人口史·隋唐五代时期》，第 198—199 页。
[③] （后晋）刘昫：《旧唐书》卷一百二十《郭子仪传》，中华书局 1975 年版，第 3457 页。
[④] 赵文林、谢淑君：《中国人口史》，人民出版社 1988 年版，第 179 页。

为唐天宝年间的户口最大值为8050万①。冻国栋认为唐代的人口峰值出现于754年,登记户籍的人口数量为1430万户到1540万户,7475万人到8050万人②。葛剑雄认为唐朝的人口峰值出现于755年左右,数量应在8000万到9000万人之间③。

对于唐代的人口峰值,学术界虽然存在不同的观点。但是,从这些学者的估算中,我们有理由相信,唐代的人口峰值应当出现在安史之乱前的开元盛世,数量至少应当在七八千万左右,并且唐代的乡村家庭,其平均人口数量应当在5人左右,甚至更多。人口是乡村的基本构成要素,人口数量多寡可以在一定程度上反映乡村经济的发展水平,民以食为天,乡村人口数量多,则说明乡村农业、手工业及各种副业相对发达,可以为更多的人口提供生活必需的衣、食、住、行等基本生活资源,也说明其乡村经济发展水平较高。因此,对唐代人口数量变动的历史趋势做简单勾勒,有助于我们对唐代乡村经济和乡村社会面貌有一个直观的了解,对唐宋乡村经济发展的区别和变化做一个对比,把握宋代乡村经济发展的基本面貌。关于五代时期的人口数量,史料没有统一的统计。由于五代到宋的易代,没有经历较大的战乱,所以北宋初年的人口数量,基本可以反映五代时期我国人口数量的基本水平。据邹逸麟估算,北宋统一之初,全国仅有650万户;以每户5口的核心家庭人口数量估算,当时的人口也不过3250万。

二 唐代乡村家庭结构的变动与土地占有量分析

唐代的"贞观之治"和"开元盛世"可以说是两个农耕经济发展的高峰,唐代乡村经济发展出现了空前的繁荣。杜甫在《忆昔》中描述开元盛世的繁盛图景说:"忆昔开元全盛日,小邑犹藏万家室。稻米流脂粟米白,公私仓廪俱充实。"

然而,要展现唐代乡村经济生活的全貌,虽然杜甫的诗号称"诗史",但仅靠杜甫的诗歌,毕竟难窥究竟,理清唐代乡村家庭的土地耕种面积,才更有说服力。乡村社会以家庭为单位,要说明唐代乡村家庭的土地耕种面积,首先应该搞清楚唐代的家庭结构和家庭规模。中国古代的家庭结构,基本分为三种形态,即"汉型家庭""唐型家庭"和"宋型家庭",家庭结构发展的基本趋势是越来越强调血缘关系的重要性。因此,

---

① 王育民:《中国历史地理概论》(下册),人民教育出版社1987年版,第54页。
② 冻国栋:《中国人口史·隋唐五代时期》,复旦大学出版社2002年版,第182页。
③ 葛剑雄:《中国人口发展史》,福建人民出版社1991年版,第159页。

围绕血缘关系的远近，中国古代的家庭结构变得越来越紧凑。唐代家庭结构处于从"汉型"向"宋型"的过渡阶段，其家庭结构一方面在保持门阀观念的同时，也开始越来越重视血缘关系的重要性。汉代家庭一般由两代人构成，即以夫妇和子女构成核心家庭，一般不与父母同居，兄弟成年后在一起生活的就更少了。因此，其家庭规模一般为四、五口以下的两代家庭。到了唐代，家庭逐渐发展为三代人的家庭结构，即由父母、夫妇和未成年子女组成的三代家庭。关于其家庭规模，有人认为："唐代家庭人口比汉代多，据敦煌户籍资料统计，沙州、瓜州地区为每户9.36至10.45口，每户平均9口以上，祖父母、父母与子孙同居的三代同堂家庭是通常现象。"① 在论述中国古代家庭规模时，学术界经常借用社会学的"核心家庭"概念，即以三代五口的家庭规模和结构构建一个古代家庭的一般模式。既然唐型家庭以三代结构为主，那么，我们就有理由相信唐型家庭的人口数量当在五口左右。但是，沙洲和瓜州因地处西北，而唐代的西北地区因人口数量相对较少，而且风俗与中原存在一定差异，所以很难以这则材料说明唐代乡村一般家庭的人口数量多至9口以上。综上，我们大体可以推测唐代乡村家庭由祖父母、父母和子女三代组成，人口数量大体在5到10口之间。

那么，应当如何推算唐代乡村家庭的土地耕种面积呢？关于唐代家庭的土地耕种规模，敦煌吐鲁番文书有少量记载，但很难反映出全国乡村的一般水平。其实，要推测唐代一般乡村家庭的土地耕种规模。我们可以结合唐代均田制的授田规定和唐代的家庭结构和人口数量来综合推测。

据《新唐书·食货志》载：

> 凡民始生为黄，四岁为小，十六为中，二十一为丁，六十为老。授田之制，丁及男年十八以上者，人一顷，其八十亩为口分，二十亩为永业；老及笃疾、废疾者，人四十亩，寡妻妾三十亩，当户者增二十亩，皆以二十亩为永业，其余为口分。……田多可以足其人者为宽乡，少者为狭乡。狭乡授田，减宽乡之半。②

按照唐朝授田制度之规定，在唐代三代五口之家的乡村家庭结构中，有授田资格的为十八岁以上的中丁男子和六十岁以上的老年男性。依照唐

---

① 邢铁：《宋代家庭研究》，上海人民出版社2004年版，第6页。
② （宋）欧阳修、宋祁：《新唐书》卷五一《食货志》，中华书局1975年版，第1342页。

代均田制规定，十八岁以上男子授田一顷，加上六十岁以上的老年男性，那么，五口之家一丁一老为例，授田数量很可能为 140 亩，十口之家授田规模很可能接近 300 亩。那么，唐代的一亩到底有多大呢？据《新唐书》载："唐制：度田以步，其阔一步，其长二百四十步为一亩，百亩为顷。"① 关于唐代的步亩制度，通常都以武德七年（624）和开元二十五年（737）令为准，"武德七年，始定律令。以度田之制：五尺为步，步二百四十为亩，亩百为顷"②。唐一尺的长度有 27 厘米、28 厘米、29 厘米、30 厘米左右不等，笔者取一尺为 28 厘米作为推算依据，五尺是 140 厘米也就是一步。这和按照现在成年人一步约为 0.6 米—0.8 米的常识，取中间值 0.7 米，唐代的度田步是复步，也就是 1.4 米一致。唐代一亩地约 470 平方米。那么，按照唐制规定，五口之家的授田规模一般相当于 65800 平方米，约合现在的 99 亩左右③，而十口之家的授田规模约为现代的 211 亩左右。

当然这种推算只是就唐代符合正常授田条件的一般家庭而言，自田没有统计数据，所以暂不列入考虑范围之内。具体到当时的家庭，则可能存在寡妇立户、老年男丁早亡、家有两丁一老或"男"未及十八等特殊情况。再者，唐制是否对"一步"的具体尺寸有所规定，笔者尚无从查稽，只能根据现代成年人一步的正常范围大致推算，虽然未尽精确，但至少可以告诉我们：虽然，按照唐代亩制规定，五口之家授田规模可能多达 140 亩甚至更多，十口之家则可能接近 300 亩。但如按现代亩制推算，则五口之家有百亩地，十口之家有 200 亩地，人均大约 20 亩地。按照当时的生产条件而言，要用 20 亩地在完粮纳税后养活一个成年人是可以的。实际上，唐代乡村农民的人均耕地面积仍然相对有限，官府制度上的设想和实际授田情况还是有很大差距的。排除各种对授田推行的不利因素，笔者的这个数据只想说明，唐代在授田之初，还是可以给民户一定数量能保证其生存的土地，正说明唐代在均田制施行初期乡村还是处于一种"地旷人稀"的状态。

三 唐代乡村"地旷人稀"的社会图景

古代乡村的人地比例维持在一个相对合理的水平，乡村结构比较合

---

① 《新唐书》卷五一《食货志》，第 1342 页。
② 《旧唐书》卷四八《食货志》，第 2088 页。
③ 现代一亩约合 666.67 平方米。

理,那么乡村秩序就比较安定;反之,人地比例如果严重失调,乡村秩序动荡及其引发的乡村危机会激起农民反抗。因此,探讨乡村的人地比例问题可以对古代乡村的社会生产生活以及乡村秩序有一个相对深刻的把握。汉唐以来,乡村人口和土地开垦数量虽有增长,但变化不大。探讨唐代的人地比例问题,我们可以首先关注中国古代人口变动的一般趋势。因为,乡村人地比例往往对政治兴替产生决定性的影响,从而对人口变动具有极大影响。中国古代的人口发展并不是依朝代更迭直线上升,而是围绕王朝的兴替呈现出周期性的波动,以至于自汉末到唐末,中国古代的人口数量大致徘徊于五六千万之间。李惠芬等认为,中国古代的人口演变呈现出这样一条规律,即:"一段时期较高的增长,更长时期的缓慢增长,短时期内的锐减,然后走向恢复,进入一轮新的周期,形成了比较典型的波浪式曲线。"[1] 唐代乡村地主对土地的兼并欲望和中小农户之间的土地矛盾在唐代的乡村土地制度中几乎是难以避免的,这种矛盾一般围绕唐代乡村的人地比例而展开,它的每一次爆发对乡村经济生产和乡村秩序都无疑是一次巨大的冲击。唐代的农业生产与前代相比,虽然取得了巨大进步,但毕竟相对有限。在此背景下,唐代农民的垦田规模和耕种能力毕竟有一个上限。据有关专家推算,唐代一个男丁至多可以独立耕种20亩地,如果有一头耕牛,其耕种能力也仅为50亩。既然唐代土地耕种规模受乡村农民耕种能力所限有一个上限,那么其粮食产量也必定有限。如此,一旦出现人地比例失调,则很可能引发乡村人口饥荒。

两税法推行以前,唐代实行了一百多年均田制,关于人地比例的一般情况,可以从有关均田制推行的具体情况来推测。均田制规定了唐代包括乡村农户在内的土地分配标准。然而,授田不足始终是均田制推行过程中遇到的难题。实际上,在均田制推行伊始就存在授田不足的问题。据《册府元龟》卷一〇五记载,贞观十八年(644)二月,唐太宗"幸灵口,村落逼侧,问其受田,丁三十亩,遂夜分而寝,忧其不给。诏雍州录尤少田者,并给复,移之于宽乡"[2]。唐太宗对均田制实际执行中"丁三十亩"的现实表达忧虑,说明三十亩的授田数量远远低于均田制的授田规定。可见,太宗时期,唐代的人地比例问题已经存在。武则天时期,狄仁杰在其《乞免民租疏》中谓:"窃见彭泽地狭,山峻无田,百姓所营之田,一户

---

[1] 李惠芬、沈善忠:《西汉到唐末人口徘徊的原因》,《内蒙古社会科学》2003年第3期,第54页。
[2] (宋)王钦若等:《册府元龟》卷一〇五《帝王部·惠民一》,中华书局1989年版,第2449页。

不过十亩、五亩。"① 开元二十九年（741），唐玄宗也感叹："京畿地狭，民户殷繁，计丁给田，尚犹不足。"② 杜佑在《通典》中也指出："两汉每户所垦田不过七十亩，今亦准此约计数。"③ 由此可知，均田制有关乡村民户授田的规定在土地数量相对不足的前提下不过是一个制度上的设想而已。

关于唐代授田不足的情况，当前学界已经基本取得共识。宁可认为，唐代宽乡的实际授田数量，五十亩当为狭乡之上限，当然这也是宽乡实际可以操作的授田数量。④ 还有些学者根据敦煌出土的唐代户籍残卷对其中一些乡村民户应授田数和实授田数做了统计，大多得出唐代授田不足的推论，并推算唐代乡村农民实际授田数量当在 10 亩到 70 亩之间，平均起来大约为 40 亩。⑤ 唐代乡村农户授田相对不足的原因，很大程度上并不是由于土地规模总量的不足。唐代人口长期徘徊于 7000 万左右，加之唐代农业生产工具的改进，尤其是曲辕犁的大面积推广，使得唐代的垦田面积有了较大增长。实际上，唐代乡村民户授田不足很大程度上是由特权阶层、乡村豪右乃至寺观庙宇占田过度造成的。据载，唐高宗时期，洛阳"多豪右，占田类逾制"⑥。唐玄宗的姑姑太平公主"田园遍于近甸膏腴"⑦。权相李林甫"京城邸第，田园水硙，利尽上腴"⑧。官员卢从愿"盛殖产，占良田数百顷"⑨。东京留守李憕"丰羚产业，伊川膏腴，水陆上田，修竹茂树，自城及阙口，别业相望，与吏部侍郎李彭年皆有地癖"⑩。关于占田过度的同类记载比比皆是。此外，寺院授田在唐初就已经开始，虽经唐太宗下令整肃，但在武则天兴佛刺激下，寺院占田规模越来越大，代宗时，竟然出现了"凡京畿之丰田美利，多归于寺观，吏不能制"⑪ 的严峻局面，并让杜佑发出了"开元之季，天宝以来，法令驰宽，兼并之弊，有逾于汉成哀之间"⑫ 的历史惊叹！

---

① （清）董诰等编：《全唐文》卷一六九《乞免民租疏》，中华书局 1983 年版，第 1728 页。
② （宋）王溥：《唐会要》卷九二《内外官职田》，中华书局 1955 年版，第 1670 页。
③ （唐）杜佑：《通典》卷六《食货》，中华书局 1988 年版，第 110 页。
④ 宁可：《中国经济发展史》，中国经济出版社 1999 年版，第 715 页。
⑤ 王仲荦：《隋唐五代史》，上海人民出版社 1988 年版，第 255 页。
⑥ 《新唐书》卷一九七《循吏》，第 5622 页。
⑦ 《旧唐书》卷一八三《太平公主传》，第 4739 页。
⑧ 《旧唐书》卷一六〇《李林甫传》，第 3238 页。
⑨ 《新唐书》卷一二九《卢从愿传》，第 4479 页。
⑩ 《旧唐书》卷一八七《李憕传》，第 4889 页。
⑪ 《旧唐书》卷一一八《王缙传》，第 3417 页。
⑫ （唐）杜佑：《通典》卷二《食货》，第 32 页。

均田制在乡村授田中虽然存在授田不足的情况，但唐代与前代相比，人口数量增加，唐代农业生产工具尤其是曲辕犁等开荒工具的使用，使唐代乡村垦田规模有了较大增长，之所以会出现乡村民户授田不足的人地矛盾，其根源在于特权阶层、乡村豪右和寺院占田过度。其实，唐代人口大多时候徘徊在七千万左右，与汉代相比出现小幅增长，而从耕地面积大幅度增长的情况来看，唐代乡村实际处于一种开始从"地旷人稀"到"人稠地狭"转换中。当然这只是立足唐代的人口数量和土地规模增长的实际与前代对比而言。实际上，与之后的宋代相比，唐代乡村仍然处于一种"地旷人稀"的状态，因为宋代时中国人口已经超过1亿，所辖面积却小多了。

第二节 宋代乡村的家庭结构、规模与比例

家庭不仅是构成国家的基本单元，也是乡村群落的基本组成单位。考察宋代乡村应当从分析宋代家庭结构入手，并在这个基础上对家庭平均人口、土地数量等乡村经济生活的人口、土地和生产问题进行分析。实际上，宋代家庭问题早已在宋代户口问题的研究中有所涉及。宋代户口问题自南宋李心传提出后一直成为人们争论不休的话题。据现有史料留下来的近百条关于宋代户口的统计数字推算，其平均人数不过每户1.4人到每户2.5人，这一数字明显低于汉型家庭"五口之家"的一般水平和唐型家庭五口以上的一般估算。对此，学界也多持怀疑态度，并"引起了人们对宋代统计资料、户口统计系统、家庭结构与人口规模和成丁数、口数与户数等具体问题的热烈讨论，但至今仍然未有定论"[①]。本节拟从宋代乡村家庭的结构分析入手，对宋代乡村家庭五等户的划分及其平均人口数量进行分析，并对宋代主户中的五等比例做一探讨。

一 宋代乡村家庭形态的变化及其原因

家庭是在民间自然形成的生产和生活的基本单位，也是构成乡村群落的基本组织。乡村的一切经济生活既以家庭为其基本单位，也以家庭消费为其根本目的。因此，家庭问题应当是讨论宋代乡村经济的一个基础问题和基本问题。家庭是民间自然生成之物，受社会变革的影响其实不大，但

---

① 马玉臣：《宋代家庭规模再推算》，《中国社会经济史研究》2008年第4期，第36页。

也呈现出明显的时代变化特征。唐宋时期便是我国家庭结构转型变化的特殊时期。总体来说,唐宋时期,乡村家庭的基本结构更趋简单,更加强调血缘关系的直接性。导致这种状况出现的原因主要有两点。

(一)唐宋期间家族观念和家族形态的变化

唐代以前,乡村家庭一般以政治型的门阀士族为基本形态,乡村家庭的主要功能是为界定家庭成员的政治层次提供依据。隋唐以来,魏晋时期形成的门阀士族逐渐解体,乡村社会由原先的门阀士族主导成功过渡到以乡绅为主导。家族开始强调血缘的重要性,并以敬宗收族作为家族存在的主要价值,还在家族的基础上重新形成了事实上以族权为核心权利。在宋代乡村,随着人们摆脱世家大族的人身控制和经济依附,以直系血缘为主的个体独立家庭大量出现,乡村家庭的结构和功能也出现了新的变化,例如,宋型家庭规模与汉唐家庭相比明显缩小,家庭中父亲家长的权利不断增大。

有论著指出:"在唐宋之际家族形态的这个变化中,最为核心的问题是家族组织中的血缘关系由第一变成了惟一,血缘关系的重要性增加了。"[①] 唐型家庭与宋型家庭的一个显著区别便是,在唐型家庭中,奴婢、食客等非血缘成员也被计入家庭户口,而宋代只有那些具有血缘关系的同族之人才算是家庭成员,宋型家庭甚至进一步分化为只有具有直系血缘关系的家庭成员,宋型家庭是以夫妇为核心的三代五口之家。当然,并不是说宋代家庭大部分就是三代五口之家,家庭规模、家庭结构和家庭关系不过在三代五口标准模式基础上具体变化而已。

宋代家庭形态处于唐宋变革的时代背景之下,处于从过去门阀士族向更加注重血缘距离演变的过程之中。于是,宋代家庭的一个显著特征便是家庭规模不断趋小,处于家庭核心地位的是以"丁"为中心的夫妇,即所谓的上有老,下有小。面对乡村家庭结构和形态的变化,魏晋以来以门阀士族为中心的大家族社会管控模式已经难以适应家庭形态的这种变化。在此背景下,乡村社会急需一套新的社会控制理论对新的家庭形态予以规范、引导和管理。这便是理学。

(二)理学思想的产生为家庭血统的纯正延续提供了伦理支撑

理学思想虽然糅和了道家的宇宙论和佛家的思辨思想,但其基本内容不过是"三纲五常",而"三纲五常"的具体内容显然是针对宋代家庭而言。即使理学思想后来成为官方统治思想并在客观上维护了王朝统治,

---

① 邢铁:《宋代家庭研究》,第3—4页。

但就一种学术思想而言，尤其是仍未成为庙堂之学的宋代道学而言，它产生的直接原因可能与宋代家庭结构和规模的变化有关。因为，宋代以前的家庭结构和乡村体系所使用的社会管控理论，无论是单纯的儒家思想、佛家思想或者道家思想，到宋代，已经无法独自承担引导、控制和管理宋代乡村和宋型家庭的历史使命。

理学思想产生对宋代乡村家庭结构变化的一个显著影响，便是有利于保持家庭血统的纯正。有人认为，理学所倡导的贞洁观对妇女来说是一种人格摧残，并据此认为宋代乡村家庭妇女的社会地位有所下降。对此，学术界经过深入研究发现，宋代妇女的社会地位并未下降。[①] 妇女再嫁较为普遍，贞节观念其实并没有多么强大，宋代乡村家庭妇女的地位不低。[②] 从这一点上来讲，认为二程、朱熹等理学人士为乡村妇女树立贞洁观念主要是出于政治考量的观点，实在是难以站得住脚。"贞节主要不是为了巩固夫妻关系，而是为了保证血统的纯正，让妇女从一而终，子女的血统就不会混乱了，宋人重视夫妻关系，子女生育都与小家庭有直接关系，说明宋人对家庭关系的重视，家庭观念强化了，不能仅仅理解为对妇女的歧视。"[③]

可见，理学家们面对宋代家庭结构更加注重血缘而趋小的这种趋势，不过是以"三纲五常"这种新型的伦理模式迎合唐宋乡村家庭变化的这种趋势，并对宋代家庭结构的变动起到了积极的促进作用。理学与宋代乡村家庭结构的变化之间事实上存在着一种双向的互动关系，二者相互影响、相互促进，并进而结合为宋代乃至后世乡村社会的家庭伦理模式。当然，理学在宋代的影响极其有限，远没有后世那样强大。宋代乡村家庭也仅仅处于家庭血缘关系强化的初始阶段。但是，二者在宋代的互动却更多体现了一种基于乡村或曰民间的社会性取向，而非传统观点所主张的那样，认为理学的产生完全出于政治统治的需要。

二　宋代乡村五等主户的家庭规模

唐朝后期以来，随着均田制的瓦解，私人土地所有制进一步成为乡村土地的主体形态。唐政府为保证财政收入而推行两税法，开始以人丁和田亩多少作为征税依据。从租庸调制到两税法的转变也导致国家权力对人丁

[①] 邢铁：《宋代家庭研究》，第4页。
[②] 邢铁：《宋代家庭研究》，第4页。
[③] 邢铁：《宋代家庭研究》，第4—5页。

的控制有所减弱，而对户的控制开始加强，并且这种支配主要基于乡村家庭主户的土地多寡。日本学者柳田节子认为，早在"五代华北诸王朝的统治区都存在着五等户制，宋初继承了这个户制"①。宋代乡村分为主户和客户，主户与客户的区别在于主户有田产，而客户没有田产。主户与客户的划分实际上是为宋代征税赋役提供一个财产依据。因客户并不具有田产，所以，研究宋代乡村人口的土地占有量并无实际意义，故而笔者分析宋代乡村家庭的平均人口也将主要以五等主户为主。

（一）宋代乡村农户的家庭规模

关于宋代家庭的平均人口，即宋代乡村主户的一般人口规模。学界已有较多讨论，但对乡村五等主户平均人口分别进行探讨的研究成果尚付诸阙无，其根本原因在于学术界对宋代征税依据田产多少还是与家庭人口数量也有关系尚无明确定论。因此，关于宋代乡村家庭的人口规模，既有成果大多将宋代乡村各种家庭作为一个整体来论述。中国古代乡村家庭的结构和规模事实上一直在变动，但是这种变动一直围绕着"三代五口"之家这种核心家庭的一般模式。只不过，到宋代，围绕"三代五口"这一核心家庭模式的变动幅度越来越小了。两宋时期的三代包括祖父母、父母和子女，即"以中间的壮年夫妇为核心，上养老人（即祖父母、原来的户主，现在成了被赡养者），下育子女，只有直系血缘关系了"，"家庭的结构和规模趋于稳定，'三代五口'的标准家庭定型"②。

有宋一代，每隔三年，便会统计一次全国的户口数量，并编制"五等丁产簿"，"五等丁产簿"在北宋户籍研究中尤占有重要地位。宋人张方平说："本朝经国之制，县乡版籍，分立五等。以两税输谷帛，以丁口供力役，此所谓取于田者也。"③ 林积仁也说："熙（宁）、（元）丰良法，莫大于常平、免役，而常平、免役之政令以户籍为本。户有五等，县置簿以籍之。凡均敷数、雇钱、科差、徭役及非泛抛降、合行均买者皆以簿为据。"④ 张、林二人所谓"版籍"和"户籍"即"五等丁产簿"。那么，"五等丁产簿"都登记哪些内容呢？仁宗明道二年（1033）和嘉祐年间（1056—1063）有两条关于"五等丁产簿"的诏令，据此可以对其基本内

---

① ［日］柳田节子：《宋代乡村的户等制》，载刘俊文主编，索介然译《日本学者研究中国史论著选译》（第五卷·五代宋元），中华书局1993年版，第194—195页。
② 邢铁：《宋代家庭研究》，第7页。
③ （宋）张方平：《乐全集》卷二五《论免役钱札子》，宋集珍本丛刊，线装书局2004年版，第45页。
④ （清）徐松：《宋会要辑稿·食货》一一之一四，中华书局1957年版，第4999页。

容略窥一斑：一是"天下闰年造五等版簿，自今先录户产、丁推及所更色役榜示之，不实者听民自言"①；二是"嘉祐敕：造簿，委令佐责户长、三大户，录人户、丁口、税产、物力为五等"②。由此可见，"五等丁产簿"每逢闰年编制，也即每隔三年编订一次，登记乡村农户的户主、户名、田产数额、人丁数量、户等级别、纳税数额以及需要承担的衙前或里正等职役。

以"五等丁产簿"及"保甲簿"的统计为基础，有宋一代，共有80多次人口统计记录，根据这些人口统计记录。可以推算出，宋代乡村农户家庭的平均人口介于1.4口到2.5口之间。然而，学者对这种推测多有异议，认为这种估算得出的结果造成宋代乡村家庭的平均人口数量明显偏少。对此，南宋李心传在其《建炎以来系午要录》中认为是"漏籍"所致。近代梁方仲和袁震则认为，宋代编制"五等丁产簿"时只登记男丁，而不包括女性和老弱，其平均两口左右的平均人口数量实际指的是需要纳税服役的"男丁"。由每户男丁数量介于1.4到2.5口之间可以推算，宋代乡村农户的平均人口数量应当在五口左右，正好与"三代五口"之家的核心家庭模式相当。对此，杜正胜在其《传统家庭结构的典型》一文在分析汉型家庭主要以四五口以下的两代家庭为主、唐型家庭以9口以上的三代家庭为主的前提下认为，宋代以来随着父子分家、兄弟析产的普遍，成丁别立户籍已成一种趋势，造成宋型家庭实际要比唐型家庭平均人口数量偏少，大约为5口左右。实际上，从宋代乡村五等户制度有关纳税服役的相关规定，我们可以看出，宋代纳税服役的多寡实际与田产的多少有直接关系，当然也有学者认为，宋代税役的多寡既与田产多寡成正比例关系，也与人口或多寡成正比例关系。那么，在这种情况下，尽可能减少每户的田产规模和人口数量则成为降低户等，减少赋税和徭役的必然手段。既然如此，宋型家庭平均人口数量偏少也就不足为奇了。

实际上，依据"五等丁产簿"推算宋代乡村农户平均人口数量产生争议的关键在于这种统计是只统计男丁数量抑或所有男口一并计入。对此，吴松弟在《中国人口史》第三卷中认为，宋代户口统计的是乡村农户的户和男口数，即以统计具有纳税依据的男丁为主，并由此估算宋代乡村农户的平均人口为5.4口，而且北方乡村农户的平均人口要略多

---

① （宋）李焘：《续资治通鉴长编》卷一一三，仁宗明道二年十月庚子，中华书局2004年版，第2637页。（以下简称《长编》）
② 《长编》卷二五四，神宗熙宁七年七月，第6227页。

于南方。① 程民生也通过分析宋人的相关文集认为宋代三世同堂的家庭规模一般为9人，北方乡村农户平均9人，南方乡村农户平均为6人，整个宋代乡村农户的平均家庭人口为7人。

综上，关于宋代乡村农户家庭的平均人口数量，我们可以大体认为在五口上下。然而，单纯的推算宋代乡村农户的家庭规模并没有太大意义。因为，宋代即便版图有所缩小，但仍然可谓地大物博，各地的生产水平、资源禀赋、气候条件以及风俗习惯不尽相同，其实在乡村家庭规模上可能存在较大的地域差距。例如，《宋会要辑稿》所记北宋扬州的一条资料载："本州管内三县，版籍有主客凡四万八千余户……大率户为五口，亡虑二十四万余口。"② 如果据此认为宋代乡村家庭的平均人口数量为五口，那就难免以偏概全了。其实，研究宋代乡村家庭的平均人口数量，关键在于明确这样一条规律，即乡村个体农户的平均人口数量自秦汉以至隋唐实际一直处于变动之中，这种变动始终围绕着"三代五口"核心家庭规模这样一条主线，"只不过在宋代的变化幅度小了"③。此外，讨论宋代乡村农户家庭的一般规模还应当注意到宋代乡村农户不仅分为主客户，而且仅主户便分为五等，对此最好能够分别讨论。一般情况下，户等越高，家庭人口数量可能越多，中上户等的乡村家庭人口可能达到10口以上。至于一般的穷人家庭，包括下等农户和客户，其人口规模则可能更小。如据宋洪适奏："窃闻饶州有前年桩留米三万石……盖六邑穷民。有籍于官者二十万户，且约一家三口。家得石粟，仅能饱其一月之腹尔。"④

(二) 宋代乡村农户家庭规模的南北差距

如上所述，尽管宋代与前代汉唐及后来的元明相比，所辖版图相对较小，但仍可称得上地域辽阔，各地自然条件、生产水平乃至风土民情各不相同，都对乡村农户的家庭规模有所影响，也就是说，宋代乡村农户的家庭规模必然具有一定的地方差异性，而其中又以南北的差距最为明显。因为，南方温暖湿润，开发较晚，北方寒冷干燥，开发相对较早。由于各地的社会秩序总体态势差异明显，所以乡村家庭作为宋代社会的基本单位在南北方人文地理环境差异下可能以不同的人口数量去组织乡村家庭。当

---

① 吴松弟：《中国人口史》（第三卷·辽宋金元时期），复旦大学出版社2000年版，第162页。
② 《宋会要辑稿·食货》二四之一〇，第5199页。
③ 邢铁：《宋代家庭研究》，第7页。
④ （明）黄淮、杨士奇编纂：《历代名臣奏议》卷二四六，文渊阁《四库全书》本，台湾商务印书馆1982年版，第440册，第82页。

前，学术界关于宋代乡村家庭南北规模上的差异，一般认为北方略多于南方，但近年来也有学者提出，宋代乡村农户的家庭规模实际上应当是南方略多于北方，马玉臣在前人研究的基础上进而提出，宋代乡村农户实际上不是一个以单丁户为主的社会形态，宋代乡村的多丁户实际应当占到宋代乡村户口总数的一半以上。其中，南方经济相对发达的地区以多丁户为主，相对落后的地区则以单丁为主，而广大的北方乡村则因赋税负担相对沉重，乡村社会秩序相对动荡，农户漏籍、逃亡和南迁较多，故而以单丁户为主。① 宋代的单丁户，其平均人口一般为五口，与业师邢铁所估算的"三代五口"的核心家庭一致，而双丁户，其平均人口当在七口以上。马玉臣既然认为宋代南方乡村以多丁户为主，北方乡村以单丁户为主，那么南方农户的家庭规模应当以七口为主，显然多丁北方以单丁户为主的"三代五口"之家。

实际上，现有宋代人口数据的资料绝大多数都来自南方，如吴松弟《中国人口史》第三卷中所引之宋代户口数据，北方的材料只有耀州和河北路两条，并且文献中涉及关中户籍数量材料尤其少见。然而，因宋金易代缘故，学术界一般可以借用金代的户口数量估算宋代北方的家庭规模，因为在宋金易代的一定时间范围内，北方乡村家庭的人口规模不太容易发生太大的变化。如吴松弟推算"金代诸年的户均人口在 6.36—6.71 间，远大于表 4-5 和表 4-6② 中的户均人口。表明北方地区的户均人口大于南方"③。

当然，金代作为东北民族，在其内迁中原的过程中，乡村农户中可能有奴婢的存在，其家庭人口规模必然较大。大定二十三年（1183）八月猛安谋克户和迭剌、唐古二部五处，共有户 621209、口 6296180，户均 10 口。① 由此我们可以推测，女真人南迁中原必然导致北方乡村农户家庭规模的估算偏大。然而，如果用大定二十七年（1187）的全国户口减去上述数字的话，北方乡村农户的平均人口数量仍然高达 6.2 口。这就可以佐证，北宋时期，北方乡村农户的平均人口数量可能维持在 6 口以上。那么，究竟是什么原因导致宋代南方乡村农户家庭规模略小于北方呢？

对此，南宋楼钥指出："东南之俗，土狭而赋俭，民啬于财，故父祖

---

① 马玉臣：《宋代家庭规模再推算》，《中国社会经济史研究》2008 年第 4 期，第 37 页。
② 吴松弟：《中国人口史》（第三卷·辽宋金元时期），第 156—159 页。
③ 吴松弟：《中国人口史》（第三卷·辽宋金元时期），第 162 页。
④ 《金史》卷四六《食货志》，中华书局 1975 年版，第 1034 页。

在，多俾子孙自营其业，或未老而标析其产。"① 可见，楼钥认为宋代乡村南方因土地规模有限，收入无多，故而家长多鼓励兄弟、父子分家析产，另立门户。当然，南方有些平原地区，如鄱阳湖平原和江浙一带，因平原广布，水土条件优越，农户耕地面积相对较多，家庭条件相对较好，一般家庭规模也会较大，如铅山："孕金青，殖宝货，壤厚而泉沃，类多大家。"而那些高山阻隔，土地贫瘠的地方，乡村社会发育相对不成熟，所以较多采用聚族而居的大家族模式，家庭规模一般较大，如荆湖南路的桂阳县"民虽贫而有常产，父、子、孙、兄弟多族居，或至百口"。

再者，宋代乡村农户的赋役负担，南方要高于北方。因宋代的成丁钱一般按人丁摊派，所以南方乡村民户生子不举的现象相对比较普遍。如蔡襄指出："伏缘南方地狭人贫，终年佣作，仅能得身丁，其间不能输纳者，父子流移避他所，又有甚者往往生子不举，人情至此，可为嗟痛。"②再如荆湖北路的鄂州和岳州更是出现了"田野小人例只养二男一女，过此辄杀之，尤讳养女，初生辄以冷水浸杀"③的人间惨状。尤其是宋代福建地区，因山多地少，人稠地狭，除成丁钱税沉重以外，土地出产有限，无力养活过多人口，至闽西之剑、建、汀、邵诸州有生子不举的现象，"习之成风，虽士人间亦为之，恬不知怪"④。

根据已有研究，生子不举在南方应该算不得普遍现象，也许在人地矛盾较为突出的地方表现得比较明显，但这仍会对南方乡村的小家庭风气起到了一定的影响。例如，宋代的南方乡村，儿子婚后分家异食的现象相当普遍，不仅五等下户和客户人家如此，即便五等中上户也会积极分家。显然，尽量维持一个较小的家庭规模在宋代的广大乡村地区已经成为一种较为普遍的风俗。

三 从宋代主户五等户看各种家庭的比例

宋神宗曾经感叹："天下中下之民多而上户少。"⑤ 刘挚也说："州县

---

① （宋）韩元吉：《南涧甲乙稿》卷一六《铅山周氏义居记》，文渊阁《四库全书》本，第1165册，第243页。
② （宋）蔡襄：《端明集》卷二六《乞减放漳泉州兴化军人户身丁米札子》，文渊阁《四库全书》本，第1090册，第544页。
③ （宋）苏轼著，孔凡礼点校：《苏轼文集》卷七四《与朱鄂州书》，中华书局1986年版，第四册，第1416—1418页。
④ （宋）杨时：《龟山集》卷一七《寄俞仲宽别纸其一》，文渊阁《四库全书》本，第1125册，第274页。
⑤ 《长编》卷二三七，神宗熙宁五年八月辛丑"上谓安石曰浙西役钱"条，第5777页。

上户常少，中下之户常多。"① 可见，在宋代乡村中，上等主户所占比例应该很小，而绝大部分的主户应以下等户为主。张方平《乐全集》称："逐县五等户版籍，中等以上户不及五分之一，第四、第五等户常及十分之九"，"万户之邑，大约三等以上户不满千……四等以下户不啻九千"②。孔文仲在《舍人集》中也指出"上户居其一，下户居其十"③。刘安世《尽言集》也谓："损九分之贫民，以益一分之上户。"④ 据此可以推测，宋代乡村三等以上主户大约占到10%，而第四等主户及以下即自耕农和半自耕农等可能占到约90%。此外，另据孙鄂及乾道元年上书言事者所称，宋代乡村三等以上主户约占到三分之一，四等以下乡村主户约占到三分之二。那么，哪种说法或推测较为确切呢？其实，宋代乡村社会结构随社会政治、经济形势发展始终处于变动之中，乡村社会的经济状况并非一成不变，乡村五等主户的结构比例必然相应处于变化之中。此外，宋代乡村生产的地域差异也很大，各地乡村五等主户的结构比例因生产水平、社会情状不同也会不同。我们推测宋代乡村五等主户的结构比例，只能尽量分析尽可能多的材料，综合出一个一般的比例范围。有鉴于此，笔者搜集到一些资料，对其做进一步分析。

（一）宋代上户与下户的比例

宋代乡村农户分为主户和客户，而有无田产是乡村主户与客户的主要区别。主户是宋代征收赋役的主要对象，为确定纳税依据，宋代还依据田产多寡将乡村主户分为五等，而宋代客户则主要承担力役。目前，对于宋代乡村户等问题的研究已多，然而，学术界往往存在这样一个误区，即将宋代的客户等同于佃农。对此，梁太济撰文指出："在宋代得到长足发展的租佃剥削关系中，就佃种者一方来说，客户固然主要是佃农，但佃农却并不全是客户。"⑤

实际上，宋代主户和客户是一个动态的相对过程，一方面，主户可能

---

① （宋）刘挚撰，裴汝诚、陈晓平点校：《忠肃集》卷五《论役法疏》，中华书局2002年版，第98页。
② （宋）张方平：《乐全集》卷二一《论天下新添置弓手事宜》，文渊阁《四库全书》本，第1104册，第205页。
③ （宋）张方平：《乐全集》卷二六《论率钱募役事》，文渊阁《四库全书》本，第1104册，第276页。
④ （宋）刘安世：《尽言集》卷一一《论役法之弊》，《丛书集成新编·三一》，新文丰出版有限公司1985年版，第209页。
⑤ 梁太济：《宋代五等下户的经济地位和所占比例》，《杭州大学学报》（哲学社会科学版）1985年第3期，第98页。

因田产变更变成客户，客户也可能因购置田产、科举仕进等原因而得有田产，成为主户；另一方面，宋代主户，尤其是下等主户，以自耕农和半自耕农为主，因土地数量有限，一般都需佃种中上等主户的土地，相对于中上等主户而言，这些佃种他们土地的下等主户又成了"客户"。因此，主户尤其是可能占到宋代户等比例相当一部分的下等主户同时也是"客户"。也就是说，并不直接承担主要赋役负担的纯粹客户在宋代乡村民户中所占比例可能相对有限，或者说只统计乡村主户可能已经涵盖了绝大部分的乡村民户。如详细记载元丰年间全国各州主客户数量的《元丰九域志》记载两浙路秀州的情况说："茅屋炊烟，无穷无极，皆佃户也"，"主一十三万九千一百三十七，客无"[1]。因此，宋代的五等下户可能占据了乡村客户的相当比例，以致在一些地方如秀州出现了"皆佃户"而"客户无"的情状。

宋代乡村五等下户的经济地位实际上不一定比客户好到哪里去。吕南公说：税额"百钱十钱之家，名为主户，而其实则不及客户"[2]。真德秀也说："五等下户，才有寸土"，"名虽有田，实不足以自给"，"其为可怜，更甚于无田之家"[3]。由此，我们可以推测，宋代佃农中纯粹的无产农户所占比例可能相当有限，有鉴于此，此处讨论宋代乡村民户时虽不直接讨论乡村客户，而实际上对宋代乡村五等下户的相关讨论已经对此有所囊括。那么，在宋代的五等乡村主户中，上等主户、下等主户以及乡村客户大体维持了一个什么样的比例呢？

(二) 宋代五等主户比例分析

范仲淹在《答手诏条陈十事》中指出："今河南府主客户七万五千九百余户，仍置一十九县，主户五万七百，客户二万五千二百，巩县七百户，偃师一千一百户，逐县三等而堪役者，不过百家，而所要役人不下二百数。"[4]北宋中期河南府共有十九县，计有主户50700户，每县平均2669户；其中巩县700户，偃师1100户，在河南府诸县中属于户数较少的县份，逐县可以服役的三等以上主户不超过300家。如果按逐县主户2669之平均数计算，则三等以上主户略超过11%，四、五等户则高

---

[1] (宋) 王存撰：《元丰九域志》卷五《两浙路》，中华书局1984年版，第220页。
[2] (宋) 吕南公：《灌园集》卷一四《与张户曹论处置保甲书》，文渊阁《四库全书》本，第1123册，第140页。
[3] (宋) 真德秀：《西山文集》卷一〇《申尚书省乞拨和籴米及回籴马谷状》，文渊阁《四库全书》本，第1174册，第159页。
[4] 《长编》卷一四三，仁宗庆历三年九月丁卯，第3442页。

第一章 从"地旷人稀"到"人稠地狭"变化中的宋代乡村 43

达 89%。

另据郏亶《吴门水利书》载:"苏州五县之民,自五等已上至一等不下十五万户,可约古制而户借七日,则岁约百万夫矣;又自三等已上至一等不下五千户,可量其财而取之,则足以供万夫之食与其费矣。"① 据此可知,苏州府五县主户共计有 150000 户,一到三等主户不下 5000 户,由此可以推算出,三等以上上户占主户比例为 3.3%,三等以下下户占主户比例为 96.7%。

我们所说的下户主要是指拥有少量土地的自耕农、小自耕农和半自耕农,即四等主户和五等主户。那么,在下等主户中,四等主户和五等主户又分别是一个什么样的比例呢? 元祐元年(1086),上官均谓:"今天下之民,十室之中,赀用匮乏者十之六七。"② 这句话中所谓"赀用匮乏者"既可兼指下等户,也可专指五等户,而且以指称五等户的可能性为大。既然如此,我们据此可以推算元祐元年全国五等户约占天下主户总量的 60%—70%。

熙宁六年(1073),陈枢称:"两浙第五等户约百万,出役钱裁五六万缗,钱寡而所敷甚众。"③ 另据《文献通考·户口考二》引述《中书备对》称:在两浙路,"户,主一百四十四万六千四百六,客三十八万三千六百九十"。主户总计 1446460 户,而五等主户约为百万户,据此推算出五等主户约占主户总量的不到 70%。

袁州知州辛炳于宣和三年(1121)曾指出:"今取会到本州倚郭一县人户,数内一万四千五百一户各系纳夏税绢一尺。"④ 根据宋代有关的纳税规定可知,"纳夏税绢一尺",其占田规模一般会少于一亩。另据《宋史·地理志》载:袁州所属四县,"崇宁户一十三万二千二百九十九"⑤。现据元丰初年该州客户占四成的比例,剔除客户之数,可以估算出袁州当时有主户约 79380 户,四县中每县平均起来不足二万户。并且,在两万主户中,所占田产不足一亩的主户高达 14501 户,超过主户总数的 75%。如果与客户相加,则可以推测占地不到一亩和无地客户总量要占到袁州乡村民户的超过八成。

乾道三年(1167)闰七月,天目山暴发山洪,临安县乡村民户 285

---

① (宋)范成大:《吴郡志》卷一九《水利》,江苏古籍出版社 1999 年版,第 273 页。
② 《长编》卷三七八,哲宗元祐五年五月乙酉,第 9193 页。
③ 《长编》卷二四八,神宗熙宁六年十二月戊寅,第 6055 页。
④ 《宋会要辑稿·食货》七十之二六,第 6383 页。
⑤ 《宋史》卷八八《地理志四》,中华书局 1977 年版,第 2190 页。

户受损，其中，"除五户无税可放，二百八十家各有合纳税赋。……数内周向等二十四家冲损屋宇家计，溺死人口，欲放今年夏秋两料并来年夏料；钱于兴等一百四十一家冲损屋宇，什物不存，欲放今年夏秋税两料，盛庆全等七十家冲损一半屋宇什物，欲放今年夏料。以上三项，并系第五等以下人户。及钟友端等四十五家，各系上户。内钟友端等四户被水至重，欲放今年夏料，施理等四十一户被水次重，欲放半料"①。其中"无税可放"的，笔者推测当是客户。在285户受灾民户中，客户仅有5户，不足2%；五等下户235户，超过82%；上户45户，不到16%。从这条材料我们还可以发现，至少在南宋的江浙地区，客户在乡村民户中所占比例不高，而绝大多数的乡村民户都属于第五等主户。

乾道六年（1170），吕祖谦在替张栻作的《乞免丁钱奏状》中称："通计（严州）六县，第一等至第四等户止有一万七百一十八丁，第五等有产税户共管七万一千四百七十九丁，虽名为有产，大率所纳不过尺寸分厘升合秒勺，虽有若无，不能自给。"②将一到四等10718丁与第五等71479丁相加，可知严州六县五等主户中纳税定数共计有82197人，据此可以进一步推算出第五等户纳税丁数占所有有产主户丁数的87%。

综上所述，可以得出这样一个推论，即宋代五等下户在所有主户中的一般比例为六到七成，有些地方可能高达八成。假定客户有三分之一，则可以推测出五等下户占天下户籍总数的45%。实际上，在宋代的五等下户虽有一定田产，但数量很少。我们还应当明确这样一个问题，即宋代所谓田产的范围不仅指可以耕种的田亩，宅基地、坟山等同样属于田产范围，有田产则为纳税主户。所以，有些五等下户即使没有田产，如果有宅基地和坟山的话，照样需要纳税。占到天下户数四五成的五等下户，许多不过是"名虽有产"，"实不足以自给"，本身也是佃农。由此可以推算，在宋代乡村租佃制度非常普及的情况下，需要佃种高等主户土地的佃农不仅包括客户，还应当囊括相当部分缺地少地的下户。据以上分析，笔者可以粗略估计，在宋代乡村，除客户以外，在五等主户中，上等主户（主要指一等、二等和三等主户）应当不足两成，而四等和五等主户应当占到天下主户的八成左右。如果将客户统计在内，则上等主户应当在一两成左右，下等主户应当占到五成到六成，剩下的客户大约为二三成左右。

---

① 《宋会要辑稿·瑞异》三之八，第2108页。
② （宋）吕祖谦：《东莱集》卷三《为张严州作乞免丁钱奏状》，文渊阁《四库全书》本，第1150册，第26页。

第三节　宋代乡村人稠地狭的状况

随着均田制的瓦解，尤其是随着宋代乡村人口的增加，家庭农户为适应新的生产形势需要，更加倾向于以"三代五口"左右的中小家庭为主。实际上，宋代乡村农户家庭规模的形成有着诸多客观的经济因素，其中一个很重要的原因便是，宋代乡村农户的土地占有量与唐代相比明显下降。同时，宋代征收赋役依据乡村民户田产多寡，并将乡村民户依田产多寡而分列五等。因此，考察乡村五等民户的土地占有量，对于了解宋代乡村经济生活的基本状况，并在此基础上探讨宋代乡村民户的家庭经济的其他形式，具有非常重要的作用。因为，土地占有情况是衡量与考察乡村民户经济生活的基本前提，乡村民众的其他经济生活必然要以土地为核心而展开。

具体到宋代乡村五等民户的土地占有情况，我们在考察时需要关注这样一个大前提，那就是，宋代乡村从人地比例的整体关系而言，与前代相比，基本处于一种人稠地狭的状态。宋代乡村的经济和社会，面对人稠地狭的乡村图景，不得不采取一些适应人多地少矛盾的自我调整，如宋代出现了与水争田、与山争田、生子不举、计产生子等乡村风气，并在乡村经济生活中自觉加强了家庭手工业和农产品商品化等兼业行为，这都是宋型家庭面对人稠地狭的乡村图景主动调节乡村家庭生产结构的客观表现。

漆侠先生认为："北宋初年以来垦田同户口一样是不断增长着的。这就深刻地说明了，在宋代，人口，特别是劳动人口的大幅度增长，是推动垦田面积扩大的最根本的一个因素。"[1] 在古代，人口作为最主要的生产要素，其数量增加必然意味着垦出数量的增加，至少在自然生产条件相对优越的古代东亚地区是这样。人口的增加和土地的增加必然造成人地比例关系的变化。宋代人地比例的变化便是建立在人口增加导致的土地大面积垦殖的基础之上的。如果人地比例处于适中的状态，乡村社会秩序将比较安定，乡村民户的生活情况也会相应较好，反之，宋代乡村的秩序会比较动荡，民户生活水平也会受到抑制。那么，宋代乡村的人地比例到底处于一种什么状态呢？要说明这一问题，必须对宋代乡村五等民户的土地占有情况进行分析，同时对宋代人稠地狭的乡村图景进行立体的呈现。有鉴于

---

[1] 漆侠：《宋代经济史》（上册），上海人民出版社1987年版，第58页。

此，本节拟从宋代乡村民户的土地占有量、宋代乡村土地纠纷增多、宋代乡村民户计产生子等角度，对从唐代地旷人稀到宋代人稠地狭转换中的宋代乡村进行考察。

一 乡村人多地狭的基本矛盾

在古代的农耕社会中，人口作为最重要的生产要素之一，其增长可以促进垦田面积扩大。宋代人口规模的显著增加为大面积土地的垦殖提供了充足的劳动力。宋初的一百多年间，宋代乡村民户在政府奖励垦荒的刺激下，大量开垦荒地，使得土地种植面积成倍增加。宋初的人口增加与土地开垦情况，见下表1-1：

表1-1①　　　　　　　宋初人口增加与土开垦情况一览

年份	全国户数 （单位户）	全国垦田数 （单位亩）	每户平均垦田数 （单位亩）
宋太祖开宝九年 （976年）	3,090,504	295,332,060	95.56
宋太宗至道三年 （997年）	4,132,576	312,525,125	75.62
宋真宗天禧五年 （1021年）	8,677,677	524,758,432	60.47
宋仁宗皇祐三年 （1051年）	—	228,000,000	—
宋英宗治平三年 （1066年）	12,917,221	440,000,000	34.06
宋神宗元丰六年 （1083年）	17,211,713	461,455,000	26.82

通过上表我们可以发现，自北宋初年以来，宋代乡村的垦田规模随人口增加而增加。这充分说明，人口的增长是促进垦田规模持续增加的主导因素。自宋太宗开宝末年到宋真宗天禧末年，历时不过六十多年，宋代乡村民户总数却从三百万户增加到八百六十七万七千多户，垦田规模也从不

---

① 引自漆侠《宋代经济史》（上册），第58页，部分数字据《文献通考·田赋考·历代田赋之制》所载计算得来。

第一章 从"地旷人稀"到"人稠地狭"变化中的宋代乡村 47

到三百万顷增加到五百二十多万顷。此外，表1-1还显示，宋仁宗皇祐年间，乡村民户数量持续增长，而国家登记在册的乡村民田总量却出现了显著下降。此后，宋英宗和宋神宗年间垦田规模虽有所回升，但却没有恢复到宋真宗天禧年间的水平。究其原因，大概是因为宋代乡村民户为规避田赋徭役，有意隐匿田亩所致。

那么，宋代乡村隐匿民田的规模到底有多大呢？王安石变法期间，即熙宁五年（1072），北宋开始在乡村推行方田均税法，到元丰八年（1085）此法废止时止，北宋政府共在开封府及河北等五路清丈出乡村隐匿民田近一亿三千亩。由此可见，隐田漏税在宋代乡村相当普遍，而政府登记在册的垦田规模与实际垦田规模亦存在相当大的出入。[①] 其原因在于宋代继承了唐代两税法的基本精神，依据乡村民户田产多少征收两税。实际上，在宋代，乡村民户人口的多寡也与赋税多少直接相关，因为在宋代有很多寡妇改嫁、自虐致残的例子，这都说明隐匿人丁数量的问题在宋代乡村同样存在。无论隐匿人口还是隐匿田亩，都说明宋代乡村实际的垦田规模与登记在册垦田数量出入较大，只不过是，如果考虑上述隐匿户口的因素，实际隐匿的垦田规模可能会更多。据吴慧推算，北宋神宗元丰五年（1082）时，全国垦田面积为461.64公顷，而全国户数徽宗大观四年（1110）为近两千一百万户，前后间隔28年，垦田规模应当不会有太大变化，以每户五口计算，则户均土地占有量也仅为四十亩，其户均土地占有量也仅与汉代持平。[②] 另据梁方仲推算，太祖开宝九年（976）乡村五等民户的平均土地占有量为47.01亩，太宗至道二年（996年）每户平均为95.56亩，真宗景德三年（1006年）为68.32亩，天禧五年（1021年）户均为25.08亩，人均为11.42亩，仁宗皇祐五年（1053年）户均为60.47亩，人均为26.33亩，英宗治平三年（1066年）户均为21.13亩，人均为10.23亩，神宗元丰六年（1083年）户均为34.06亩，人均为15.12，神宗元丰八年（1085年）户均为26.82亩，人均为18.49亩。[③] 梁先生的统计与推算在北宋末年的户均土地占有量上与笔者存在较大出入。梁先生的统计可能依据的是宋代人口统计中关于宋代乡村民户平均人口不足2人的官方统计。实际上，关于宋代乡村民户的家庭规模，研究者已多，户均不足2人的官方数据推算早已引起学界质疑。因此，梁先

[①] 漆侠：《宋代经济史》上册，第59页。
[②] 吴慧：《中国历代粮食亩产研究》，农业出版社1985年版，第165页。
[③] 梁方仲：《中国历代户口、田地、田赋统计》，中华书局2008年版，第10—13页。

生的推测可能较宋代乡村民户的平均土地实际占有情况明显偏多，其得出此种结论的原因则在于对宋代乡村民户的家庭规模估计过小。

从表 1-1 中，我们还可以发现，随着宋代乡村人口的不断孳衍，乡村民户的垦田总量总趋势是在增加，如果考虑民户隐匿田产的因素，其垦田总量应当是在持续增加。然而，乡村民户的平均土地占有规模却在其垦田总量总体增加的情况下出现了明显的下降，到宋太宗至道三年（997）户均土地占有量由宋太宗开宝九年（976）的 95.56 亩已降至户均 75.62 亩，到宋神宗元丰六年（1083），户均土地占有量已经下降到 26.82 亩。上节，我们已经讨论了宋代乡村民户的平均人口数量，如果以"三代五口"之家推算，那么宋太宗开宝九年，宋代乡村民户人均土地占有量约为 19.11 亩，到宋太宗至道三年（997）乡村民户的人均土地占有量则下降到 15.12 亩，而到北宋中后期的宋神宗年间，宋代乡村民户的人均土地占有量则已经低至 5.36 亩。这种人均土地的推算是在不考虑宋代乡村存在大量无地客户的前提下进行的，如果考虑到宋代乡村存在大量的乡村客户，而且其比例还至少要占到宋代乡村的五分之一甚至更多的情形，那么整个宋代乡村，其人均耕地占有量还会更少。

宋代乡村在垦田规模不断增加的情况下，为什么还会出现乡村民户垦田规模的直线下降呢？笔者以为，其原因主要有两个方面。一方面，是由于大量乡村民户隐匿田产乃至人口数量，导致登记在册的田亩总数不实。随着宋代乡村社会秩序的不断稳定，宋政府推行两税法的力度不断加强，由此导致，到北宋中后期，乡村民户隐匿田产的现象更加普遍且更加严重。另一方面，人口的持续增长是导致乡村民户土地占有量持续下降的主要原因，即乡村民户新增垦田数量的增加远远赶不上新增人口的土地需求。宋初，全国不过三百多万户，以每户五口的家庭规模推算，乡村五等民户的人口数量不过两三千万人，而到北宋末年，全国户口总数却已高达一千七百多万户，乡村五等民户的人口总量已经高达八九千万人，有学者推测实际人口数突破一亿。当然，这种推算只考虑了在宋代乡村实际占有土地的"五等民户"，如果将宋代乡村的大量客户统计在内，宋初的人口总量当在四五千万，而北宋末年，宋代的人口总量则很可能已经超过一亿。

可见，宋代乡村在持续的人口增加压力下，人稠地狭的矛盾已经相当突出。以上统计与推算仅仅是北宋的基本情形。到南宋，由于国土面积骤然减少，加上北方人口大量南迁，其乡村的人地矛盾较北宋要突出的多。由于缺乏南宋全国户口以及田亩统计的相关资料，笔者难以对此做宏观的定量分析。但在下文会对南宋局部地区的乡村民户土地占有情况进行介绍。

二 乡村五等民户的土地占有情况

宋代乡村民户在土地垦殖规模不断增加的情形之下，随着乡村人口的不断增加，每户的实际土地占有量在持续下降。宋朝政府为了确定缴纳两税的依据，依据田产的多寡将乡村民户分为五等，并将每户居民的田产数量和人口信息登记在册，形成"五等丁产簿"。那么，在宋代五个层次的乡村民户中，其土地占有情况又是怎样的呢？由上文可知，宋代历朝因土地垦殖规模和人口数量一直在变化，其乡村民户的平均土地占有量总体呈现出下降趋势，人稠地狭的矛盾在一些经济相对发达的地区已经表现得相当明显。因此，宋代五等民户的土地占有数量在"田制不立""不抑兼并"的情况之下，总体来说，应当处于频繁的变化之中，如此一来，笔者很难对五等民户的具体土地数量做定量分析，但可以对乡村五等民户的土地占有比例做适当推测。

按宋朝制度，乡村的主户依财产多少划分为五等。一等户为占田三顷以上的大地主；二等户为占田一顷至三顷的中小地主；三等户为占田二顷左右，有的属于自耕农，有的是小地主；四等户为仅占田几十亩，有的属于自耕农，大部分是半自耕农、半佃农。五等户为只占有极少数量土地的贫民。实际上，宋政府虽对五等民户的土地数量有一个数量标准，但这套标准未必适用于全国每个地区。因为，宋代各地的人地比例情形不同，如果是地广人稀之地，这样的田产定等标准也许适用，但随着宋代乡村人口数量的持续增长，东南沿海、长江中下游以及华北平原等地的人地矛盾已经相当突出，很难再依据这个田亩标准来划分出五等民户。在实际执行中，宋代各地往往根据乡村民户的实际田产总量，按照由多到少的顺序依次分出五个等级。在此情形之下，单纯讨论每等民户的土地占有量实际已没有多大价值。笔者认为宋代乡村的五等民户，从其田产占有规模的大体情况来说可以分为两个层次，一、二、三等占有土地规模较大，至少为自耕农，即不须佃种更高户等民户的土地，我们可以称之为"上等民户"，而四、五等乡村民户，虽占有一定量土地，但仅靠耕种自有土地无法完粮纳税和养活自己，必须佃种一部分土地才能满足自身需要，因此，他们实际上是"下等民户"。有鉴于此，笔者从"上等民户"和"下等民户"的角度对宋代乡村民户的土地占有情况略作分析。

（一）宋代乡村五等上户的土地占有情况分析

宋代乡村的五等上户主要由一等户、二等户和三等户构成。田产多少同样是划分上等户层次的主要标准。宋代乡村的一等户主要由官户、形势户等具有贵族或官僚背景的人构成，即"皇帝以下，大地主阶层是由官户、形势户以及占田四百亩以上的一等户至无比户组成的"[1]。此外，一些大商人和大高利贷者经商致富以后也会买田置地，从而转化为宋代乡村的一等户。总体看来，宋代乡村的一等户占田规模一般在四百亩以上。一等户人数虽然不多，但占田规模却相当大。据漆侠先生估算，宋代的乡村一等户"占总户口不过千分之三、四到千分之五、六，但占有的土地则是垦田面积的百分之四五十"[2]。据《夷坚志》记载，德兴县吴彦柔"有田千亩"[3]，鄞州京山县张祥"雄于乡里，名田藏镪，金银布帛，皆以亿计，故里俗目之为十万"[4]。可见，宋代乡村的一等民户从占田规模来看应当属于乡村的特权阶层，甚至有些属于"无等户"。凭借强大的经济基础，一等户往往成为主导宋代乡村的社会力量，有些甚至恃强为恶，鱼肉乡里。

如据《宋史·吴元载传》载：

> （秦州）州民李益者，为长道县酒务官，家饶于财，僮奴数千指，恣横持郡吏短长，长吏而下皆畏之。民负息钱者数百家，郡为督理如公家租调，独推官冯伉不从。益遣奴数辈伺伉按行市中，拽之下马，因毁辱之。先是，益厚赂朝中权贵为庇护，故累年不败。及伉屡表其事，又为邸吏所匿，不得达，后因市马译者附表以闻，译因入见，上其表。帝大怒，诏元载逮捕之。诏书未至，京师权贵已报益，益惧，亡命。元载以闻，帝愈怒，诏州郡物色急捕之，获于河中府民郝氏家，鞫于御史府，具得其状，斩之，尽没其家。益子仕衡先举进士，任光禄寺丞，诏除籍，终身不齿。益之伏法，民皆饭僧相庆。[5]

另据《宋史·胡顺之传》载：

---

[1] 漆侠：《宋代经济史》上册，第504页。
[2] 漆侠：《宋代经济史》上册，第504页。
[3] （宋）洪迈：《夷坚志》支戊卷七《桃源潭龙》，中华书局1981年版，第1108页。
[4] （宋）洪迈：《夷坚志》支景卷一《张十万女》，第885页。
[5] 《宋史》卷二五七《吴元载传》，第8949页。

第一章 从"地旷人稀"到"人稠地狭"变化中的宋代乡村

（青州）大姓麻士瑶阴结贵侍，匿兵械，服用拟尚方，亲党仆使甚多，州县被陵蔑，莫敢发其奸。会士瑶杀兄子温裕，其母诉于州，众相视曰："孰敢往捕者？"顺之持檄径去，尽得其党。有诏鞫问，士瑶论死，其子弟坐流放者百余人。①

可见，宋代的一等户不仅是田连阡陌的大土地所有者，而且在乡村具有极大的权势。其自身往往具有贵族或官僚背景，乃至通过自身的经济实力与"朝中权贵"勾连甚多。其占田之多，权势之大，乃至一般的地方官僚都对其无可奈何。一般的乡村小民，除租佃耕种其土地外，往往成为其欺压的对象。然而，从另一个角度看，宋代乡村的一等民户往往又是主导宋代乡村社会秩序的精英阶层，乡村管理和控制的实现，往往又需要借助其在乡间的绝对权势，成为捍卫宋代王朝统治的民间根基。从土地流转的角度看，宋代乡村的一等户往往成为土地兼并的主体，其通过控制乡村经济的运行，凭借自身的经济实力，进行土地的兼并和集中。对宋代乡村一等民户，北宋末年，著名词人秦观曾经感叹：其"从骑僮，带刀剑，以武断于乡曲，毕弋渔猎、声伎之奉，拟于王侯，而一邑之财十五六入于私家矣"②。可见，北宋末年，乡村土地的兼并情况已经相当严重，尤其是一等民户，往往成为乡村中进行土地兼并的主导力量，以至于出现了一县之财，半入豪家的情景。

宋代乡村民户中的二等户占田规模一般在两顷以上，四顷以下，其中"也包括王安石变法时期所划分的第一等户中的戊等以及一部分官户"，即文献中所谓"第二等以上有力之家"③。据叶适的统计，有田一百五十亩到四百亩之间，大约为宋代乡村二等民户的大致占田范围。宋代乡村的二等民户虽不如一等户那样田连阡陌，势吞乡里，但也基本衣食无忧，生活优裕。熙宁变法期间，整顿吏治是重要内容，因而对诸路的监司和州县官员要求甚为严格，凡行为不端，多遭贬谪。有些地方官因而主动申请去职。有官员孔嗣宗谓：其家"弊屋数椽，聊避风雨，先畴二顷，粗足衣粮"④。在宋代的乡村，有田二百亩的二等民户基本可以过上衣食无忧的生活。另外，二等户中有一部分占田规模并不多，但也超过百亩。

---

① 《宋史》卷三〇三《胡顺之传》，第 10046 页。
② （宋）秦观撰，徐培均笺注：《淮海集笺注》卷一五《财用上》，上海古籍出版社 1994 年版，第 593 页。
③ 漆侠：《宋代经济史》上册，第 513 页。
④ （宋）魏泰：《东轩笔录》，唐宋史料笔记丛刊，中华书局 1983 年版，第 124 页。

宋代乡村中的三等户，则主要是指占田规模在百亩以上到一百五十亩之间的乡村民户，其税钱一般在一贯左右。三等民户和二等民户中的下等部分，其界限很难区分，但即便三等民户中的下等民户，其占田规模也当在百亩左右。宋代乡村民户中的三等民户之所以被划为上户在于其与下户的一个显著区别，三等民户占田虽少，但也在百亩上下，必须将一部分土地租佃给客户耕种。因为即便一个六七口人之多的南方三等民户，耕种百亩水田也是难以完成的，至于北方的旱地，对于一个"三代五口"的三等民户来说，独立耕种起来也基本为不可能之事。南宋曹彦约为都昌县的乡村民户，其湖庄"有田百亩，或杂于其间，或绕其旁，取秫稻于下限，课粟麦于坡阜，有仆十余家可以供役"①。说明有田百亩的乡村三等民户，一般需要将田地租佃给客户耕种。宋代的三等民户，虽为上户，但除却赋役，其生活维持温饱应当略有结余。就其生活水平而言，在宋代乡村民间，应当属于富裕殷实之家。

（二）宋代乡村五等下户的土地占有情况分析

皇祐二年（1050），面对四川人稠地狭导致的民生之艰，丁度感慨到："蜀民岁增，旷土尽辟，下户才有田三五十亩，或五七亩而赡一家十数口，一不熟，即转死沟壑。"② 丁度所讲的下户"有田三五十亩或五七亩"指的就是宋代四川乡村中的四等户和五等户。如果以"三代五口"的家庭规模看，四等户有田四五十亩显然无法赡养全家老小，需要佃种一部分土地才能自足，实际上属于半自耕农或说半佃农。而有田五、七亩的乡村下户则基本介于有无之间，应当属于宋代乡村民户中的五等户，其家庭生计的主要来源需要依靠佃种上户土地所得。

北宋乡村民户中的四等民户和五等民户占据了宋代乡村民户的一半左右，其占田规模对于研究宋代乡村经济具有重要意义。那么，宋代乡村民户中的四等户和五等户划分的具体标准怎样呢？雍熙元年（984）正月，"澶州言民诉水旱二十亩以下求蠲税者，所需孔多，请勿受其诉。上曰：若此，贫民田少者，恩常不及矣"③。又据元丰八年（1085）四月，枢密院所言：府界三路保甲，"第五等以下田不及二十亩者，听自陈，提举司审验与放免"④。嘉定十七年（1227）秋，真德秀也曾指出：潭州"今春

---

① （宋）曹彦约：《昌谷集》卷七《湖庄创立本末与后溪刘左史》，文渊阁《四库全书》本，第1167册，第96页。
② 《长编》卷一六八，仁宗皇祐二年六月末，第4048页。
③ 《长编》卷二五，太宗雍熙元年正月末，第572页。
④ 《长编》卷三五四，神宗元丰八年十一月丙午，第8484页。

艰食，诸处细民窘迫至甚，惟长沙县诸乡有社仓二十八所，凡二十亩以下之户皆预贷谷，赖此得充粮种，比之他县贫民，粗有所恃"①。以上几条是关于宋代乡村赈济的材料，在宋代乡村，每逢灾荒年月，属地官员往往乞免钱粮。然而，是否予以蠲免，蠲免多少，除视被灾严重程度以外，一个重要的依据便是宋代乡村民户的土地占有量。从以上数条材料可见，二十亩往往是宋代政府考量是否予以减免的关键数字。实际上，二十亩之数很可能就是宋代乡村中第四等民户和第五等民户土地占有规模的划分依据。当然了，宋代各地人地比例关系相差很大，有的地方人稠地狭，有的地方地旷人稀，乡村户等的划定虽有政府的指导性意见，但还是要根据各地的实际情况，自行确定标准。然而，二十亩至少应当是宋代乡村民户四等和五等的一般界限。因为按照宋代的粮食产量来看，二十亩之出产基本介于自给自足和不足赡养的临界点。

元祐初年，河北西路定州安喜县有"户一万三千有余，而第四等之家乃逾五千，每家之产仅能值二十四缗而上，即以敷纳役钱"，"当役法未行时，第四等才一千六百余户，由役钱额大，上户不能敷足，乃自第五等升三千四百余户入第四，复自第四等升七百余户入第三"②。据梁太济推算，"北宋中叶以前的地价，每亩大致在一缗上下"③。由此可以推测，安溪县没有推行新法之前，四等和五等民户的划分标准可能高于"二十四缗"，因上等户不足无法完粮纳税，于是降低划分标准，将下等户中的一部分划入更高户等。按照梁先生一亩地折价一缗的推测，"二十四缗"约合二十四亩地，新法未推行之前划分标准多于"二十四缗"，意味着相当于多于二十四的田地。考虑到这二十几缗资产中虽以田地为主，但也会包含其他杂产，扣除杂产后，四等户和五等户的田地占有量大体也应当在二十亩左右。

另据王十朋《梅溪先生文集》记载，两浙路绍兴府的余姚县在绍兴末年"物力及三十八贯五百文者为第四等，三十八贯四百九十九文者为第五等"④。乾道九年（1173），会稽县和买绢时，"物力钱一十九贯有奇，

---

① （宋）真德秀：《西山文集》卷一〇《申尚书省乞拨和籴米及回籴马谷状》，文渊阁《四库全书》本，第1174册，第159页。
② 《长编》卷二六四，哲宗元祐元年正月戊戌，第8704页。
③ 梁太济：《宋代五等下户的经济地位和所占比例》，《杭州大学学报》（哲学社会科学版）1985年第3期，第99页。
④ 《宋会要辑稿·食货》七十之七六，第6408页。

便科一匹，则是有田一亩，即出和买七尺"①。绸绢一匹为四丈，相当于四十尺。如此推算，田地一亩折合物力钱约为三又三分之一贯；余姚县和会稽县的五等户占地规模当以二十亩为上限，二十亩同样为四等户和五等户的基本界限。宋代福建各地定户等一般现根据土地多少和高下定出一个折钱标准，然后依据钱财多少定出户等，如泉州府惠安县分田为九等，折钱自十六文到十四文为上等户，从十三文到十一文为中等户，从三文到九文为下等户，"其田地产钱自一文至一百九十九文为第五等"②。那么，如果以中等之田每亩折钱十二文推算，第五等户的占田规模仅为十七亩左右。对此，张守指出："土地不同，或相殊绝，如山阪斥卤与夫鱼鳖之地，有捐以与人人莫肯售者，贫民下户坐纳税租者盖不少也，比之良田，百不当一。"③ 可见，张守认为贫民下户的土地中，"山阪斥卤与夫鱼鳖之地"占了相当大的比重，如果以中等之田估算，显然标准相对过高，如果换为以下等之田一亩折钱九文推算的话，第五等户的占田规模，其上限正好在二十亩上下。

早在北宋中后期，随着乡村经济的持续发展，乡村人口大量滋衍，而在一些水土条件较好的地区，大量荒地已经开垦殆尽，人多地狭的矛盾已经凸显。五等下户二十亩的占田上限在很多乡村经济发育相对成熟的地方已经成为奢望。熙宁初曾巩所说："一户得粟十石，得钱五千，下户常产之赀，平日未有及此者也。"④ 二十亩的红线已难保住，乡村民户甚至以五到七亩的人均土地占有规模作为自己心中的理想数字。可见，北宋一些乡村人多地狭的冲突已经相当之严重。然而，在很多地区的乡村，即便六七亩的心理红线，实际也难以维持。因为，人口的不断滋衍将四等户和五等户的占田界限不断拉低。到了南宋，因国土面积骤然缩小，加之，大量北方人口徙居南方，长江以南尤其是经济开发相对较早的四川、两浙和福建等地，人稠地狭的乡村图景已经非常明显，人地矛盾已经相当突出。五等户二十亩的土地上限在一些人地矛盾比较突出的地方，已是奢望。

到了南宋中后期，乡村人地矛盾更加突出，下户的土地占有规模持续

---

① 《宋会要辑稿·食货》三八之二四，第5478页。
② （明）张岳：《嘉靖惠安县志》卷六《田赋》，天一阁藏明代方志选刊，新文丰出版公司1909年版。
③ （宋）张守：《毗陵集》卷七《论措置民兵利害札子》，文渊阁《四库全书》本，第1127册，第747页。
④ （宋）曾巩：《元丰类稿》卷九《救灾议》，文渊阁《四库全书》本，第1098册，第427页。

下降，很多地区甚至降到一、两亩的水平。淳熙七年（1180），"朱熹知南康，讲荒政，下五等户租五斗以下悉蠲之"①。如果按照"亩税一斗，天下之通法"②进行推算，南康当地五等下户"租五斗以下"说明其占田规模当在五亩以下，有些下户的占田规模可能只有一两亩。南康所在的赣南地区，基本为山区，虽近于江浙、福建等经济开发相对较早的南方地区，但整体看来，此地人地矛盾应该较其他地方缓和。而其五等下户占田规模之少足以说明，南宋中后期，南方乡村人多地狭的矛盾已经相当普遍。再如淳熙九年（1182），朱熹提举浙东常平并奏义役利害，朱氏曾提到当时处州"令下户只有田一、二亩者亦皆出田，或令出钱买田入官"③。由此可见，南宋的浙东地区，乡村民间农户，下户中有很大的比例占田规模当在一亩之下。此外，四川各地"下等税户或绸绢不及尺，或丝绵不及两，或米豆不及升"④，推算下来，其五等下户的占田规模也在一亩以下。荆湖北路甚至出现了"一钱粒粟，即名税户"⑤的现象，浙西严州的五等乡户，"虽名为有产，大率所纳不过尺寸分厘升合秒勺"⑥。由此看来，南宋中后期，乡村民间的人地矛盾已经相当突出，人多地狭已经成为南宋乡村经济发展的客观结果，并成为乡村社会的基本图景。

三 人多地狭的状况及自我调适

整个宋代，乡村土地的垦殖面积总体来说，都在缓慢扩大，但人口滋长的速度超出了土地的增长速度。尤其是到了南宋，国土面积骤然缩小，而大量北方人口的南迁使得东南地区的人地矛盾相当突出。总体来说，与唐代均田制下人丁授田百亩相比，宋代的人均耕地面积已难以与之相提并论。在宋代乡村，占田百亩应当属于三等民户，而实际上，大多数的四等民户和五等民户，土地占有量相当有限，五等民户中有相当部分的民户，其占田规模在一两亩甚至更少。如果说，唐代，尤其是唐代中前期，乡村

---

① 《宋史》卷三八九《尤袤传》，第11924页。
② （宋）龚明之：《中吴纪闻》卷一《王赟运使减租》，宋元笔记丛书，上海古籍出版社1986年版，第24页。
③ （宋）朱熹：《晦庵集》卷一八《奏义役利害状》，文渊阁《四库全书》本，第1143册，第340页。
④ 《长编》卷三七七，哲宗元祐元年五月壬戌，第9158页。
⑤ （宋）薛季宣：《浪语集》卷二〇《论民力》，宋集珍本丛刊，四川大学古籍整理研究所编辑，线装书局2004年版，第309页。
⑥ （宋）吕祖谦：《东莱集》卷三《为张严州作乞免丁钱奏状》，文渊阁《四库全书》本，第1150册，第26页。

还呈现出一种地广人稀的乡村图景的话。那么，到宋代，其乡村民户的人均土地占有情况足以说明，宋代的乡村基本处于一种人多地狭的状态。宋代乡村人多地少的社会状态使得宋代乡村民间出现了计产育子、生子不举、土地争讼增多以及节育的社会现象。这些现象也从说明，宋代乡村的人地矛盾已经相对突出。

（一）人多地狭压力之下民间的计产育子与生子不举

在福建、江浙和荆湖以及四川地区，到南宋时，人地矛盾已经非常突出，甚至出现了五等民户占地规模不到一亩乃至介于有无之间的情状。为应对人多地狭的乡村经济状况，这些地区的乡村民户不得不"计产育子"或"生子不举"。南宋初年的理学名臣杨时就曾指出："闽之八州，惟建、剑、汀、邵、武之民多计产育子，习以成风。虽士人之间亦为之，恬不知怪……吾郡吾邑，此风唯顺昌犹甚，富民之家不过二男一女，中下之家大率一男而已。"另据杨时《范君墓志铭》载："闽中地峭而人贫，俗俭陋，常以不足为忧，多计产育子，虽士人不免者，浸而成风，恬不为怪。"①从这两条材料可以看出，"计产育子"的风俗在宋代福建的一些乡村民间相当普遍，其"富民之家"不过生养"两男一女"，至于一般的乡村民户一般"一子一女"罢了。"计产育子"的现象并非仅在相对贫困的下等民户中出现，即便士民人家，一般也不会无节制的生养。北宋学者王德臣也曾指出："闽人生子多者，至第四子则率皆不举，为其赀产不足赡也。若女，则不待三，往往临蓐贮水溺之，谓之洗儿。建州尤甚。"② 宋代计产育子的乡村社会习俗，不仅出现于福建。苏轼曾经援引王应麟的话指出："鄂岳间田野小人，例只养二男一女，过此辄杀之……其父母亦不忍，率常闭目背面，以手按之水盆中，咿嘤良久乃死。"③ 北宋末年，范致明于《岳阳风土记》中也指出："鄂岳之民生子，计产授口，有余则杀之，大抵类闽俗。"④另外，徽宗政和二年（1112），宣州布衣吕堂在上书中提及："男多则杀其男，女多则杀其女，习俗相传，谓之薅子，即其土风。宣歙为甚，江宁次之，饶、信又次之。"⑤ 高宗绍兴三年（1133），有两浙

---

① 引自李小红《计产育子：宋代南方家庭人口的自我调适》，《中国矿业大学学报》（社会科学版）2004年第2期，第111页。
② （宋）王得臣：《麈史》卷上《惠政》，宋元笔记丛书，第19页。
③ （宋）苏轼撰，孔凡礼点校：《苏轼文集》卷四九《与朱鄂州书》，中华书局1986年版，第1416页。
④ （宋）范致明：《岳阳风土记》，中国方志丛书，成文出版社1976年版，第31页。
⑤ 《宋会要辑稿·刑法》二之五八，第6524页。

第一章 从"地旷人稀"到"人稠地狭"变化中的宋代乡村 57

路官员上奏谓:"浙东衢、严之间,田野之民,每忧口众为累,及其生子,率多不举。"① 即便在经济相对发达的两浙和鄂、岳地区,生子不举和计产育子的风俗在民间也相当盛行。

在中国古代的传统观念中,延续香火可以说是乡村民户的家庭目标,因此,有所谓"不孝有三,无后为大"的说法。宋代作为理学形成和发展时期,其传统的伦理精神应该得到了极大强化,无论生子不举抑或计产育子,与传统的伦理精神基本是相悖的。然而,宋代之所以出现计产育子和生子不举的人间惨剧,并且相对广泛地存在于南方乡村,甚至出现在一些后来理学相对发达的地区。如福建,上文所提及的建州各地,实际为理学的重要发祥地,因此福建也有"海滨邹鲁"之称。而福建、浙江以及两湖等理学相对发达的地区,之所以会出现计产育子和生子不举的民间现象,很大程度上说明,在人多地狭的宋代乡村中,一般民户为了维持家庭生计,只能通过减少家庭人口数量来维持其基本生活开销。中国南方经过近千年的开发,到宋代尤其是南宋,基本确立了中国经济重心的地位,大量的荒野闲田开垦殆尽,自福建、两浙、两湖以至四川,人口数量不断增加,人口密度不断增大,在当时的生产条件之下,可以开垦的土地资源已经相对匮乏。如在福建路,"土地迫狭,生籍繁伙;虽硗确之地,耕耨殆尽,亩直浸贵"②,"所居之地,家户联密,有欲耕而无尺土之地"③,两浙路也出现了"吴中四郊无旷土,随高下悉为田"④ 的乡村图景,南宋末年,浙江路黄震也曾惊叹:"浙间无寸土不耕。"⑤

宋代乡村计产育子和生子不举现象的存在,很大程度上是由人多地狭的乡村社会状态所致,对于这一点,当前学术界基本取得了比较一致的看法。梁庚尧认为,南宋中期后,福建和浙江地区,在当时的生产条件之下,能够开垦的土地基本已经开垦殆尽了,耕地的增加远远赶不上乡村民户的人口增殖。⑥ 宋代乡村民间的土地保有量在供养不断增长的人口时,已然面临相当大的压力,在此情境之下,乡村民户们不得不通过计产育子和生子不举的方式,控制人口数量和家庭规模,以保证人口数量与土地的

---

① 《宋会要辑稿·刑法》二之一四八,第6569页。
② 《宋史》卷八九《地理志》,第2210页。
③ (宋)蔡襄:《蔡襄集》卷二七《上运使王殿院书》,上海古籍出版社1996年版,第461页。
④ (宋)范成大:《吴郡志》,中华书局1990年版,第705页。
⑤ (宋)黄震:《黄氏日钞》卷七八《咸淳八年春劝农文》,文渊阁《四库全书》本,第708册,第810页。
⑥ 梁庚尧:《南宋的农村经济》,联经出版事业有限公司1984年版,第83页。

生产能力相适应。因此，生子不举和计产育子的乡村社会现象，正是宋代乡村民户面对人多地少的土地压力，而采取的一种自发的自我调适。尽管这种方式需要承担一定的伦理风险，但在人多地狭的乡村状态下，只有通过这种方式，才能维持家庭生计不至陷于困境。

（二）人地矛盾凸显下乡村土地纠纷

宋代乡村，在人多地少的情势之下，农户经营的土地呈现出零碎化状态。对宋代农户而言，无论自耕农还是佃户，每户实际经营的土地不仅面积相对较小，而且每个地块相距也可能很远。绍兴年间，有嵊县民户张益之将九亩三十三步水田卖与县学，《嵊县学田记》记载了其田地的零碎情况：

> 水田一丘坐落刻源乡碑头，田计二亩，东至王立、西至张踝、南至自己地、北至张木；水田一丘坐碑头，一角三十步，东至张弟、西至张回之、南至路、北至王立；水田一丘坐落潘碑头，计二角二十六步，东至张京、西至张李、南至业人地、北至张李；水田一丘坐落潘碑头，计二角六步，东至张木、西至张回之、南至溪、北至自己地；四项夏姨姑租，米一硕八斗。
>
> 水田一丘在坎头，计二十步，东至张什、西至张从归、南至张涌、北至张从归；水田一丘坐落庙下畈，计四十五步，东至路、西至张从归、南至张方、北至张方；水田一丘坐落庙下畈，计口亩一角三十六步，东至袁升、西至张回之、南至商振、北至樊昌莆；三项系张潘租，米一硕八斗。水田一丘坐落东山下畈，计一亩八步，东至张从之、西至张回之、南至张换、北至口口；水田一丘坐落东山下畈，计三角三十六步，东至刘荫、西南至张李、北至王屯；水田五丘一连坐落东山降头，计一亩，东至张号成、西至张潘、南至山路、北至张潘；三项系张木租，米一硕八斗。①

由此可见，南宋绍兴年间，嵊县乡村民户的田地分成很多地块，呈现出相当零碎的状态，而且每个地块相距也较远。从这条材料可以看出，民户张益之出售给县学的这部分水田已经分成了许多地块，而出售的水田可能只是其全部田产的一部分或一小部分。那么，其全部田产的零碎程度就

---

① 台湾新文丰出版公司编辑部：《石刻史料新编》第二辑第十册，《越中金石记》卷四《嵊县学田记》，新文丰出版公司1982年版，第7191—7193页。

可想而知了。乡村民户田地的零碎化很大程度上是由人口增长造成的。因为人口的增加和民户析产分家的推进必然导致地块越分越小，而土地的流转又导致民户土地更加零碎。

宋代乡村土地的零碎化在很大程度上是由人地矛盾的加剧造成的，而在人多地少的情况之下，土地的零碎化也在某种程度上导致涉及土地的民户纠纷明显增多。宋代关于土地的纠纷，既体现在家庭内部，也频频出现于民户之间。一方面，宋代乡村家庭的土地产业需要在家庭人丁不断增加的情况之下进行代际分配，既需要不断析产分家，由此导致乡村地块越分越小，而且容易在分家过程中出现关于土地家庭内部之争，"从《名公书判清明集》分析，争业诉讼在户婚门中占了很大比重，特别是当时最主要的生产资料——土地的争夺，尤为激烈"[1]。另一方面，在人多地狭的乡村状态中，宋人对土地的重视更趋强化，甚至对土地呈现出某种膜拜。在宋代乡村，土地神已经成为民间的普遍信仰，并得到政府的支持与认可。信仰土地神足以说明宋代乡村民户对土地的重视已经上升到无以复加的地步。在此情形之下，乡村民户之间，对零碎土地的边缘角落可以说是分毫必争。《名公书判清明集》中记述了这样一个案例：乡村民户聂忠敏和车言可因争田而去县署诉讼，该县官员对照土地的登记图簿查勘，但难以查明实际情况，遂不得不亲自走访踏勘：

> 所有车言可元买车迪功田，共计一十二亩二角一十七步，今打量已有一十二亩三十八步，虽亏折一角有零，然见其佃田头北来有一丘，众证递年是车言可耕布。当聂忠敏指系车迪功所卖田段，车言可坚执不许打量，已自使人未能无疑，及再相视，其田内洪水推损去处，崎岖曲折，难于牵绳者，尚有遗地，以此等地步配其亏折奇零之数，亦既有余矣。至于聂仕才之田，仅计七亩二角二十一步三尺，今打量止有五亩三角二十三步，却近亏折二亩，推寻其数，必是落在蒙彦隆、韩国威两家出剩数内，无可疑者。[2]

由此可见，在人多地狭的社会状态之下，宋代乡村的社会观念和社会秩序已经发生了显著变化。在人多地少的情况下，乡村民户为了维持家族

---

[1] 姚奕：《论宋代土地权利的法律调整及保护》，硕士学位论文，南昌大学，2010年12月，第37页。
[2] 《名公书判清明集》卷五《争业》，中华书局2002年版，第155—157页。

或家庭的生计，不得不通过计产育子或生子不举的办法来自觉控制家庭人口数量。控制家庭规模虽然与我国传统的伦理观念以及不控制人口生育的民间观念背道而驰，但在人多地狭的宋代乡村，自觉控制人口数量，从而缩小家庭规模，不仅有利于家庭人口的生计维持，而且有利于乡村社会秩序的稳定。对于宋代乡村尤其是南宋时南方一些经济开发较早的地区，其生子不举和计产育子等控制家庭规模的做法，知识精英虽然多有非议，政府也出台过一些限制计产育子的法令。但总体来说，无论政府抑或民间，对计产育子和生子不举的民间做法，在事实上采取了一种默认态度，虽有限制计产育子等的立法和法令，却从来没有去认真执行过。总之，无论计产育子还是乡村土地争讼的增多，都可以从一个侧面说明，宋代乡村的人地矛盾比较尖锐，自西汉以来，中国古代乡村"地旷人稀"的乡村图景已经被"人稠地狭"所取代。

第二章　宋代农业生产的进步与"兼业"的多样化

在人稠地狭的宋代乡村社会图景之下，乡村人口的增加与土地人均占有量的减少必然给乡村民户尤其是土地数量有限的乡村下户和无地客户造成不小的压力。为维持生计，乡村民户的家庭经营必须充分考虑影响农业生产的各种因素，如气候、水利、工具、农田管理和耕作制度等，在既有的生产条件之下，对土地进行集约经营，并努力改善生产工具、兴建水利设施、优化农业管理和耕作制度，同时充分利用气候中的有利因素，尽量避免或采取措施化解气候中的不利因素，争取将有限规模的土地在集约经营中取得最佳产量。同时，宋代乡村农业经济的长足发展还为农产品的商品化奠定了基础，使乡村民户可以按照各地的生产条件安排各种经济作物的种植，并由此导致了围绕农产品商品化而产生的各种副业和兼业状况，尤其是在一些农村经济相对发达的地区，宋代乡村民户在农业生产之外，积极从事粮油加工、家庭纺织、副业养殖，甚至有些乡村民户开始放弃农业生产而专门从事一些农副产品加工、乡村生活服务和手工业生产等，成为宋代乡村的专业户。

宋代乡村经济的显著特征：是从乡村副业转化而来的专业化生产发展迅速，并出现了专门从事农产品加工、服务乡村民户生活的工匠户和家庭手工业的脱产农民，其收入来源主要不是农业生产的粮食所得，而是专业化的某种商品生产。与此同时，宋代乡村民户还存在着悬殊的贫富差距，因为在五等户制下，乡村民户的土地数量、财产规模被分为五个层次。每个户等的民户会根据自身的家庭财产状况安排自己的生产结构。如果人均土地数量偏少，则可能尽量从事一些副业、手工业乃至乡村服务业，甚至会发展成为完全脱离农业生产的专业户。而那些具有大量土地的乡村上户，因财力较强，其副业和手工业生产的规模更大，涉及的行业种类也会更多。

有鉴于此，笔者拟从宋代乡村农业经济的发展及其原因入手分析，对农业生产的自然条件、气候因素、生产条件、水利建设等有关乡村农业生产的基本方面进行系统呈现。在此基础上,对宋代乡村民户的手工业生产、副业、兼业和专业化状况进行考察,将宋代乡村民户的家庭生产模式、生产结构和生产规模的分析纳入宋代乡村的五等民户制度之中,从而将宋代乡村家庭生产的多层次和多样性展现出来,并从中总结出宋代乡村经济繁荣和生产结构变化的原因和规律。

第一节 两宋时期农业生产的自然、社会条件

农业生产作为人的一种生产实践活动,在宋代的家庭生产中占有绝对支配地位。无论上层民户,还是下层民户,乃至于无地的"佃户",无不以农为本。农业生产作为人与土地和自然环境结合的产物,历来讲究天时、地利和人和,是自然的再生产与社会的再生产互相交叉、互相作用和相互适应所形成的复杂而综合的系统。农业生产的进行,一方面要受到以生产水平为主的社会因素制约,如各地的生产工具、水利设施、田间管理和科技进步等;另一方面,因为古代农作物的生长主要是在野外自然条件下进行的,所以农业生产的有效组织,还要综合考虑地形、土壤、降水、温度和光照等自然地理和气候环境因素对农作物生长的影响,从而根据气候状况和自然条件对作物种类、种植制度、管理方式等农事内容作出调整。因而,可以说,农业是人事与自然相互交织、互相磨合的产物。有鉴于此,笔者本节拟从宋代农业生产的自然环境出发,同时对宋代农业生产水平、耕作制度变革、水利修建情况等有关宋代乡村农业生产的具体内容进行探讨,在解释宋代乡村农业经济繁荣的基础上,论证宋代乡村农业生产的商品化的合理性与必然性。

一 气候变化对乡民民户农业生产的影响推测

宋代作为我国农业生产高度繁荣的历史时期,乡村家庭的农业生产必然受到气候环境因素的高度影响。气候环境变迁对古代农业生产的影响当前已经成为学术界研究的重要领域,并取得了一批研究成果。其中最重要的是,1973年,竺可桢提出了自己对中国历史时期气候变化的基本认识,认为近2000年来,两汉是气候相对温暖湿润的时期,三国以后中国的气候缓慢变冷,并一直延续到唐代初年。唐朝末年后,气候再度变冷,直到15世纪,中古气候渐入小冰期,呈现出"两峰三谷结构"并一直持续到

20世纪初气候转暖为止。① 20世纪90年代中后期，中科院相关研究部门依靠国家自然科学基金的资助在竺可桢研究的基础上，进一步深入研究了中国古代历史气候变迁的一般规律，将中国古代历史气候的变化分为"突变""混沌"和"波动"三种类型，并进而指出，中国古代气候变化有三次明显的"突变"，分别发生于公元280年左右、公元880年左右和公元1230—1260年之间，公元880—1230年之间，即唐末、五代、北宋和南宋中前期这样一个历史阶段，中国古代气候变化总体上呈现出一种"混沌"状态。② 总体来说，两宋的气候结束了唐代中前期的温暖湿润状态，开始转向偏冷，但并不稳定，直到1230年后，气候转冷的趋势则越来越明显，开始呈现出"突变"的状态。对此，张丕远等撰文指出："约AD880's的变化具有重要意义，因为后一个阶段中国气候呈明显的混沌特征。AD880's后，季风退缩，中国东部沙漠化加剧。"③

既往研究者往往立足历史气候的变迁来探讨王朝兴衰的深层根源，认为一旦气候转冷，那么中原王朝国势便会相对下降，从而无法有效抵御同样因气候变冷而不得不南迁的游牧民族，从而出现割据纷争或少数民族主宰中原的历史局面，如三国两晋南北朝和五代十国的少数民族入侵与割据纷争便有着深层的气候背景。反之，如果历史气候相对偏暖，则中原地区则容易出现势力强大的王朝，不仅可以有效抵御北方游牧民族，而且能够维持大一统的繁荣局面。两宋处于气候的总体转冷的混沌状态，必然导致其政治格局呈现出固有特征。一方面，中原王朝虽然偏弱，但没有到弱不可支的地位；另一方面，北方游牧民族虽强，但也没有强到可以一举消灭中原王朝的程度。因此，南北之间，汉族与少数民族之间基本处于一种僵持局面，并在双方僵持之下存在分裂割据的边缘政权。然而，既有研究很少关注到问题的实质，那就是两宋的气候变化对政权格局变化的影响实际是通过气候对两宋乡村家庭农业生产的影响实现的。因为，在宋代，乡村家庭农业生产的变化，必然影响到人口的繁衍和政府的财政收入，进而影响到王朝的强弱变势。可以说，宋代的气候总体偏冷但又不稳定的基本特点对乡村家庭的农业生产必定产生深远的历史影响。

---

① 竺可桢:《中国近五千年来气候变迁的初步研究》,《考古学报》1972年第1期,第15—38页。
② 张丕远等:《中国近2000年气候演变的阶段性》,《中国科学》1994年第24期,第988—1008页。
③ 王铮等:《历史气候变化对中国社会发展的影响——兼论人地关系》,《地理学报》1996年第4期,第330页。

汉代作为中国古代气候相对温暖的时期，为北方农业生产提供了优越的气候条件，从而使得黄河中下游成为乡村经济非常发达的地区。据《史记·货殖列传》记载："关中之地，于天下三分之一，而人众不过什三，然其富，什居其六。"而山西、河北和河南北部作为"天下之中，若鼎足，王者所能居也"。"泰山之阳为鲁，其阴则齐，齐带山海，膏壤千里，宜桑、麻，人民多文采、布、帛、鱼、盐。"可见，汉代相对温暖湿润的气候条件使得乡村家庭可以从事多样化的农业生产活动，并使得北方黄河流域成为全国的经济中心。然而，公元880年后，气候突变，东亚季风开始退缩，直到公元1230年，北方乡村家庭农业生产开始萎缩，到北宋元丰年间，北方索征钱粮数占全国的比重已经萎缩到54.7%，远远低于汉唐的比例。

在我国古代，受南北方气候条件所限，基本形成了北麦南稻的农业地理格局，然而，受历史时期气候变化影响，稻麦的种植界限又往往呈现出阶段性变化。历史气候温暖期，黄河流域可以普遍栽培单季稻，长江两岸可以栽培双季稻，如《吕氏春秋》载："决漳水，灌邺旁，终古斥卤，生之稻粱。"可见在秦代以前黄河中下游一带的漳河流域可以种植水稻。西汉《氾胜之书》作为记载北方农业生产的农书，也记载："冬至后一百一十日可种稻。"《齐民要术》中引崔寔语"三月，可种粳稻，五月，可别稻及蓝"。东汉《南都赋》也有"开窦洒流，浸彼稻田"的记载。[①]可见，秦汉时期，因北方气候温暖湿润，单季稻的栽培相对普遍，而双季稻的种植也可以北推到淮河流域。而在历史气候寒冷期，单季稻的栽培一般要推到淮河一线，双季稻则往往只能在岭南栽培。宋代则基本处于这样一个历史气候转冷的时期。11世纪中期以后，宋代气候开始转冷，《事物纪原》和陈旉《农书》记载了大量有关宋代水稻种植的情况，基本反映出南宋气候总体开始转冷，自然灾害频繁，尤其是旱灾明显偏多，江淮地区无法像唐代那样栽培双季稻，只能栽培早熟水稻品种，而北方黄河流域的水稻栽培则基本绝迹，双季稻的栽培则基本退缩到岭南地区。[②]可以说，在宋代农业生产尤其是南宋的农业生产中，水稻种植无论对乡村民户还是政府而言，都具有举足轻重的重要作用。宋代乡村农业生产中，对后世影响较大的莫过于占城稻的引进和稻麦复种在长江中下游的推广。

---

① （清）严可均：《全上古三代秦汉三国六朝文》，《后汉文》，商务印书馆1999年版。
② 张养才：《历史时期气候变迁与我国稻作区演变关系的研究》，《科学通报》1982年第4期，第239页。

第二章　宋代农业生产的进步与"兼业"的多样化

学术界一般将引进占城稻和在长江中下游地区推广稻麦复种作为宋代农业生产技术进步的典型事证[1]。笔者以为，无论占城稻的引进还是稻麦复种在江南的推广，都从侧面说明，在宋代尤其是南宋气候总体偏冷的情况下，乡村民户不得不改变唐代种植双季稻的做法是一种无奈之举。它并不是耕作技术的进步，而只是一种宋代乡村家庭农业生产面对气候变化做出的一种适应性调整。稻麦复种的一个前提是在水稻收割复种小麦之际，如何对土地排水，做到适合小麦的播种，有学者仍然立足今天南方的气候条件，认为在宋代的生产技术条件之下，要做到对稻收后的土地进行排涝是一件非常困难的事情。[2] 笔者以为，这种讨论都忽略了一个历史事实，那就是在两宋的气候总体转冷的情形之下，包括长江中下游地区在内的江南地区，降水量相对汉唐时期已经偏少，气温也相对偏低，无论水源条件还是气温条件，都只能维持单季稻的种植，而在水稻收割后，如果时机把握得当，又正好适合小麦的种植。说明在古代气候转冷的情况下，小麦种植的南界完全可以推到长江流域。

另外，宋代的气象文献显示，两宋时期气候转冷的混沌状态造成了自然灾害的频繁发生，主要是水旱灾害频仍，如《宋会要辑稿·瑞异》和《宋史·五行志》中便有大量水旱灾害的记载。《宋会要辑稿·瑞异》载：宋太祖建隆二年（961），辛酉，"闰三月，京城旱"[3]。苏梦龄《台州新城记》载：宋仁宗庆历五年（1045）"六月，临海郡大水坏郭郛，杀人数千，官寺、民室、仓帑、财积一朝扫地，化为涂泥。后数日，郡吏乃始得其遗氓于山谷间，第皆相向号哭，而莫知其所措"[4]。《长编》载：宋仁宗庆历八年（1048），"八月己丑，以河北、京东西水灾，罢秋宴"。"是月，殿中侍御史何郯言：'臣昨于六月内曾具奏论，今岁灾异，为害甚大。今霖雨连昼夜不止，百姓忧愁。'"[5] 宋仁宗至和元年（1054）"正月，京师大雪，贫弱之民冻死者甚众"[6]，"正月辛未，京师大寒，民多冻馁死者，

---

[1] 李根蟠：《长江下游稻麦复种制的形成与发展——以唐宋时代为中心的讨论》，《历史研究》2002年第5期，第3—28页。
[2] 严火其、陈超：《历史时期气候变化对农业生产的影响研究——以稻麦两熟复种为例》，《中国农史》2012年第2期，第19页。
[3] 《宋会要辑稿·瑞异》二之二一，第2092页。
[4] （宋）苏梦龄：《台州新城记》，引自张德二主编《中国三千年气象记录总集》，凤凰出版社2004年版，第410页。
[5] 《长编》卷一六五，仁宗庆历八年戊子，第3965—3966页。
[6] 《宋史》卷六二《五行志一》，第1342页。

有司其瘗埋之"①,"十一月,知制诰刘敞言:'京师雪后昏雾累日,复多风埃,太阳黄浊,此皆变异之可戒惧者。'"②

宋钦宗靖康元年的冬天更是少有的寒冬,"闰十一月（金兵围汴京）,癸巳,京师苦寒,用日者言,借土牛迎春。甲午,时雨雪交作,帝被甲登城,以御膳赐士卒,易火饭以进,人皆感激流涕。丙申,帝幸宣化门,以障泥乘马,行泥淖中,民皆感泣。丁酉,赤气亘天。甲辰,大雨雪。乙巳,大寒,士卒襟战不能执兵,有僵仆者。帝在禁中徒跣祈晴。丙午,雨木冰。壬子,金人攻通津宣化门,范瑷以千人出战,渡河冰裂,没者五百余人,自是士气益挫。甲寅,大风自北起,俄大雨雪,连日夜不止。金兵登城,众皆披靡。京城陷。自乙卯雪不止,是日（戊午）雾。夜有白气出太微,彗星见。庚申,日赤如火,无光"③。从正史以及文集笔记等记载来看,北宋前期,气候相对温暖,中期后,气候渐趋寒冷,到北宋末年,几乎连年寒冬,故关于冬季大雪、大冻和春季大旱的记载在宋史记载中屡见不鲜。南宋以后,气候变冷的趋势并未缓解,但直到1230年到1260年,这种变化仍然具有混沌性,即不甚稳定。然而,南宋的气象记录中并不乏下雪和天寒的记载,如宋高宗建炎元年（1127）"正月丁酉,大雪,天寒甚,地冰如镜,行者不能定立。是月乙卯,车驾在青城,大雪数尺,人多冻死"④。高宗建炎三年（1129）,"五月,霖雨,夏寒","六月,寒"⑤。其他关于南方雨雪的天气记载在南宋史料中频频出现,这些足以说明,南宋时的江南地区,气候相对偏冷,反映到农业生产上则是只能种植单季稻或者实行稻麦复种。

二 宋代乡村民户农业生产的社会条件

农业生产作为自然因素与社会因素综合作用的生产方式,除需具备相对优越的自然地理条件和气候环境因素外,生产工具的改进、耕作技术的进步、优良品种的引进和推广以及农田水利设施的改进等社会条件也是影响宋代乡村民户农业生产能力的重要因素。宋代以前,乡村地区的农业生产多集中在水土条件较好的平原、沟谷和盆地地区,而地势稍高的坡地、地势低洼的塘地等水土条件有所局限的地块开发相对有限。然而,到了宋

---

① 《宋史》卷一二《仁宗纪》,第236页。
② 《长编》卷一七七,仁宗至和元年甲午,第4293页。
③ 《宋史》卷二三《钦宗纪》,第434页。
④ 《宋史》卷六二《五行志一》,第1343页。
⑤ 《宋史》卷六五《五行志三》,第1423页。

代，随着乡村民户人口压力的增加，在生产工具改进和新的农作物引进以及乡村农田水利设施渐趋完善的推动之下，原先并不适宜耕种的地块也大多得以开垦，尤其是占城稻的引进以及稻麦复种在南方的普及，极大提高了乡村民户的农业生产能力。实际上，在古代，农业生产技术虽然在缓慢进步，但科技发展对农业发展的贡献并不非常明显，虽然唐代的曲辕犁在宋代乡村得以推广和改进，踏犁、秧马等新的生产工具也得以发明和推广，但总体来说，在宋代总体趋冷的气候条件之下，早熟占城稻等水稻品种的引进和推广、稻麦复种的普及对农业生产的推动作用更加明显。此外，为适应新作物的普遍推广以及应对总体偏冷但并不稳定的气候混沌状态，在宋代乡村，农田水利设施的修建往往成为影响农业产量的重要因素。

（一）乡村农业生产工具的改进

战国秦汉以后，唐宋之际尤其是两宋时期，是我国冶铁技术和铁制农具变革与进步的第二次高峰。以灌钢法和百炼钢法炼制的钢铁硬度大大加强，农业产量得以大幅提升，使得优质的铁质农具在宋代乡村大面积推广有了可靠的工具手段。以犁为例，宋代乡村民户继承了唐代的曲辕犁，其大小、形制各地不同，其中尤以江浙地区的曲辕犁最为先进。[①] 北宋朱长文所著《吴郡图经续志》和南宋初年范成大所著《吴郡志》都提到了曲辕犁在民间的使用情况，并且几乎原封不动地照搬了唐代《耒耜经》关于曲辕犁的描述。尤其需要指出的是，曲辕犁不仅在宋代乡村农业生产中得到普及，而且得到了相当程度的改进，其中一个最明显的变化是，宋代的犁安装了容易破土和碎土的"鏧刀"（王祯《农书》称之为"劚刀"）。两宋时期，两淮是垦田的重点地区，被派往两淮垦田的民户，或是"六丁加一鏧刀"[②]，或者"每牛三头用开荒鏧刀一付"[③]。两宋乡村使用的开荒犁，不仅加装了"鏧刀"，而且"鏧刀"一般用钢打造，所以硬度明显提高，成为宋代乡村开荒辟地的有力工具。王祯《农书》认为劚刀是"辟荒刃也，其制如短镰，而背则加厚"[④]，"如泊下芦苇地内，必用劚刀

[①] 漆侠：《宋代经济史》（上册），第109—110页。
[②] （宋）吕祖谦：《东莱集》卷一〇《薛常州墓志铭》，文渊阁《四库全书》本，第1150册，第91页。
[③] 《宋会要辑稿·食货》三之一七，第4844页。
[④] （元）王祯著，王毓瑚校：《农书·农器图谱集之五·铚艾门》，农业出版社1981年版，第242页。

引之，犁鑱随耕，起垡特易，牛乃省力"①。两宋尤其是南宋，对江淮地区进行了大面积开垦，尤其是南宋时期稻麦复耕在长江中下游得以普及，如果没有加装了钢制"䥥刀"的曲辕犁，这些对宋代乡村民户来说几乎都难以完成。

宋代各地乡村农业生产发展存在极大不平衡性，既有精耕细作的先进之区，如长江中下游一代；也有"刀耕火种"的落后之地，如西南地区。于是，在没有耕牛或不知道用牛的地方乡村主要依靠人力从事耕种，并普遍使用踏犁、铁搭、铁鑱等生产工具。尤其是在北宋初年，广大乡村频遭战乱破坏，耕牛极度匮乏，因此不得不大量使用人力拖动的踏犁。踏犁在大江南北的广大乡村中那些没有耕牛的民户中也普遍存在。踏犁并不是先进工具，正是在缺牛的地方代替牛耕，不如牛耕快捷。无论曲辕犁还是踏犁，起作用都在开荒破土，对土地进行深耕。然而，田地经过深耕后，还必须借助"铁搭"进一步铠碎土块才适宜耕种。王祯《农书》称"铁搭""四齿或六齿，其齿锐而微钩，似耙非耙，斫土如搭，是名铁搭"，并称"南方农家或乏牛犁，举此斫地，以代耕垦"，其"兼有耙鑱之效"②。此外，宋代南方乡村还流行插秧农具秧马，苏轼曾路过荆湖北路，"昔游武昌，见农夫皆骑秧马，以榆枣为腹欲其滑，以楸桐为背欲其轻，腹如小舟，昂其首尾，背如覆瓦，以便两髀雀跃于泥中，系束藁其首以缚秧，日行千里，较之偃偻而作者，劳佚相绝矣！"③ 另据漆侠先生推测，宋代乡村不仅继承了前代的耧车，而且还将其改进为"下粪耧车"。王祯《农书》对此也有相关记载，"近有创制下粪耧种，于耧斗后，别置筛过细粪，或拌蚕沙，耩时随种而下，覆于种上，尤巧便也"④。另外，宋代南方乡村还流行一种叫做"耘荡"的农具，并广泛使用筒车灌溉农田。

（二）占城稻的引进和稻麦复种在江南的推广

在农业生产科技相对落后的古代，乡村民户往往对农作物的品种的选择非常重视，尤其对政府提倡的优良品种，一般都能精心对待。宋代还从国外或西域引进农作物，并将引进的优良品种在乡村地区积极试种和推广，其中尤以占城稻在宋代乡村的推广最为重要。占城稻是一种能够在各

---

① （元）王祯：《农书·农桑通诀集之二·垦耕篇第四》，第20页。
② （元）王祯：《农书·农器图谱集之三·鑱耜门》，第221页。
③ （宋）苏轼撰，（清）王文浩辑注，孔凡礼点校：《苏轼诗集》卷三八《秧马歌》，中华书局1982年版，第2051页。
④ （元）王祯：《农书·农器图谱集之三·耒耜门》，第212页。

种地块种植的耐旱品种，"比中国者穗长而无芒，粒差小，不择地而生"①，其适应性很强，而且属于早熟品种。《宋会要辑稿》载，宋真宗大中祥符五年（1012），适江淮两浙等路大旱，政府遣人自福建得占城稻种三万斛，并将种植之法雕版印刷，张榜示民，使得占城稻在两淮和江南等地乡村得以大面积推广。② 占城稻引进的重要性还在于它属于早熟的耐旱品种，不仅适应了北宋中期后气候逐渐转冷偏寒的变动趋势，而且还为稻麦复种在江南的普及奠定了稻种基础。北宋时期，江南的稻麦复种并不普遍，南宋以来，随着北方大量人口涌入江南，将北方人吃面的习俗和种麦技术也一同带到了南方，为南方种麦奠定了技术基础，同时占城稻早熟耐旱的特性也使得稻麦复种在江南很多地方成为可能。王曾瑜先生曾搜集了大量宋代资料以证明稻麦复种制在南宋江南乡村已经达到了相当稳定和成熟的阶段，兹举数例如下：

如庄绰《鸡肋编》卷上载：

> 建炎之后，江、浙、湖、湘、闽、广，西北流寓之人遍满。绍兴初，麦一斛至万二千钱，农获其利，倍于种稻。而佃户输租，只有秋课；而种麦之利，独归客户。于是竞种春稼，极目不减淮北。③

《宋会要》载绍兴年间淮南西路泸州：

> 土豪大姓、诸色人就耕淮南，开垦荒闲田地归官庄者，岁收谷麦两熟，欲只理一熟。如稻田又利麦，仍只理稻，其麦佃户得收。④

范成大《石湖诗集》卷一一之《刈麦行》载乾道八年（1172）两浙西路之吴郡：

> 梅花开时我种麦，桃李花飞麦丛碧。多病经旬不出门，东陂已作黄云色。腰镰刈熟趁晴归，明朝雨来麦沾泥。犁田待雨插晚稻，朝出移秧夜食麨。⑤

---

① 《宋史》卷一七三《食货志上》，第4162页。
② 《宋会要辑稿·食货》三之二八，第4898页。
③ （宋）庄绰：《鸡肋编》卷上《各地食物习性》，中华书局1983年版，第36页。
④ 《宋会要辑稿·食货》六三之一一七，第6045页。
⑤ （宋）范成大：《石湖诗集》卷一一《刈麦行》，上海古籍出版社1981年版，第139页。

方回《续古今考》卷十九之《附论汉文帝复田租不及无田之民》一文称南宋末年：

> 后世大水大旱，田全无收……民间不敢报水旱者有之。假如报官，水则不敢戽库，旱则不敢翻耕，或以存所浸之水，或以留旱苗之根，查以待官府差吏核实，则秋冬不敢种麦，而来年失种矣。①

此外，在宋诗、宋代正史和文集笔记中也有大量关于南方乡村种麦和政府鼓励民间种麦的记载。如赵鼎在《泊柴家湾风物宛如北上》一诗中便提到了南方乡村普遍种麦的情形："雨过平田陇麦青，春深桑柘暖烟生。"② 另据李根蟠统计，仅庄绰的《鸡肋编》就至少3次提到了政府提倡民户进行稻麦复种。③ 可见，南宋时期长江流域的广大乡村，尤其是长江下游的大量乡村，因陆续有来自北方的客户迁入，带来种麦的技术和吃面的习俗。加之，种麦可以免租。于是，乡村民户种麦的积极性得以极大调动，而将其发展为宋代江南乡村最为普遍的耕作制度。漆侠先生在《宋代经济史》中认为，宋代乡村还开始引种来自天竺的"菉豆"、产自九华山的"黄粒稻"和来自北方的西瓜。范成大路过开封，做《西瓜园》诗一首："碧蔓凌霜卧软沙，年来处处食西瓜，形模护落淡如水，未可蒲萄苜蓿夸。"④ 南宋建立后，西瓜随移民渡江并逐渐在南方乡村推广开来，成为南宋乡村中常用的水果品种。

（三）宋代乡村水利设施的完善

中国古代农业之所以素称发达，与对农田水利设施的重视和修建有着非常密切的关系。水利事业修缮后，又反过来提高乡村民户对水利的重视，由此在古代乡村形成了农业发展和水利兴修的良性互动。宋代陈耆卿认为："夫稼，民之命也；水，稼之命也。"⑤ 水利之于乡村的重要性主要体现在它是乡村农业生产得以有效进行的基本保障。两宋三百年间，对水

---

① （元）方回：《续古今考》卷一九《附论汉文帝复田租不及无田之民》，文渊阁《四库全书》本，第853册，第381页。
② （宋）赵鼎：《忠正德文集》卷六《泊柴家湾风物宛如北上》，文渊阁《四库全书》本，第1128册，第720页。
③ 李根蟠：《长江下游稻麦复种制的形成和发展——以唐宋时代为中心的讨论》，《历史研究》2002年第5期，第14页。
④ （宋）范成大：《石湖诗集》卷一二《西瓜园》，第146页。
⑤ （宋）陈耆卿：《筼窗集》卷四《奏请急水利疏》，文渊阁《四库全书》本，第1178册，第36页。

利的重视不仅停留在议论上，而且有着丰富的水利实践活动。尤其是宋政府不仅设置主管水利的行政机构，而且将水利修建作为地方官考核的主要内容。有宋一代，水利设施的修建在王安石变法期间出台的农田水利法刺激之下得以井喷式发展，并在此期间组织了对黄河、漳河、滹沱河等华北河流的疏浚治理，并在北方地区进行了大规模的圩田。南方作为水田集中之地，农田水利设施的修建也相当普遍，尤以太湖流域、江南东路和福建路最为集中。《宋会要辑稿·食货》中记载了熙宁三年至九年（1070—1076）间全国水利田的数字及其灌溉田亩数，"中书备对司农寺自熙宁三年至九年终，府界诸路水田一万七百九十三处，共三十六万一千一百七十八顷八十八亩。"① 与此同时，作为民间乡村民户，在政府的鼓励和要求之下，一般都能非常积极地参与当地的水利设施修建。尤其需要指出的是，两宋乡村的水利设施常为上户把持，上户往往既是农田水利设施修建的组织者，也是农田水利设施的主导者。

有宋一代，不立田制，不抑兼并，造成乡村往往出现两极分化，基层社会处于一种无序状态。政府虽然主导一些大型水利设施的修建，但随着宋政府财力逐渐削弱，乡村民间的水利设施修建往往只能依靠民间组织自筹自建。尤其到了南宋，政府财力更趋不足，民间力量日益成为乡村水利设施工程修建的主导力量。在宋代各地众多的农田水利设施中，尤以江南地区水利设施最为密集、发达，因而成为民间精英参与其中的典型。如《宝庆四明志》卷十六载，乾道元年，慈溪县鸣鹤乡，"里人曹阆捐钱两千缗，倡率乡豪"修筑了"双河塘"。② 徐硕《至元嘉禾志》载，庆历年间华亭县重修了"顾会浦"，所需经费乃"募邑之大姓泊濒浦豪居力能捐金钱助庸者，意其丰约，疏之于牍，诱言孔甘，喜输丛来，凡得钱一百三十六万"③。

宋代江南的民间水利设施修建一般分为两种形式。一种是由乡村豪右独自捐资修建，一般由一个家族或家族中具有雄厚经济实力的上等户出资。如宋仁宗天圣初年，有邑人钱侃出资修建"东湖塘"。宋徽宗大观二年（1108），钱侃曾孙时任尚书的钱遹继而出资重修并做记，不仅追述了先祖修塘的功绩，并且详细介绍了修建的一些具体情节。钱遹提到："东

---

① 《宋会要辑稿·食货》六一之六八全六九，第5907—5908页。
② （宋）胡榘修，方万里、罗濬撰：《宝庆四明志》卷一六《慈溪县志》，宋元方志丛刊影印本，中华书局1990年版，第5211页。
③ （宋）徐硕：《至元嘉禾志》卷二〇《碑碣·重开顾会浦记》，宋元方志丛刊影印本，第4564—4565页。

湖在天圣初，吾曾祖经始立为堤以潴水。尝命吾祖董是役，三年乃就，绪其艰棘可知矣。吾族人环湖皆有田，赖以灌溉而无旱岁，其余波且浸及比邻。则吾曾祖所以惠贻后世子孙与夫乡里，直岂不厚哉。"随后，钱通又捐资新修了"椒湖塘"，"大观戊子，通自视无用于时，乃上书告老于朝，天子从其请。退而经理生事以为终焉之计。然欲修灌溉之利以追成吾祖考之志，亦未逮焉。越四年，蒙恩起自田野，进直禁殿，又命领宫祠于亳社，虽备从官食厚禄而犹窃里居，因得以间暇阅月之良涓日之吉，发积粟，捐余俸，鸠材募工，凿石积土筑为长堤，潴为巨浸。"①吕祖谦也在《东莱集》中记述了婺州人潘好古助资重修西湖旁两座废塘的经过。潘好古是当时婺州的书香门第，"其族传三世而门益大"。潘好古和钱适一样曾经居朝为官，至"中书秘"，"中更忧患，无复当世意"，遂退求"林丘之乐"，时"婺之西湖旁，两塘废，不治"，而于乡民利害犹大，于是"发钱数十万，新之"，结果乡里"人赖其利"②。

水利设施的修建，工程量大，乡村小民，尤其是四等户、五等户和佃户，一般无力参与，其唯有在乡村上户组织之下，出资共筑。因而，宋代乡村农田水利设施修建的另一种形式，为在上等户的组织下由乡村民户共同出资兴建。《咸淳临安志》卷三十八载，"绍定己丑，邑士范武倡为义役，捐财以助修筑"，"塘成，岁无水患，邑宰范光命名曰：永和堤"。原籍临安的参政许应龙应县令范光之请，为之记曰："许参政应龙永和堤记：运河有塘……邑有范、任二君，倡为义役，乃悉心讨究，谓土力娄溃于成也。于是率众僦工筑以石、椿以松，迄成，二百五十丈，为钱数千缗。范君为费独当什伍，董视犒赉尤详焉……肇始于绍定己丑之春，告成于是岁良月之望"③。上文已提到《宝庆四明志》所载慈溪人曹阆倡修"双河塘"的事例，其实也是在曹阆的带动之下，由乡里共同修筑，首倡者往往又是捐资最多者。《四明志》详细记载了曹阆倡修"双河塘"的经过，提到慈溪"鸣鹤乡与余姚之上林乡同一河，上林之水泛溢则流入鸣鹤，每年苦涝。乾道元年，里人曹阆捐钱二千缗，倡率乡豪益以二千缗创建双河界塘六百余丈。自是截断西流，鸣鹤之田遂为膏腴"④。

此外，即便在政府出资的水利设施修筑中，也往往需要借助乡村力量

---

① 《光绪浦江县志》，《中国地方志集成》（浙江府县志辑），上海书店1993年版。
② （宋）吕祖谦：《东莱集》卷一〇《朝散潘公墓志铭》，文渊阁《四库全书》本，第1150册，第83—84页。
③ （宋）潜说友：《咸淳临安志》卷三八《永和堤》，宋元方志丛刊影印本，第3701页。
④ 《宝庆四明志》卷一六《慈溪县志》，宋元方志丛刊影印本，第5211页。

来完成，因为，乡村民户和佃户都需要服力役，于是，宋代的官方水利工程一般采用政府出资而由民间出力的形式。即便水利设施修完以后，河道淤积和年久失修的问题一直会存在，还要对其进行常年的维修缮护，这往往也需要借助乡村力量来成。如据《宝庆四明志》载，鄞县东钱湖四岸周围计有七堰，"宝庆二年，时尚书胡榘守郡，请于朝，得度牒百道，米一万五千石又浚之"，工毕，"尚书犹惧其无以继也，奏以赢钱二万八千三百四十七缗有奇，合旧谷食俾赢三千，令翔风乡长顾泳之主之，分渔户五百人为四隅，人岁给谷六石，随菱荇之生则绝其种。立管隅一人，管队二十人以辖之。府县丞以时督察"①。

第二节　宋代乡村农户的副业和兼业情况

宋朝是一个贫富分化严重的朝代，存在大量的"贫民"②。在乡村农业生产率显著提高的情况之下，导致贫民出现的原因很大程度上是因为人口增殖和人均土地占有量相对减少。农业生产率的提升和人均土地占有量的减少，使得宋代乡村农民尤其是乡村下户有更多的时间和精力从事本业以外的经济活动，从而以副业和兼业的方式贴补家用，维持生计。尤其对于乡村下户来说，从事副业和兼业，在宋代乡村来说是非常必要的，同时他们也有条件去从事副业或兼业。宋代乡村副业和兼业的广泛存在必然导致乡村民户与市场发生广泛的联系，从而极大推进农村经济的商品化进程。值得一提的是，在宋代乡村社会结构和经济结构的调整和转型的背景之下，一些乡村民户尤其是无地或少地的五等户和客户已经开始放弃农业生产，而专注于某种手工业生产、经济作物的种植，从而成为乡村社会经济生活中的专业户。

一　乡村民户以家庭纺织业为副业的情况

宋代乡村，在人口剧增的压力之下，乡村民户为求生存，除对土地进行精耕细作之外，只能别求它途，或立足农业，兼营副业，勉强为生，或干脆放弃农业，从事手工业生产或商业贩卖，从而成为专业户。因此，乡村中传统的"男耕女织"的生产模式面临极大挑战，并始出现变化。究

---

① 《宝庆四明志》卷一二《鄞县志》，宋元方志丛刊影印本，第 5151—5152 页。
② 参见张文《宋朝社会救济研究》，西南师范大学出版社 2001 年版，第 18 页。

其根源，主要是因为"男耕"的农业和"女织"的副业相结合的农副业自然经济已经无法满足人口剧增之下的宋代乡村民户尤其是下层民户的生存之需。宋代乡村经济与前代相比，一个最大的特点便在于其商品经济较前代有了长足的发展，由此导致大批农民走出家庭，参与其中，并使得传统的小农经济发生了明显变化。《宋史·食货志》所记载的商品中，有相当数量的商品都是农产品，大体包括布帛、茶、谷、麦、菽、糯米、青稞、糙米、刍粮、瓜、水果、蔬菜、木材、薪、炭、竹、牛、羊、鸡、鸭、鱼等，其中的粮食、布帛和茶叶等为最主要的商品化农产品。[1] 大量农产品的商品化说明，在宋代乡村，农民从事副业和兼业的情况已经相当普遍。然而，对于绝大多数乡村民户来说，从事更多地仍然是副业生产。

宋代乡村的副业生产与隋唐相比已经出现了显著变化。一些在隋唐时期看似无足轻重的生产门类，在宋代乡村则可能成为大范围的兼营副业形式。从宋代从事副业生产的乡村民户来看，无论上户还是下户都普遍存在副业生产活动。宋代乡村副业生产主要分为三类：一是蓄养家畜或家禽，如养蚕、猪、羊、鸡、鸭、鹅等；二是属于农副产品加工和陶土原料加工的副业生产，如做豆豉、做酒、做醋、造砖、造瓦、烧窑等，垒窑制陶烧瓷至南宋已经超出副业规模，而成为乡村民户的专业生产；三是属于纺织原料加工的副业行业，如缫丝、剥麻等。[2]

副业作为自然经济的一部分，主要以满足宋代乡村农户的家庭自用为主，此外还有一部分要用来缴纳赋税。在宋代乡村，饲养家畜和家庭纺织业应当是最为普遍的副业生产形式。以宋代乡村的家庭纺织业为例，南北方乡村家庭普遍养蚕缫丝和纺麻，从王祯《农书》来看，宋代南北方乡村缫丝俱用"缫车"，并发明了热釜和冷盆缫丝法，还开始推行丝灶制度，极大提高了作为宋代乡村家庭副业重要形式的缫丝业的效率。[3]

作为乡村民户，主要是下层民户，其衣料来源在棉布尚未完全普及时，主要是以麻纺织品为主。因而，麻纺织业在宋代南北乡村广泛存在，并成为宋代乡村民户副业生产的重要内容。宋代乡村麻纺技术也显著提高，宋以前，乡村民户剥麻一般先用镰刀将麻刈倒，然后用铁刀从梢部剥起，容易造成麻皮与麻骨粘结而不易剥离。宋代乡村则"剥之以铁若竹，刮其表，厚皮自脱，但得其里韧如筋者，煮之用绩"；"刈倒时，随用竹

---

[1] 《宋史》卷一七五《食货志上》，第 4231—4239 页。
[2] 唐启宇：《中国农史稿》，农业出版社 1985 年版，第 610 页。
[3] （元）王祯：《农书·农器图谱之十六·蚕缫门》，第 390—394 页。

第二章　宋代农业生产的进步与"兼业"的多样化　75

刀或铁刀，从梢分开剥下皮……若于冬月剥麻，用温水润湿易为分劈"①，效果好多了。乡村民户副业生产中的麻纺织在刮麻和漂白上也改变了前代先用铁刀刮去厚皮再用水煮的笨重方法，开始使用特制的苎砍刀，比铁刀和竹刀要实用很多。王祯《农书》称其："煅铁为之，长三寸许，卷成小槽，内插短柄。两刃向上，以钝为用，仰置手中，将所剥苎皮横置刃上，以大指按之，苎肤即脱，今制为两刃铁刀尤便于用。"②

漂白是古代纺麻中一道相对复杂的工序。《士农必用》作为元朝初年成书的一部反映乡村手工业的著作，反映了宋代乡村农业生产的技术水平。据《士农必用》载：宋代乡村漂白苎麻丝已经开始使用"日晒夜露法"，即"将所剥麻皮，缚作小束，搭于外，或在房上，或在架间，日晒夜露三五日，自然洁白。但值阴雨，须搭于屋内透风处晾"③。可见，日晒夜露法适用于降水量相对较少的北方地区，南方乡村因降水较多，而较多采用"腌制法"，即均用石灰做腌制材料，一种方法为等到"绩既成，缠作缨子，于水盆内浸一宿，纺车纺讫，用桑柴灰淋水，浸一宿，捞出，每纑五两，用净水一盏，细石灰拌匀，停一宿，却用黍秸灰淋水煮过，自然白软。晒干，则用清水煮一度，别用水摆净，晒干，逗成缠"；另一种方法为先"纺成纑，用干石灰拌和，夏三冬五，春秋酌中，抖去，别用石灰煮熟，徐冷，于清水中濯净。然后用芦帘平铺水面，摊纑于上，半浸半晒，过夜收起，沥干，次日如前。候纑极白，方可织布"④。

在唐代被视为"殊方异物"的"桂布"（即棉布），在北宋初年已经开始在闽、广民间广泛存在，成为东南沿海乡村民间的重要副业形式。史炤的《资治通鉴释文》已经提到了乡村纺棉的基本情况，其谓："木棉，二三月下种，秋生黄花，其实熟时，皮四裂，中绽出如绵。以铁梃碾去其子，取绵，以竹小工弹之，卷为筒，就车纺之，自然抽绪，以为布。自闽、广来者尤为丽密。"⑤ 方勺《泊宅编》也提到，木棉"秋深即开，露白绵茸然"，"以铁杖杆尽黑子，徐以小弓弹，令纷起，然后纺绩为布，名曰吉贝"⑥。此外，赵汝适也在其著《诸蕃志》中称"吉贝，树类小

---

① （元）作者不详：《士农必用》，引自唐启宇著《中国农史稿》，第 610 页。
② （元）王祯：《农书·农器图谱之二十·麻苎门》，第 423 页。
③ 《士农必用》，引自唐启宇著《中国农史稿》，第 611 页。
④ 《士农必用》，引自唐启宇著《中国农史稿》，第 612 页。
⑤ （清）赵翼：《陔余丛考》卷三十《木棉布行于宋末元初》，商务印书馆 1957 年版，第 640 页。
⑥ （宋）方勺：《泊宅编》，唐宋史料笔记丛刊，中华书局 1997 年版，第 16 页。

桑，萼类芙蓉，絮长半寸许，宛如鹅毛。有子数十，南人（亦称闽户人）取其茸絮，以铁筋碾去其子，即以手握茸就纺，不烦缉绩，以之为布。最坚厚者谓之兜罗绵，次曰木棉，又次曰吉布，或染以杂色，异文炳然，幅有阔至五六尺者"①。可见，在宋代乡村，种棉并未大面积普及，基本集中于福建和广东等东南沿海地区，而且纺棉工序相当复杂，成本也颇高，限制了棉花种植的推广和普及。直到元代，随着域外棉花种植技术的传入和棉纺织技术的显著进步，棉花种植业和棉纺织业才开始在大江南北的广大乡村地区得以大面积推广，成为乡村民户家庭副业生产的主要形式。诚如王祯所说："其（棉布）幅匹之制，特为长阔，茸密轻暖，可抵缣帛，又为毳服毯段，足代本物……且比之桑、蚕无采养之劳，有必收之效，埒之枲苎，免缉绩之工，得御寒之益。可谓不麻而布，不茧而絮。虽曰南产言其通用，则北方多寒或茧纩不足，而裘褐之费此为省便。"② 显然，棉布和麻布相比，无论在保暖性能还是在织品幅度上都具有显著优势，尤其是与麻相比，棉纺织省去了剥麻和漂白等工序，相对简便，尤其是可以满足北方乡村民户产丝不足和麻布纺织繁絮而不实用的现实需要。

　　副业作为农业生产的附庸，跟农业一样，受气候和环境的影响，从而呈现出明显的南北差异。两宋乡村民户立足各自的自然气候条件，为满足自己的家庭需要，除饲养家畜、从事家庭纺织之外，总能因地制宜开拓一些家庭副业门类。例如，南方乡村多处水乡，水网密布的条件为淡水鱼养殖提供了条件。于是，淡水鱼养殖成为南方乡村存在相当普遍的副业形式。周密《癸辛杂识》提到："江州（今江西九江）等处水滨产鱼苗，地主至于夏，皆取之出售，以此为利。"③ 早在北宋时期，长江流域的乡村民户就开始普遍养殖草鱼、青鱼、鲢鱼和鳙鱼。到南宋时期，随着北方人口的大量南迁，南方乡村的人地矛盾更加突出，南方乡村养殖淡水鱼增加收入的压力更加迫切，养殖技术也随之提高。据《嘉泰会稽志》载："会稽、诸暨以南，农家多凿池养鱼为业，每春初，江州有贩鱼苗者，买放池中辄以万计。方为鱼苗喂以粉，稍大饲以糠糟，久之饲以草。明年卖以输田赋至数十百缗，其间多鳙、鲢、鲤、鲩、青鱼而已。池有仅数十亩者，旁筑亭榭，临之水光浩渺，鸥、鹭、鸂、鹜之属自至，植以莲芡、菰蒲、

---

① （宋）赵汝适：《诸蕃志》，上海古籍出版社1993年版，第33页。
② （元）王祯：《农书·农器图谱集之十九·木棉附》，第414页。
③ （宋）周密：《癸辛杂识·别集上·鱼苗》，唐宋史料笔记丛刊，第221页。

柜霜，如图画然，过者为之踌躇。"①

二 两宋乡村民户的兼业情况

两宋乡村民户所从事的副业生产仍然属于自给自足的自然经济范畴，并未超脱乡村社会"男耕女织"的基本生产模式范畴，乡村副业的显著特征便是一般不与市场发生直接联系，其产品主要供乡村家庭自用或以一部分来缴纳赋税。然而，到了宋代，尤其是南宋，随着人口的显著增殖，乡村中人地矛盾越来越突出，即便在有限的土地上精耕细作再辅以家庭纺织和家畜饲养也很难适应不断增加的乡村人口消费所需。尤其是对以四等、五等为主的乡村下户和无产客户来讲，其面对的生存压力不得不迫使他们在从事农业生产之外去开辟更加广泛的谋生途径。同时，随着两宋农业生产工具的改进和农业种植制度的完善，乡村农业生产效率得以明显提升，使得两宋乡村民户在经营相对有限的农田之外，既有空闲时间，也可能有富余的劳动力去从事一些与商品经济密切相关的兼业活动。

两宋乡村民户的兼业活动虽然从行业种类来看，涉及手工业、农副产品加工、经济作物种植等行业门类，与副业存在行业上的契合之处，但从古代社会经济发展的水平来看，二者存在本质上的区别。副业作为乡村农户以满足家庭自用为主要目的的生产活动，一般来说属于自然经济范畴，其规模较小，且作为农业之本的附庸而存在；兼业则不然，它可能成为两宋乡村家庭生产的主要形式，而使得乡村民户的农业生产反过来成为兼业的附庸，而且从性质上来看，两宋乡村民户的兼业活动，一般都需要与市场发生密切联系，更多的属于商品经济范畴。从宋代乡村的具体情况来看，副业广泛存在于乡村五等民户与无产客户之中，而兼业情况则更多出现于第四等户、第五等户等所谓乡村下户或"贫户"和无产客户之中。因为，对于乡村上户来说，其农副业生产基本可以满足家庭消费需要，自己自足能力要比下户强得多，他们进入市场主要是购买所需物品，不是生产和销售。但并不是说宋代乡村的上户完全不从事兼业，只不过其从事兼业的迫切性要比土地规模不足、自给能力不足的下户弱一些。

对于两宋乡村民户的兼业情况，宋代史料中关于"耕织之民，以力不足，或人于工商"②之类的记载也屡见不鲜。宋人王柏曾感慨："今之

---

① （宋）沈作宾修，施宿等纂：《嘉泰会稽志》卷一七《鱼部》，宋元方志丛刊，第7039页。
② （宋）吕祖谦：《宋文鉴》，文渊阁《四库全书》本，第531册，第122页。

农与古之农异。秋成之时,百逋丛身,解偿之余,储积无几,往往负贩佣工以谋朝夕之赢者,比比皆是也。"① 乡村民户尤其是对于那些"解尝之余,储积无几"的乡村下户和无产客户,在农忙之余从事一些农副产品贩卖、小型手工业生产和佣工等兼业活动已经"比比皆是"了。宋代乡村民户的兼业活动主要分为商贩、小手工业者和佣工等形式。

(一) 乡村下户兼营商业

对于从事兼业活动的乡村民户来说,并未完全放弃农业生产,而往往是在农闲时节去从事一些非农营生,比如在农闲之余进入乡村集市,从事一些农副产品或手工业产品的贩卖。据记载:"赣、吉之民,每遇农毕,即相约人南贩牛,谓之作冬。初亦将些小土布前去博买。及至买得数牛,聚得百十人,则所过人牛,尽驱入队。"② 又如当时湖南岳州地区,"农民自来兼作商旅,太平(半)在外"③。叶适也曾在其著《民事中》一文中提到,江南农民多因"穷苦憔悴,无地以自业。其驽钝不才者,且为浮客,为庸力;其怀利强力者,则为商贾"④。身处宋代末年的学者方回也曾在其著《附论班固计井田百亩岁入岁出》一文中回忆自己在嘉兴府魏塘镇时所见乡村情景:"佃户携米,或一斗,或五七三四升,至其肆易香烛、纸马、油盐、酱醯、浆粉、麸面、椒姜、药饵之属不一,皆以米准之,整日得米数十石。每一百石,舟运至杭、至秀、至南浔、至姑苏粜钱,复买物归售。"⑤ 再如,南宋时期平江和嘉兴等地的乡村,"例种水田,不栽桑柘,每年人户输纳夏税物帛,为无所产,多数行贩之人预于起纳日前,先往出产处杭、湖乡庄,贱价傔揽百姓合纳税物,抬价货卖"。可见,南宋时期江南乡村民户兼做小商贩的活动已经相当普遍,并且通过乡村小集市与城市区域经济中心城市发生了广泛的经济联系。

(二) 乡村下户兼做小手工业

在自给自足的自然经济模式之下,乡村农民往往能够做到一专多能,在专事农业生产的同时,还能够以家庭为生产单位,加工制造一些手工业产品,满足自己家庭所需。然而,宋代乡村农民所从事的家庭手工业生产

---

① (宋) 王柏:《鲁斋集》卷七《社仓利害书》,文渊阁《四库全书》本,第523册,第286页。
② 《宋会要辑稿·食货》十八之二六,第5120页。
③ 《宋会要辑稿·食货》六九之五十,第6354页。
④ (宋) 叶适:《叶适集·水心别集》卷二《民事中》,中华书局1961年版,第654页。
⑤ (宋) 方回:《续古今考》卷一八《附论班固计井田百亩岁入岁出》,文渊阁《四库全书》本,第853册,第368页。

在一些经济发展水平较高、人地矛盾相对比较突出的地区呈现出了新的特点，即其产品已经普遍转化为从事商品交易的商品。宋代乡村民户的家庭手工业生产仍然以家庭为单位进行，其中以家庭纺织业最为普遍。徐积在《织女诗》中称："此身非不爱罗衣，月晓霜寒不下机。织的罗成还不著，卖钱买得素丝归。"① 从徐积的诗中可见，两宋乡村中的妇女承担了纺织兼业的主要工作，其产品要进入市场交易，其原料也要通过市场购回，与作为乡村副业的家庭纺织业有着本质不同。在两宋的兼业织女中，北宋著名思想家李觏的母亲也很具有代表性。李觏 14 岁时父亲过世，当时"家破甚贫，屏居山中，去城百里，水田裁二三亩，其余高陆，故常不食者"。幸赖其母"刚正有算计"，"昼阅农事，夜治女功。斥卖所作以佐财用。蚕月盖未尝寝，勤苦竭尽，以免冻馁"②。李觏母亲白天务农，夜事纺织并以织品出售贴补家用，对于维持一家生计起到了至关重要的作用。

还有很多农民在农闲之余走出家庭，去从事规模更大的手工业兼业生产。如陆九渊曾提到"金溪陶户，大抵皆农民于农隙时为之，事体与番阳镇中甚相悬绝。今时农民率多穷困，农业利薄，其来久矣。当其隙时，藉他业以相补助者，殆不止此"③。制陶之外，冶炼、采矿等手工业部门中，在宋代也广泛存在暂时离开所在乡村和家庭的兼业农民。黄休复初在其著《茅亭客话》中提到了当时遂州小溪县一个叫程君友的乡村民户，"家数口，垦耕力作，常于乡里佣力，织草履自给"④。彭汝砺也在《六月自西城归》文中提到当时在金州和均州交界地区，"田功微粱稻，囿学蓄麻枲。截简户割漆，剥楮人抄纸"⑤。此地乡村民户在种地之外，广泛从事纺麻、割漆和造纸的手工业活动。高僧道潜在《归宗道中》一诗中也描述到："农夫争道来，眰眰更笑喧。数辰竞一墟，邸店如云屯。或携布与楮，或驱鸡与豚。纵横箕帚材，琐细难具论。"⑥ 生动描述了江南乡

---

① （宋）徐积：《节孝集》卷二五《织女》，文渊阁《四库全书》本，第 1101 册，第 913 页。
② （宋）李觏：《直讲李先生文集》卷三一《先夫人墓志》，宋集珍本丛刊，第 225—226 页。
③ （宋）陆九渊：《陆九渊集》，中华书局 1980 年版，第 164 页。
④ （宋）黄休复：《茅亭客话》卷一《程君友》，文渊阁《四库全书》本，第 1042 册，第 919 页。
⑤ （宋）彭汝砺：《鄱阳集》卷二《六月自西城归》，文渊阁《四库全书》本，第 1101 册，第 193 页。
⑥ （宋）道潜：《参寥子诗集》卷一《归宗道中》，四部丛刊三编集部，上海涵芬楼影印宋刊本 1935—1936 年版。

村民户起早携带家中生产的纸张、扫帚和布匹等小商品赶市出售的图景。四川路潼川府铜山县是宋代著名的产铜地,聚集了大量离家兼做铜矿力役的乡村农民,当地"匠户近二百家",而且"诸村匠户多以耕种为业,间遇农隙,一二十户相纠入窟,或有所赢,或至折阅,系其幸不幸,其问大半往别路州军铜坑盛处趁作工役。非专以铜为主,而取足于此土也"①。在宋代的采矿技术下,农民务农间隙从事铜矿开开采往往需要凭借一定的运气,有时费了相当气力而找不到合适的铜脉,于是只能逐走别处。然而,当地乡村民户显然在年复一年的采矿活动中掌握了比较熟练的采矿技术,成为比较熟练的采矿劳动者。诸如采矿和冶炼等手工业生产中,乡村民户的兼业状况在宋代已经非常普遍,并且成为此类行业中最主要的劳动者。王炎指出:"锻铁工匠未必不耕种水田,纵不耕种水田,春月必务蚕桑,必种园圃。"无论宋代乡村民户尤其是乡村下户和无产客户从事何种手工业生产,总会与土地发生一定联系,其中绝大多数人并没有完全脱离土地而成为独立的手工业者。总之,宋代乡村中的兼业农民,既是农民,也是手工业者,无论手工业生产收入占其家庭收入多大比重,其一般并未完全脱离农业生产,并未完全超越兼业状态而过渡到专业形式。

(三) 乡村下户做佣工的兼业状况

对于那些资金不足,又没有一技之长的乡村民户来说,并不具备从事手工业和经商的条件,于是只能出卖自己的劳动力去换取一定收入,而成为"浮客"或曰"佣力"。在宋代,绝大多数的生产部门都有佣工的广泛存在,其主要来源于无地的乡村客户或土地收入不足供养家庭的乡村下户。在宋代南北各地乡村,农民利用农闲时间,要么到专门的劳动力市场,要么直接到乡村上户家中出卖劳动力,担任佣工的现象已经非常普遍。从宋代乡村佣工的来源来看,其主要是那些完全从农业生产中被挤压出来的富余劳动力或无地的客户,其中也有相当一部分属于土地不足供养家庭的乡村下户。绍兴知府张守认为,凡是家业钱"二十千之家,必佣、贩以自资,然后能糊口"②。事实是,农民兼业当雇工的情况不尽相同,其家庭收入差距有时也很大,并不是"两千钱"的标准所能区分得开的。

(四) 宋代乡村上户的兼业状况

以上几种兼业情况一般发生于宋代乡村的下户或无地客户之中。那

---

① (宋) 王之望:《汉滨集》卷八《论铜坑朝札》,文渊阁《四库全书》本,第1139册,第762页。
② (明) 黄淮、杨士奇编纂:《历代名臣奏议》卷一〇七,文渊阁《四库全书》本,第436册,第118页。

么，宋代的乡村上户即占田规模较大的乡村民户，其从事兼业的情形如何呢？

与前代地主一般坐享地租之利略有不同的是，宋代的乡村上户不仅在政府"不抑兼并""田制不立"的政策鼓励下占有广袤的田地，享受着丰富的地租收入，并致力于农桑、家畜饲养和经济作物种植等副业生产，其还往往从事养殖业、手工业生产、经营商业和放高利贷的兼业活动，成为农、工、商兼营的乡村富裕阶层。据洪迈《夷坚志》载，德兴富民陆二和丁六"皆致力于农桑，为上户"①；房州焦氏因从事养殖业生产，"数年间资产丰裕，耕牛累及千头。追今二百年，子孙尚守旧业，牛虽减元数，然犹豪雄里中"②。即便《夷坚志》作者本人洪迈的叔父家中，也是"养羊数百头"③的上户之家。除此以外，宋代许多乡村上户还大量兼营工商业，并放高利贷，以追求更高的经营收入。"童州白龙谷陶人梁氏，世世以陶冶为业，其家极丰腴。乃立十窑，皆烧瓦器"④，又如鲁中兖州民人邹师孟，"徙居徐州萧县之北白土镇，为白器窑户总首。凡三十余窑，陶匠数百"⑤，再如常熟"富民张三八"父子二人以经营"机械起家"，一直"稔恶黜货，见利辄取"，同时还从事"典质金帛"的典当行业⑥，还有陈州乡村上户焦务本"名田足谷"，家财万贯，或从事跨州贩卖经商，"帅仆隶货金帛于颍昌"，或找准时机，下放高利贷，"于闾里间，放博取利……寻常在乡里赊贷，以米粟麻麦，重纽价钱"⑦。

综上所述，在宋代乡村，主户和客户从事纺织、采矿、制陶、冶铁等手工业生产，并将相关商品投入市场销售，或经营跨地区的商业贩卖以及直接出售自己劳动力而成为上户"佣工"的现象在南北各地已经非常普遍的存在。宋代乡村民户从事兼业往往是在农闲之际，在季节性的农闲之余从事力所能及的兼业活动。从兼业活动的人员构成来看，其中以乡村中的四等户、五等户和客户等"贫民"为主，但乡村上户从事兼业的情况在《夷坚志》中也存在，而且其规模要更大，种类要更多，同时其还往往利用相对丰腴的资本从事大宗的跨州长途贩运和销售，以及在乡村兼营

---

① 《夷坚志》支庚卷一《丁陆两姻家》，第1137页。
② 《夷坚志》支乙卷四《焦老墓田》，第825页。
③ 《夷坚志》丁志卷一一《沈仲坠崖》，第631—632页。
④ 《夷坚志》支甲卷二《九龙庙》，第725页。
⑤ 《夷坚志》三志己卷四《萧县陶匠》，第1329页。
⑥ 《夷坚志》补卷七《直塘风雹》，第1609页。
⑦ 《夷坚志》三志己卷三《颍昌赵参政店》，第1326—1327页。

高利贷活动。尽管从目前所存宋代史料来看，我们还无法对乡村民户从事兼业的比例作出比较精确的估算，但有一点可以肯定，那就是，宋代乡村民户从事兼业的现象已经相当普遍，并且使得宋代乡村民户尤其是中下户出现农、工、商兼营的趋势。

三 乡村下层民户从事兼业的原因

宋代乡村民户兼业活动的广泛出现冲击了自然经济的单一经济结构，开始突破"男耕女织"和自给自足的藩篱，使得乡村民户成为农、工、商三位一体的复合式生产经营者。宋代乡村民户从事兼业生产说明，乡村农户在身份转变和行业选择上拥有了一定自主权，从而有助于推进宋代乡村社会结构的变动。尤其重要的是，宋民的兼业活动还增强了乡村民户尤其是下层民户应对土地不足、抵御自然灾害、战争破坏以及政府沉重赋税负担的能力，形成了一种相对新颖的乡村生产模式和乡村社会结构。乡村民户的兼业活动往往作为商业活动的一部分，极大推动了宋代乡村商品经济的发展。

那么，导致宋代乡村民户广泛从事兼业活动的原因是什么呢？

首先，宋代乡村人多地狭，使得部分地区尤其是南宋后的江南地区人地的矛盾日益突出。垦田面积增长远远无法满足迅速增殖的人口需要，导致乡村民户的人均土地数量持续减少。据梁方仲的统计，仅在北宋前期的50多年间，乡村民户的平均土地数量便从每户95亩左右下降到每户60亩左右。① 宋仁宗之后，乡村上户兼并土地和隐匿田户的情形使得户均土地数量下降更大。就地域来说，以两浙、江西、江东、成都和福建为主的南方地区户均土地数量下降要比北方多。据漆侠先生考察，在北宋前期、中期和整个南宋三次土地兼并高潮，乡村土地越发集中到上户手中，下户土地不足的情况越来越严重。乡村上户土地规模扩大的同时则导致原先处于三等或四等的所谓中产之家加速向五等户乃至客户转化，整个乡村社会的两极分化越发严重，而处于中间阶层的民户越来越少。对此，丁度不无感慨地说："蜀民岁增，旷土尽辟，下户才有田三五十亩，或五七亩；而赡一家十数口，一不熟，即转死沟壑。"② 乡村人口增殖以及社会的两极分化加剧，使得"贫户"所产难敷家用，必须去从事兼业活动以谋生计。

其次，乡村民户尤其是处于相对底层的乡村下户，既需要承担政府的

---

① 梁方仲：《中国历代户口、田地、田赋统计》，中华书局2008年版，第10—13页。
② 《长编》卷一六八，仁宗皇祐二年六月，第4048页。

赋役，还需要向上户缴纳地租，导致乡村下户的生存压力进一步加大。与三次土地兼并浪潮基本同步的是乡村民户的赋役负担也相应增加了。整个宋代，乡村民户的赋役负担，除王安石变法时略有减轻，其他时期总体来说随着社会危机的缓慢加深也在不断增加，尤其是两宋之交，乡村民户的赋役负担更是出现直线蹿升。对此，朱熹曾一语道破其中缘由："民间虽复尽力耕种，所收之利，或不足以了纳税赋，须至别作营求，乃可陪贴纳官。是以人无固志，生无定业，不肯尽力农桑。"① 在沉重的赋役负担之下，农民仅靠耕种缴纳赋税尚难，故不得不广辟生业，另作他图，而大量从事兼业活动。

再次，宋代乡村下户虽然深陷生存压力之下，但其改变贫困状况而致富的愿望也很强烈。在宋代，乡村民户因广泛参与市场活动而逐渐改变了传统的轻利观念。事实上，对于乡村下户而言，由于生存压力，其对利益的追逐要比上户或知识分子强烈得多。在宋代日趋繁荣的商品经济潮流中，追名逐利的价值观念在宋代乡村已经形成了强烈的社会氛围，使得农民的精神境界较前代发生了极大改变。对此，蔡襄非常直白地说："凡人情莫不欲富，至于农人、商贾、百工之家，莫不昼夜营度，以求其利。"② 因此，宋代农民在生活重压之下，追求发财致富的愿望非常强烈。宋代之所以会出现理学家号召人们重义轻利的理论，正从一个侧面说明这种社会现实。在宋代，不仅乡村，整个社会追逐名利的社会氛围相当浓重，尤其是以陈亮和叶适为代表的浙东学派，公然倡导名利的重要性，而浙东地区也正是宋代乡村经济商品化程度相当高的地区。以致理学家们认为这可能会威胁到王朝统治，而设法通过说教加以管控或引导。

在人均农业收入相对减少、赋役负担不断加重和求富愿望强烈的情形之下，对于宋代的乡村下户来说，摆在他们面前的无非有这样几个出路。一是不断提升农业生产技术，加强农田管理，精耕细作，提高单位面积土地收益；二是根据各地不同的自然、气候条件，因地制宜，调整农业种植结构，大量种植面向市场的经济作物；三是充分利用自身的农闲时间，广泛从事各种兼业活动，提升非农收入。在宋代，乡村下户因生活压力要比上户大，加之随着土地兼并日趋严重，上户和下户的收入差距越来愈大，作为中间民户的三等户数量不断减少，整个乡村社会呈现出严重的两极分

---

① （宋）朱熹：《晦庵集》卷一一《庚子应诏封事》，文渊阁《四库全书》本，第1143册，第175页。
② （宋）蔡襄：《蔡襄集》卷三四《福州五戒文》，上海古籍出版社1996年版，第618页。

化。在此情形之下，作为下户和客户的"贫户"往往通过以上三种方式努力提升自身的收入水平，以将土地相对减少造成的生计压力通过大量的兼业活动予以舒缓和化解。其中第三条出路的作用也越来越明显了。

第三节　商品经济的发展与乡村的专业化经营

宋代商品经济的发展超越以往，达到了一个很高的程度。与此同时，宋代乡村民户的生产形式和谋生手段也在商品经济的发展[①]中得以从农业生产、副业生产和广泛的兼业活动上升到专业生产高度。宋代乡村专业户的出现标志着宋代乡村经济的商品化发展达到了一个空前高度，专业户的出现既是宋代乡村经济商品化高度发展的产物。同时，从副业到兼业再到专业生产的飞跃不独是生产规模的扩大，还在一定程度上说明，宋代乡村经济的商品化发展已经开始引起乡村经济结构的变革。

一　商品经济的发展与经济作物的广泛种植

宋代乡村经济高度繁荣，乡村经济商品化程度较高是其中的亮点之一。宋代乡村经济商品化的发展水平在一定程度上反映了宋代商品经济发展的深度与广度。究其原因，是宋代人口迅速增长及由此造成人稠地狭的乡村社会图景，尤其是在宋代乡村农业进步、副业发展和兼业广泛存在所培育起来的市场机制导向下，农民以农为本的传统价值观念、生产形式和谋生手段都受到了前所未有的冲击，并由此引发了以商品化为特点的乡村经济的深层变革。在宋代经济的商品化趋势中，农产品的商品化成为其商品经济繁荣的重要基础。大量乡村民户参与到商品经济之中，使传统的以自然经济为特点的乡村经济面貌发生了显著变化，从而也使得整个宋代商品经济得以在一个更广泛的层次和更为坚实的基础之上迅速推进。

（一）农产品是商品市场上最主要的商品

中国古代消费市场上的商品主要分为两类。一类是具有明显地域特征的土特产品。土特产品受到各地自然环境、气候条件的影响呈现出明显的地域性，尤其是南北差异。另一类是以粮食和布帛等为主体的农副产品。

[①] 虽然宋代乡村商品经济的发展较前代有很大的进步，但宋代的乡村商品经济是不能和现在的乡村商品经济化程度相提并论的，它还是附属于当时的自然经济，只是当时乡村商品经济程度较前代相比有了很大的进步。

这两大类商品同样是宋代乡村民户最基本的消费品。事实上，在男耕女织、自给自足的自然经济模式下，粮食和布帛等基本农副产品的商品化要比盐铁等具有更加深刻的社会经济价值，能在一个更高的层次上说明乡村经济商品化所达到的广度与深度。宋代乡村经济商品化发展的一个重要表现在于，进入商品市场的农副产品数量显著增长，种类也异常丰富，并且农产品进入市场参与流通已经成为乡村民户经济生活的重要内容。《宋史·食货志》中记载了大量宋代乡村的农产品成为商品而进入市场流通，如鱼、牛、羊、橐驼、鸡、鸭、谷、糯米、麦、糙米、刍粮、菽、青稞、瓜、水果、蔬菜、炭、茶、木材、薪、竹等，而其中以粮食、布帛和茶叶等的市场流通量为大宗，数量很大。宋代乡村农产品的商品化，尤其是大量粮食转化为商品，为城市和市镇的兴起以及大量乡村民户脱离农业生产从事手工业或商业的专业生产提供了基本保障，并为宋代乡村经济的繁荣奠定了坚实的物质基础。

宋代乡村商品经济的发展为大量农产品的商品化提供了流通的条件和消费需要，尤其是在一些商品经济比较发达的城市及市镇周边地区已经出现了成片的经济作物专业种植产区。无论是城市和市镇中以商业活动和手工业生产为主的坊郭户，还是从事经济作物专业种植的乡村民户，都对以粮食为主的农产品有着广泛的消费需求，必须依赖于周围地区相对发达的粮食生产，同时也为周围乡村民户的粮食商品化提供了条件。据《夷坚志》载，汉川县李生夫妇"开米铺"，经过多年经营而"贸迁积数千缗，渐成富室"①。另有常德府富户余翁"岁收谷十万石"，遇大收之年，"常减价出粜"②。宋代乡村粮食的商品化以致在一些交通条件优越的水路码头形成了一批区域性的粮食集散中心，如据《夷坚志》载，当时豫章的"生米渡"已经是豫章当地一个辐射能力较强的区域粮食集散地③。宋代乡村经济作物的集中区域对乡村民户的粮食商品化有着严重的依赖，一旦乡村粮食产量出现下降或粮食商品化出现问题，则很容易对从事经济作物种植的专业户和城镇从事工商业的坊郭户的商品生产活动构成不小的冲击。例如，据庄绰《鸡肋编》卷中载，宋代的太湖洞庭山一带是重要的柑橘、桑麻等经济作物的种植地区，平时民户"糊口之物，尽仰商贩"，绍兴二年（1132）冬天"忽大寒，湖水遂冰，米船不到，山中小民多饿

---

① 《夷坚志》补卷一六《蔡五十三姐》，第1697—1698页。
② 《夷坚志》甲志卷七《查市道人》，第60页。
③ 《夷坚志》乙志卷五《异僧符》，第226—227页。

死"①。可见，宋代从事经济作物的乡村民户对粮食商品化的依赖程度之深。宋代乡村民户从事经济作物的专业种植，需要立足相对发达的农业生产之上。乡村农业生产技术和粮食产量虽已显著提高，但其水平毕竟有限，一旦遭遇天灾人祸，在相对脆弱的经济基础上培育起来的商品经济作物种植及其专业生产仍然是相当脆弱的。

（二）宋代乡村经济作物的广泛种植

在古代农村经济活动中，能够形成大规模商品化生产的，主要还是经济作物的种植。宋代是我国乡村经济作物种植获得迅速发展的一个时期，乡村经济作物的种植在全国范围内都取得显著发展，并呈现出以南北为主的地域差别。宋代乡村经济作物的种植一个显著特点是不仅传统的经济作物种植区域和种植规模在迅速扩大，而且一些新的农业分支和专业区域也陆续出现，形成了很多专业化产区。

1. 蚕桑种植及其商品化

蚕桑种植是中国传统乡村自然经济的组成部分，宋代以前，尽管以纺织为主的城市手工业已经少量产生，但乡村中仍然基本维持了男耕女织的基本格局。在宋代一些商品经济较为发达的地区，一些乡村民户的蚕桑种植与家庭纺织业开始从男耕女织的副业生产中分离出来，形成了以兼业和专业为主要形式的农业分支。如在宋代两浙路的湖州、严州和临安府等地乡村，农民往往"以蚕桑为岁计"②，"谷食不足，仰给它州，惟蚕桑是务"③，"湖州村落朱家屯民朱佛大者，递年以蚕桑为业"④。宋代的著名农学家陈旉曾经对一个专门从事蚕桑种植的十口之家的生产、生活情况作了简单估算，其谓："惟藉桑蚕办生事。十口之家，养蚕十箔，每箔得茧一十二斤，每斤取丝一两三分，每五两丝织小绢一匹，每匹易米一硕四斗，绢与米价相作也。以此岁计，衣食之给极有准的。"⑤ 在宋代乡村，尤其是人口较为稠密而且商品经济相对发达的南方乡村，桑叶进入市场流通已经相对普遍。如《夷坚志》载，绍兴六年（1136）"淮上桑叶价翔踊"，"乾道八年（1172），信州桑叶骤贵，斤直百钱"，"淳熙十四年

---

① （宋）庄绰：《鸡肋编》卷中《中原避祸南方者遭遇之惨》，第64页。
② （宋）谈钥：《嘉泰吴兴志》卷二〇《物产》，宋元方志丛刊，第4857页。
③ （宋）陈公亮、刘文富纂：《严州图经》卷一《风俗》，宋元方志丛刊，第4286页。
④ 《夷坚志》丙志卷一五《朱氏蚕异》，第496—497页。
⑤ （宋）陈旉撰，万国鼎校：《陈旉农书校注》卷下《种桑之法篇第一》，农业出版社1965年版，第55页。

(1187)，豫章蚕顿盛，桑叶价直过常时数十倍"①。此外，范成大在其《晒茧》诗中不禁感叹道"叶贵蚕饥危欲死"，而且在注释中说明"俗传叶贵即蚕熟，今岁正尔"②。可见，在宋代南方各地的乡村中，尤其是南宋江南地区的乡村，乡村民户的纺织业生产已经开始脱离蚕桑种植，由此导致专门从事蚕桑种植而为市场供应桑叶的乡村民户大量出现，同时，蚕蛹养殖也开始与蚕桑种植分离而出现专门从事蚕蛹养殖并且需要从市场购买桑叶的养蚕专业民户。并且，为市场提供桑叶的种植民户和养殖蚕蛹生产生丝的养蚕民户都受到市场供求关系的深刻影响。对此，宋代高斯得"每当春蚕起，不敢息微躬。晨兴督家人，留心曲箔中。客寓无田园，专仰买桑供"③的诗句有力说明，在宋代的乡村民户中，至少诗中反映的"客寓无田园"的乡村客户，已经是一个专门从桑叶市场购买桑叶而从事蚕蛹养殖和生丝生产的乡村专业户。

蚕桑养殖作为男耕女织的自然经济时代最为重要的家庭手工业种类，在宋代以前，其生产中心一直在北方，然而，宋代是我国古代乡村蚕桑业重心南移的重要时期。宋代南方新形成的蚕桑产区无论缫丝技术还是缫丝产量都超越了北方。有人据《宋会要》对宋代两浙路丝织品的上供总数做过统计，认为北宋时两浙路上供总数占全国总数的35.3%，然而南宋时竟然高达48.2%。南宋时以生产苎麻闻名的江西路在北宋立国之初转运司尚称"诸州蚕桑少"，然而到了南宋，其蚕桑养殖业已经蓬勃发展起来，如前述几则材料则反映了其桑叶市场需求量之大。

需要指出的是，两宋丝织业中心仍在北方，元明清时期才转移到东南地区。我国现存最早的蚕桑种植专著《蚕书》，即是宋人秦观立足宋代兖州乡村民户的蚕桑种植实践而进行总结的成果。另据苏辙的《木叶山》一诗载："君看齐鲁间，桑柘皆沃若。"④ 兖州属于北宋的京东路，栾城属于河北路，这足以说明，在宋代，京东路和河北路的蚕桑养殖业并不是我们所想象的那样直线衰弱，仍然保持着相当的规模和水平。

2. 商品化生产下茶、甘蔗、荔枝等经济作物的种植

自唐代开始，我国的茶叶种植已在南方各地乡村形成了专业生产区域。到宋代，茶叶在南方各地乡村的种植更加普遍，规模更大，在长江沿

---

① 《夷坚志》甲志卷五《江阴民》，第42页。
② （宋）范成大：《范石湖集》卷七《晒茧》，上海古籍出版社1981年版，第86页。
③ （宋）高斯得：《耻堂存稿》卷六《桑贵有感》，文渊阁《四库全书》本，第1182册，第95页。
④ （宋）苏辙：《栾城集》卷一六《木叶山》，上海古籍出版社1987年版，第399页。

线建了十三个榷茶务和茶场。① 据《宋史·食货志》卷一八三统计，宋代秦岭、淮河以南的广大乡村，种茶已经相当普遍。据吴曾《能改斋漫录》载，到宋朝建州茶已经名气很大，因质量上乘而成为茶中上品，是专供朝廷的专业种茶区域②。再如，白居易《琵琶行》所路过的浔阳地区，妇人仍在抱怨"商人重利轻别离，前月浮梁买茶去"，而到了宋代，浔阳茶已是"其行几遍天下"③。另据吕陶《净德集》卷一之《奏具置场买茶旋行出卖远方不便事状》反映，"川蜀茶园，本是百姓两税地，不出五谷只是种茶"，乡村民户"自来采茶货卖以充衣食"，民户产茶"多者岁出三五万斤，少者只及一二百斤"④。

再来看宋代的甘蔗种植和蔗糖的生产情况。据寇宗奭《本草衍义》卷一八记载，宋代甘蔗种植在"川、广、湖南、北、二浙、江东、西皆有也"，而"蜜、沙糖、糖霜皆自此出，惟川、浙者为胜"。据王灼《糖霜谱》称宋代的蔗糖生产"独遂宁为冠"，如在遂宁府小溪县伞山一带，甘蔗种植规模竟然占到该处田亩总数的四成，出现了大批专门从事种植甘蔗和生产蔗糖的"糖霜户"。实际上，宋代之前，遂宁地区并不种蔗产糖，因此，王灼感慨道"历世诗人模奇写异，不可胜数"，然而对于遂宁产糖的历史记载却"无一章一句，遂宁糖霜见于文字，实于二公然⑤。则糖霜果非古也，吾意四郡所产，亦起近世耳"⑥。

宋代之前，我国荔枝的主要产地集中在两广和巴蜀，而福建作为一个新兴的荔枝种植区域在宋代迅速崛起并后来居上，乃至成为上供朝廷的专业区域。据载，宋代福建乡村的荔枝种植，仅福州附近乡村，"一岁之出，不知几千万亿"，而兴化军等地也是"园池胜处，唯种荔枝"，"福州最多，而兴化军最为奇特，泉、潭时亦知名"。福建荔枝除上供之外，其销售区域也得到了大范围拓展，其"水浮陆转，以入京师，外至北戎、西夏，其东南舟行新罗、日本、琉球、大食之属"，以致"乡人得沃食者盖鲜，以其断林鬻之也"，"故商人贩益广，而乡人种益多"⑦。在宋代福

---

① （元）马端临：《文献通考》卷一八《征榷考五·榷茶》，中华书局 1986 年版，第 173 页。
② （宋）吴曾：《能改斋漫录》卷九《北苑茶》，上海古籍出版社 1979 年版，第 268 页。
③ （宋）赵与时：《宾退录》卷三，上海古籍出版社 1983 年版，第 30 页。
④ （宋）吕陶：《净德集》卷一《奏具置场买茶施行出卖远方不便事状》，文渊阁《四库全书》本，第 1098 册，第 5 页。
⑤ 二公指苏东坡和黄山谷。
⑥ （宋）王灼：《糖霜谱》第二，文渊阁《四库全书》本，第 844 册，第 841 页。
⑦ （宋）蔡襄：《荔枝谱》第三，文渊阁《四库全书》本，第 845 册，第 156 页。

建荔枝种植的刺激之下,两广和巴蜀地区作为荔枝生产的传统区域,其种植规模也得以扩大。苏辙在《奉同子瞻荔枝叹》一诗中提到,"蜀中荔枝止嘉州","近闻闽尹传种法,移种成都出巴峡。名园竞撷绛纱苞,蜜渍琼肤甘且滑"[①]。可见,巴蜀地区作为荔枝的传统种植区域,其种植范围本来相当有限,仅止于"嘉州",而到了宋代,福建的荔枝种植技术开始传入四川,以致荔枝种植在成都等地也开始普及开来,使得巴峡之地成为荔枝的专业种植区域。据范成大《桂海果志》载,"荔枝,自湖南界入桂林,才百里便有之",当时有"闽粤荔枝食天下,其余被于四夷"[②]的说法。宋代以前,岭南虽产荔枝,但不过限于南海、交趾等寥寥几处,然从范成大的记述来看,荔枝种植在岭南的种植界限已经大大北移,以致"出湖南入桂林,才百里便有之"。同时,岭南荔枝如福建荔枝一样在宋代漂洋过海,足见其与福建荔枝种植乃成并驾齐驱之势。

柑橘种植也不比甘蔗和荔枝种植逊色。宋人韩彦植所著《桔录》是我国第一部讲述柑橘种植技术的专业著作,从中可见,在宋代南方各地,柑橘在两浙、江西、川蜀、闽、广和荆湖等地种植相当普遍,而以温州、吉州和太湖等地最为有名,并在一些柑橘种植的专业产区形成了一些从事专业种植的专业户。在一些柑桔产区,也形成了专业化或者是专业户生产。例如,宋代的太湖洞庭山一带,"地方共几百里,多种柑桔桑麻,糊口之物,尽仰商贩",又如"广南可耕之地少,民多种柑桔以图利。常患小虫损食其实,惟树多蚁,则虫不能生,故园户之家,买蚁于人。遂有收蚁而贩者,谓之'养柑蚁'"[③]。

此外,宋代花圃业作为一个新兴的农业分支也开始异军突起。现存很多关于养花的专著出自宋代,比如现存四种《芍药谱》中的三部即出自宋人之手,最早的牡丹和菊花专著也产生于宋代。以牡丹为例,到了宋代,牡丹开始在洛阳等地广泛种植,中载:"春初时,洛人于寿安山中斫小栽子、卖城中",有民户"人家治地为畦脸,种之",等到"姚黄一接头,直钱五千",各色品种竟然"凡九十余种"[④]。洛阳以前并无牡丹之

[①] (宋)苏辙:《栾城集·后集》卷二《奉同了瞻荔枝叹》,上海古籍出版社1987年版,第1124页。
[②] (宋)曾巩:《元丰类稿》卷三五《福州拟贡荔枝状》,文渊阁《四库全书》本,第1098册,第653页。
[③] (宋)庄绰:《鸡肋编》卷中《中原避祸南方者遭遇之惨》、卷下《养柑蚁》,唐宋史料笔记丛刊,第64、112页。
[④] (宋)欧阳修:《居士外集》卷二五《洛阳牡丹记》,中国古典文学基本丛书,《欧阳修全集》,中华书局2001年版,第1096—1101页。

供，北宋中期后，洛阳牡丹因名闻天下且质量上品而成为皇家贡品，并由此奠定了"洛阳牡丹甲天下"的美名。四川天彭牡丹也曾经名噪一时，据载，自崇宁以来洛阳牡丹花种就被当地人不断买来引种，"自是洛花散于人间，花户始盛，皆以接花为业"，以致"花户连畛相望，莫得其姓氏也"。显然，这些"花户"种植牡丹不是为了自家欣赏，而是为了上市谋利，因此"惟花户则多植花以作利。双头红初出时，一本花取直至三十千。祥云初出，亦直七、八千"。正是在市场牟利的驱动之下，种植牡丹的乡村民户开始不断创新牡丹品种，"花户岁益培接，新特间出"[①]。花卉生产对各地的自然环境和气候条件要求很高，各地自然条件不同，其花卉品种自然不同，如宋代扬州地区的乡村民户开始根据当地的土壤、气候条件种植芍药，"唐之诗人，最以模写风物自喜，如卢同、杜牧，张佑之徒，皆居扬之日久，亦未有一语及之，是花品未若今日之盛也"，然而，到了宋代，扬州乡村"种花之家，园舍相望"，种花民户"不可胜记"，其名气之大，品质之高，以致"四方之人，尽皆赍携金帛，市种以归者多矣"[②]。宋代的花卉种植技术也在商品化的推动下获得了很大提高，如据周密《齐东野语》卷十六反映，宋代北方乡村民户已能利用温室技术使得花卉在任何季节开放。

　　南北乡村民户种植药材或挖掘天然药材出售的情况也很普遍。宋代的四川地区就是一个药材出产的专业区域，其药材的生产种类达180多种[③]，如四川章明县的昌明、会昌、廉水和赤水四个乡专产附子，然而，其种植附子之田不过百顷，可年产量却多达16万多斤，其所产附子行销浙闽和陕西各处。宋代四川各地，因药材种植和挖掘之业迅速发展，并由此在益州产生了进行药材销售的专业市场，益州"以七月七日，四远皆集，其药物多，品甚众，凡三日而罢"[④]。范成大曾经遇到一个专门从事药材采挖种植和销售的专业户，药户自谓"家有十口，一日不出，即饥寒矣"[⑤]。

---

　　① （宋）陆游：《渭南文集》卷四二《天彭牡丹谱·花释名第二》，宋集珍本丛刊，第359页。
　　② （宋）吴曾：《能改斋漫录》卷一五《芍药谱》，上海古籍出版社1979年版，第458页。
　　③ 贾大泉：《宋代四川经济述论》，四川社会科学出版社1985年版，第54—56页。
　　④ （宋）杨亿：《杨文公谈苑》第一册《百药枕》，宋元笔记小说大观，第544页。
　　⑤ （宋）范成大：《范石湖集》卷三三《爱雪歌》，第440页。

二　商品化趋势之下乡村民户的专业化生产

研究宋史的人，稍加留意，便可在宋代的官私文书中发现"绫户""机户""糖霜户""桔园户""茶园户""香户""焙户""酒户""花户""漆户""蟹户""水磑户""药户"等乡村专业户的名称。此类名称在宋代以前的官私文献中很少出现，其大量出现于宋代文献中，可以说明，在宋代的乡村经济商品化趋势中，从事专业生产的乡村民户已经大量出现，并已成为宋代部分乡村地区中一种新型的生产组织形式和一支相对独立的经济力量。宋代的乡村生产专业户，尽管其产值所占比重并不一定很大，但宋代商品经济的繁荣，绝对离不开这些专业户的生产参与和商业活动。专业户由在一定程度上摆脱了传统农业生产模式的乡村兼业户发展而来，它的出现毫无疑问是对我国古代以男耕女织、自给自足为主要特征的乡村自然经济的一次突破，标志着乡村经济的商品化水平已经跨上一个更高的层次。

（一）宋代乡村民户专业化经营的基本情形

宋代乡村专业户作为兼业形态的高层次发展，必然首先出现于宋代乡村经济比较发达的地区。因此，伴随着商品经济的迅速发展和人地矛盾的日渐突出，江南一些从事养蚕和纺织副业或兼业生产的乡村民户逐渐脱离粮食种植的主业而成为从事养蚕和纺织专业生产的专业户。当时"湖州村落咸佛大者，递年以蚕桑为业"，此外，饶州也有"余干润陂民谭、曾二家，每岁育蚕百箔"①。南宋著名农学家陈旉曾经为湖州安吉一代的养蚕专业户估算家庭开销的基本情况，并认为"十口之家养蚕十箔，每箔得茧一二十斤，每一斤取丝一两三分，每五两织小绢一匹，每一匹绢易米一硕四斗，绢与米价常相侔也。以此岁计衣食之给，极有准的也"②。

南宋江南地区因人口南迁造成乡村人口迅速增加，人稠地狭下的人地矛盾相对突出。因而，乡村民户从事专业生产的情况较北方更为普遍。高宗年间，"淮上桑叶价翔踊，有村民居江之洲中，去泰州如皋县绝近。育蚕数十箔，与妻子谋曰：'吾此岁事蚕，费至多'，'不若尽去之，载见叶货之如皋，役不过三日，而享厚利'"，于是"妻子以为然，乃以汤沃蚕"，该村民于是"取叶棹舟以北"③。又如南宋孝宗乾道年间，"信州桑

---

① 《夷坚志》支丁卷七《余干谭家蚕》，第1023页。
② （宋）陈旉：《农书》卷下《种桑之法》，丛书集成初编，第1461册，第21页。
③ 《夷坚志》甲志卷五《江阴民》，第42页。

叶骤贵，斤值百钱。沙溪民张六翁有叶千斤，育蚕再眠矣。忽起牟利之意，告其妻子妇曰：吾家见以叶饲蚕，尚欠其半。若如今价，安得有千以买？今宜悉举箔投于江，而采叶出售，不惟百千钱可立得，且轻快省事"①。再如南宋淳熙年间，"豫章蚕顿盛，桑叶价值过常时数十倍，民以多为忧，至举家哭于蚕室"，时"南昌县忠孝乡民胡二桑叶有余，足以供喂养，志于鬻叶以规厚利。与妻议，欲瘗蚕"，于是"悉窖之，采叶入市"②。以上材料不仅说明南宋时江南的一些地区养蚕植桑专业生产的兴盛，而且透露出江南的种桑养蚕专业户在商品经济繁荣和价值规律支配之下，在养蚕和出售桑叶的专业经营中往往根据市场行情的变化灵活取舍，而不会拘泥于种桑必须养蚕的生产窠臼之中。

不仅如此，洪迈的《夷坚志》记载中已经出现了大量从事纺织专业化生产和商品化经营的乡村民户，如当时饶州崇德乡民户曹三的妻子见"蚕缉麻苎"，于是"织得绢三十匹，布十五匹"，到市场上"货鬻"以"充营费"③。另有丹州民户曹氏"以纺绩养父母，故里俗以'布子'呼之"④。可见，从事专业化纺织生产已经成为宋代乡村民户尤其是南宋时期的江南乡村民户谋生的基本手段，乃至纺织业已经脱离从事粮食种植的传统农业生产并超出副业乃至兼业的自然经济附庸地位，成为南宋江南乡村民户家庭生产的主导形式。尤其需要指出的是，最后一则材料中的丹州民户"曹氏"，显然是一位专门从事专业纺织以"养其母"的乡村农民。传统的家庭纺织业作为农业的附庸或曰副业，一般由家庭妇女从事，而宋代乡村男子从事纺织的专业生产，更足以说明在乡村经济的商品化趋势中，宋代乡村民户的专业化纺织发展程度之高。

宋代乡村民户种植经济作物的情形在两宋南北各地乡村已经非常普遍，从事经济作物种植的乡村民户显然应当属于从事专业生产的乡村民户。尤其是在宋代乡村，各地因自然地理环境和气候条件不同而形成了经济作物种植的专业化区域。如据洪迈《夷坚志》载，"抚州述陂"，因地理气候条件适合甘蔗生长而出现"遍村皆甘林"的盛况，且"大姓饶氏居之"⑤。此外，寿州下蔡县也出现了大量种瓜的专业户⑥，及一些专门从

---

① 《夷坚志》丁志卷六《张翁杀蚕》，第590页。
② 《夷坚志》支景卷七《南昌胡氏蚕》，第935页。
③ 《夷坚志》三志己卷九《曹三妻》，第1374—1375页。
④ 《夷坚志》支甲卷二《丹州石镜鼓》，第725页。
⑤ 《夷坚志》丙志卷一二《饶氏妇》，第468页。
⑥ 《夷坚志》补卷六《张本头》，第1606页。

事蔬菜生产与销售的菜户。在商品经济发展的推动之下，作为传统自然经济组成部分的家畜养殖也开始脱离副业形态而出现专业化和商品化趋势。以养猪业为例，有"江陵民某氏，世以圈豕为业"①。另有台州民户童七，"累世以刺豕为业，每岁不啻千数，又转贩于城市中，专用以肥其家"②。又如乐平民户，"畜一牝豕"，"每生豚必以十数，满三月，则出鬻，累积二百不啻，获利巨多"③。再如"姜七之祖婆，专养母猪，多育豚子，贸易于人，一岁之间，动以百数"④。除养猪专业户以外，两宋的乡村民户从事羊、牛、鸭等家畜家禽养殖的专业民户也已经出现。以养猪为主要形式的专业化家畜家禽养殖业必然催生专门从事家畜屠宰和家禽宰杀的乡村屠户出现。《夷坚志》中出现了大量关于乡村专业屠户的记载，如瓯宁县妇人汤七娘、白石村民户董白额、乐平檀源村民户唐富、婺源毕村民户毕应、恩州民户张氏和盐官县民户余三乙等都是为从事家畜和家禽专业养殖提供配套服务的专业屠宰户⑤。

除种桑、纺织、养蚕和家畜家禽饲养等传统自然经济副业的主要生产领域外，宋代乡村民户的专业化生产因各地自然地理条件和气候条件不同而大多因地制宜的衍生出许多具有地域特色的农村专业化生产门类。那些濒临江海湖沼而耕地资源相对匮乏的地区的乡村民户，往往得水之利而从事专业化的渔业捕捞或养殖，"鄱阳丽池村，无田畴。诸聂累世居之，采木于山，捕鱼于湖，以为生业"⑥。嘉州民户黄甲、楚州民户渔者尹二和兴州长道一带民户等也都是累世从事专业捕鱼生产的乡村民户。⑦专业捕鱼生产的丰厚利润也吸引了很多乡村富户从事鱼塘的承包乃至垄断经营，甚至成为富甲一方的"渔霸"，如宋代的岳阳西南地区"枕洞庭巨浸，而并城十里间，别派河泊甚众。宗室子某，扑买大半，而擅其利。鱼鲔之入不赀"⑧。此外，宋代乡村经济中粮食生产的专业化和商品化也使得为乡村民户提供粮食和面粉加工的"磨户"，以及为乡村民户尤其是上户提供

---

① 《夷坚志》支景卷一《江陵村侩》，第883页。
② 《夷坚志》支景卷五《童七屠》，第916—917页。
③ 《夷坚志》支癸卷六《许仆家豕怪》，第1269页。
④ 《夷坚志》三志己卷二《姜七家猪》，第1313页。
⑤ 杨德泉、刘树友：《从〈夷坚志〉看宋代农村社会经济的巨大变化》，《陕西师大学报》（哲学社会科学版）1991年第2期，第55页。
⑥ 《夷坚志》支癸卷八《丽池鱼箔》，第1284页。
⑦ 《夷坚志》支戊卷九《嘉州江中镜》，第1124—1125；支甲卷九《尹二家火》，第783页；丙志卷二《长道渔翁》，第378页。
⑧ 《夷坚志》三志辛卷八《岳州河泊》，第1449—1450页。

薪柴的"炭户"等专业性服务行业大量出现。

(二) 两宋乡村民户专业化经营的原因与影响

从乡村经济社会分工的角度来看,粮食产量的增加、农村经济作物的广泛种植及由此导致的乡村经济商品化发展,必然推动第二层次的农产品加工和与之相关的乡村社会服务行业的发展。因为,粮食和经济作物进入市场流通必然需要经过二次加工,而粮食、经济作物及其加工品的流通又离不开为之提供服务的旅店、酒肆、物流、货币等方面的服务行业支撑。这可以说是导致宋代乡村专业户产生的直接动因。在两宋乡村经济商品化的发展中,乡村经济原先以自给自足和家庭生产为主要特征的自然经济模式被不断打破,原先从属于乡村副业或处于兼业状态的很多乡村生产门类开始完全脱离粮食种植和附属于粮食生产主业的传统状态,而成为相对独立的专业生产或专业服务门类,使得宋代乡村经济在各种专业化和商品化的生产中形成一个更为细致和更加严密的社会分工与生产协作体系,从而使得那些无地少地的四等户、五等户和乡村客户们可以在土地不足以赡养其家的情形之下,通过专业化和商品化的生产、服务活动以自己的劳动所得从市场上主要是乡村富户手中购买日常生活所需的粮食等生活必需品。

另外,从宋代乡村的宏观经济环境来看,宋代乡村人多地狭的乡村社会图景、农业生产技术的提高、粮食产量的大幅度提高、大量农村富余劳动力的出现、国家的政策导向以及乡村民户求生求富的本能欲望,也为大量乡村人口脱离男耕女织、自给自足的乡村自然经济去从事某一行业的专业生产提供了基本条件。从另一个角度来看,在两宋乡村人口大量增殖,人均土地面积不断减少的背景之下,在不抑兼并、不立田制的乡村土地状况之下,宋代乡村的五等民户呈现出严重的两极分化。一方面,宋代乡村的上层民户占田规模不断扩大,而乡村中的四等户、五等户占田规模不断萎缩,乡村客户本来就没有田产,在此情景之下,其数量必然不断增加。因此,对于绝大多数四等户、五等户和乡村客户来说,仅靠对有限土地的精耕细作或能勉强维持温饱,却难以对家庭人口进行有效供养,而对他们来说,在农闲之余或者干脆脱离传统的农业生产去从事一些与农业相关的专业化生产,无疑将是一条求生乃至求富的佳径。当然,对于绝大多数从事专业生产的乡村下户来说,能够致富的毕竟是少数,但其维持温饱的基本需要应该能够通过专业化生产及其商品化参与得以满足。

乡村民户中的下户之所以能够从事专业化生产,其前提是宋代乡村能够提供大量的商品粮,毫无疑问,宋代乡村中的上户是商品粮的主要供应者,或者至少可以说,宋代的乡村上户作为土地的大面积占有者,其从事专业生产的可能性毕竟很小。然而，其生产粮食并使之商品化的现实必然使其与下户的专业化生产形成某种良性互动，即上户提供商品粮，而下户以其专业化生产为上户提供消费品，同时，获取上户的商品粮以满足下户的家庭需要，从而使得宋代乡村较之前代在应对乡村土地兼并和贫富分化问题上拥有较大的灵活性，在上户与下户的矛盾对立中因专业化和商品化生产的存在而产生了一定弹性，从而避免了因二者的刚性对立而导致乡村社会秩序出现紊乱的后果。

第三章　宋代乡村家庭与市场联系的日趋紧密

宋代乡村在人口增殖压力下，到北宋中期以后，尤其是到了南宋时期，随着国土面积的缩小和大量北方人口的南徙，长江中下游、东南沿海以及四川盆地的不少乡村人地矛盾已经非常突出，从而呈现出人稠地狭的乡村图景。在相对普遍的人地矛盾压力之下，宋代乡村地区通过租佃制在一定程度上解决或缓解了乡村下户和无地客户土地数量不足的问题。然而，在江浙、福建以及四川等地，因人口数量过于密集，即便通过租佃制可以缓解下户和客户耕种数量相对不足的问题，但土地耕种数量仍然相对不足的问题并未得到有效化解。于是，乡村民户主要是乡村下户和客户，在对土地进行精耕细作之外，从事经济作物种植、外出担任佣工、经营家庭手工业乃至完全脱离传统农副业生产而从事兼业或专业经营的商品化活动明显增多。宋代部分人地矛盾非常突出的地方，在生产工具改进、水利事业大量兴修、高产作物引进推广和农田管理技术显著提升的背景之下，在乡村农民的精耕细作之下，即便人口增殖速度可能超越农产品产量的增加速度，但是，农产品产量尤其是粮食产量的显著增加，为部分乡村民户从农业中独立出来从事兼业和专业经营奠定了坚实的物质基础。

美国学者彼得·格雷斯认为："人口的增加、农业技术的进步促成了当时农业生产的迅速发展。集市活动的兴起不仅大大推动了乡村的商业，而且逐步把乡村和地区乃至全国的商业网联系在一起，这些又使乡村发生着巨大变化。"[①] 无论民户的专业活动还是兼业活动都显示出宋代乡村的商品化经营呈现出了前所未有的灵活和繁荣，是社会分工趋于细化的明显表现。然而，社会专业分工日趋细化之下的民户兼业和专业活动，必须借助于特定的市场机制，以完成自有农产品、手工业产品乃至劳动力的出

---

① ［美］彼得·格雷斯：《宋代乡村的面貌》，《中国历史地理论丛》1992年第2期，第161页。

售，同时民户还需要从市场上购进家庭自需的粮食等生活物资以及从事兼业和专业生产所需要的原材料乃至劳动力。由此，乡村集市成为商品化背景下宋代乡村民户们从事兼业和专业生产必不可少的一个关键环节。两宋各地，乡村草市镇的存在则成为乡村民户们互通有无、实现社会分工和商品化经营的重要节点。

有城必有市，宋代以前，在自给自足的乡村自然经济之下，市场交易往往发生在数量不多的城市之中，乡村民户因自身自给能力极强，其商品交易的需要往往相对较弱，粮食和大部分日用品往往能够做到自我供给，即便少量生活必需品，如油、盐、醋、茶等生活用品不能完全自我生产，其造成的商品交易行为也大多是分散零碎的，并没有因大量商品交易行为的发生而出现乡村集市大规模出现的社会现象。然而，到了宋代，随着乡村经济商品化趋势的不断加强，乡村中集市、草市的大量出现，于城市经济辐射的边缘地带形成了一批同样具有市场交易功能的市镇，初步形成了由集市、草市、市镇和城市市场构成的全国性商品交易和物资流通的完整体系。

宋代的草市和市镇数量庞大，种类繁多，因地而异，功能不一，成为实现乡村民户家庭商品化经营必不可少的流通环节，同时，乡村草市和农村市镇也在宋代乡村经济的商品性繁荣中获得了前所未有的发展，其功能逐步突破市场交易的一般职能，开始成为乡村之间乃至区域之间集市场交易、生产加工、物资流通和信息交流的综合性市场。

第一节　宋代乡村市场的类型和形态变化

"市"作为"买卖之所"，简言之，就是商品交易或做买卖的固定场所。我国古代规模庞大的城市、星罗棋布的乡村集市、城市经济辐射区域的乡村市镇、具有浓郁地方和民族特色的边疆关市以及体现外邦风格的番市，共同构成了古代市场的基本体系，其数量之多，规模之大均为世界其他国家和地区所不及，成为中华古代商业文明繁荣兴盛的历史缩影。农村集市即"墟集"，也有"墟""场""集""街"等各种称呼，因地而异。"墟集"是古代乡村农民和小手工业者从事商品买卖的主要场所。农民往往在自然经济生产模式无法自我满足家庭消费需求的情况下，通过乡村"墟市"以粮食或自产农副产品换取手工业者生产的手工业产品以满足家庭日常需要。乡村"墟市"一般位于几个村落的中心地区，是数个村落民户从事基本物资交换的交易场所,商品交易规模小而分散,一般很少有完全脱离农业生产而从事专业商业经营活动的商家出现。"草市"是比乡村"墟市"略微高级的乡村市场形态,其名称最早见于魏晋南北朝。"草市"在隋唐时期发展迅速,有些人口众多、交通便利的草市甚至在隋唐时期成长为县治。"镇"在宋代以前专指军事驻防之地,唐宋以后,"镇"的经济功能逐渐增强,故"市"与"镇"开始结合,用来指称那些规模介于城市与乡村集市之间的乡村市场。

一 宋代乡村市场的基本类型

宋代是我国古代市场发展迅速的历史时期,大多是综合性的农副产品和手工业产品的地区交易中心。另外,宋代还出现了一批从事固定产品交易的专业化市镇,如宋代四大商业名镇中,佛山镇以铁制品交易为主,景德镇则以陶瓷交易为主,而朱仙镇和汉口镇则属于综合性的地域商业交易中心。从地域分布上来看,随着宋代经济重心南移的完成,南方经济相对北方要发达,乡村集市和市镇的密度大于北方。宋代乡村市场与前代相比,数量明显增多,类型多种多样。从市场的规模和档次来看,主要分为乡村草市和市镇两种,从商品交易种类来看,则形成了如茶市、牲口市、劳动力市场等专业化市场。

首先,宋代草市与前代相比,数量迅速增加,成为乡村家庭之间互通有无的基础性市场。草市是村落之间乡村民户互通有无的初级交易市场。到北宋中期,全国草市数量已经接近三万处。草市作为乡村物资交易的初级市场星罗棋布于大江南北,并且乡村经济发展水平越高,商品化水平越高,其密度越大。草市的数量多寡和密度大小直接反映了当地乡村的经济发展水平,乃至从一定侧面反映出当地的人地比例情况。一般情况下,两宋各地,人地矛盾相对突出的地方,乡村民户从事兼业和专业经营的商品化行为越为普遍,乡村草市的数量越多,密度也会越高。

宋代草市名目极多,如"店"主要包括野店、草店、道店和庄店,"步"主要包括水步和山步,"墟"主要包括村墟和草墟,"市"主要包括村市、河市、山市、岳市、庙市、蚕市、亥市、鲈鱼市和三家市等。墟市一般是隔日举行的集市,据《宋会要辑稿·食货》载,岭南墟市"三数日一次市合"[①]。海南岛昌化县一带则每逢寅酉日,即约间隔四到六天

[①] 《宋会要辑稿·食货》十八之八,第 5111 页。

"趁墟"①。兴国军一带每逢卯酉日，即每隔五天"趁墟"②。池州地区则有所谓"子午会"，即每逢子午日，约每隔六天便"趁墟"③。可以说，各地"草市"因地理气候条件不同，种植农作物的农闲时机不同，往往因地制宜，在进行"草市"的时间间隔上或长或短。另外，"草市"的交易时间和交易频率还与各地农产品的鲜活度有关，如宋代渔村的水市，往往于每日清晨进行，"草市朝朝合"④，"晓日鱼虾市"⑤。在广大乡村地区，"草市"一般白天营业，"日暮人收市"。此外，在一些人烟稠密、交通便利的乡村地区还不乏晓市和夜市，"小市晚犹合"，"小市疏灯有酒垆"⑥。

其次，宋代市镇居于城市辐射带上，是连接乡村草市与城市的纽带。随着宋代乡村商品经济的发展，一些地理条件优越、人口相对密集的草市发展成为贸易场所相对固定、拥有专业商人和手工业者的市镇。市镇往往位居城市经济辐射带的范围之内，由此形成了乡村草市、市镇和城市市场三位一体的完整市场体系。市镇的出现是两宋乡村商品经济发展的重要产物，是连接乡村地区与城市的流通纽带。市镇商品交易的主要内容是粮食交易，这顺应了宋代乡村经济兼业化和专业化的商品化趋势，同时也是乡村市场得以存在的基本条件。应当说，没有商品粮交易的基本需求，宋代的草市也无以大量出现，更不会大量成长为功能相对完善的区域性"市镇"。此外，随着宋代乡村从事经济作物专业化种植区域的增多，果蔬、茶叶、蚕桑和甘蔗等的大量种植极大增强了宋代乡村经济的商品化水平。粮食和经济作物之间的相互交易，为市镇的繁荣提供了基本条件。同时，农民还可以从市镇上购得油、盐、醋、酒等基本生活用品和农业生产工具、家庭手工业生产工具和从事兼业或专业生产的原材料等生产资料。方回《古今考》载："予见佃户携米或一斗，或五七三四升至肆，易香烛、纸马、油盐、酱醯、浆粉、麸面、椒姜、药饵之属不一，皆以米准之。"⑦即用粮食直接换取各种物品，不用集市，这是乡村交易市场的典型特色。

---

① （宋）赵汝适：《诸蕃志》卷下《海南》，第594册，第37页。
② （宋）项安世：《平庵悔稿后编》卷三《佛国市》，续修四库全书，上海古籍出版社2002年版，第1319册，第26页。
③ （宋）叶廷珪撰，李志亮校点：《海录碎事》卷一五《商贾货财部》，中华书局2002年版，第759页。
④ （宋）张津：《乾道四明图经》卷八《舒亶和马粹老四明杂诗聊记里俗耳丨首》（其十），宋元方志丛刊，第4918页。
⑤ 寿涌：《梅尧臣集编年校注再注八十四则》，《中华文史论丛》2010年第3期，第255页。
⑥ （宋）陆游：《剑南诗稿校注》卷八〇《游山步》，上海古籍出版社1985年版，第4334页。
⑦ （宋）方回：《续古今考》，中华书局1980年版，第133页。

在乡村草市基础上发展起来的"市镇",严格来说,仍然属于自然经济范畴,但两宋的乡村民户藉由草市和市镇组成的市场线路与城市市场连为一体,在两宋广袤的乡村与中心城市之间进行物资流通,使得乡村民户在兼业和专业经营下的商品消费需求得以满足,从而形成了一个个繁荣兴旺的"市镇"。

北宋时期北方的市镇发展要比南方快。仁宗时期,南方市镇数量略多于北方,但熙宁十年(1077),北方迅速超过南方。北宋四京,因地近京畿地区,乡村草市和市镇发展必然最快,然除此以外,河北路和京东路也是北宋乡村经济商品化程度较高的地区。如北宋的淄州邹平县属济河津渡赵豁口镇,其商税年额高达 28000 多贯,比平均的州治 6700 多贯和县治 3300 多贯都高。再如莱州掖县的海滨名镇——沧海镇商税年额近 13000 贯,比州治 6200 多贯也高出一倍多。在北宋的京东路,即便内陆地区的乡村市镇也有很大程度的发展。如北宋沂州所属临沂县有"王相公庄市",商税年额高达 7000 多贯。又如沂水县属"苏村市"商税年额多达 4000 多贯。再如滨州所属招安县的"马家庄镇"商税年额高达 5000 多贯,比招安县城 2300 多贯整整高出了一倍有余。① 北宋的京东路和河北路,地滨渤海和黄海,背靠乡村经济发达的华北平原腹地,同时是北宋四京海外联系的枢纽地区。因此,其乡村经济的商品化水平很高,甚至在相当一段时间内远远超过南方的江浙地区。尤其是,其"滨海之利"为其进行海外贸易并将乡村民户与海外市场连为一体提供了得天独厚的地理优势和区位优势。如北宋密州所属的"板桥镇"便是一个典型的滨海型乡村市镇。北宋的板桥镇濒临黄海,既是西向的河东、河北和京东诸路纺织品、杂货和铜钱的集散之地,也是南向的两浙、两广和福建的粮食和手工业品北上的重要通道。因此,日渐"交易繁夥"。有鉴于此,北宋元祐三年(1088),宋政府开始于"板桥镇"设立市舶司,是有宋一代,市镇设立市舶司的唯——例。②

市镇经济的繁荣是南宋乡村经济商品化的显著特征之一,尤其是江南经济区,自唐末五代以来,经济迅速崛起。早于宋初,官员陶谷便指出:"轻清秀丽,东南为甲。富兼华夷,余杭又为甲。百事繁庶,地上天宫也。"③ 南宋以来,随着北方大量农业人口迁入以及占城稻和稻麦复种制

---

① 参见傅宗文《宋代的草市镇》,《社会科学战线》1982 年第 1 期,第 117—118 页。
② 《长编》卷四〇九,哲宗元祐三年乙丑,第 9956 页。
③ (宋)陶谷:《清异录》卷上《地理门·地上天宫》,《全宋笔记》(第一编第二册),大象出版社 2003 年版,第 17 页。

的推广、农业生产工具的进步和农田管理经验的提高，江南经济区的农业经济迅速繁荣，"上有天堂，下有苏杭"的民间谚语遂广为流传。然而，另一方面，在人口增殖压力下，江南经济区的人地矛盾日渐凸显，租佃制下佃田不足的状况已经非常明显。乡村民户即便对土地进行精耕细作，也难以满足家庭日常所需。于是，南宋乡村民间，以乡村下户和客户为主的"贫户"开始大量从事兼业和专业的商品化经济活动。在此背景下，大量江南草市开始成长为经济功能更趋完善的乡村市镇。如陈允平在《过田家》一诗中提及："村南啼布谷，村北响缲车。隔浦卖鱼市，傍桥沽酒家。"①刘宰也在《丁桥太霄观记》一文中感慨："今夫十家之聚，必有米盐之市。"②傅宗文据潜说友的《咸淳临安志》、施宿的《嘉泰会稽志》、张淏的《宝庆会稽续志》、罗濬的《宝庆四明志》、陈耆卿的《嘉定赤城志》和谈钥的《嘉泰吴兴志》对南宋江浙路的乡村市镇做过粗略统计，数量多达98处。③实际上，傅宗文的统计并不全面。如嘉定十三年（1220）的一份臣僚上言中便提到了平江府辖内海港"顾迳市"周遭的16个口岸市镇。④南宋时期，不独江南地区市镇众多，岭南地区的乡村市镇数量也明显增多。仅就《宋会要辑稿·食货》相关记载统计，南宋乾道中期，贺州有市镇30处，韶州有墟市39处。开禧元年（1205），惠州、肇庆和广州三地共有墟市83处。⑤

再次，在草市和市镇发展的基础上，宋代还出现了适应乡村经济专业化和兼业化需要的专业性市镇。专业化市镇的出现是农业和手工业分工在宋代乡村经济商品化背景下更趋细化的结果，具有浓郁的手工业专业化色彩。两宋期间，大江南北，尤其是南宋时期的江南地区，大量以制瓷、制盐、制糖、纺织和矿冶等乡村专业或兼业部门为中心的手工业型专业化市镇的出现，推动着市镇由单一的商业贸易场所发展成为集生产、加工和流通等多种功能于一体的综合性区域市场。两宋的专业化市镇涉及各行各业，规模不一，地域不同，但基本围绕一种专业化的手工业产品。如陶瓷业中有饶州的景德镇和徐州的白土。矿冶业中有筠州的清溪市，制盐业中

---

① 北京大学古文献研究所：《全宋诗》卷二五六之陈允平《过田家》，北京大学出版社1999年版，第67册，第41988页。
② （宋）刘宰：《漫塘文集》卷二三《丁桥太霄观记》，文渊阁《四库全书》本，第1170册，第609页。
③ 傅宗文：《宋代的草市镇》，《社会科学战线》1982年第1期，第118页。
④ 《宋会要辑稿·食货》十八之二九，第5122页。
⑤ 《宋会要辑稿·食货》二三之二，第5175页；二三之四，第5176页；一八之二三，第5119页。

有陵州的赖镳镇,制茶业中有彭州的蒲村镇,制糖业中有遂州的凤台镇和兴化军的龙华镇,航运业中有福建路泉州的安海镇和两浙路秀州的青龙镇等。

专业化市镇的出现,标志着两宋的乡村经济作物种植、手工业兼业或专业生产以及农业商品化获得了前所未有的全面发展,同时说明两宋的市镇已经成长到一个新的境界。市镇经济的崛起,不仅将两宋的乡村经济与城市市场、全国市场乃至海外市场连接为一个流通顺畅的市场体系,而且开始改变农村的传统社会面貌。例如,在宋代乡村商品化和市场化的基础上,一些人开始部分脱离农业生产从事与农业商品化相关的兼业活动。然而,随着两宋部分地区人地矛盾的持续加剧以及经商致富观念的普遍盛行,一部分人开始完全脱离农业生产活动,将自己的商品化经营从最初的兼业状态推向专业化生产这一带有早期工业化色彩的生产形势。由于这部分人完全脱离了乡村的农业生产,并在市镇中买房置地,成为中国古代的"非农业人口",造成了宋代乡村民户的社会性分化。于是,唐代以前就有的坊郭户,宋代开始增多,他们不直接从事农业生产,但却以从事与农业相关的商业化经营为生。这一阶层的存在不仅密切了农村与市场的联系,导致过去封闭和单纯的乡村民户的思想观念与生活方式发生悄然改变,而且其对商品粮和其他生活物资的刚性需求,直接刺激了两宋乡村社会经济的商品化、专业化和市场化趋势。

二 宋代乡村市场的形态变化

随着宋代乡村经济商品化水平的不断提高,遍及全国各地的草市如雨后春笋般涌现,其数量之多,为以前历代所不及。可以说,草市的出现是宋代乡村在地狭人稠的乡村图景中立足乡村社会经济全面进步而产生的必然经济现象。同时,草市是乡村民户之间进行市场交易的初级市场,随着乡村经济商品化程度的加深和规模的扩大继续成长,有些乡村草市镇可能成长为规模更大的市镇,成为兼具经济功能和行政职能的县治乃至区域性的商业中心城市。可以说,乡村经济的商品化是古代城市化的原动力。

第一,藩镇辖内之"军镇"是两宋市镇来源之一。安史之乱以后,唐朝中央政府的统治能力迅速下降,形成了唐末五代藩镇割据混战的动乱局面。藩镇长官往往飞扬跋扈,于辖内各军事要冲设镇,吞并控扼地方,并往往指派心腹,主持一镇事务,操控地方事务,从事商业经营。因此,作为市镇起源形式之一的"军镇"自创始之初便兼具军事、行政和商业功能。随着时间的推移,主要是进入宋代以后,藩镇实力不断削弱,以致名存实亡,其军事职能逐渐退却,随着乡村社会经济商品化和专业化程度的不断加深,其经济功能却日渐凸显,以致镇使或镇将往往兼带勾当酒曲和知税之职。建隆三年(962),宋太祖赵匡胤下诏设置县尉,削夺了镇将干预地方政事的权利。据《嘉泰吴兴志》云:"诸镇省罢略尽,所以存者特曰监镇,主烟火兼征商。"① 这说明,北宋的一些市镇即是在宋朝中央政府的直接干预下,由唐末五代以来的藩镇辖属军镇发展而来。宋太祖赵匡胤削夺军镇行政权力,恰恰从官方层面上肯定了市镇是介于草市与城市之间的一级市场建制。"市镇"在沟通宋代乡村社会与城市区域市场、全国市场乃至海外市场中具有越来越重要桥梁和纽带作用。

第二,草市在乡村兼业化和专业化的商品化趋势推动下,成长为市镇。如前所说,随着人地矛盾的日渐突出,宋代以乡村下户和客户为主的乡村"贫户"不得不从事经济作物的种植、各种门类的手工业生产、提供乡村服务以及担任雇工等兼业或专业的商品化活动,由此导致草市大量出现。其中一些草市因辐射区域人口众多,且乡村经济成长较快,拥有相对优越便捷的交通条件而成长为"市镇"。据方志记载,宋代湖州所辖乌程县震泽乡的南林村,又称南浔村,原本只是一座普通的乡村聚落,后来随着当地草市规模不断扩大,功能日渐完善而成长为当地区域性的经济市镇,"市井繁阜,商贾辐辏",到南宋理宗淳祐年间,已经获得官方认可而正式升级为"镇"②。草市升级为市镇在两宋已经普遍存在,在北宋的许多镇名中仍然保留了原先草市的名称便是证明。如北宋开封府的"草市镇",便属于由"草市"成长为"市镇"的典型事例。其他诸如齐州的新市镇(由草市升镇,故称"新"市镇)、滨州的"马家庄镇"(由庄店升为市镇)、梓州的"吴店镇"(由村店升级为市镇)、真州的"瓜步镇"(由步市升级为市镇)和泰州的"柴墟镇"(由墟市升级为市镇)等都是由乡村草市成长为市镇的典型事例。

第三,宋代市镇还随着人口的不断集聚,成长为一些附属于城市的新市区。苏轼在《乞罢宿州修城状》一文中提到,随着宿州城市规模的不断扩大和城市周遭乡村经济商品化程度的不断加深,使得"城小人多,散在城外,谓之草市者甚众"③。另外,范成大也在《吴船录》中提到,

---

① (宋)谈钥:《嘉泰吴兴志》卷一〇《管镇》,宋元方志丛刊,第4730页。
② (宋)赵雍:《吴兴金石记》卷一一《宋嘉熙元年至淳祐十年·南浔镇志》,《地方金石志汇编》(第42册),国家图书馆出版社2011年版。
③ (宋)苏轼:《苏东坡全集》下《奏议集》卷一二《乞罢宿州修城状》,北京师范大学出版社2000年版,第260页。

当时的鄂州"南草市","沿江数万家,廛閈甚盛,列肆如栉,酒垆楼栏尤壮丽,外郡未见其比"①。鉴于一些城市周遭乡村市镇的迅速发展,宋朝开始将这部分地区作为城市新区看待,并设置了"厢虞候"这一职位对城市新区即城市周遭的乡村市镇进行管理。例如,南宋绍兴十一年(1141),随着南宋都城临安城周遭乡村市镇规模的扩大和人口的集聚,临安城外的"江涨桥镇"和"浙江市"被升级为南北左右城厢,并委派京官直接管辖。这说明,随着城市周遭乡村经济的发展,尤其是草市成长为商业性市镇步伐的加快,市镇不独商业功能,其人口的集聚实际已经引起两宋行政建制的悄然变化,只不过这种变化在城市附近的市镇表现较为突出,而广袤乡村地区自然成长起来的市镇一般规模不大,但从事专业化商业经营、手工业制造和服务性行业的非农人口集聚定居的现象也已经出现。

第四,南宋时期的市镇出现分化"子市镇"的现象。草市成长为市镇后,随着市镇规模的不断扩大和功能的渐趋完善,一些经济成长条件较好和乡村社会分工较为细致的地区,其市镇开始分蘖出一些子市镇。潭州所属长沙县的桥口镇,交通四通八达,商旅如织。南宋前期,桥口镇"市户二千余家,地狭不足以居,则于夹江地名暴家歧者又为一聚落,亦数百家"②。南宋市镇的分蘖现象说明,随着市镇规模的不断扩大和市镇居民人口的不断增多,市镇用地日趋紧张,居民点不得不向市镇以外扩张,由此导致市镇分蘖出新市镇。于是,一些市镇因分蘖出众多小市镇而被提升为县治。宋代的市镇,即便其中一部分已经具备了分蘖子市镇的经济潜力,但从根本上来说,其仍然是从属于广袤乡村经济体系的地域性市场,其存在和发展的根基依然是两宋乡村经济以兼业或专业为主要形式的商品化趋势。

两宋市镇中的非农人口虽然脱离了农业生产,但在农耕经济仍然占据主导地位的两宋时代,其商业化经营、手工业制造和服务性行业等专业化经营仍然直接或间接的必然与乡村发生地域性、行业性的必然联系,也即两宋的非农人口虽然已经在商品化、城镇化和专业化的乡村经济中破茧而出,成长为脱离农业生产而只需向政府缴纳商税等非农税种的"坊郭户",但其商品化经营和市民化生活仍然无以摆脱其繁荣的乡村经济的广阔背景,不过是农业自然经济汪洋大海中一抹早期工业化和城镇化的曙

---

① (宋)范成大:《范成大笔记六种》,唐宋史料笔记丛刊,第226页。
② 《宋会要辑稿·职官》四八之一四,第3462页。

光。也就是说，宋代乡村市镇经济基础上的城市化和工业化带有浓重的自然经济色彩，难以抵御乡村经济的战争破坏，乃至自然灾害对乡村经济的破坏也会非常灵敏地反映到其经济生活的方方面面，乡村经济的破坏甚至会对其造成灭顶之灾。从两宋乡村经济结构的整体来看，市镇虽然广泛存在并在某种程度上代表了一种有异于传统男耕女织自然经济的生产方式，但这在农业自然经济的汪洋大海中仍然只是一叶扁舟，其要取得渡达彼岸的历史性跨越仍然需要经历相当漫长的历程。

第二节　宋代乡村市场经营的特点

两宋乡村经济以乡村主户和客户广泛从事兼业和专业为主要内容的商品化趋势催生了乡村各级市场的发育、发展和繁荣。两宋乡村草市及在此基础上成长起来的市镇经济的繁荣，其实质正反映了乡村商品生产的发展和商品经济的活跃。两宋乡村市场的迅速发展基本开始于北宋中期，尤其是南宋以后的江南地区，不仅在乡村草市、市镇乃至城市市场组成的相对完整的市场体系中形成了较为完整的地域结构体系，而且引发了宋代乡村经济体系、社会结构乃至城乡关系的一系列变化。

一　宋代乡村集市的基本特点

两宋尤其是南宋时期，乡村集市的发展呈现出许多新的特点。北宋以来乡村集市不定期开市的现象逐步减少，已经发展为定期日市和常设市，表明宋代乡村市场发育日渐成熟。同时，随着两宋乡村经济专业化和市场化发展趋势的加强，乡村主题市场和夜市日渐增多，乡村贸易活动开始不断突破乡村自然经济的缝补性而逐渐走向开放，并不断丰富和完善着乡村集市的内在结构和运作形式。从社会发展的角度看，两宋乡村集市不仅为乡村经济提供了一个自我发展并释放经济活力的窗口，从流通上将乡村地区与乡村以外的一切地区以商品交易纽带牢固的连结为一个整体，而且经由草市、市镇和城市三位一体的市场体系，将乡村以外的诸多信息注入乡村，使得宋代乡村逐步突破封闭和保守的传统社会形态，呈现出日益开放而多元的社会图景。两宋乡村社会的发展变化正是得益于乡村经济商品化的推动，而商品化的实现离不开各级乡村市场的发育，离不开宋代乡村市场在其人稠地狭的乡村社会图景中孕育而来的乡村生产形态的多元发展及由此催生的乡村市场新特征。可以说，两宋乡村市场呈现出的任何特点，正是两宋乡村社会经济人地矛盾、农业进步、多元经营和农业商品化等因素综合作用的结果。

第一，两宋乡村市场数量大幅增加的同时，乡村集市的市场形态日趋完善，不少乡村草市由临时性交易场所发展成为固定的期日市或常设市。其中的常设市一般形成了一定规模的工商业街区，且拥有固定的居民点，在形态上已经初具市镇乃至城市的雏形。例如，南宋平江府所属半山桥市，"民居辐辏，朝夕为市"①。镇江府所属丁桥市，"水可舟，陆可车，亦农工商贾一都会"②。嘉兴府所属淮院市在南宋时期日渐成长为太湖流域南部地区著名的丝织品生产交易中心，当时有"轻纵素锦，日工月积，淮院之名，遂达天下"之称。③两宋的乡村市场，主要是规模较大，档次更高的乡村"市镇"，一般拥有相对固定的居民点。江西路"余干古步，有墟市数百家"④之多。一般情况下，乡村市镇，居民较墟市为多。长沙桥口镇一代有居民超过两千家，福州的海口镇居民竟多达三千家⑤。南宋秀州的澉浦镇户口总数多达五千家，可谓繁盛⑥。嘉州的苏稽和符文两镇，"市井繁，类壮县"⑦。两宋市镇居民长年累月定居乡村市镇，有着共同的利益诉求。他们一般完全脱离农业生产，而成为专业的商业经营者、手工业产品生产者或生产、生活服务提供者。乡村市镇的定居者拥有大体相同的生活旨趣和经济追求，并缓慢发展成为宋代乡村社会中一个新兴的社会阶层，即"市人""市户"或曰"市井小民"。宋代乡村市场的"市井"阶层，虽然基本上脱离农业生产，但与今日之市民毕竟拥有极大不同，其最多只能算作近代市民阶层的先驱。因为，在宋代乡村自然经济的汪洋大海中，市镇经济及其孕育的市民阶层虽然极大推进了宋代乡村经济的商品化进程，但其数量、规模和质量都无以达到引起社会经济结构质变的程度，其不过是两宋乡村自然经济在人地矛盾尖锐和农业生产进步前提下自我调适的产物，并没有从本质上超脱自然经济的范畴。

两宋的乡村草市或墟市，随着乡村经济的不断发展和商品化程度的不

---

① （明）林世远、王鏊：《正德姑苏志》卷一八《乡都》，书目文献出版社1990年版，第280页。
② （宋）刘宰：《漫塘文集》卷二三《丁桥太霄观记》，文渊阁《四库全书》本，第1170册，第609页。
③ （宋）叶适：《叶适集·水心别集》卷二《民事中》，中华书局1961年版，第654页。
④ 《夷坚志》三志壬卷九《古步王屠》，第1536—1537页。
⑤ （宋）梁克家：《淳熙三山志》卷六《地理》，宋元方志丛刊，第7836—7838页。
⑥ （宋）罗叔韶修，常棠纂：《澉水志》卷上《户口》，宋元方志丛刊，第4660页。
⑦ （宋）范成大：《吴船录》卷上，文渊阁《四库全书》本，第460册，第854页。

断加深，市集周期日益缩短，空间密度也不断提高。如徐筠提到，"荆吴俗，有取寅、申、巳、亥日集于市，故谓'亥市'"①。亥市是每隔一两天举行的定期集市。这说明宋代的江南地区，尤其是南宋时期的江南一带，每隔一两天定期举行的乡村集市已经非常普遍。两宋乡村期日市的规范化和定期化适应了乡村经济的商品化进程。因此，其规模和影响不断扩大，并常常与各地的节日、庙会和宗教祭祀活动结合在一起。例如，南宋时期，每年的正月十五，绍兴府所属会稽县的开元寺门前都要举办"灯市"。"灯市"不仅汇聚了临近州县的商人，而且还吸引了大量来自海外的舶商。据施宿《嘉泰会稽志》所载，每年开元寺"灯市"，"傍十数郡及海外商贾皆集绍兴，玉帛、珠犀、名香、珍药、组绣、髹藤之器，山积云委，眩耀人目；法书、名画、钟鼎、彝器、玩好、奇物，亦间出焉"②。再如南宋平江府所属之昆山县，每年农历四月十五举办"马鞍山山神社会"，热闹非凡，"他县负贩而来者，肩袂陆续"③。

第二，两宋的乡村集市，基于各地农副业生产、兼业和专业经营的商品化情况，形成了具有显著地域经济特色的主题市场。宋代的商品经济中，农产品是乡村集市交易的主要物资，尤其是粮食在乡村经济兼业和专业广泛存在的社会化分工中更加成为宋代乡村集市交易的主要物资。除城市以外，市镇同样对粮食有着相对刚性的稳定需求。市镇作为城市与农村之间的商业枢纽，主要集中于两宋乡村经济相对发达的地区，一般以中心城市向外围辐射。如宋代的建康府，下辖25个市和14个镇。尤其到了南宋，随着江南乡村经济的繁荣，有些巨型市镇，其户口数量可能多达上千户。镇中居民虽然也许并没有完全脱离农业生产，但其居民构成一般为专业商人、手工业者、官户、上户以及为之提供各色服务的市井小民。其粮食需求量巨大，基本靠购买粮食满足日常需求，甚至附近乡村因从事经济作物种植而无法满足主休市场的粮食需求，不得不从其他地方购买。此外，两宋时期，虽然总体来说乡村农业生产技术和粮食产量显著提高，但各地粮食产量和人口分布并不均衡，尤其是那些山多地少、土地相对贫瘠的乡村地区，自然地理环境不利于粮食作物的生长，当地民众往往因地制宜从事一些林木或适宜经济作物的种植，然后以非粮食收入向外地购买粮食。如宋代新安州所属之祁门县"水入于都，民以茗、漆、纸、木行于

---

① （宋）谢维新：《古今合璧事类备要别集》卷一〇《市井门·市井》，文渊阁《四库全书》本，第941册，第60—61页。
② （宋）施宿：《嘉泰会稽志》卷七《寺院》，宋元方志丛刊，第6822页。
③ （宋）凌万顷、边实：《淳祐玉峰志》卷上《风俗》，宋元方志丛刊，第1061页。

江西,仰其米以自给"。再如"福建地狭人稠,虽无水旱,岁收仅足了数月之食,专仰客舟往来浙、广,搬运米斛,以补不足"①。两宋时期气候转冷,水旱灾害相对频繁,且其处的地缘安全环境相对恶劣,故战争频繁。每当自然灾害或战争引起乡村民户青黄不接之时,地方官都要想方设法招揽外地米商,或者派人到外乡采买米粮。例如,朱熹为官南康军时,为救济灾荒,曾经以免税手段吸引外地米商前来售米,以解当地不足。对此,朱熹谓:"缘本路两年荐遭水旱,无处收籴,熹今体访得浙西州军极有丰稔去处,与本路水路相通,最为近便,已行差官雇船,前去收籴,及印榜遣人散于浙西、福建、广东沿海去处招徕客贩。"② 在此背景下,两宋各地形成了大量以米粮交易为主要内容的主题市场,成为推动两宋市镇经济繁荣并维持乡村经济正常运转的有力保障。

　　实际上,大量米粮乡村主题市场的存在,客观上为两宋乡村人地矛盾的缓解和乡村民户从事经济作物种植、手工业生产等兼业或专业的商品化经营提供了基本的物资保障。因为,只有解决了粮食问题,在人地矛盾相对突出的地区,乡村少地无地的主客户才能安心从事一些非农经营。粮食及其商品化的实现是宋代乡村经济商品化得以进行的一个基本前提,同时也是推动两宋以市镇为主的乡村市场经济走向繁荣的主导力量。尤其到了南宋时期,在乡村经济相对发达的江南地区,出现了一批以粮食交易为主要内容的乡村主题市场。如南宋时期,平江府所属吴县的"横金市"和常熟县所属"直塘市"都是当地规模颇大的米市。据孙觌《宋故武功大夫李公墓志铭》一文所载,绍兴三十一年(1161),昆山县大米商张子彦从自己设在横金市的米仓中一次就划拨了两千五百石粮食以资军粮。粮食之外,宋代乡村集市经济的繁荣以及市镇固定居民的出现,也为经济作物的种植和果蔬经济的繁荣提供了基本条件,并由此形成了一批以纺织品、蔗糖、柑橘、药材、陶瓷或果蔬等经济作物和手工业产品为主要交易内容的主题市场。如南宋平江府所属的吴县"吕山市"就是当时的一个远近闻名的药材专业市场,"凡山区海聚、殊方绝域金石草木之英,象犀龙麝之珍,鸡首豨苓牛溲马勃之贱,皆聚而有之"③。

　　宋代的江南地区,水网密布,乡村主题市场充分发挥了水乡的船运优

---

① (宋)欧阳修:《文忠集》,中华书局1985年版,第537页。
② (宋)朱熹:《朱文公文集》卷二一《乞禁止遏籴状》,北京图书馆出版社2006年版,第172页。
③ (宋)孙觌:《鸿庆居士集》卷三九《宋故武功大夫李公墓志铭》,文渊阁《四库全书》本,第1135册,第433页。

势，形成了以舶商为主的远销形式。舶商依靠船载物资的优势，穿梭于一定地域的主题市场，既方便又快捷，尤其对于粮食等大宗商品的运销，拥有极大的优势。朱昱曾在《坊市》一文中提到，南宋江阴军所属的江下市曾经是太湖流域北部最大的舶货市场，一时"商船倭舶，岁常辐辏，驵侩翕集，故为市"[①]。南宋时期江南地区乡村主题市场的出现，说明一些经济发展程度较高、商品化趋势明显的乡村地区，以草市和市镇为主要形式的乡村市场开始朝着专业化方向发展，乡村集市的专业化和主体化反映了两宋乡村经济商品化驱使下的兼业化和专业化。可以说，两宋乡村经济的专业化与乡村市场的专业化应当是相互影响并相互促进的统一关系。因为，从本质上来说，乡村各种市场的存在不过是宋代乡村经济商品化趋势中的一个环节或曰一个节点，宋代乡村兼业和专业生产的广泛存在，只有经由各级乡村市场实现商品交易的流通过程，才能真正实现商品化的整个流程。如果两宋乡村没有这些市场的存在，那么，以经济作物种植和手工业产品生产为主要形式的兼业和专业活动将无法实现市场交易而陷于停顿，或者只能从事传统的粮食种植和副业生产，以尽量实现乡村经济生活的自给自足。

第三，两宋的乡村集市体系将乡村上户和客户的商品化生产与市镇乃至城市之间连接为一个整体，以完善的乡村市场网络为宋代乡村塑造了一个开放性的商品化平台。宋代的乡村集市与前代相比，已经不断突破封闭和孤立的传统局面，而是在乡村经济商品化的基础之上，在乡村兼业和专业社会化分工造成的物资交易需求和产品出售需求的双重推动下，不断发育，互相联结，形成了一个个以大量草市和中心市镇为中心的地域性商品交易网络，并通过地域性商品市场的进一步连接，构成了一个沟通全国乃至海外市场的全国性初级市场体系。宋代以前，乡村草市和墟市已经存在，但在乡村商品经济相对不发达的情形下，乡村民户仍然主要从事粮食作物种植和副业生产，家庭经济生活自给自足，乡村草市一般仅在一定地域范围中发挥着物资聚集和互通有无的交易作用，具有显著的封闭性，而真正的市场往往位于城市之中，乡村草市基本处于从属于城市市场的附属地位。宋代乡村集市体系的发育和成熟，说明宋代尤其是南宋的乡村集市体系开始摆脱城市市场体系成为相对独立的市场建制，宋代乡村也经由乡村市场体系逐渐被纳入全国性的商品流通体系之中。

---

① （明）朱昱：《成化重修毗陵志》卷二《地理志·坊市》，四库全书存目丛书，齐鲁书社1996年版，第179册，第704页。

首先，宋代的乡村集市以各种形式将商品化触角伸向乡村的每个角落，如深入乡村民家的货单贸易便承担了乡村物资最基础的集中作用。两宋民间，各色小商小贩以地域性集市为依托，往来穿梭于不同地域的乡村之间，或推销来自乡村以外的各种商品，或收购乡村出产的农副产品、手工业产品和经济作物，将乡村民户的生产与生活与各级市场紧密地联系为一个整体。对此，朱熹描述到，古往今来，"只立得一市在那里，要买物事，便入那市中去。不似而今，要买物事只于门首，自有人担来卖，更是一日三次会合，亦通人情"①。

其次，乡村草市、墟市等各色形式形成了相对密集的乡村市场网络，不仅将一定地域内的乡村连接起来，而且借由市镇和城市的市场互动将乡村与城市乃至海外市场联系在一起，形成了建制相对完善、功能颇为齐全的地域性流通体系。据施宿《嘉泰会稽志》所载，南宋中期，位居镜湖流域的绍兴府山阴和会稽两县在东西不足百里，南北不过五十里的范围内，形成了大大小小三十多处乡村集市。其中，镜湖流域以东的乡村集市网络整合了当时会稽县北部的乡村市场经营活动，甚至通过杭州湾上的三江口与海外市场发生了非常频繁的市场联系。对此，南宋时人王十朋在《会稽三赋》中感慨万千，发出"航瓯舶闽，浮鄞达吴，浪桨风帆，千艘万舶"的感叹。同时，镜湖流域西部的乡村市场网络则整合和山阴县北部的乡村市场活动，而且经由浙东的大运河与流域外的乡村市场发生广泛的市场联系。当时，浙东段的大运河，商品运输繁盛，陆游到法云寺观音殿游览观光时曾经目睹了大运河货品运输的繁荣景象，并在《法云寺观音殿记》一文中说："富商大贾，槟栖挂席，夹以大舻"，常常是"重载而往者，无虚日也"②。

再次，宋代的乡村市场网络在一定程度上突破了传统自然经济下乡村社会封闭的社会图景，客观上为宋代乡村提供了一个开放性的对外窗口，不独市场网络构成的经济流通体系，乡村以外的各种信息，包括社会习俗、文化生活和价值观念等社会文化信息也经由乡村市场网络传入乡村。宋代乡村经济在乡村市场网络推动下逐渐打破原来自给自足乡村自然经济下的原始封闭性是乡村市场带给两宋乡村的最大变化之一。嘉定十三年（1220），南宋臣僚上言称："黄姚税场系二广、福建、温、台、明、越等

---

① （宋）朱熹著，黎靖德编，王星贤点校：《朱子语类》卷八六《周礼》，明成化九年刻本，中华书局1986年版，第2204页。
② （宋）陆游：《渭南文集》卷一九《法云寺观音殿记》，宋集珍本丛刊，第183页。

郡大商海船辐辏之处，南擅澉浦、华亭、青龙、江湾牙客之利，北兼顾径、双浜、王家桥、南大场、三槎浦、沙径、沙头、掘浦、萧径、新塘、薛港、陶港沿海之税，每月南货商税动以万计。"① 此处所谓澉浦等十几处乡村集市，分布于太湖流域以东的沿海地带，这些乡村市场不仅相互之间进行着密切的物资流通和人员交流，而且与远至两广、福建和浙江以东的广阔地域存在非常密切的商贸联系，乃至通过浙东的沿海港口与海外市场连为一体。南宋末年的学者方回，曾经长期寓居于江浙路嘉兴府的魏塘镇，对南宋乡村市镇的繁盛景象深有感触："佃户携米，或一斗，或五七三四升，至其肆，易香烛、纸马、油盐、麸面、椒姜、药饵之属。每一百石，舟运至杭，至秀，至南浔，至姑苏粜钱，复买物归售。"② 方回的这段描述清楚地说明，宋代江南的乡村集市已经突破数村、乡里、县境、州界等的地域限制，开始以更大的乡村经济腹地作为商品经营活动舞台。宋代乡村集市网络在将一定地域乡村腹地连接为一个市场单元的同时，又通过更高层次的市镇市场或城市市场的联结，初步形成了全国性的市场体系，从而开始不断打破农村传统的封闭局面。

二 宋代乡村市镇的基本特点

宋代乡村市场发展的一个显著特点在于市镇经济的繁荣。北宋中后期，江南的市镇发展已经达到相当水平。南宋市镇发展更为显著，其市场活动也呈现出更多新的特点。宋代市镇数量远比乡村草市少，据统计，整个南宋，成建制的市镇数量仅有一百多个，其密度约为普通乡村草市的六分之一。③ 也就是说，在南宋乡村地区，一般情况下，每六个乡村草市，对应一个规模较大、功能相对齐全的市镇。市镇处于从乡村聚落形态向城市的过渡状态，已经形成了相对完整的工商业街区，固定居住着一定数量从事专业商业经营、手工业制造和提供服务的非农业人口，宋政府还往往设立专门的市镇管理机构征收商税并维持社会秩序。市镇不独在商品交易的数量、种类和规模上大于乡村草市，而且在市场区域社会结构和组织形态上更加完善和专业。

第一，市镇与乡村草市相比，拥有更加广阔的乡村经济腹地，是一定

---

① 《宋会要辑稿·食货》一八之二九，第5122页。
② （宋）方回：《续古今考》卷八《附论班固计井田百亩岁入岁出》，文渊阁《四库全书》本，第853册，第368页。
③ 参见陈国灿《南宋时期江南农村市场与商品经济》，《学术月刊》2007年第9期，第133页。

地域即平均五六个乡村地域的商业贸易中心。政府通过设立专业行政管理机构对市镇的工商业活动征收的工商税是宋代尤其是南宋政府财政收入的重要来源。因此，从某种角度看，商税征收数量的多少反映了一个市镇的商品交易规模和频率。有学者对南宋中后期镇江、常州、绍兴、嘉兴、湖州、临安和庆元等7州府中的30多个市镇进行商税规模统计，结果每个市镇的平均商税规模约为3万贯。① 另据《嘉泰吴兴志》所载，宋代征收商税的比例为五十税一，即征收商品交易总额2%的商税。由此推算，7个州府中的30个市镇，其平均商品交易总额为150多万贯。实际上，因宋代商人存在偷税漏税行为，以及随着市镇周边商品交易格局的演变，每个市镇的商税规模始终处于变动之中。例如，南宋的乌青镇，辐射湖州和嘉兴府的部分地区，是当时太湖南部最为重要的商品交易中心之一。其商税征收数量在南宋前期时一度高达4万贯每年，然而到了南宋中期，却减至3万贯左右，实际征收数量仅为2万贯左右，较南宋前期减少一半。其中，既有乌青镇所辖区域新的商品交易中心兴起后的商业分流原因，也与商人规避税收的行为有关。

有鉴于此，宋宁宗嘉定十七年（1224）时，官僚上书称："乌青镇税始于界内珽市置，铺户运货停（榻），转运司约束，不许于五里外拦税，客旅乘此多行私港，而本镇铺户运货停榻于数里之外，朝夕旋取以归，此场务所由败坏。"② 为了迎合商人规避商税的需求，乌青镇附近民户于镇外设置转存货物的"货榻"，以帮助商人规避商税。各地的市镇因地域乡村经济发展水平和商品化程度不同，其规模和交易数量也不尽相同。如南宋咸淳初年，临安府所属龙山、江涨桥、北郭和浙江四镇的商税规模合计约有27万贯，而同时期的常州所属望亭、万岁、青城、横林、张渚和湖洑等6镇的商税总额却不足5万贯。③ 然而，只要商业交易规模达到市镇水平，其商税规模至少也有几千贯每年。与市镇拥有数量可观的商税并由政府设置专门机关征收相比，各色乡村草市因交易规模有限，既无专业征税机构，也不设置固定税额。然而，一旦草市在所属区域的经济发展和乡村商品化推动下上升为市镇，则往往能够取得政府的认可并成为建制镇。宋代后期兴起的南浔和上海等镇，便是由乡村草市成形为市镇的典型事例，本书前面也举了很多例子。

---

① 陈国灿：《江南农村城市化历史研究》，中国社会科学出版社2004年版，第84—85页。
② 《宋会要辑稿·食货》十八之三一，第5123页。
③ 参见陈国灿《南宋时期江南农村市场与商品经济》，《学术月刊》2007年第9期，第133页。

第二，与草市以农产品为主的交易不同，市镇往往兼具综合市场和主题市场、批发贸易与零售交易的多重市场功能。例如，宋代嘉兴府所属海盐县之澉浦镇是当时有名的滨海市镇，兼具海港和市镇的双重功能，因而成为海盐县乃至嘉兴府重要的商品集散中心。到南宋中期的时候，澉浦镇的中心工商业街区已经形成了东市、西市和市镇三个综合性市场交易中心。同时，澉浦镇的镇郊之地，依托滨海的区位优势，还形成了海外舶货交易中心和布市、茶市、酒市、盐市、竹市、铁市和鱼市等专业性主题批发市场。其中的一些主题性批发市场还超越了府州县的行政地域界限，成长为江浙地区著名的专业批发市场。例如，湖州向来以发达的丝织业著称。围绕湖州的丝织品交易市镇南浔镇，既有乡村上户开设的大型丝织品作坊，也有众多乡村下户和客户经营的家庭型丝织品作坊。各种丝织品从市镇周遭的乡村地区汇聚而来，吸引了大量的远商巨贾纷至沓来，南浔镇因而成为太湖流域最大的丝织品交易市镇，时有"市井繁阜，商贾辐辏"[①] 之称。再如，浙东沿海的庆远府鲒埼镇因地滨东海，兼鱼盐之利，而成为地区内有名的海产品交易中心，以致"并海数百里之人，凡有负贩者皆趋焉"[②]。市镇因拥有更加广阔的商品集散功能和更为完善的商业运行机制，而吸引了大量的富商大贾和乡村上户参与其中，其往往具备实力雄厚的商业资产和从事长距离运销的流通操作能力。例如，北宋元丰年间的陈林在《隆平寺经藏记》一文中提到，地处太湖东部的青龙镇，因地扼"松江上，据沪渎之口"，而成为"岛夷闽粤交广之途所自出，风樯浪舶，朝夕上下，富商巨贾、豪宗右姓之所会"[③]。南宋末年，曾经于嘉兴府之魏塘镇长期寓居的学者方回，在其《听航船歌十首》中提及，魏塘镇上有富商大贾曾经从该镇上一次性收购五千斤蜡和三千斤生漆，长途贩运至地处长江中游的楚州一带销售。由此可见，南宋末年的嘉兴府魏塘镇，其商品集聚功能之强，商人资财实力之厚。

第三，从地理位置上来看，虽然城市经济辐射范围之内，市镇密度明显偏大，但宋代市镇总体来说大多位于远离城市的乡村腹地。据陈国灿在《南宋时期江南农村市场与商品经济》一文中统计，在临安、绍兴、台州、庆元、嘉兴、湖州、常州和平江 8 个府所属的 77 个江南市镇中，有

---

① （清）汪日桢：《同治南浔镇志》卷二五《碑刻》，上海书店 1992 年版。
② （宋）吴潜：《许国公奏议》卷三《奏禁私置团场以培植本根消弥盗贼》，上海古籍出版社 1995 年版，第 139 页。
③ （宋）徐硕：《至元嘉禾志》卷一九《碑碣》，《中国方志丛书》，成文出版社 1983 年版，第 7515 页。

67个市镇分布在距离所属州县20里以外的乡村腹地，几乎占到市镇总数的90%[①]。据此看来，宋代乡村市镇并非城市市场的简单延伸，其往往拥有相对独立的辐射区域，且与乡村辐射区域很难相互重叠。也即，乡村市镇是宋代乡村经济以兼业和专业为主要形态的商品化发展的必然需要，从客观上来说，宋代乡村经济的商品化发展趋势必然需要一定的市场交易平台去实现商品的出售、原材料的采购尤其是社会分工更趋细化背景下的商品粮交易。然而，因自然交通条件和物流水平的相对有限，乡村经济的直接辐射能力一般仅限于以市镇为中心的一定范围之内，其与其他市镇以及城市高级市场的联结只能借助乡村市镇来完成。于是，在一定的区域范围内，基于一定水平的乡村商品经济发育程度，从而形成一个基于数个乡村集市的乡村市镇中心，以满足其所属区域内乡村经济的商品化需要。

  宋代的乡村市镇虽不具备州县的政治凝聚力，但在推动宋代乡村经济发展上却有着显著优势。因为，乡村市镇远离州县统辖的中心区域，使得其发育和发展较少受到政治因素的干扰。同时，因乡村市镇直接辐射相应的产品生产地和消费地，因而非常便于产品的生产组织和商品销售。然而，宋代的乡村市镇并不封闭，而是与市镇以外的乡村集市、其他市镇以及城市高级市场存在着相对广泛的商品联系。因为，宋代的市镇往往位于交通条件相对优越的通衢之地，日益便捷的乡村交通为宋代乡村市镇融入全国性的市场交易体系提供了可能。

  宋代乡村市镇的繁荣在一定的范围内实际对州县市场造成了压缩趋势。因为，随着市镇的发育、发展和定型，县城市场首当其冲，其市场辐射范围被相对压缩，其服务范围由之前县域内的所有乡村萎缩至县城的城郊范围。于是出现了乡村市镇商税与县城商税此消彼长的现象，乃至在一定县域范围内，一些交通位置优越、资源条件较好的市镇取代县城市场成为区域性的商业中心，导致其商税规模远远超过县城市场。例如宋代的常州，自北宋熙宁十年（1077）至南宋咸淳四年（1268），其所属县城商税总额由18200多贯增加至南宋末年的18900多贯，近二百年间仅仅增长了不到4%，而其所属市镇的商税却由北宋中后期的6000多贯增加至南宋末年的近5万贯，在不到两百年的时间内增长了近8倍，到南宋末年，市

[①] 陈国灿：《南宋时期江南农村市场与商品经济》，《学术月刊》2007年第9期，第134页。

镇商税总额几乎是常州所属县城市场商税总额的2.5倍。① 再如宋代的绍兴府，自熙宁十年（1077）至嘉泰元年（1201），其所属县城市场商税总额由25200贯降低至21400贯，134年间降低了约15%，而其所属市镇商税总额却在相同的时段内由不足13000贯增加至约22000贯，几乎增长了一倍。②

显而易见，在宋代乡村家庭与市场的联系中，市镇属于比乡村集市更高层次的市场形态。乡村市镇立足于宋代密集分布的乡村集市，在一定乡村区域内承担着中心市场的作用，并以不断增强且日益发展的乡村经济商品化趋势为背景，在乡村兼业和专业化的社会分工所孕育的市场交易需求中不断得以充实完善，最终成为产生于商品经济并服务于商品经济的商品化链条中不可或缺的重要环节。如在前述南宋绍兴府所属的镜湖区域集市网络中，会稽县所属的曹娥镇和山阴县境内的钱清镇分别以濒临三江口和位居运河沿岸的交通便捷优势而成长为区域内的商业中心，形成了既相互联系而又相对独立的商品流通体系。同时，市镇还在区域性的市镇之间充当了商品联系的桥梁作用，成为乡村经济在一定区域内积聚并借助这个平台与其他市镇、城市市场、全国市场乃至海外市场连结的基本单位。例如，南宋太湖流域所属的江湾等乡村市镇主要通过青龙镇和澉浦镇等乡村市镇与浙东和闽广等地的各级市场取得联系，并借助沿海的区位优势与东亚、东南亚以致西亚等地的海外市场连为一体，成为功能相对独立完善，而又在相对封闭中拥有很强开放性的区域商业核心枢纽。总之，市镇大量出现正是宋代乡村经济在兼业和专业的商品化中催生的必然之物，同时两宋乡村商品经济的发展与实现又离不开作为商品流通环节中不可或缺的乡村市镇的存在。

第三节　多层次流通格局下乡村市场的影响

市场是商品流通的重要环节，市场形态的变化必然引起商品流通格局的变化。宋代乡村经济的商品化趋势与乡村市场体系的完善无法在自然经济的汪洋大海中引起乡村经济结构的根本变化，但全国性的多层次流通格局却已在商品化的孕育中初具雏形。宋代乡村在乡村集市、乡村市镇、城

---

① 《宋会要辑稿·食货》十六之八，第5076页。
② 《宋会要辑稿·食货》十六之七，第5076页。

市市场和全国乃至海外市场的多层次格局带来的市场交易中从封闭孤立走向开放连通，正是在这一条件之下，宋代乡村在人口增殖带来的生存压力之下得以通过兼业和专业经营活动成功解决了即便精耕细作也无法解决的生存问题，成功实现宋代乡村社会的自我调适和内部和谐，在乡村租佃制、生产经营多元化和社会分工更趋细化的新的乡村社会基础之上实现了乡村经济的发展与繁荣。受此影响，两宋的乡村家庭，无论生活相对优越的上户，还是面临人口增殖巨大压力的下户与无地客户，都能在多层次市场格局孕育的商品交易机制内取得生存与发展的基本条件，并主动调节家庭生产的结构、种类与规模，以积极的求富的上进意识努力适应乡村经济新变化。

一 宋代乡村多层次商品流通格局的形成

乡村市场尤其是市镇经济尚未发展起来之前，城市往往是区域内唯一的商业中心，农村商品一般只能面向城市市场流通。然而，到了宋代，随着乡村各级市场的发展，乡村自然经济主导下的乡村单向流通格局被逐渐打破，在乡村与市场传统商品联系继续加强的同时，农村内部开始实现一定区域的商品化联结，并日益形成分工日趋细化基础上的多层次流通体系。对此，北宋徽宗年间，李元弼在《劝谕民庶榜》的题下自注中说："镇市中并外镇、步、逐乡村店舍多处，各张一本。"[1] 同时，叶适也称："民聚而名，莫如浙东西。"[2] 可见，宋代的乡村民间尤其是江南地区经济发展较快的乡村地区，市场网络已经相对完善。即便地处长江上游的泸州地区，在宋代，其乡村民间的市场网络也已经相对完善。早于神宗熙宁十年（1077），宋政府考虑到戎州和泸州地处荒塞，当地汉人和上述民族民户"买食用盐茶农具"相对不易，于是下令准许乡村民户"兴置草市"[3]。到了南宋宁宗末年，据曹叔远《江阳谱》统计，泸州地区共有乡村草市和市镇87个。曹叔远还对泸州所属各县的户籍总数、村庄数量、市镇数量等信息做了统计[4]。笔者据此做成表3-1：

---

[1] （宋）李元弼：《作邑自箴》卷六《劝谕民庶榜》，《四部丛刊》续编史部，上海商务印书馆1934年版，第30页。
[2] （宋）叶适：《叶适集·水心文集》卷一〇《瑞安县重建厅事记》，第162页。
[3] 《长编》卷二八一，神宗熙宁十年乙巳，第6896页。
[4] （明）解缙、姚广孝等纂修：《永乐大典·泸州府·乡都》卷二二一七，曹叔远之《江阳谱》，中华书局1986年版。

表3-1 南宋宁宗嘉定末年（1224）泸州所属各县市镇密度统计表

县名	户数（户）	村庄数量（个）	市镇数量（个）	单个市镇辐射民户数量（户）	单个市镇辐射村庄数量（个）
泸川县	22480	71	37	607	2
合江县	12370	48	18	687	3
江安县	11986	186	12	998	15

从上表可见，到南宋宁宗嘉定末年（1224），即便地处长江上游的泸州地区，其乡村市镇数量与神宗熙宁十年（1077）相比已经有了显著增长，除江安县乡村市镇密度相对较低外，泸川县和合江县显然已经形成了比较完善的乡间市场网络，使得北宋中期番汉民户"买食用盐茶农具"相对不易的现象得以根本改观。不仅如此，随着泸州乡村市镇的不断成长，其下属一些县治的市镇还成为附近乡村民户往徙定居的重要场所。据统计，宁宗嘉定末年，泸川县所属的"任市"民户数量已达328户，"先市"已达447户，"鹿港镇"已达587户，而"草市"已高达637户。如按"三代五口"的家庭模式估算，则以上四个市镇的人口规模大致分别为：1640人，2235人，2935人和3185人。

可见，南宋中后期，泸州当地的乡村市场网络不仅发展完善，而且成为人口聚集和定居的重要场所。实际上，从这个角度，我们也可以发现，在宋代人多地狭的乡村社会图景之下，要缓解乡村地区人口与土地之间的矛盾，关键在于为大量相对过剩的乡村人口找到生计。显然，乡村经济的商品化及在此基础上发育和发展起来的乡村市场网络为吸纳和转移宋代乡村的过剩人口提供了基本条件，并由此实现了宋代乡村五等民户以及无地客户之间人地矛盾的充分和解，从而为宋代乡村社会秩序的相对安定奠定了坚实的基础。随着宋代人口增殖带来的乡村民户生存压力的不断增强，从事兼业和专业生产的多元化经营开始突破自然经济的封闭和狭隘范围，并不断超越地理自然条件带来的流通阻隔，在一些交通条件相对优越、资源禀赋相对优良的乡村腹地形成了以乡村集市和乡村市镇为主要形态的两级乡村流通格局。同时，在两级乡村流通格局之外，宋代乡村还立足乡村市镇与区域外的乡村市场、乡村市镇以及城市市场乃至海外市场产生了事实上的商品联系，从而使得宋代乡村家庭与市场的联系呈现出多层次格局。

一是基于地理自然条件和物产结构的简单分工，两宋乡村家庭与乡村集市和市镇发生着经常性的商品联系。就两宋而言，南宋时期江南地区乡村经济的发展代表了宋代乡村经济发展的最高水平。因此，乡村家庭与市场联系的多层次格局发育也更为健全。江南各地在地理自然条件上存在显著差异，如其东部多为小平原和低山丘陵地带，南部和西部则以内陆山区和小盆地为多，北部则是相对广阔的太湖平原。在宋代乡村生产力相对不发达的情况下，地理自然条件直接决定了乡村一定地域内的物产结构。例如，地处江南腹地的嘉兴、常州、平江和湖州等地，拥有种植水稻的得天独厚的自然条件，加之，自汉唐以来北方人口陆续迁徙而来，到宋代尤其是南宋已是全国首屈一指的粮食产地，时人称之为"国之仓庾"。宋人王炎在《上赵丞相》中说："两浙之地，苏、湖、秀三州号为产米去处，丰年大抵舟车四出。"[1] 可见，以上四州粮食产量丰富，尤其是在丰收的正常年份下，需要向外销售大量商品余粮。

同时，与之比邻的浙西山区，如严州等地，"民物繁庶，有漆楮林木之饶"[2]，盛产木材和山货，但粮食产量却极其有限。再如，浙东的绍兴和婺州等处，丝织业非常发达，婺州金华县"以织作为生，号称衣被天下"[3]。可见，在江南一带的平原、丘陵和山地区域之间，各地依据当地乡村自然条件的不同禀赋，因地制宜地发展粮食种植、经济作物种植或丝织业等小手工业，形成了基于地理自然条件的地域性生产分工。正是各地不同的物产结构孕育了不同地区的乡村之间互通有无的商业需要。然而，在乡村市场尚未发育健全的时候，乡村之间的物产差异所孕育的商业交易需要只能通过县城市场解决，流通和交易效率相对较低。但在宋代，随着连接乡村各地的乡村集市、乡村市镇的兴起，各地乡村不同的物产结构及其商品流通的内在需求可以经由乡村各级市场所形成的流通平台运销于不同的乡村之间。

粮食与纺织品之间的对向运销是古代最主要的商品流通形式。唐宋以来，太湖流域逐渐成长为全国重要的粮食产地，其周围的乡村地区多因地形条件所限，不适于水稻的大面积种植，从而需要从太湖平原输入商品粮。例如，严州因"地形阻隘，绝少旷土"，所以"山居其八，田居其二"，当地百姓日常生活所需粮食因而"取给于衢、婺、苏、湖之

---

[1] （宋）王炎：《双溪类稿》卷二一《上赵丞相书》，文渊阁《四库全书》本，第1155册，第667页。

[2] （清）黄以周等辑，顾吉臣点校：《续资治通鉴长编拾补》，徽宗宣和二年十月丁酉，中华书局2004年版，第1294页。

[3] （宋）刘敞：《公是集》卷五一《先考益州府君行状》，宋集珍本丛刊，第766页。

客舟"①。又如绍兴府也因"地狭人稠,所产不足充用",以致"稔岁亦资邻郡,非若浙西米解之多"②。再如庆元府"小民率仰米浙东,浙西歉则上下皇皇,劝分之令不行"③。此外,温州与台州"自来每遇不稔,全借般运浙西米斛"④。同时,太湖以南地区因自然条件适宜种植蚕桑而纺织业素来发达,故而其产丝织品又运销于太湖流域的产粮之地及其他地区。例如,宋代尤其是南宋以来的平江和嘉兴诸州的乡村民间,"例种水田,不栽桑、每年人户输纳夏税物帛,为无所产,多数行贩之人预于起纳日前,先往出产处杭、湖乡庄,贱价僦揽百姓合纳税物,抬价货卖"⑤。再如,宋代婺州丝织业非常发达,其产婺罗名噪一时,行销于北方各地。乾道四年(1170),婺州官府出于整顿"牙人"考虑,曾经"尽拘八乡柜户",结果造成婺罗流通渠道中断,造成"民甚苦之"的惨状,最终引起朝廷关注。宋廷遂下令"放散柜户牙人,任其买卖",方才化解了这场因市场流通不畅造成的民生危机⑥。

二是基于以兼业或专业为主要形式的社会分工基础上的经济商品化而又超越乡村地域范围的商品市场流通。宋代商品经济繁荣发展的主要特征在于乡村集市等初级市场在乡村经济商品化趋势的推动之下成长为更高层次的市镇市场。实际上,基于乡村地理自然条件的物产结构差异所形成的商品流通属于乡村民户之间互通有无的低层次流通,而基于宋代乡村以兼业和专业经营为主要形式的社会分工而兴起的跨区域性商品流通尤其值得关注。跟传统的自然分工不同,宋代乡村民户专业化分工的出现完全以市场为依托,不仅其从事兼业和专业生产经营所需要的原材料需要从市场采购,其日常生活所需的粮食及其他基本生活用品也仰给于市场。其实,宋代的乡村社会分工并不仅仅限于不同行业之间,即便同一种行业的不同环节之间也存在相对细致的社会分工。例如,丝织品的生产便涉及种桑、养蚕、缫丝、纺织等具体环节。在宋代,既有专务桑树种植而以出售桑叶为生的桑农,也有专事养蚕而需定期从市场上采买桑叶的蚕户,还存在专事

---

① (宋)吕祖谦:《东莱集》卷三《为张严州作乞免丁钱奏状》,文渊阁《四库全书》本,第1150册,第25页。
② 《晦庵集》卷一六《奏救荒事宜状》,文渊阁《四库全书》本,第1143册,第297页。
③ (宋)胡榘修,方万里、罗濬撰:《宝庆四明志》卷四《叙产》,宋元方志丛刊影印本,第5040页。
④ (宋元)佚名:《宋史全文续资治通鉴》,乾道九年冬十月甲子,文海出版社1997年版。
⑤ (宋)程俱:《北山集》卷三七《乞免秀州和买绢奏状》,文渊阁《四库全书》本,第1130册,第366—367页。
⑥ 《宋会要辑稿·食货》十八之四,第5109页。

丝织品纺织而需要从市场上采购生丝的织户。因此，宋代乡村社会分工层面上的民户经济更加具有商品经济的特性。

宋代的温州地区因"地不宜桑而织纴工，不宜漆而器用备"①。宋代温州地区，虽然地理自然条件并不适宜桑树和漆树的种植，但纺织业和漆器加工业仍然很发达。这说明当地纺织业和制漆业所需的原材料都由外地运入。正是浙西山区所产的生漆维持了温州当地制漆业的发展，浙西的生漆在温州经过加工制成漆器后再运往其他地区。如果没有相对发达的长途贩运贸易和更高层级的市镇市场存在，这种跨地域的商品流通很难想象。再如，据庄绰《鸡肋编》卷中记载，宋代的平江府洞庭山一带乡村民户自北宋以来"皆树桑柅柑袖为常产"，其日常"糊口之物，尽仰商贩"，而其所用树苗则多由外地输入，即"多用小舟买于苏、湖、秀三得于湖州者为上"②。

三是基于地域分工并将乡村市场、市镇市场与城市市场联结起来的商品流通体系的形成。基于全国乃至面向海外的商品流通实际在宋代以前就已经存在，但在宋代以前，这种更高层次的流通仅限于城市市场与城市市场以及城市市场与海外市场之间。然而，到了宋代，尤其是北宋中期以后，随着乡村经济商品化程度的不断加深，有越来越多的乡村地区，经由乡村集市和市镇搭建起来的流通平台，与全国性的城市市场乃至海外市场发生了越来越多的流通关系。宋代乡村市场流通体系的出现和发展及其与城市市场、海外市场联系的加强，使得宋代乡村民户的生产经营活动和日常生活有需要、有能力与距离更远、规模更大、层次更高的市场平台发生联系。

江南地区气候温暖湿润，水网密布，养鱼之风盛行，绍兴府所属的会稽县和诸暨县等县的乡村地区，民户多以养鱼为业，然其所需鱼苗多由江州长途贩运而来，"每初春，江州有贩鱼苗者，买放池中，辄以万计"③。对于鱼苗自江州乡村到绍兴所属会稽和诸暨等县乡村民户的流通过程，宋人周密说："江州等处水滨产鱼苗"，首先由"贩子凑集"，"多至建昌，次至福建、衢、婺"④。由此可见，宋代江南很多地区的养鱼业，其鱼苗

---

① （宋）祝穆编、祝洙补订，施和金点校：《方舆胜览》卷九《瑞安府》，中华书局2003年版，第113页。
② （宋）庄绰：《鸡肋编》卷中，第74页。
③ （宋）沈作宾修，施宿等纂：《嘉泰会稽志》卷一七《鱼部》，宋元方志丛刊，第7039页。
④ （宋）周密：《癸辛杂识·别集上·鱼苗》，唐宋史料笔记丛刊，第221页。

大多不自产，而通过远距离的国内贩运予以解决，而凭借由乡村集市、乡村市镇和城市市场组成的全国性市场流通平台，异地乡村民户之间事实上发生了频繁的商品交易关系。同时，在这种商品流通平台的支撑之下，各地乡村民户可以根据当地的自然地理条件，因地制宜的安排自己的生产结构，从事与市场紧密相关的兼业或专业经营。可见，全国性流通渠道的存在，已经成为宋代部分乡村地区尤其是江南经济相对发达并且商品化程度较深的乡村民户赖以生存的基本条件之一。一旦市场链条断开，一些从事兼业和专业生产的乡村民户将很快陷入生活困境。

同时，在宋代的一些乡村地区，民户还可以与海外市场发生直接联系，这在宋代以前是很少见的。如北宋中后期以后，嘉兴府青龙镇的乡村民户便开始与海外市场进行频繁的商品交易，南宋时期，青龙镇得到政府认可并成长为正式通商口岸，其对外贸易范围和规模也呈逐年递增之势。据《宋会要辑稿·职官》载，南宋时期的青龙镇"市廛杂夷夏之人，宝货当东南之物"①。再如同属嘉兴府的澉浦镇，北宋时期只是一个从事盐业制造和贩运的小镇。南宋初年，宋政府开始在澉浦镇设置专司海外贸易的市舶管理机构。此后，澉浦镇的海外贸易日趋兴盛，到南宋中叶时，澉浦镇已经成为江南地区著名的工商业大镇。诸如此类的宋代市镇还有很多，如平江府的陶港、新港黄姚、江湾和顾径等镇，台州的章安镇和江阴军的江下市等，其不仅是所在乡村地区的市场交易中心和商品集散中心，同时也是兼海外贸易功能的对外通商口岸。由此可见，宋代的乡村地区经由全国性商品流通体系所形成的商品贸易格局已经开始突破传统自然经济下的封闭局面，其商品贸易业开始不断打破内向型的流通风格，开始具有外向性、综合性等新特性。

综上，宋代乡村市场网络的形成为宋代乡村民户与市场发生空前频繁的联系提供了基本条件，从而使得原先自然经济状态下相对封闭的乡村生活发生了明显改变，尤其是乡村民户经商致富的观念显著增强。对此，宋人黄伯厚在《椒屯墟》一诗中感慨："乔水村墟十里秋，鱼盐微利竟蝇头。"② 乡村民户和客户为维持生计，精心安排其家庭经营，并将家庭的日常生计完全寄托在市场之上，以致乡村社会尤其是商品经济相对发达的江南地区，农业为本、商业为末的传统农本意识开始发生动摇，以致出现

---

① 《宋会要辑稿·职官》四四之十一，第 3369 页。
② 北京大学古文献研究所：《全宋诗》卷二五之黄伯厚《椒屯墟》，北京大学出版社 1999 年版，第 19 册，第 12987 页。

了追财逐利的乡村社会风气。宋人叶菌有诗《山市晴岚》云："几家鸡犬喧一鄽，憧憧人得蝇头利。"又如宋代的荆湖南路地区，"民计每岁种食之外，余米尽以贸易。大商则聚小家之所有，小舟亦附大舰而同营，展转贩粜，以规厚利"①。除此以外，在宋代的乡村市场网络中，还存在一个必不可少的行当，即大量充当商业中介的市侩牙人的存在。市镇的大商人往往通过市侩向乡村民户收集农产品。据《夷坚志》载，宋代徽州婺源县民户张时以养鸭为业，常年蓄养大量鸭群，每年产鸭蛋四五千颗。② 像张时这类从事较大规模商品性种植或饲养的乡村民户正是市侩收购农产品的恰当对象。反之，如果没有市侩中介的存在，宋代乡村民间的商品性兼业和专业经营也会受到影响。草市镇商人也往往通过村侩，向农民收购农工产品。

宋代乡村民户立足乡村市场网络并对商业经营的广泛参与，使得部分从事商业经营的乡村民户可能因商致富，从而积累起巨额的货币，不断扩大与其他乡村民户的财产差距，甚至由客户上升为一等户。因此，乡村市场网络的存在以及宋代乡村民户对商业经营广泛而相对自由地参与，为乡村民户尤其是无地或少地的乡村下户和客户经商致富，从而改变了相对贫困的家庭生计，也可为改变个人的命运提供了一条除科举考试之外的新道路。尤其是在宋代重商思想相对浓厚的社会氛围中，上至官府，下到一般百姓，在人口增殖引发的乡村生存压力中，开始改变传统的重农观念，不再认为经商致富是游手好闲的舍本之行，乃至在乡村经济相对发达且商品化趋势较为突出的一些地方，乡村民户的功利主义观念显然超越了自然经济时代中规中矩的义利观念。总之，在乡村市场网络中，只要经营得当，维持生计应该不难，如果具有一定的商业管理能力的话，从身无分文的一介布衣成为腰缠万贯的巨商大贾也非不可能。据《夷坚志》载，徽州人吴十郎逃荒落籍于舒州宿松县，起初以编织草履艰难度日，后来改业卖油，数年之后，"资业顿起，殆且巨万"，成为因商致富的典型事例。③

二 宋代乡村市场对宋代乡村家庭的影响程度推测

宋代乡村集市的繁荣，不仅促成了乡村市场体系的形成，更重要的是其促进了乡村经济生产结构的改变和乡村民户生活方式的改善。论及宋代

---

① （宋）叶适：《叶适集·水心文集》卷一《上宁宗皇帝札子二》，第102页。
② 《夷坚志》三志辛卷六《张时鸭》，第1429页。
③ 《夷坚志》支癸卷三《独脚五通》，第1238—1239页。

乡村市场，必然涉及乡村集市和乡村市镇两种形态的乡村市场。早前，论者多认为，乡村集市等同于市镇，实际上，无论从规模形态还是从市场功能角度来看，乡村集市都与市镇有着显著区别，二者实际是处于不同层次和发展水平的两类市场形态，并在乡村民户的商品化经营中发挥着各自不同的作用。早于北宋时期，乡村集市与市镇的区别便已经相对明显，到了南宋，随着乡村兼业和专业经营的广泛存在，乡村经济的商品化倾向显著增强，市镇与乡村集市成长为两个层次鲜明、功能各异的市场形态。市镇与乡村集市相比，往往拥有更为广阔的商业辐射地带，有能力汇聚更多的商品并能够成功实现大宗物品的商品流通，并成为一定地域范围内众多乡村的商品交易中心。因而，市镇往往成为富商大贾聚居的社区功能与商业功能合二为一的准城市雏形。相比之下，乡村集市则属于最基层的商品交易场所，承担了乡村之间互通有无的商品交易职能，或者说处于大宗商品流通的初级集聚功能。然而，在由市镇兴起的宋代乡村商品流通体系中，乡村集市打破了过去自然经济条件下相对孤立和封闭的传统局面，彼此之间发生了越来越多的横向经济联系，从而在一定地域内主要是数村之间形成了最基本的乡村物资交易平台，并对乡村民户的生产和生活产生了日益广泛的影响。

一方面，具有开放平台的乡村集市网络将分散和孤立的乡村家庭生产以市场为纽带组织起来，从而为区域内商品流通乃至跨区域长途贸易奠定了基础，并将市场条件下的各种生产要素和商业观念渗透到宋代乡村民户的生产活动和日常生活之中，从而引发了宋代乡村经济结构和社会结构的缓慢变化。从宋代乡村生产结构的层面来看，随着乡村人多地狭背景下人地矛盾的相对突出，单纯的精耕细作已经难以满足乡村人口的生存需要。加之，在不抑兼并、不立田制的土地宏观政策下，有宋一代，土地兼并实际都在发生，尤其是到了宋代后期，乡村地区的土地兼并已经非常严重。在此背景下，如何维护乡村秩序的稳定，其关键在于找到沟通乡村上户与下户和客户，以及乡村各个社会层级之间资本沟通的渠道，让无地少地的乡村下户和客户能够通过粮食种植以外的兼业和专业经营找到谋生的渠道。

当然，这种分析只是就宋代乡村各阶层之间物资流通的一般模式而言，其实际情况要比这种分析复杂得多。因为，乡村的下户和上户之间因地理自然条件不同，往往选择终止粮食种植，或栽培经济作物，或从事手工业的加工制造，并且彼此维持着粮食、手工业品和生产生活服务之间的商品交易。然而，需要特别指出的是，在乡村市场网络构建起来的市场交易平台下，宋代乡村民户精耕细作的粮食种植往往带有商品粮生产的特征，即除满足家庭自我消费以外，其余粮食一般都要拿到市场上进行出售，尤其对于乡村上户而言。反之，如果没有基于乡村生产社会分工日趋细化的乡村市场交易平台的存在，上户与下户之间粮食互通有无的交换机制也将不复存在，宋代乡村社会很可能和历代王朝一样，在上户粮食的堆积和霉烂中导致乡村下户和客户出现生存危机，从而造成乡村社会秩序的失调和崩溃。所以，正是乡村市场交易平台的存在以及在此基础上形成的乡村社会生产分工使得上户与下户以及乡村社会各阶层之间保持了资本和物资相互交通的基本机制，使得各个阶层都可以通过经营交易实现生存、发展乃至致富。

乡村市场所带来的丰厚利润，使得越来越多的乡村民户尤其是面临生存压力的乡村下户和客户从事商品性的生产经营，除获取产品的使用价值满足家庭自需外，更大程度上开始追求产品的交换价值，从而推动宋代乡村的土地和劳动力社会配置从传统的相对单一的粮食生产向多元化生产经营转变。有宋一代，乡村"兼业"现象越来越广泛的出现，从表面看来，"兼业"活动似乎与自然经济条件下副业生产并无二异，是乡村民户以致客户在从事精耕细作的粮食种植以外弥补家庭生计的生产活动。实则不然，两者之间存在着本质区别。传统家庭副业主要以满足家庭消费为目的，并不以取得产品的交换价值为目的。而宋代乡村民户的兼业活动，则主要面向乡村各级市场，以实现土地或劳动力的市场价值为主要经营目的，因而具有显著的商品经济特征。以宋代乡村家庭普遍存在的兼业性手工业为例，其主要是利用乡村民户手工业制造的手艺技能，将精耕细作的粮食种植以外的剩余劳动力转化到手工业织品中，从而实现乡村富余劳动力与市场机制的结合。南宋中期，戴栩曾经认真观察过庆远府定海县乡村民户的生产经营活动。他看到定海县的乡村民户，尤其是"数亩之家"的乡村小户，常常在农业生产之余"为工、为匠、为刀镊、为负贩"[①]，以弥补家用。显然，乡村民户的兼业经营是其在人多地狭的人地矛盾压力之下将有限的土地经营与市场机制有效结合从而获得生存乃至发展的可行出路。为此，宋代乡村民户非常擅长根据农作物种植的季节性差异合理分配粮食种植和兼业经营的时间和比例，以争取做到"相继以生成，相资

[①] （宋）戴栩：《浣川集》卷四《论抄札人字地字格式札子》，文渊阁《四库全书》本，第1176册，第716页。

以利用，种无虚日，收无虚月，一岁所资，绵绵相继"①。

宋代乡村的兼业活动在乡村民间广泛存在，人口压力较大、经济商品化趋势较强的江南地区尤其如此。比如，宋代太湖流域因人口增殖较快，仅靠对相对有限的土地进行精耕细作已经难以满足乡村下户和客户的生存需要，即便乡村家庭拥有足够的劳动力，但在人多地狭的人地矛盾中，乡村上户能够租佃给下户和客户的土地也相对有限。加之，因人口增殖过快，而上户可以租佃的土地又相对有限，势必导致地租相对上升而使租佃上户土地的利润相应降低。为此，在经营有限土地之外，从事兼业活动成为太湖流域乡村民户生产经营和谋取生存的重要内容。对此，宋人吴咏谓："吴中之民，开荒垦洼，种秔稻，又种菜、麦、麻、豆，耕无废圩，刈无遗垄。"②

宋代乡村民户中广泛存在的商业活动在市场利润的刺激下有可能进一步发展，从作为粮食生产的附庸成长为完全摆脱精耕细作的种粮主业的专业化和商品化的生产经营。如宋代文献中屡屡提及的桑蚕户、木作户、纸户、曲户、霜糖户、机户、花户、油户、染户、酒户、窑户、炉户、园户和磨户等在经营上则属于完全面向市场的专业经营民户。此外，在仍然从属于农耕时代的宋代乡村，从事粮食种植主业之外，纺织业则是从原先附属于种粮主业中分化出来并从事专业经营的主要乡村手工业形式，乡村民户或只从事桑树的种植，或仅从事蚕蛹的养殖，或以贩运生丝为业，或以从事丝织品的纺织为业，或以上各个环节全部从事以致兼而有之，然而，无论出于丝织业生产链条的哪一环节，其面向市场的专业化和商品化经营属性则是毋庸置疑的。例如，地处宋代浙西山区的严州便有不少乡村民户从事种桑养蚕，而"谷食不足，仰给他郡，惟蚕桑是务"③，主要与浙东的产粮之地形成粮食生产与经济作物种植的产业协同和社会分工，并通过乡村市场体系实现生产要素和以粮食为主的生活物资的地域流通。显然，如果没有乡村市场体系的存在，浙西山区与浙东山区乡村民户之间的生产分工与产业协同将无以实现，乃至两地乡村民户的家庭生计和人口生产也可能会陷入人地矛盾造成的生存危机之中。

市场所带来的价值效应是无穷的，两宋乡村市场机制及其为乡村民户

---

① （宋）陈旉：《农书》卷上《六种之宜篇第五》，第30页。
② （宋）吴咏：《鹤林集》卷二九《隆兴府劝农文》，文渊阁《四库全书》本，第1176册，第383页。
③ （宋）陈公亮修，刘文富纂：《淳熙严州图经》卷一《风俗》，宋元方志丛刊，第4286页。

家庭带来的市场利润已经成为维系乡村下户和客户生存乃至实现乡村贫富转换的重要方式。市场盈利的模范作用促使乡村民户不断根据市场变化调整家庭生产结构，将生产经营的重心随时转向市场需求更大、市场盈利更多的生产领域，并不断推动乡村家庭的生产形式由副业走向兼业，进而由兼业走向专业生产，最终成为完全脱离农业生产的专业户。宋代的专业户类型各样，但其生产经营无不以市场为中心。从事经济作物种植外，宋代乡村地区还存在许多以手工业生产为主的专业民户，其生产经营对市场的依赖性更强，从原材料采购、劳动力雇佣到产品的销售，无不仰给市场。

两宋在乡村市场机制提供的交换平台中，孕育了家庭生产从副业、兼业到专业的成长通道，其专业生产与兼业和副业相比，已经完全脱离农业生产，成为一种独立的生产形式，并成为乡村专业户家庭经济收入的主要甚至唯一来源。同时，在市场机制的孕育之下，两宋乡村生产的社会分工也更趋细化，已不仅仅局限于不同行业之间的简单分工，即便同一行业的不同生产环节之间，也会在市场需求的巨大刺激之下更趋细化，并围绕市场形成某一具体行业的产业链条和供应链条。如宋代的湖北乡村，便在丝织业主题市场的推动下，形成了从植桑、贩卖桑叶、养蚕、缫丝、贩卖生丝到丝织生产的具体分工，其中的每一个环节都可能以专业户的形式存在，从而在一定范围内形成了围绕丝织品主题市场的产业集聚。显然，乡村市场已经成为宋代乡村民户尤其是人地矛盾较为突出而经济发展水平又相对较高的部分地区无地或少地的乡村客户和下户维持生计、实现贫富转换的生活依靠和发展平台。笔者以为，尤其是在宋代传统重农抑商思维略有改善，重商主义相对抬头的社会氛围中，对于处于社会下层的乡村下户和无地客户来说，其改变人生境遇和家庭生计的路径，除越来越规范的科举仕途外，经商致富也是实现乡村贫富转换的重要路径，更是实现乡村民户人生自我价值的可靠方式。

总之，在乡村市场平台的推动之下，两宋乡村家庭的生产结构、生产内容以致社会结构和社会秩序都在发生微妙的变化，开始不断突破传统自然经济下相对孤立和封闭的经济社会状态，并在市场化和商品化的发展驱动下走向开放、活跃和繁荣。尽管宋代乡村的商品化市场因素没有也不可能成长为足以改变整个乡村经济结构进而引起整个社会结构质变的程度，但它的出现既是中国古代乡村社会经济发展的重要节点，更预示着固有自然经济形态的成熟和新生商品经济发展的必然趋势。然而，宋代仅是乡村经济商品化和市场化的起始阶段。在众多的乡村集市中，只有少量交通相对优越的集市成长为期日市和常设市，大部分乡村集市始终处于临时交易场所状态。如据陈国灿统计,宋初以来常州地区出现的 200 多处乡村集市中,至淳祐元年(1241)时已有近 30 处消失,之中,仅无锡的 40 多处集市中便有 11 处消失,占了当地乡村集市的近 3 成。[1] 宋代以乡村市镇为主的中心市场承担了乡村物资流通的主要功能,但不同地域之间的乡村市镇发育程度不同,反映了各地市场成长的不平衡。如嘉泰元年(1201),绍兴府所属最大乡村市镇曹娥镇与最小的乡村市镇溪口镇的商税差距有五倍之多,再如咸淳元年(1265),常州所属最大乡村市镇横林镇与最小市镇张渚镇之间的商税差距竟高达 13 倍之多。[2]

此外,两宋乡村集市的发育与税收货币化趋势紧密相关,并使得乡村经济商品化和市场化呈现出一定程度的畸形发达。在古代,乡村经济的商品化应当是自下而上的自然发育过程。然而,在宋代,随着赋税和力役货币化趋势的发展,乡村民户不得不将大量农产品拿到市场出售,以完粮纳税,由此导致宋代乡村经济的市场化和商品化带有一定的政策性,并使得部分乡村集市和市镇呈现出畸形繁荣,即本身没有支撑乡村集市发展和繁荣的生产能力、物质基础和市场需求,乡村民户不过是为了应付政府税收而变卖农产品,并在此基础上衍生出物资流通的各个环节。如嘉定五年(1212),镇江府所属各县的经总制钱和免役钱总额高达 16 万多贯,再如嘉定十五年(1222),台州所属各县的折绢钱、折帛钱和经总制钱共有 43 万贯。淳熙十二年(1185),严州所属各县诸各项税钱共计 118 万多贯,平均每户超过 13 贯。[3] 按照当地 2 贯每石的米和中田每亩产米两石计算,则每户需要变卖至少三亩的稻米才能完税。宋代乡村民户在税赋货币化的趋势下,必须将自身的生产经营与市场紧密联系在一起。从这个角度来看,乡村集市的存在又有成为政府对乡村民户征收赋税的工具的一面。

---

[1] 陈国灿:《南宋时期江南农村市场与商品经济》,《学术月刊》2007 年第 9 期,第 137 页。
[2] (宋)沈作宾修,施宿等纂:《嘉泰会稽志》卷五《税》,宋元方志丛刊,第 6795—6796 页。
[3] 陈国灿:《南宋时期江南农村市场与商品经济》,《学术月刊》2007 年第 9 期,第 138 页。

第四章　宋代乡村家庭收入状况与消费结构的转变

　　宋代以前，自然经济占主导地位的生产模式下，乡村农民的日常生活所需的粮食、布匹等生活必需品，基本能够自给自足，除购买一些自己无法生产的铁制工具和食盐等少量生活用品外，其消费需求并不大。同时，乡村农民既没有强烈的消费需求，也没有足够的消费能力。因农业生产水平不高，手工业生产主要以副业形式存在，大部分家庭副业性的手工业产品也基本限于家庭自用的范围之内，如唐代乡村农民大多从事家庭纺织业，但纺织品基本不是用来自家消费，而是用来缴纳国家的赋税。到宋代，人口规模逐渐突破长期徘徊在五六千万的水平，达到一亿左右的新规模。尤其是乡村人口的增加使得人地矛盾变得越发突出，小农仅靠对土地的精耕细作已经难以维持自给自足的家庭所需。为此，乡村以下户和客户为主的乡村民户开始大量从事经济作物种植、农副产品加工、小手工业生产和农闲担任雇工等兼业或专业生产，在新的生产模式中逐渐孕育出大量的乡村草市，并使其逐渐发育成规模更加庞大、功能更为齐全的市镇。乡村生产结构开始从自给自足的自然经济占主导地位的传统形式向以兼业、专业发展并与市场紧密配合的新的生产模式的转型，使得乡村民户的消费需求、消费内容和消费结构都发生显著变化。

　　宋代乡村兼业和专业户的出现，不仅是乡村传统生产结构的变化，而且其本身便具有长期的粮食、原材料和劳动力的消费需求。正是宋代乡村以兼业和专业为主的商品化、市场化趋势所培育的消费新需求，为宋代乡村商品经济的繁荣和以草市、市镇为主的乡村各级市场的发育提供了发展动力。

　　从根本上来说，宋代乡村消费的转变正是乡村在人稠地狭的社会图景下自我调适的结果。最终，在乡村生产结构转向和消费需求变化的双重互动下，整个宋代乡村的消费结构、内容都形成了与以往不同的新特点。在乡村新的消费风气下，乡村上户作为乡村生产的重要环节，不仅承担着满足乡村从事兼业和专业生产的下户和客户的粮食需求,其本身的兼业和专业生产也跟下户一样,对粮食、原材料和劳动力等生活必需品和生产资料也有着非常庞大的消费需求。不仅如此,宋代的乡村上户因财力相对丰厚,其个人的生活消费档次也在消费变革中得以逐渐提高。有鉴于此,本章将立足宋代乡村农产品物价变动的历史趋势,对乡村家庭收入状况进行分析,看乡村民户的消费能力,在消费上出现的新变化,并从生产与消费互动的一般经济规律出发,考察乡村民户的生活状况。

第一节 宋代乡村民户的农业收支分析

宋代将编户齐民分为乡村民户和坊郭户两大类,乡村民户中的主户又依据土地占有规模和财产多寡分为五等。其中占田规模在三顷以上者为上户,占田规模在一顷左右到三顷之间者为二等户和三等户,而一等户、二等户和三等户统称为"上户"。占田规模在50亩者为四等户,占田规模在20亩左右及以下者为五等户,第四等户和第五等户又统称为"下户"。宋代乡村家庭中以三等户中占田一顷以下的家庭和占田50亩左右的四等民户居多,其家庭收入基本可以维持自给自足,因此一般不需要租佃上等民户的耕地,基本上属于自耕农,"中等以上户不及五分之一,第四等、五等户常及十分之九"①。可见,以四等户为主的乡村自耕农家庭在宋代乡村家庭中所占比例应当是最大的,其消费水平也即在一定程度上代表了乡村民户家庭的一般消费水平。

农民消费能力的大小直接决定农民可支配收入的多少。同样,探讨乡村家庭的消费状况必须要对乡村家庭的可支配收入进行分析。宋代乡村五等民户的土地规模、纳税多少、财产结构和生产结构各不相同,同时又存在兼业和专业经营等可能对乡村民户家庭货币收入带来巨大影响的复杂因素。因此,要对乡村民户的可支配收入进行分析,难度很大。但乡村家庭中的自耕农数量最多,其家庭收入水平也就代表了乡村家庭消费能力的一般水平。有鉴于此,笔者拟以宋代乡村中的四等民户作为研究对象,将其纳入宋代乡村经济运行的基本体系中,从其家庭收入和支出的角度,分析其家庭可支配收入的一般状况。

宋代乡村的第四等民户,如果不考虑兼业和专业经营的话,其收入来

---

① 《长编》卷一三一,仁宗庆历元年辛巳,张方平上利害八事之七,第3107页。

源主要是 50 亩左右耕地的种植收入。这 50 亩左右的耕地收入扣除需要向国家缴纳的田税、支移、折变和人丁税，并留下家庭成员维持生存必需的口粮后，剩余的那部分收入即是其家庭可自由支配的收入。这部分收入在很大程度上代表了乡村自耕农家庭的基本消费能力。为此，我们可以假定宋代乡村四等民户的家庭为通常的"三代五口"之家，需要从乡村四等民户的土地产量、税负负担和家庭口粮三个方面大体估算其可支配收入数量。

一 宋代乡村民户的家庭赋税负担

田税是宋代乡村主户必须缴纳的基本赋税。宋代田税沿用了唐代的两税法征收办法，分为夏税和秋税，且夏税收钱，秋税收米。对于乡村民户来说，因秋税纳米相当麻烦，所以逐渐出现了民户出钱给揽税人让其在税场就近采买税米缴纳。也就是说，宋代乡村主户的税虽然存在夏税收钱，秋税收米之别，但在具体落实和执行中，最后都在事实上以民户缴纳货币的形式去完成。关于两税折钱后的具体标准，因时因地而异，有每亩三到四文者，有多达 10 文的，甚至有的地方高达一两百文。纳钱后来也在实际执行中以缴纳丝帛等物折变，仅有少量纳钱的情形。同时，纳米之秋税，其缴纳标准因土地质量等级而异。宋代乡村民间土地一般分为上中下三等。南方江浙一带，水稻亩产量较高，故其田税曾达到每亩三斗之多，而北方一带因大多为"中田"，所以田税稍低，但也达到了每亩需要上缴一斗的水平。后来，宋政府统一了全国标准，以北方亩税一斗作为全国的通行标准。具体到乡村民田的具体情况，当以中田为多。可以将宋代乡村自耕农的田税标准定为秋税亩纳一斗的一般水平。

同时，宋代乡村主户缴纳田税时，还要额外承担支移和折变的额外税负。所谓夏秋两税的税额仅是收税的规定，在实际的征税中并不完全按照标准征收，不独征税标准没有统一的规定，甚至还额外增加了支移和折变的额外税负。为应对西部边境危机，宋政府起先要求陕西、河南和河北各路所缴秋税，由纳税民户到边境税场缴纳，同时丰收地方的秋税要到歉收地区的税场缴纳，由此在无形中增加了乡村民户的运输负担。在实际执行中，乡村民户一般不会自己运输粮食去缴纳，而是额外多交一笔费用，称为"道里脚钱"。另外，夏税名为收钱和定额的纺织品等，但在实际执行中往往也折变为政府需要的其他物品，折变之时，物价往往变化，使得乡村民户又在正额外增添了不少税额。此外，乡村民户还要承担身丁钱。此税不分主客户，只要是年龄在 20 岁到 60 岁之间的成年男子都要缴纳。此项税收主要在南方实行,且无统一标准。宋代乡村民户跟历代一样也要承担各种名目繁多的杂变之赋。政府还通过强制统购民户余粮和布帛的形式变相增加乡村民户的税额负担。另外,宋代的乡村民户,主要是自耕农、半自耕农和客户,还要承担各种无偿劳役,如整修河道、营建官署和输运官物等。

宋代乡村的自耕农所需承担的税负名目繁多,内容庞杂,而且存在强制性、随意性和地域差别。在此基础上,依据宋代乡村自耕农的土地数量、粮食亩产量、粮食等农产品的一般价格水平,大体可以估算出其家庭收入的一般水平,同时大体扣除其需要承担的税负总额和家庭口粮价格,大体上可以估算出其可支配收入的一般水平。

二 宋代乡村第四等户的粮食收支状况

宋代的自耕农是国家财政收入的主要担负者,且其数量最多,其生活水平在很大程度上也即代表了乡村家庭的一般水平。因此,估算乡村自耕农的收入水平和可支配收入水平可以在很大程度上反映出乡村民户家庭的消费能力水平。乡村自耕农一般占有 50 亩左右的耕地。宋代的粮食亩产量,各地因自然地理条件和种植作物不同而有一定差距,其粮食亩产量有 1 石、2 石、3 石乃至高达六七石的。然而,就一般水平而言,宋代的粮食亩产量大体在 2 石上下。如此推算,乡村中以四等户为主的自耕农家庭,其粮食产量大致在 100 石左右。依次类推,上等户三等户的下限耕地规模在 1 顷左右,其粮食产量当在 200 石左右,也就是说,粮食产量在 200 石以上基本上就算是宋代乡村的上户了,而那些占地三顷以上的二等户,其粮食产量则可以高达 600 石以上,那些占田多达百顷的一等户,其粮食产量则可以达到 20000 石以上。

那么,宋代乡村民户的粮食产量按照宋代粮价的一般水平估算应当值多少钱呢?两宋粮价同样因时因地而不同,但从诸多关于两宋粮价的历史记载中,我们可以大体估算出两宋粮价的一般水平。太宗端拱二年(989),李觉上言谓:"都下粟麦至贱,斛直十钱"[1]。可见,北宋初年汴京一带的粟麦价格为一百钱每石。宋真宗咸平四年(1001),西川粮价达到了"城中米斗千钱"的水平。仁宗天圣年间,"麟州粟斗实直百钱,虚估增至三百六十"[2]。熙宁三年(1070),韩琦谓"去岁河朔丰稔,斗米不

---

[1] 《长编》卷三〇,太宗端拱二年夏四月,第 679 页。
[2] 《宋史》卷一八五《食货志下》,第 4534 页。

过七八十钱"①。当时陈州麦市场价格 50 文每斗，而政府却折成 100 文每斗。② 以上材料可见，宋代粮价的市场水平与政府规定的价格之间存在一定差距，但考虑到民众需要到市场上按照市价出售的实际情况，也即意味着民众需要按照 50 文每斗的市场价格售出后去按照政府 100 文每斗的水平缴纳田税。这就意味着民众往往需要承担相当于市场价格两倍的超额田税。笔者现以当时粮价每斗 50 文为标准，从每石 500 文的市场水平估算宋代四等民户 50 亩耕地共计约 100 石的粮食产量，约合市值 50000 文，即 50 贯。也就是说，50 贯既为宋代乡村四等民户粮食总产量的市场价值了，也是其未扣除赋税负担和种子及口粮以外的一般家庭收入。所以，我们只要估算出宋代乡村四等民户 50 亩耕地所应当缴纳的赋税市值和五口之家全年的口粮市值以及种子的市值，便可大体估算出乡村四等民户在不从事副业和兼业情形下的家庭可支配收入的一般水平。

首先来看宋代乡村四等民户 50 亩耕地应当缴纳的两税市值几何。按照宋代田税征收的一般水平，其夏税每亩需要缴纳产钱 10 文，50 亩的产钱则为 500 文，以一斗 50 文的市场价格折算，则相当于 10 斗即一石的粮食。同时，其秋税纳米以每亩征收一斗的一般水平估算，50 亩耕地则需缴纳 50 斗粮食，按照市场价格 50 文每斗估算，约值钱 2.5 贯。两税共计需要缴纳 3 贯。如果仅仅按照这个标准计算的话，那么宋代的田税水平肯定不算高，农民缴纳的田税只占到其 50 贯粮食市值的 6% 左右。农民在缴纳田税之后尚有相当于市值 47 贯的粮食可用来食用和出售。然而，实际情形并非如此。因为，宋代乡村的四等民户还需承担支移和折变产生的超额田税。据《宋史》载，南宋时期有人讲"旧以一斛输一斛，今以二斛输一斛矣"③。以致"一石之苗有量至二石五六者，有至二石二三者，少亦不下二石一二，折纳之价有一石至二十千者"④。如此看来，宋代乡村民户的田税实缴数额经过折变和支移之后，已较原先的应缴数额翻了数倍乃至十几倍。我们可以用上文提到的北宋中期陈州的数值来大体估算下经过支移和折变后，宋代乡村四等民户实际缴纳的两税数额，并在此基础上计算其缴纳两税后的剩余收入。宋代陈州夏税应当缴纳大小麦，政府每

---

① 《宋史》卷一七六《食货志上》，第 4282 页。
② （宋）包拯著，杨国宜校注：《包拯集校注》卷一《请免陈州添折见钱》，黄山书社 1999 年版，第 17 页。
③ 《宋史》卷一七四《食货志》，第 4220 页。
④ （宋）吴潜：《许国公奏议》卷一《应诏上封事条陈国家大体治道要务凡九事》，上海古籍出版社 1995 年版，第 114 页。

斗折钱为 100 文，同时需要农户缴纳支移脚钱 20 文每亩，付给头子仓耗 20 文每亩，经过折变和支移后，陈州乡村民户原先每亩 10 文的夏税变成了 28 文。宋代乡村四等民户 50 亩地应纳 500 文的夏税也变成了 1400 文，即 1.4 贯，是原先 0.5 贯夏税的 2.8 倍。同样，宋代乡村民户如果按照 2.8 倍的支移和折变比例推算的话，2.5 贯的秋税经过支移和折变后大致应当变为 7 贯。此时，宋代乡村四等民户 50 亩的两税经过支移和折变后已经达到了 8.4 贯。以 50 贯的全部市值收入减去 8.4 贯的粮食实缴数额还剩下价值 41.6 贯的粮食用以维持五口之家的食用和开销。

其次，除须缴纳作为田税的两税外，两宋乡村民户还应缴纳相当于人头税的身丁钱。尽管南北方名目不同，但此税事实上在南北方都在按照人丁数量进行征收。在宋代南方，身丁钱征收并没有统一标准，各地因时而异，各时又因地而异，总体来看其多者可高达 695 文每丁，少者也有 200 文每丁。其实，在两宋的很多地方，身丁钱也以征米麦方式推行。据有关论著估算，其多者可达 8 斗 8 升每丁，少者也在 6 斗之上。[①] 按照宋代乡村民户一般为"三代五口之家"的家庭规模和家庭结构估算，宋代的乡村四等民户一般有丁 2 人，其实有不少学者依照宋代全国家庭数量和人丁统计的官方数字估算，宋代每户的人丁数量不到 2 人，但考虑到隐匿户口的存在，我们大体以每户 2 丁估算。那么，以三代五口之家每户 2 丁推算，其应缴纳的身丁钱当在 400 文到 1390 文之间。若是缴纳身丁米的话，三代五口之家应当缴纳的数量当在 1.2 石到 1.8 石之间。与两税一样，身丁钱也需要经过折变和支移，按照前面 2.8 倍的折变比例折算后，其应缴纳的身丁钱至少应在 1100 文以上，约合米 3.4 石。如此，宋代的四等民户缴纳两税后结余的 41.6 贯余钱扣除 1.1 贯的身丁钱，其尚可支配的收入还有 40.5 贯。

再次，两税和身丁钱外，宋代乡村的四等民户也要承担名目繁多的杂赋。据统计，宋代不同地区的乡村民户需要缴纳的杂变之赋多达十几种，如农具钱、牛皮钱、盐钱等等。征收杂变之赋时，政府不仅没有统一标准，随意征收，而且往往以绸绢和斛斗等形式变向抬高实际征税额度。以盐钱为例，宋代陈州地区官府给民户分配食盐时，市场价为 20 到 30 文，而官府则以每斤 100 文的价格配给。同时经过折变后，民户实际上需要以 350 文每斤的价格购买官府的食盐。按照宋代每丁每月 0.5 斤官府配给数量推算，一个拥有 2 丁的三代五口之家，一年需要用食盐 12 斤。按照

---

① 任仲书：《宋代农民负担问题》，《辽宁师范大学学报》2002 年第 3 期，第 96 页。

350 文每斤的政府折价推算，宋代乡村民户每年需要支付 4.2 贯的制钱去购买全年所需的盐钱。除食盐之外，酒和茶也属于政府专卖品，民户购买这些商品时同样需要付出几经折变的高价，当然酒和茶也并非乡村民户必用之物，我们姑且不将其估算在内。据此大略估算，包括盐在内的十几种杂赋，即便不会全部缴纳，但对于一个普通家庭来说，至少也应当有四五种杂赋，若以制钱折算的话，其全年需要缴纳的杂赋当在 5 贯以上。其实，宋代除杂赋之外，还对盐、酒、茶等实行专卖制度，乡村民户若饮酒或喝茶的话，一般需要付出以高出市价一倍乃至几倍的价格去购买，因饮酒和喝茶虽然在宋代相当广泛，但并非乡村民户生活之所必须，所以我们姑且不将其计入四等民户的家庭负担以内，但盐既是专卖品，也许征收杂赋，所以将其纳入了上述的统计之中。据此可以大体估算，宋代乡村民户每户需要承担的杂赋当在 5 贯上下。以缴纳两税、身丁钱并经折变后剩余的 40.5 贯制钱扣除 5 贯的杂赋负担，则其尚有 35.5 贯收入可以支配。

除税负负担外，宋代乡村四等民户的粮食收入中还要扣除全年的口粮以及种子的市值后才基本算是自己可以自由支配的收入。因此，我们必须计算出一个四等民户"三代五口之家"全年的口粮和种子价值。对于，宋代的三代五口之家一年需要消耗多少口粮，目前学术界已做过一些探讨。如任仲书按照每人每天 0.75 公斤即 1.5 市斤计算，得出每人每月需要 45 斤的口粮，则五口之家全年的口粮总量则为 2700 斤。[①] 那么，任仲书所依据的每人每天 1.5 市斤的粮食消耗量有没有科学的依据呢？通常情况下，宋人口粮标准是"日食米一升"[②]，一般依据日食两升的标准，然而日食 2 升并非全国的一般标准，而是宋代政府针对壮劳力的一般口粮给付标准。如北宋初年，为开凿五丈河，需要征发大量农夫，宋太祖"恻其劳苦，特令一夫日给米二升，天下诸处役夫亦如之，迄今遂为定式"[③]。从这条材料我们可以看出，所谓日食两升实际上是宋代政府为修建大型工程的男性体力劳动者提供的特惠口粮，而且是在宋太祖亲自关照下实行的。

如此看来，日食 2 升的标准是足以能让从事繁重体力劳动的男性壮劳力吃饱的标准。到了北宋中期，国家仍然延续以日食 2 升的标准为给国家提供劳役的男性体力劳动者提供口粮的标准。生活在北宋中期的沈括在分

---

① 任仲书：《宋代农民负担问题》，《辽宁师范大学学报》2002 年第 3 期，第 96 页。
② 《宋史》卷二九三《王禹偁传》，第 9797 页。
③ （宋）王曾：《王文正公笔录》，《宋代笔记小说》（第 1 册），河北教育出版社 1997 年版，第 132 页。

析国家军队运粮时也曾提到"人日食二升"①。可见，沈括此处所提到的日食2升是宋代中期军队战士的口粮标准，肯定要高于一般民众日常消费量。不仅如此，沈括此处所提到的军士还是正处于与西夏对抗第一线的前线将士。《宋史·兵制》中也曾提到宋代的秦州和龙州等西部12州义勇，"遇召集防守，日给米二升，月给酱菜钱三百"②。《宋史·食货志》中也曾提到，北宋中期陕西都转运司中从事军粮运输的"人夫"，在运输路上"人日支米二升，钱五十"③。从以上几条材料中，我们可以看出，日食两升的标准在北宋属于政府为从事强体力劳动的男性劳力或者在边疆承担保家卫国重担的军人制定的高规格标准。再如，大圣年间以来，全国从事官营盐业生产的"畦户"，每一盐场"总三百八十，以本州及旁州之民为之，户岁出夫二人，人给米日二升，岁给户钱四万"④。两宋对盐实行政府统制生产并由政府包卖，盐业生产本来就是暴利行业，且畦户给国家生产食盐的行业可以世代传承，所以国家给付的待遇肯定也非常优厚，而其日给两升口粮且每年尚给4万贯的工钱可以说在宋代应当属于较高收入的阶层了。但从这条材料我们仍可看出，付给畦户从事制盐生产的"两夫"每人一天2升的口粮仍然是为国家从事繁重体力劳动的男性壮劳力提供的口粮标准，在日常生活中，一般的乡村民户则恐怕很难达到这一标准。

仁宗嘉祐二年（1057），官府鉴于天下多有民户无田可耕，遂招揽民户耕垦官田，以所收租粮在全国范围内建立大量的广惠仓。同时为照顾老弱幼疾者，政府还规定"给州县郭内之老幼贫疾不能自存者"，"自十一月始，三日一给，人米一升，幼者半之，次年二月止"⑤。此处应当属于宋代政府为照顾老幼病疾者所指定的最低生活保障标准，三日给人米一升虽然很低，但仍能维持其基本生存。宣和二年（1119），宋政府参照元丰年间的旧标准，针对居养院等救济机构内的社会救济对象规定，"应居养人日给秔米或粟米一升，钱十文省，十一月至正月加柴炭，五文省，小儿减半"⑥。相较前述三天给米一升的标准，此处政府给需要救济的社会人员所定的口粮标准有所提高，但依然没有达到日给两升的男性体力劳动者的口粮标准。此外，元丰十三年（1090），官府给予没有家属供食的囚犯

---

① （宋）沈括：《梦溪笔谈》卷一一，上海书店出版社2003年版，第126页。
② 《宋史》卷一九一《兵志五》，第4734页。
③ 《宋史》卷一七五《食货志上》，第4256页。
④ 《宋史》卷一八一《食货志下》，第4415页。
⑤ 《宋史》卷一七六《食货志上》，第4279页。
⑥ 《宋史》卷一七八《食货志上》，第4340页。

规定的口粮标准是"临安日支钱二十文，外路十五文"①。早于20世纪40年代，全汉昇便对南宋初年的物价水平进行了相对充分的研究，其指出南宋初年农产品物价变动很大，绍兴八年（1138）时，两浙地区的米价已经达到3贯一石。②那么，如此折算下来，一升米的价格为30文，则15文只能买到大约半升的米。如此看来，临安地区供给囚犯的口粮标准为半升每天，虽然较前述3日一升的标准略有提高，但考虑到狱卒克扣囚犯口粮钱等因素，最后可能与3日一升的标准大体一致。综上，北宋中期，民众的最低生活标准，也即一天所需的最低口粮可能在0.33升到一升之间，取其平均数则为0.66升左右。可见，其较军人以及为国家制盐的畦户日食两升的标准要低得多，但日食两升显然是男性壮年劳力每日能够吃饱的口粮标准。在最低的平均标准与男性壮年劳力最高标准间所取的平均数，即日食1.33升左右可能更加接近北宋乡村民户人均日食口粮的一般标准。按照宋代一升米约合1市斤多一点的标准推算，那么1.33升的重量大致在1.5市斤左右，与任仲书所采用的宋代乡村民户每人每天1.5斤的平均口粮标准大体一致。

至此我们可以依据人均每天1.5斤的口粮标准推测宋代乡村四等民户家庭一年的口粮需要，并且依然以"三代五口之家"的家庭结构和家庭规模推算。食物支出占到家庭消费的相当一部分是农业社会社会消费的基本特点。从理论上说，处于社会下层的四等民户，其粮食消费应当占到其家庭消费的相当比重。宋代乡村民户人均需要1.5斤口粮的话，五口之家一天的口粮需要为7.5斤，一年则需要2700斤。宋代一石约为今92.4斤。如此估算下来，宋代乡村的三代五口之家，其全年的口粮需要为29.22石，相当于市值14.6贯。以35.5贯扣除14.6贯的口粮市值，则此时宋代乡村第四等户尚有20.9贯的粮食收入可以支配。对于宋代一亩地需要多少种粮，目前并无明确资料，但在古代农业科技相对不发达的情况下，同样的粮食产量，其所需要的重量一定要比现在为多。因我们并无明确的数据资料，所以只能从20.9贯的剩余收入中大体扣除适当的收入。我们依据现在的农业常识暂且假定宋代一粒小麦在正常的田间管理下可以长出2个穗，且每穗有30粒小麦，那么，种子与最终产出的比例当是1∶60。如此说来，宋代的乡村四等民户生产100石的粮食，大体需要2

---

① 《宋史》卷二〇〇《刑法志二》，第4993页。
② 全汉昇：《南宋初年物价的大变动》，《中央研究院历史语言研究所集刊》（第11本），1943年，第403页。

石的种粮，按照市场价格估算大约相当于1贯的收入。在20.9贯的剩余收入中扣除1贯左右的重量价格后，则宋代乡村第四等民户的可支配收入为19.9贯。

可见，在不考虑宋代乡村四等民户从事兼业和专业经营以及自然灾害和战乱滋扰等非正常因素的情况下，宋代乡村的四等民户，其种植50亩耕地所出产的价值约50贯的粮食，扣除赋役负担、家庭口粮和种粮之后，尚有20贯左右的收入可用来消费，以购买家庭生活所需的柴、油、酱、醋、茶等物品。其实，从宋代乡村生产力的一般水平看，一个三代五口之家若有2丁的话，其耕种能力的上限在100亩左右。所以，为家庭生计考虑，50亩地显然对于宋代乡村的第四等户来说过少。笔者以为，其在自耕50亩土地的同时，必然会租佃适量土地耕种，且其租佃的土地数量与家庭自有土地数量之和当在100亩左右。从其50亩耕地的一般土地自有量来看，50亩地也是其租佃上户土地耕种的一般水平。如此算来，50亩租佃土地可以取得100石粮食价值50贯，与上户五五分成后尚可结余25贯，加上其自耕50亩耕地19.9贯的结余，其家庭实际可支配收入可能会达到44.9贯。

三 宋代乡村其他户等家庭的粮食收支状况

以上我们主要分析了宋代乡村以四等民户为主的自耕农家庭的可支配收入情形。四等民户与其他民户相比，除土地种植规模不同使得田税和支移折变数额不同之外，在身丁钱、杂赋和口粮等支出上大体一样。因此，我们可以依据上述分析方法和相关数据对宋代乡村的其他民户以及客户的家庭收入在不考虑兼业和专业经营情形下的家庭一般收支水平做大体分析。

一是宋代乡村的一等民户的家庭可支配收入情形。据《长编》载，"民田有多至百顷者、少至三顷者，皆为第一等"[①]。以亩产2石的一般产量估算，宋代乡村的一等民户，其粮食产量三顷的下限为600石，以500文每石的一般市场价格估算，价值300000文，即300贯。若是种田百顷的一等民户，其粮食产量为20000石，市场价格为10000000文，即10000贯。同时，宋代乡村的一等民户一般不会自己种地，而是以分成或定额的形式将土地租佃给下户和客户耕种，但田税仍然需要一等户承担。据学术界研究的既有成果来看，宋代乡村的租佃制，无论采用分成租还是定额租

---

① 《长编》卷二二四，熙宁四年六月庚申，杨绘言，第5444页。

形式，下户一般要将收入的至少五成交给上户。如此算来，一等民户300贯至10000贯的粮食毛收入中大体有一半的收入要归佃农所有，其剩余的收入此时尚有150贯到5000贯。上述乡村四等民户50亩耕地的田税经过折变和支移后，其田税实际需要缴纳8.4贯，大致为0.168贯每亩，如此推算下来，宋代乡村一等民户3顷到100顷的耕地经过折变和支移后的田税应当为50.4贯至1680贯，在上述剩余收入基础上扣除后，一等民户缴纳田税后尚有99.6贯到3320贯的可支配收入。接下来我们扣除一等民户一年口粮14.6贯和杂赋5贯后，其家庭可支配收入大体应当在80贯到3300.4贯之间。最后还需扣除家庭成员每年1.1贯的身丁钱，则其最终剩余可用于自主消费的粮食收入为78.9贯到3299.3贯。其考虑到一等民户主要将土地租佃给下户使用，所以此处我们可以不必考虑种粮问题。从以上推算来看，宋代乡村的一等民户中的下限，即有田三顷的一等民户，其家庭可支配收入仅有80贯左右，仅为四等民户20贯每年的4倍而已，而有田百顷的一等民户，其家庭可支配收入则高达3300.4贯，是三顷一等户的41倍多，是20贯左右自耕农每年的165倍。

二是宋代乡村二等民户的家庭可支配收入情形。宋代的乡村民户中的第二等户和第三等户是指有田在1顷到2顷之间的乡村民户。此处我们暂且将2顷定为二等户和三代等户的一般界限。那么，二等民户作为有田2顷到3顷之间的乡村民户，其200亩到300亩耕地若以亩产2石来估算的话，其粮食总产量为400石到600石之间，按照500文1石的一般价格估算，其市场价格为200000文到300000文，即200贯到300贯。同时，二等民户在宋代乡村中也属于将土地租佃给佃农耕种的上户，按照不低于五成的租佃额推算，其需要将一半的收入让渡给佃户，扣除此部分后，其剩余的粮食收入尚有100贯到150贯。同样按照0.168每亩的田税折变和支移比例，其200亩到300亩耕地需要支付33.6贯到50.4贯经过支移和折变的田税，此时其剩余的粮食收入尚有66.4贯到99.6贯。继续扣除1.1贯的身丁钱、5贯的杂税和14.6贯的口粮价格后，其最终剩余的可用于消费的家庭可支配收入为45.7贯到78.9贯。如此看来，宋代乡村中的二等民户，其家庭可支配收入大致为四等民户即自耕农家庭可支配收入的2.3倍到3.9倍之间。二等户中有田2顷稍多的上户，很可能为了增加家庭收入，在将部分土地自耕的同时，将剩余土地租佃出去。如果是这样的话，其五口之家可以自耕的土地规模上限为100亩，则剩余的100亩则用于出租。其家庭收入的下限也会相应提高50贯，从而达到93.7贯。同样，若有田3顷左右的二等民户，其100亩用来自耕的话，家庭收入也会相应提高到 126.9 贯。

三是宋代乡村中三等民户家庭可用于自主消费的可支配收入情形。宋代乡村中的三等民户，大致为有田 1 到 2 顷并有能力将田租佃给佃农耕种的群体。当然，其中的一部分三等民户也属于自耕农，或者将土地的一部分租佃出去，一部分自己耕种，这就给我们的分析增加了不少难度。在古代，一个壮劳力至多只能耕种 50 亩左右的耕地，那么按照"三代五口之家"一般有 2 丁的情形来看，100 亩地基本可以自己耕种。如果有耕牛的话，其耕种能力还应相应加强。据有关学者研究，在有一头耕牛的情况下，民户的土地耕种能力可以翻一番。① 也就是说，宋代乡村三等民户中的相当一部分应当是自耕农或至少为仅将一部分自己无力全部耕种的土地租佃出去的自耕农。为此，我们姑且不考虑耕牛的因素，并将 1 顷的一般下限定为自耕农，而将 2 顷的一般上限设定为一半自己耕种并将一半租佃出去的情形。那么，宋代乡村三等民户有田 100 亩到 200 亩，以 2 石每亩计，其粮食总产量为 200 石到 400 石，以 500 文每石的市场价格估算，价值为 100000 文到 200000 文，即 100 贯到 200 贯之间。

首先，我们需要估算有田 1 顷且为自耕的三等民户的家庭可支配收入以作为宋代乡村三等民户家庭消费能力的下限。那么，其 100 亩地 100 贯的粮食收入扣除 0.168 贯每亩经过折变和支移后的田税 16.8 贯后，尚有 83.2 贯结余。然后，扣除 1.1 贯的身丁钱、5 贯左右的杂赋、14.6 贯的口粮价格和大约 2 贯的种粮之后（前述四等民户自耕 50 亩耕地用种量约为 1 贯，故而三等户之下限耕种 100 亩土地的种粮大约为 2 贯），最终可用于自主消费的家庭可支配收入为 60.5 贯。

其次，我们还要估算三等民户有田 2 顷且一半自耕一半租佃出去的情形以作为其家庭可支配收入的上限。一方面，其用以自耕的 100 亩地，以 2 石每亩计，可收入 100 贯，扣除 16.8 贯的田税后，可结余 83.2 贯。然后扣除 2 贯的种粮，可结余 81.2 贯。另一方面，其用来租佃的 100 亩地，经过与佃农五五分成后，尚有 50 贯收入，支付 16.8 贯的田税后，尚有 33.2 贯收入。此时，三等民户自耕和租佃之田的结余总额为 114.4 贯，其支付 5 贯杂赋、1.1 贯身丁钱和 14.6 贯家庭口粮费用后，总共可以结余 93.7 贯用以自主消费。可见，宋代乡村的三等民户，其可用于家庭自主消费的可支配收入大致在 60.5 贯到 93.7 贯之间。之所以出现三等民户家庭可支配收入高于二等下限的情形，是因为三等民户中广泛存在自耕现

---

① 邢铁：《宋代家庭研究》，第 185 页。

象。实际上，二等民户的下限也可能存在自耕一部分的情形，若考虑到二等民户下限中存在的自耕因素的话，其收入水平总体来看肯定会高于三等民户。

四是乡村中第五等民户的家庭收入情形。宋代乡村中的第五等户则是占田规模在20亩以下的乡村家庭。显然，20亩耕地的粮食收入无法保证"三代五口之家"的生计需要。因此，宋代乡村中的第五等户往往需要在耕种自己有限耕地的基础上，去租佃上户一定数量的耕地耕种。从理论上来说，家庭自由耕地不足的第五等户租佃的耕地越多，收入也会越高，用以改善家庭生计的能力也会越强。然而，在宋代的生产力水平条件下，家庭耕种能力受劳动力数量、生产工具和生产资料等客观条件所限，其耕种能力存在上限。按一个成年壮丁可以耕种50亩土地的一般水平推算。宋代乡村的五等民户，暂定有田在1亩到20亩之间，且"三代五口之家"通常有丁2名，那么，其家庭耕种土地规模的上限当在100亩左右。也就是说，若其有田在1亩到20亩之间，其有能力租佃耕种的土地当在99亩到80亩之间。考虑到宋代乡村第五等户中拥有耕牛的概率可能很低，所以100亩的耕种能力上限已经很高了。

如此，第五等民户1到20亩自耕土地的粮食收入按照2石一亩的一般产量和500文每石的平均价格估算，其收入为1贯到20贯，扣除经过折变和支移的田税之后，尚有0.835贯到16.7贯的粮食收入。同时，其99亩到80亩租佃耕地可以得到99贯到80贯的粮食收成，与上户五五分成后，尚结余49.5贯到40贯收入。自耕结余和佃耕结余此时共计有50.335贯到56.7贯。扣除5贯的杂赋、1.1贯的身丁钱、14.6贯的口粮和2贯种粮后，其家庭粮食收入的最终结余为27.635贯到34.335贯。从以上数据可以看出，宋代乡村中的第五等户即便占田规模在20亩的上限附近，如果其不租佃上户土地耕种的话，也仅能勉强维持家庭生计，而那些有田在1亩下限附近的第五等户，若不租佃土地耕种，其粮食种植收入且不足以应付各种杂赋。然而，若社会秩序安定，且无重大自然灾害的话，无论占田1亩还是有田20亩的宋代乡村第五等户，若勤俭力耕，且能租佃到足够面积的上户耕地的话，应付赋税负担以外，维持基本的家庭生计尚不成问题。

五是乡村客户的家庭生计情况。宋代乡村中的客户即"无产税户"，他们靠佃耕为生。因此，客户基本全是佃农，又称"佃客""地客""庄客""浮客"和"旁户"等。宋代客户与前代部曲相比，政治和法律地位显著提升，除无土地和财产外，其与主户一样，是忝列国家户籍的乡村民户，但也要承担除田税和财产税以外的赋役。宋代乡村家庭限于生产力水平，一个"三代五口之家"所能自耕的土地面积上限大约在 100 亩。因此，即便从理论上来看，无地客户租佃的土地越多，其收入也会越大，但在宋代的生产力水平下，其租佃的上限只能在 100 亩左右。如此算来，宋代乡村客户的五口之家，租佃 100 亩耕地，可以收获大约 200 石粮食，价值 100 贯，缴纳地租后尚结余 50 贯，扣除 5 贯杂赋、1.1 贯身丁钱、14.6 贯口粮和 2 贯种粮后最终结余 27.3 贯。

综上，如果不考虑宋代乡村农民广泛存在的兼业和专业经营以及商品化趋势下的其他家庭经营活动，仅就农业收入的一般情况来看，如果没有较大的自然灾害和战事破坏，宋代乡村的五等民户和乡村客户就其一般的农业收成收入中扣除基本赋役负担、五口之家的口粮需要、身丁钱和种粮之后，所剩余的粮食收入基本如下所述（见表 4-1）。

表 4-1　宋代乡村五等民户和客户粮食收入结余统计表

户等	耕种数量	结余数量
一等户	3—100 顷	78.9（自耕 100 亩时为 126.9）—3299.3 贯
二等户	2—3 顷（一顷自耕，其余出租）	93.7—126.9 贯
三等户	1—2 顷（若有田 2 顷则 1 顷用来出租）	60.5—93.7 贯
四等户	100 亩左右（自有 50 亩，租佃 50 亩）	44.9 贯
五等户	100 亩（自有 1—20 亩，租佃 99—80 亩）	27.64—34.34 贯
无产税户	租佃 100 亩	27.3 贯

以上分析中，仅能反映宋代乡村民户收入的一般情况，事实情形远较如上分析复杂得多，如上表中出现了二等民户收入结余高于一等民户下限的情形。其实，这并不矛盾，笔者以上分析，是在假定宋代乡村一等民户完全将土地租佃给佃户耕种而自己完全不去自种的情形下得出的。在宋代乡村中，一等户中有田 3 顷稍多的民户很有可能在实际农业经营中自己也会耕种一部分土地，其上限也在 100 亩左右。如果是这样的话，一等民户的下限收入肯定会高于二等民户的一般收入。如果笔者此种假设成立的话，那么宋代乡村自上等户到客户，除却一部分有田几十乃至上百顷的一等民户，包括一部分一等民户在内的所有乡村户都会从事直接耕种，以尽可能增加家庭农业收入。同时，从表 4-1 可知，一等户家庭农业收入的上限是一般乡村无产税户收入的大约 121 倍。但一等民户的下限种粮收入

结余在将全部土地租佃出去的情况下，其一般收入结余仅为78.9贯，仅是无产税户的2.89倍。即便一等民户下限中有田3顷稍多的民户自耕100亩，其收入也不过在126.9贯以上，仍然仅为无产税户的4.65倍。

另外，考虑到宋代乡村中以四五等户为主的下户要占到所有乡村民户的半数以上，我们可以据表4-1数据得出，宋代乡村下户的平均家庭农业收入结余为44贯左右。最后，笔者必须指出的是，以上数据分析，尤其是下户和客户的数据分析，是在其有足够土地租佃的情形下得出的。事实情况是，宋代乡村随着人口数量的迅速增加，在一些农业经济条件相对较好的地区，人地矛盾已经相当突出。因而往往会出现下户和客户想租佃更多土地，而上户并没有足够土地可以租佃的情形。如此则导致很多下户和客户因租佃不到足够多的土地而造成家庭收入减少，乃至出现不能解决家庭口粮需要的问题。在此背景下，土地数量不足的乡村下户和客户必然要在粮食种植以外开拓新的家庭收入来源，去从事大量的兼业和专业经营。

第二节　宋代乡村小农家庭的消费需求

消费需求是指消费主体对市场所提供的商品的购买需要，也可以说消费需求等同于市场规模。一般情况下，消费需求的实现必须要求消费者具备相应的货币偿付能力。在中国古代，尤其是在古代的乡村初级市场中，因货币经济尚不发达，乡村农民之间以物易物的交换形式也广泛存在。虽然其并不以货币实物进行交易，但农民之间的商品交易依然是以货币和市场价格作为衡量商品价值的基本尺度，所以此种交易依然属于乡村农民的家庭消费。消费是商品经济发展的产物，也就是说，乡村民户只有到市场上购买其他农户的产品以获取其交换价值为目的的商品才能构成消费行为，而乡村农民在自然经济下以自给自足为主要内容的物质消耗并不属于商品消费。总体来看，我国古代乡村家庭的消费以自给性消耗为主，家庭的商品性消费一般只占满足家庭日常生产和生活需要的辅助地位。然而，到宋代，随着乡村社会经济的发展尤其是专业分工和地域分工的更趋细化，乡村民户大量从事兼业和专业经营，已经无力自己生产家庭日常生活所需的所有产品，同时，兼业和专业生产也需要购买原材料乃至雇用劳动力才能实现。于是，宋代乡村民户过去可以自给的一部分家庭消耗需要开始转变为不可自给的商品消费需要，同时为配合专业和兼业生产发展的经营需要，其对原材料和劳动力等的需要也开始形成新的生产性消费需要。宋代的乡村下户从事兼业和专业分工的需求更加强烈，数量更多，参与社会分工的层次也更为广泛，其所孕育的消费需求也是推动宋代乡村生产结构转型和乡村经济商品化的主要动力。

宋代乡村的小农家庭主要是指五等户制中三等户以下的乡村民户和客户，其中的绝大部分为自耕农、半自耕农和租种土地的佃户。其人口数量约占宋代乡村人口的90%以上，每户所耕种的土地，因各地人地比例不同而略有不同，然大致说来，依据宋代乡村五等民户划分的一般标准，三等民户以百亩土地为上限，四等民户占田一般在三十亩到五十亩之间，占宋代乡村家庭数量最大比例的第五等户，其占田面积一般在一二十亩之间，第五等户中仅有数亩薄田的也不在少数，以致第五等户中很多家庭需要租种更高等民户的土地，实际其中很多家庭也属于佃农。宋代乡村中的客户是指以定额租或分成租形式租种高等民户土地并进行独立经营的佃农，其家庭经营受高等民户干预不多，除少部分地区外，宋代大部分客户的人身关系较为松弛。总体来看，宋代乡村个体小农的数量和家庭财产结构与前代相比变化很大，而这种变化为乡村经济的商品化经营提供了基本条件，并在此基础上孕育了更加广泛的乡村消费需求。从宋代乡村小农家庭的财产结构和生产模式来看，其家庭消费需求应当主要包括以下几个方面。

一是宋代乡村小农家庭需要购买政府禁止民间私自出售且家庭无力自己生产的生活必需品。如宋代政府对食盐、酒和茶等实行政府统购统销，禁止民间私自出售。此类产品都是宋代乡村小民的家庭生活必需品，因而社会需求量相当庞大。政府对此类商品实行专卖，并控制其市场价格。如宋代的食盐，一般价格高昂，甚至"百姓每以三数斗稻价方能买一斤"[1]。庆历六年（1046），梓州路盐的市场价为140文每斤，相较以前有所下降，各地价格也有差别，侍御史周伊提到"伏见成都府路州县户口蕃息，所产之盐食常不足。梓、夔等路产盐虽多，人常有余，自来取便贩易，官私两利，别无奸弊"[2]。可见，随着宋代四川一些地区人口的增加，乡村民户对食盐的需求也相应增加，为此，官府不得不从产盐较多的地方贩运过来以满足乡村民户的生活之需。此外，宋代乡村的饮酒之风也相当盛行。唐庚有诗云："黎城酒贵如金汁，解尽寒衣方一吸。狱曹参军到骨

---

[1] 《长编》卷二四，太宗太平兴国八年癸未，第567页。
[2] 《宋会要辑稿·食货》二四之一一，第5200页。

穷，簿书吻燥何由湿"①，"贫家无酒食，待客独有茶汤"②。对于乡村小农而言，高档酒自然消费不起，即便如此，乡村小农饮用低档酒的风气也很浓郁。刘子翚在《老农》一文中曾经提到，"山前有老农，给我薪水役，得钱径沽酒，醉卧山日西"③。乾道八年（1172），知常德府刘邦翰提到："湖北之民，困于酒坊，至贫之家，不捐万钱，则不能举一吉凶之礼。"可见，在官方垄断之下，宋代的乡村酒价确实不低，但消费仍然相当普遍。南宋末年，华亭县所产酒的质量有所下降，时人做《竹香子》讽喻到，"浙右华亭，物价廉平。一道会，买个三升。打开瓶后，滑辣光馨。教君霎时饮，霎时醉，霎时醒。听得渊明，说与刘伶：这一瓶约迭三斤，君还不信，把秤来称，有一斤水，一斤瓶"④。可见，宋代的乡村小农对酒的需求相当普遍。

二是宋代乡村小农家庭还存在婚丧祭祀方面的消费。宋代的乡村小农家庭，虽然生活相对拮据，但对于儿女婚事、父母丧葬以及祭祀先祖、拜佛上香等拜祭活动还是相当的热情。此类需求虽然加重了宋代乡村小农家庭的生活负担，但却催生了庞大的消费需求。李元弼在《劝谕民庶榜》一文中提到，"民间多作社会"，乡村小民"或更率敛钱物，造作器用之类，献送寺庙"，甚至"其间贫下户，多是典剥取债，方可应副"⑤。司马光也曾指出，"民间典卖庄土，多是出于婚姻丧葬之急"⑥。所谓"作社会"就是组织地方性的娱乐或祈祷活动，费用由当地民户凑集，这对小农家庭来说是一种钱物负担。

三是宋代乡村小农家庭的生产能力与再生产需要决定了其要维持家庭生活和生产需要与市场发生联系，从而使得乡村小农的家庭消费需要有所增强。在唐代的均田制下，乡村小农一般拥有足以保证家庭生活需要和维持再生产进行的土地、粮食和生产资料，但在宋代"田制不立""不抑兼并"的土地政策下，乡村土地自由买卖，使得大量土地数量不足的乡村

---

① （宋）唐庚：《眉山文集》卷三《黎城酒》，文渊阁《四库全书》本，第1124册，第288页。
② （宋）唐庚：《眉山文集》卷三《黎城酒》，文渊阁《四库全书》本，第1124册，第379页。
③ （宋）刘子翚：《屏山集》卷一〇《老农》，文渊阁《四库全书》本，第1134册，第437页。
④ （宋）陈世崇：《随隐漫录》卷二，文渊阁《四库全书》本，第2880册，第15页。
⑤ （宋）李元弼：《作邑自箴》卷六《劝谕民庶榜》，《四部丛刊续编》史部，上海商务印书馆1934年版，第31页。
⑥ 《宋会要辑稿·食货》一三之二三，第5031页。

第四章　宋代乡村家庭收入状况与消费结构的转变　145

小农生产规模过小,生活相对贫困,所产粮食维持当年生计且不足,以致没有可以维持荒歉的家庭粮食储备。尤其是每年新粮收获之前的一段时间,很多乡村小农可能出现青黄不接,于是必须面向市场购买粮食以满足家庭一时所需。对此,李觏在《富国策》中曾经提到:"农人仓廪既不盈,窦窖既不实,多或数月,少或旬日而用竭矣。土将生而或无种也,禾将执而或无食也,于是乎日取于市焉。"① 于是,粮食占到了乡村小民消费的最大比重。尤其是随着宋代人口的持续增殖,乡村人地矛盾越发突出,使得其乡村小农家庭的粮食消费增长很快。于是在一些人地矛盾相对突出而又少有其他生计的地区,每当新粮未成熟之前,往往有小民"四出告籴于他乡之富民,极可怜也"②,若是遇到荒歉年岁,很多乡村小民只有"或以农器、蚕具抵粟于大家",才可"苟纾目前"③。

　　同时,对于宋代乡村的小农家庭来说,要维持农业再生产的持续,也需要从市场上购买农具、种子等生产资料,从而产生了庞大的生产性消费需要。对于大多数的乡村小农家庭而言,维持家庭生计且不够,以致种粮自然成为其生产性消费的必需品。每当耕种季节来临,乡村小农必须想方设法采购种粮,因为一旦错过时节,必然会使其生活限于极度困顿之中,甚至家庭成员的身家性命也会命悬一线。除种粮外,耕牛也是乡村小农家庭生产性消费中的必需品。对于三等以下的乡村民户而言,若家里能有一头耕牛,就能算得上殷实之家了。然而,对于大多数的宋代乡村小农家庭而言,每当春耕之时,要么"借贷收买牛具",要么"三家或四家同共关借官钱,收买耕牛"④。可见,对于占到宋代人口和乡村家庭大多数的乡村小农家庭来说,其中有相当部分若要维持家庭再生产的照常进行就不得不"赁耕牛,买谷种",乃至"一切出于举债"⑤。尤其对于那些家庭经济基础更为薄弱的四五等户和客户而言,若家庭再生产无以为继,家庭生计便会限于窘境,甚至导致家破人亡的人间惨剧。故而,生产性消费是宋代乡村小农家庭最为重要的消费需求,必须优先保证,所以宋代乡村小农往往精打细算和节衣缩食来尽量保证维持关乎家庭成员身家性命的家庭再

---

① (宋)李觏:《直讲李先生文集》卷一六《富国策》第六,宋集珍本丛刊(第七册),明正德孙刻本,四川大学古籍整理研究所,线装书局2004年版,第11页。
② (宋)陆九渊:《象山先生全集》卷八《与陈教授》,《四部丛刊》集部,上海商务印书馆1919年版,第23页。
③ (宋)陆游:《渭南文集》卷三四《尚书王公墓志铭》,《四部丛刊》集部,第23页。
④ 《宋会要辑稿·食货》一之三十五,第4819页。
⑤ 《宋会要辑稿·食货》三之九,第4840页。

生产的延续。如苏辙有诗曾云："枯桑舒牙叶渐青，新蚕可浴日晴明。前年器用随手败，今冬衣着及春营。倾困计口卖余粟，买箔还家待种生。不惟箱籐供妇女，亦有鉏鎛资男耕。"① 从诗中可知，这个乡村小农家庭赖以维持生计的耕种和养蚕生产，其所需的"鉏鎛"和"箔"等都需要从市场上采购得来。另外，在宋代人稠地狭的乡村社会图景下，乡村小农为维持生计，还广泛从事各种兼业和专业生产，其所需的原材料和生产工具一般自市场上采购得来，由此为市场提供了新的消费需求。

四是在宋代完粮纳税实行折变制，此种赋税制度及纳税方式也使得宋代乡村的小农家庭需要出售粮食等家庭产品以获取货币去缴纳赋税，由此催生了小农家庭对货币的消费需要。在赋税折纳的制度体制中，官府往往通过增取价值和操纵市场价格的方式使得"折变物帛至有数倍者"②，以致农民需要出售数倍于实物地租的家庭产品以换取缴纳赋税的货币，其他诸如折钱和折帛钱等杂税的征收也在无形中扩大乡村小民的货币需求，尤其是宋代的税负纳揽制度使得乡村小农家庭的"夏税与和买绢及至秋苗与和籴米，大多由揽户来交纳"③。乡村民户的纳税额要依据民户的家庭土地和财产数额来确定，而作为乡村小农的四五等户乡村家庭，其土地和家庭财产数量有限，每户的具体纳税数额往往不多，于是需要数家凑成一个整数共同缴纳。然而，乡村小农常常离县城税场较远，如果自己担负货币前往缴纳，路途既远，也不安全，并且数家民户往往势单力薄，税场官吏、秤头和栏头常"非理退抑，率意改更，令穷朴之民，奔走转换，倍费不暇，自然厌苦"④。因此，宋代乡村便出现了"揽人"一业，其将众多民户的纳税额化整为零，以代揽税负的形式为乡村民户完粮纳税提供服务，而"百姓僻居郊野，艰于凑成端匹，付之揽户，多取价值"⑤。揽人在偏僻乡村逐家收揽税币，然后携带货币于州县附近乡村就近采买米绢。揽税形式的出现必然会扩大乡村民户的消费需求。那些远离州县税场的乡村小农家庭为了缴纳货币赋税并支付揽人的代劳钱，必然需要多方经营以增加得到货币的渠道。乡村小农家庭要么出售更多的手工业产品，要么面

---

① （宋）苏辙：《栾城集》卷一《蚕市》，上海古籍出版社1987年版，第22页。
② （元）马端临：《文献通考》卷五《田赋考》，中华书局1986年版，第63页。
③ 《宋会要辑稿·食货》九之二三，第4973页。
④ [日]周藤吉之：《宋代州县的职役和胥吏的发展》，《宋代经济史研究》，东京：东京大学出版会1962年版，第785页。
⑤ （宋）程俱：《北山小集》卷三九《缴李处励再任词头奏状》，《四部丛刊》集部，上海商务印书馆，第33页。

向市场从事更多的兼业乃至专业生产,而那些居住于州县税场附近的乡村民户则相应扩大粮食种植规模,以增加自己的货币收入。于是,在宋代的偏僻乡村和州县附近乡村之间事实上形成了特定的地域性社会分工,使得所有的乡村小农家庭都与市场发生联系,导致宋代乡村小农家庭的消费需求变得更加广泛。根据龙登高的研究,在经济更为发达的东南地区,乡村小农的消费需求远高于其他地区。①

第三节 宋代农产品的价格水平及其变动趋势

农产品是古代最主要的商品,其价格是多种因素综合作用的结果。两宋时期农产品价格因国家政策、战争、变革、天灾等原因经历过数次较大变动,总体维持了不断上涨的态势。宋代农产品价格的变动对货币政策、商品经济发展和百姓生活都产生了具体影响,然而,农产品价格的变动基本维持在合理范围内,有利于宋代经济的稳定与发展。在我国货币本位金属的历史演进中,宋代处于从铜本位向银本位的过渡阶段,制钱仍然是商品交易使用的主体货币。物价主要是由本位金属的劳动价值总量与社会物资总量的比值决定,宋代物价是铜、物比价的反映。然而,铜、物比价反映的只是物价水平的一般态势,市场交易中的交易价格还要受到供求关系、社会稳定情况、自然灾害、国家干预、政治改革等具体因素的影响。宋代市场交易的主要商品是以粮食为主的农产品。农产品尤其是粮食是宋代的百价之基。农产品价格变动会对劳动力价格和其他商品价格产生迅速影响,从而对整个社会的物价水平产生影响。

一 宋代农产品价格变动的趋势

宋代农业生产的发展主要表现在劳动人口的激增、垦田面积的扩大、单位面积产量的增长、水利工程的大量兴修以及生产工具、生产技术的改进等方面。宋代农业生产的发展极大促进了农产品的商品化。宋代农业生产的基本形态是小农经济,农民要用农产品交换日常生活所需的油、盐、茶、醋等必需品。此外,宋代农民完粮纳税要用制钱完成赋役。这决定了宋代农产品必然要与市场发生联系。然而,包伟民认为,宋代农产品商品化程度虽有发展,但并没有达到使自然经济近于匿迹的水平,更与国外学

---

① 龙登高:《宋代东南市场研究》,云南大学出版社1994年版,第28页。

者所说的"近世"水平存在不小的差距。① 农产品价格是宋代经济发展水平的重要指标。总之，研究宋代经济社会发展状况应当对宋代以粮食为主的农产品价格变动的历史趋势有所了解。

一是粮价多有涨落，总体在缓慢上涨。粮价为百价之基，通过粮价基本可以反映宋代农产品价格变动的基本情况。从既有资料来看，在两宋的正常年景，粮价基本为每斗几十文，至多一百文左右。大中祥符元年（1008），米为每斗七八文；天圣八年（1030），全国粮价每斗米的价格大约升至三十文；到了熙宁元年（1068），斗米价格则高达七十五文；元祐元年（1080），斗米价格则降至不足三十文；绍兴九年（1139），东南地区粮价飞涨，高达每斗四百文；乾道三年（1167），粮价则降到每斗一百五十文以下；乾道六年（1170）后，粮价又开始上扬，斗米价格超过三百五十文②。

目前尚缺乏南宋后期的粮价数据资料，仅就各地粮价的一般情况来看，农产品价格呈普遍上涨态势。据彭龟年《止堂集》载，绍熙五年（1194），"淮东、两浙多被旱潦，如常、润、杨、楚、盱眙等处，当此收成之时，斗米至为钱四百上下，无下三百足陌者"③。景定五年（1264），王霖龙在《社仓广惠仓收籴事申状》中提到当时婺州浦江县"将元桩交承之钱且照时下时价，每一称十五斤计十四贯，作急收籴，拘桩在仓，每斤达十八界官会二百六十余文"④。可见，南宋末期粮价飞涨已成各地较为普遍的态势。

二是肉、鱼等农产品价格也在缓慢上涨。鱼、肉也是宋代最普遍的农产品，其物价变动同样具有典型意义。真宗年间，四川永康军的猪羊肉每斤仅卖五十文，到英宗治平末年，猪羊肉则降至每斤三四十文。但到南宋绍兴末年，羊肉竟每斤高达九百文。南宋后期绍定元年（1228），靖州一斤猪羊肉的价格仍然高达八九十文。再来看两宋水产品价格变动的基本情况。北宋中期，湖北长江汉阳段的淡水鱼销往江西，每斤价格接近一百文。宋徽宗时期，每年冬季，便有外地及黄河岸边的渔民运鱼来开封售卖，每斤不过一百文。大概与同时期的牛肉价格相近。而在东部沿海地区，水产品价格更便宜。如既沿海又临江的台州，北宋后期，鱼肉每斤仅

---

① 包伟民：《宋代的粮食贸易》，《中国社会科学》1991 年第 2 期，第 41 页。
② 程民生：《宋代物价研究》，江西人民出版社 2021 年版，第 122—124 页。
③ （宋）彭龟年：《止堂集》卷五《论淮浙旱潦乞通米商仍免总领司籴买奏》，丛书集成本，中华书局 1985 年版，第 2024 册，第 70 页。
④ 《全宋文》（第 356 册）卷八二四一《社仓广惠仓收籴事申状》，第 85—86 页。

值三十文不到。南宋乾道六年（1170），黄州附近的长江，鱼贱如土，一百文可以买到二十条个头中等的淡水鱼，并能满足二十个人的食量。

三是农产品价格还具有明显的地域性。宋代的商品交易尤其是农产品贸易往往由于自然地理条件和运输成本的原因具有明显的地域性，也就是说，宋代农产品贸易一般只在以城镇为中心的范围展开。农产品价格往往仅能反映某地的物价水平，不具有全国性。宝元二年（1039），有官员谈到地方官的职田问题，反映了宋代各地的物价差异："旧选人并以有无职田注官，而州县所上顷亩多不实，今以诸路物价贵贱定为三等，京东西、河北、淮南、两浙、江南幕职、令录，以岁收百五十石，判、司、主簿、尉、百石；陕西、河东、荆湖、福建、广南幕职、令录以二百石，判、司、主簿、尉以百五十石；益、梓、利、夔路幕职、令录以百石，判、司、主簿、尉五十石，并为有职田。"[①] 由于北宋各地粮价不同，其职官的俸粮石数也不尽相同。总体来看，北宋前期，农产品价格较为低廉，变动幅度也不大。北宋中后期，农产品价格开始上涨，而且农产品价格上涨较快的地区主要是与辽、夏军事对峙前沿边地。整个南宋农产品价格一直在上涨。一般来说，商品经济越发达的地区，人口越密集，人地矛盾相对突出，农产品价格上涨较快。反之，经济发展水平相对落后的地区，农产品价格基本稳定或上涨缓慢。

二 农产品价格变动的原因探析

宋代以前，我国主要以铜钱作为货币。宋代随着商品经济的发展，仅靠铜钱已无法满足商品交易对货币的大量需求，于是银两、铁钱和纸币也被陆续作为货币使用。但宋代铜钱在货币流通中仍占绝对主导地位，本位金属仍然是铜斤。宋代的农产品价格是多种因素综合作用的结果。其中，流通中的货币总量与农产品总量的比率是宋代农产品价格的决定性因素。同时，两宋不同时期、不同地域的农产品价格还要受到农产品产量、市场供求关系、自然灾害、社会政治局势、政府货币政策、对外贸易以及民间盗铸等具体因素的制约，从而使宋代农产品的交易价格围绕流通货币总量与农产品总量的比值波动，并在商品经济发展的推动下维持了缓慢上涨的基本态势。

首先，农产品商品化程度的不断加深是宋代农产品价格缓慢上涨的主要推手。宋代农产品价格的缓慢增长与宋代农产品商品化程度的不断加深

---

① 《长编》卷一二三，仁宗宝元二年己卯，第 2895 页。

有关。商品经济越发达，物价水平也会越高，这是商品经济发展的一般规律。宋代人口数量增长较快，政府积极推行奖励垦殖和发展农耕的农业政策，使得垦田面积不断扩大，农业生产技术也在不断改进，最终使得宋代农产品产量迅速增加。农民自给有余便将多余的农产品拿到市场上出售，以换取油、盐、酱、醋、茶等基本生活品。另外，王安石变法后，宋代开始允许农民以铜钱完成赋役的政策，农民只有将农产品出售并换取铜钱才能完粮纳税。这都有力地推动了宋代农产品的商品化进程，并推动了宋代农产品价格的缓慢上升。

其次，铜产量增长迅速，而且实行了较为严厉的"铜禁"政策。《宋史·食货志》载，皇祐中期大约每年的铜产量为十万八百四十三斤，治平年间铜的年产量增加到一百八十七万斤，元丰元年，铜产量更是高达一千四百六十万五千九百六十五斤。可见，铜的生产量在宋代是相当可观的。铸造一贯铜钱需要纯铜三斤十两，依此推算，皇祐、治平和元丰年间每年的铸币量大约为一百五十万、二百万和四百三十万枚。可见，宋代的年铸币量维持在一百万贯左右①。宋代除王安石变法的短暂期间外，基本严格执行了"铜禁"政策，严禁民间私铸并严防铜币外流。铜钱发行量的增加与累积导致流通中的铜钱总量不断增加，必然抬高物价。

再次，多次发行大钱和纸币，以增加货币发行利润。仁宗庆历年间，为缓解西夏战事的军费不足，曾下令铸造当十大铜钱和当十大铁钱，原有小铜钱十枚可铸当十大钱三枚，通过加大制钱币值与实际价值的差距来增加政府财政收入，结果导致物价飞涨，通货膨胀加剧。南宋开禧年间，韩侂胄推动北伐，南宋无力筹措巨额军费，于是开始滥发纸币"会子"，结果导致农产品价格飞涨。后来随着南宋与蒙古之间的战事吃紧，滥发金银关子成为南宋朝廷增加财政收入的重要方式。加之，南宋后期自然灾害频发，农作物产量下降，这又进一步抬高了农产价格，通货膨胀、农产品价格疯涨的局面终至无以复加之境②。

最后，两宋的政治动荡与货币改革导致了农产品的价格变化。一般情况下，战争会破坏生产，导致物资匮乏，进而推高物价。但实际的情况往往要复杂得多。例如，北宋初年，受战乱影响，人口锐减，对农产品需求有限，所以物价实际偏低。而到北宋中期，由于对西夏持续战争，农产品

---

① 石光韬：《关于唐宋铸币的几个问题》，《长春师范学院学报》2001年第4期，第25页。
② 全汉昇：《宋末的通货膨胀及其对于物价之影响》，《中央研究院历史语言研究所集刊》（第十本），商务印书馆1948年版，第194页。

生产量下降，推高了农产品价格。加之，北宋政府推行货币贬值以增加铸币利润，结果导致农产品价格迅速上升。南宋初年，大量中原人口南迁，受战乱蹂躏的农业生产无法满足大量人口的急需，结果造成农产品价格上涨。并且，南宋农产品价格上涨的势头一直持续到灭亡，即使南宋政府基本停止了铸币发行也没有遏制住农产品价格上涨的势头。宋代的改革尤其是王安石变法期间，允许农民以制钱完成赋税和徭役。结果，农民大量出售农产品，造成农产品市场供过于求，价格下降。

此外，铜钱代役完税的政策还使铜钱大量集聚于府库，结果导致流通中出现"钱荒"，又进一步拉低了农产品价格。另外，自然灾害期间农产品产量下降也会拉高物价，两宋三百多年，其间自然灾害不在少数。尤其是两宋农产品价格具有明显的地域性，自然灾害发生后，往往导致当地物价迅速上涨。整个宋代虽然在对外贸易中执行了比较严厉的限制铜钱外流政策，但是仍然没能阻止大宗铜钱的走私。近年来，从世界范围内的考古发现来看，宋代的铜币曾大量出口或走私到日本、朝鲜、东南亚乃至非洲等地。实际上，宋代由于商品经济发展迅速，整个社会对铜钱的需求量迅速上升，导致宋代自始至终一直面临比较严重的"钱荒"，铜币的大量外流加剧了宋代的"钱荒"。"钱荒"的存在对整个宋代农产品价格起了一定的迫降作用，使宋代农产品价格在缓慢上涨中始终维持在相对稳定、合理的状态。

三 农产品价格变动的历史影响

宋代农产品价格的历史变动是多种因素综合作用的结果。农产品对广大农民来说既是基本的生活所需，也是其生计的主要来源。因此，农产品价格的变动对乡村民户的消费生活产生了不小的影响。

一方面，宋代农产品价格变动会影响宋代乡村民户的生活水平。农产品价格变动是个民生问题，宋代的农产品价格变动对民众的农业收入、赋役负担和购买能力都产生了实质影响。整个宋代农产品价格基本维持了缓慢上升的态势，由于宋代农产品商品化程度较深，所以宋代农民的货币收入也在相应增加。同时，宋代还实行了以货币完成赋役的政策，农产品价格上涨也会相应减轻农民的赋役负担，增强了宋代农民的购买能力。当然，农产品价格的缓慢上涨对宋代市镇中的"坊郭户"也许会造成一定的压力。但是，整个宋代农产品价格的上涨基本维持了一个相对合理的范围内，市镇"坊郭户"从物价推动的商业繁荣中可以赚取更多的利润，其生活水平受农产品价格上涨造成的实际压力可能要小得多。

另一方面，农产品价格变动有力地推动了宋代农产品的商品化进程。商品经济的发展需要相对宽松的市场环境，需要价格围绕价值迅速变化的商业机制。宋代农产品价格的变动说明宋代采取了比较宽松的商业政策，有着相对完善的商业价格机制。另外，宋代虽然存在铸大钱和发行纸币的现象，但铜钱的实际价值与流通比值之间的比率始终较小，农产品价格的变动虽然灵活但始终没有脱离合理的范围。宋代农产品价格的这种变动机制非常有利于推动宋代商品经济的发展和农产品的商品化进程。

此外，农产品价格变动是两宋政府制定货币政策的重要依据。仁宗庆历年间为筹措西线对夏作战军费曾大量发行当十大钱，结果导致物价上涨，且引发了民间大面积的盗铸铜器现象。针对这种情况，庆历末年，叶清臣等上奏认为，数年以来，物价高昂，看似政府从中获利良多，但实际上对宋廷统治极为不利，因此建议各地现行将现行大钱以一当三，缩小币值，并且停止县官私铸劣币，最终有效抑止了北宋中期这股民间私铸的风气。可见，宋朝政府因战费吃紧铸行大钱，结果造成农产品价格上涨，并造成民间盗铸猖獗，宋廷意识到这个问题的严重性，马上缩小了大钱与制钱之间的比值，使农产品价格迅速回落，从而有效抑止了民间盗铸。

第四节　宋代乡村兼业与专业经营 对家庭消费的影响

宋代乡村与前代相比，一个最显著的变化是人口迅速增长，和由此所导致乡村社会出现了诸多变化。导致这些变化出现的根本原因在于宋代乡村必须在新的人口基础上解决所有人的生计问题。为此，宋代乡村通过实行租佃制以更加灵活的姿态推进土地在上户、下户和客户之间的经营流转。笔者上节之分析正是建立在土地规模足以保证这种经营流转的基础之上。然而，具体到一些地方的村落，尤其是在农业经营条件相对优越的江浙、福建、四川等地，人口增长的速度远远超越了耕地面积增加的速度，使得下户和客户无法从上户那里租佃到足够数量的土地以保证达到100亩左右的家庭耕种能力上限，导致家庭粮食种植收入相应减少，乃至出现无法满足家庭口粮之需的情形。为保证家庭生计所需，尽可能增加家庭收入，这些无法租佃到足够耕地的下户和客户只能在粮食种植以外别谋他途。其中，种植经济作物、农闲时节出卖劳动力、经营家庭手工业和外出经商等兼业和专业形式成为农民在粮食种植以外增加家庭收入的主要形式。宋代农民增加家庭收入的需要孕育了由乡村草市、农村市镇和城市市场构成的全国性市场体系。同时，宋代乡村自成一体并与城市市场和全国市场连为一体的市场网络又为农民从事兼业和专业经营以增加家庭收入提供了流通平台。宋代乡村粮食种植收入的困境及在此基础上孕育出来的与市场紧密相关并具有农业商品化气息的兼业和专业等增收途径正是宋代乡村消费的最大特色。因此，宋代乡村民户以兼业和专业为主的商品化增收途径既是宋代乡村消费的一部分，同时也是宋代乡村消费需求得以实现的基本条件。那么，宋代乡村民户的兼业和专业经营到底能带来多高的家庭收入呢？为说明此问题，笔者将从宋代存在兼业和专业生产的诸多行业中选取几个带有普遍经营性的行业进行阐述。

首先，我们来看从事纺织业生产的兼业户和专业户。植桑养蚕是古代乡村传统自然经济条件下家庭副业的重要形式。宋代以前，纺织业虽然已在城市出现，但农村基本仍然维持男耕女织的传统格局。到宋代，个别地区因人地矛盾日益加剧，所以其家庭纺织业开始从副业中分离出来，成为乡村民户兼业和专业经营的普遍形式。显然，此种经营的实现必须构建在消费的基础之上。因为，乡村民户的兼业和专业经营急需面向市场出售纺织品，也需要从市场上购买维持家庭生计的生活必需品和从事商品化纺织经营的生产工具、原材料乃至劳动力。如在宋代两浙路所属的湖州、严州和临安等地乡村，下户和客户无不"以蚕桑为岁计"[1]，如果"谷食不足"，则"仰给它州，惟蚕桑是务"[2]，若"湖州村落朱家顿民朱佛大者，递年以蚕桑为业"[3]。可见，江浙一带乡村民间，诸多民户迫于生计压力，主要是人地矛盾引起的粮食种植收入减少，导致其放弃粮食种植，成为面向市场专门从事纺织业经营的专业户。同时，其专业纺织经营必须以消费为基础。一方面，其丝织品的价值需要靠市场消费得以实现。另一方面，其家庭生计所需的粮食也要通过从市场上购买来得到。所以，在此，江浙乡村中从事丝织业专业经营的民户们，其家庭生计的消费需要与其他地区专业从事粮食种植或有余粮出售的乡村民户的消费需要既通过市场实现了连结，也经由市场得到了满足，并在不同地域的乡村家庭和社会分工之间实现了供需平衡。也许不同家庭之间的家庭消费需要无法以各自产品实现直接对接，如从事纺织品专业经营的乡村民户其有粮食消费需求，但出售

---

[1] （宋）谈钥：《嘉泰吴兴志》卷二〇《物产》，宋元方志丛刊，第 4859 页。
[2] （宋）陈公亮修，刘文富纂：《淳熙严州图经》卷一《风俗》，宋元方志丛刊，第 4292 页。
[3] 《夷坚志》丙志卷一五《朱氏蚕异》，第 496—497 页。

粮食的其他地区乡村民户也许并没有穿戴丝织品的消费能力或消费需求，两者无法通过简单的相互需要实现直接平衡。但是，经由市场这个由消费孕育并足以可以满足各类消费需要的交换平台，各种消费需要可以在此相互转换，并最终在整个社会范围内实现基本平衡。

那么，从事纺织品专业经营能够给宋代乡村家庭带来多大的收益呢？宋代农学家陈旉曾经对一个乡村十口之家的丝织品专业户的简单再生产做过大体推算："彼中人唯借桑蚕办生事。十口之家，养蚕十箔，每箔得茧一十二斤，每斤取丝一两三分，每五两丝织小绢一匹，每匹易米一硕四斗，绢与米价相作也。以此岁计，衣食之给极有准的也。"① 从陈旉的话中，我们可以做如下推算。一个从事丝织品生产专业经营的十口之家，其"十箔"之蚕可得蚕茧 120 斤，共可取丝 156 两，可以织出 31.2 匹小绢，43.68 硕（在古代，"硕"通"石"）稻米。按照 500 文每石的宋代一般粮价计算，"养蚕十箔"的十口之家，其从事蚕桑种植和丝织品专业经营的毛收入为 21840 文，即 21.84 贯。由此可见，在物价水平主要是粮价水平适中的正常年景，21.84 贯的收入是一个能够维持"十口之家"基本生计的具体数额，也就是说，2.184 贯在宋代的正常年景下基本可以维持一个人一年的消费需要。上节中，笔者所推算的宋代乡村中的第五等户，其家庭粮食收入结余为 27.3 贯，实际是建立在有足够田地可以租佃的种植能力上限之上。不过，我们也可以就此得出结论，如果粮价维持在 50 文每斗的正常年景，宋代乡村中的下户和客户如果能够租佃到足额即 100 亩上限的耕地的话，维持家庭生计并不艰难。实际上，如果考虑到十口之家的丝织业专业经营所得的 21.84 贯收入中尚没有扣除其种植蚕桑的有限耕地的田税、身丁钱和口粮支出的话，宋代乡村中的客户如果能够租佃到足额的 100 亩耕地，其 27.3 贯的年收入甚至可以保证其五口之家基本温饱。

同时，宋代纺织业生产中社会分工的日趋细化也推进了消费经济的繁荣。因为，对于一个纺织户来说，社会分工越细化，其与市场的联系也会越紧密，其家庭纺织生产赖以实现的各个环节中所需的各种原材料等生产资料都要需要通过市场消费来得到。如《宋会要辑稿》载，婺州"义乌县山谷之民，织罗为生"②。《桐江续集》中的《夜宿白土市》一文也称，句容县来苏乡的白土市中有很多民户"俗织纱为业"③。由此可以看出，

---

① （宋）陈旉：《农书》卷下《种桑之法》，第 55 页。
② 《宋会要辑稿·食货》一八之四，第 5109 页。
③ （元）方回：《桐江续集》卷一四《夜宿白土市》，文渊阁《四库全书》本，第 1193 册，第 395 页。

在宋代的乡村纺织业中，已有部分民户从桑叶种植和蚕丝生产的原材料环节中分离出来，成为专门从事罗、纱等丝织品的专业生产者。不仅如此，即便在蚕丝原材料的生产环节中，也出现了专门种植桑树以出售桑叶为生的桑叶种植户和专门从事蚕蛹饲养和蚕丝生产的养蚕专业户。如据洪迈《夷坚志》载，绍兴六年（1137）"淮上桑叶价翔踊"，"乾道八年（1172），信州桑叶骤贵，斤直百钱"，"淳熙十四年（1187），豫章蚕顿盛，桑叶价直过常时数十倍"①。由此可见，在宋代人地矛盾相对突出的江西路，乡村民户迫于生计从事蚕桑种植和养殖已经相当普遍，而且随着社会分工的日趋细化，桑叶进入市场流通已经成为专门从事蚕蛹养殖和蚕丝生产的专业户生产资料消费的主要内容，并且蚕桑种植与蚕丝生产的社会分工必须构建在乡村各级市场尤其是主题市场充分发育的基础之上。因为，专门从事桑叶生产的种植专业户家庭日常生活所需的粮食和柴、米、油、盐、酱、醋、茶必须仰给于市场。只有其家庭基本生活得消费需要能够得到乡村各级市场的充分保证，其才能在乡村纺织业的桑叶生产环节中履行自己的社会分工职责。同样，从事蚕丝生产的养殖专业户，其家庭生活日常所需的粮食等基本生活物资也要仰给于市场，不仅如此，其蚕丝生产所需的桑叶无时无刻不需要市场的保证。只有对生活资料和桑叶的消费需要得到市场的保证，养殖专业户才能安心从事蚕蛹养殖和蚕丝生产。

随着宋代乡村纺织业专业分工的日趋细化，乡村民户的家庭生计也越来越受到市场物价水平波动的影响。因为，市场物价水平的波动包括丝织品价格、桑叶价格等的波动将直接影响到从事蚕桑种植、蚕丝生产和丝织品纺织的三类专业户的生产成本，并最终影响到家庭的实际收入。对于专业户来说，其所从事的专业经营将是其家庭收入的全部来源，而此种经营必须依靠市场消费来实现。于是，市场物价的变动对宋代乡村从事兼业和专业经营的乡村民户的家庭收入水平和消费能力的影响越来越大。范成大在《晒茧》一诗中不仅有"叶贵蚕饥危欲死"句，而且注释道"俗传叶贵既蚕熟，今岁正尔"②。可见，宋代乡村尤其是江南地区人地矛盾相对突出的乡村中，桑叶进入市场流通不仅非常普遍，而且会随着蚕属季节的到来出现价格临时上涨的"物候"现象。实际上，这种变化正是宋代市

---

① 《夷坚志》甲志卷五《江阴民》，第42页；丁志卷六《张翁杀蚕》，第590页；支景卷七《南昌胡氏蚕》，第935页。
② （宋）范成大：《石湖诗集》卷七《晒茧》，文渊阁《四库全书》本，第1159册，第645页。

场消费机制日趋健全的反映。因为，蚕熟桑贵正好说明，桑叶价格对市场供求关系的变化非常明显。随着蚕虫接近成熟，其对桑叶的需求量也会逐渐增加，养蚕专业户对桑叶消费数量的增加引起桑叶价格上升，说明宋代乡村市场消费机制和价格机制健全，功能日趋完善。

另外，从养蚕户的角度看，桑叶价格上升则意味着养殖单位数量的蚕或生产单位重量的蚕茧需要付出更高的成本。养蚕成本的上升也许即意味着家庭收入的相对减少和家庭消费能力的相应降低。其实，此处桑叶价格的上涨在宋代乡村相对完善的市场消费机制下也许并不会对其家庭生计产生过多的负面影响。因为，桑叶价格上涨带来的成本上升完全可以通过市场消费机制转移到蚕丝消费者身上，并最终通过市场机制转移到丝织品消费者的身上。尽管如此，从事蚕丝专业生产的养殖户对桑叶价格的上涨也相当在意。桑叶价格上涨则意味着其生产相同数量的蚕丝要付出更多的资金成本。在家庭资金有限的情况下，桑叶价格上涨必然意味着其能够养殖的蚕虫数量要相应减少，进而减少家庭收入并降低消费能力。毕竟，蚕丝生产是其家庭收入的唯一来源。如高斯得有诗曰："每当春蚕起，不敢怠微躬。晨兴督家人，留心曲箔中。客寓无田园，专仰买桑供。"[1] 高斯得诗中提到的蚕丝生产专业户是宋代乡村中没有耕地的无产税户。其蚕丝生产中所需的桑叶必须全部仰给于市场，是个典型的专业户。对于这样小本经营的蚕丝专业户来说，其从事蚕丝生产的本金必然相对有限，在桑叶贵的情况下，其能够买到的桑叶数量也会相应减少，所能养殖的蚕虫数量和蚕丝产量也会相应减少。如此，必然会相应减少其家庭收入，进而影响到家庭生计。因此，对于从事兼业和专业经营的乡村民户尤其是下户和客户来说，其从事商品化生产的收入要占到其家庭收入的绝大部分乃至全部，而其规模的相对有限又决定了其抵御市场风险的能力比较弱小，原材料价格的上涨必然会对其家庭收入产生不小的影响。可见，宋代乡村中从事与丝织业生产相关的兼业户和专业户们，对市场的依赖性非常强，且市场价格的变化成为关系到家庭收入和消费能力乃至家庭成员生活的大事。

其次，我们来看宋代从事茶叶生产的专业户和兼业户。自唐代始，中国的茶叶生产中已经出现了专业化趋势。到宋代，从事茶叶专业种植和生产的经营户数量显著增多，并且宋代的茶叶种植区域也明显扩大。如据吴

---

[1] （宋）高斯得：《耻堂存稿》卷三《桑贵有感》，文渊阁《四库全书》本，第1182册，第95页。

第四章 宋代乡村家庭收入状况与消费结构的转变　157

曾《能改斋漫录》所载，所谓建州茶在唐代"陆羽《茶经》尚未知之"①，然到宋代，建州茶已经名噪一时，成为各地茶叶中的珍品。建州也因此成为朝廷贡茶的采购基地之一。再如，唐代著名诗人白居易在《琵琶行》中提到"商人重利轻别离，前月浮梁买茶去"。从此句中可知，唐代之时，浔阳一带并不产茶。然而，到了宋代，浔阳茶已成"其行几遍天下"之势②。另据日本著名宋史研究学者加藤繁长期研究，唐代的江南西路尚无产茶的记载，然到宋代，江南西路之茶叶产量已居全国首位，同样在唐代并不产茶的荆湖南路，到宋代，其茶叶产量已位居全国第四位。③ 显然，茶叶作为宋代乡村民户的日常必需品，其稳定和刚性的消费需要显然为宋代茶叶的商品化和专业化经营奠定了基础。《宋史·食货志》载，宋代的茶叶在秦岭和淮河以南广泛种植，茶税收入也成为宋代政府财政收入的重要来源，如景德元年（1004），宋朝的茶课收入已高达569万贯④。从另一个角度看，宋政府茶课收入占财政收入比重和总量的增加正说明，大江南北，饮茶之风已经成为宋代乡村民户家庭消费的基本开支。同时，对于从事茶叶专业生产的乡村民户来说，茶叶收入不仅很高，而且茶课支出也已成为其家庭赋役支出的重要内容。显然，如此高额的茶课收入，如果没有乡村各级市场的存在也难以实现。正是宋代乡村各级市场的完善为乡村民户频繁的茶叶消费和茶叶交易提供了流通平台。

　　茶叶生产在宋代乡村普遍的消费需求下得到了极大发展，并成为商品化趋势下专业经营的重点行业。那么，宋代从事茶叶生产的专业户，其家庭收入如何呢？吕陶提到，"川蜀茶园，本是百姓两税地，不出五谷只是种茶"，"自来采茶货卖以充衣食"，"多者岁出三五万斤，少者只及一二百斤"⑤。吕陶为仁宗皇祐年间进士，神宗熙宁三年（1070）知彭州，后被贬为监怀安商税。后起知广安军，召为司门郎中。元祐二年（1087），涉党争，被贬为梓州、成都路转运副使。直到元祐七年（1092），其被召回担任中书舍人。哲宗年间，吕陶又被外放至今属河

---

① （宋）吴曾：《能改斋漫录》卷九《地理·北苑茶》，上海古籍出版社1979年版，第268页。
② （宋）赵与时：《宾退录》卷三，宋元笔记丛书，上海古籍出版社1983年版，第30页。
③ ［日］加藤繁：《中国经济史考证》第三卷《中国主要产业的发展》，吴杰译，商务印书馆1959年版，第223页。
④ 《文献通考》卷一八《征榷茶考》，中华书局1986年版，第173页。
⑤ （宋）吕陶：《净德集》卷一《奏具置场买茶旋行出卖远方不便事状》，文渊阁《四库全书》本，第1098册，第6页。

南的陈州和今属山西的潞州为官。崇宁元年（1102），吕陶辞归故里。从其生平来看，吕陶关于川蜀茶园专业户的相关记载大约介于熙宁三年（1170）到元祐七年（1092）之间。因为这段时间，吕陶绝大部分时间在四川一带为官。

上文中吕陶所提到的四川茶叶生产专业户，其茶叶产量自"一二百斤"至"三五万斤"。如果能够知道这一时期川茶的市场价格，也便可以大体估算出茶叶生产专业户的家庭收入数量。宋代实行茶叶垄断专卖制度，但四川和广南地区除外。然而，四川产茶的质量和数量都无法与东南地区相比。熙宁十年（1077）前，四川彭州九陇县的早茶，每斤卖到90至100文（铁钱）。吕陶还提到："往年早茶，每斤货卖得九十至一百文"，至熙宁十年（1077），降至六十至七十文，"今来官中置场收买，每贯上出息钱三百文，招诱客人货卖其茶牙才子并兴贩，客人为见官中息钱，却只于茶园人户茶货上估定，价例低小，每斤卖得一百文以来者，今只卖得六十至七十文"①。据吕陶讲熙宁十年（1080），"六月以后，犹有晚茶一色，贵者每斤三十文"②。此外，吕陶还在《奏乞罢榷名山等三处茶以广德泽亦不阙备边之费状》中提到，元丰末，"川茶贵者每斤三百，贱者三二十文"③。可见，其价格介于20文到300文之间，平均价格大约为50文每斤。《宋史·食货志》载，元祐元年（1086），四川"今民有以钱八百私买茶四十斤者，辄徒一年，赏三十千"④。也就是说，从事私茶贩卖的农民，其价格仅为20文每斤，要比官府价格低得多。《宋会要辑稿》也提到，崇宁三年（1104），朝廷在黎州购买附近的少数民族马匹，价钱中有"名山茶三百五十斤，每斤折价钱三十文"，"约本处价例，仅是半价支折与卖马蕃部"⑤。从中可知，"名山茶"的正常价格当为60文。

综合以上诸条熙宁年间到元祐年间关于四川茶叶价格的材料，我们可以看出，川茶价格高者，可贵达300文每斤，最便宜的也当在20文左右，而其一般茶叶的价格通常在50文到60文之间，我们姑且以55文的价格估算。据此，我们可以推算上文中吕陶提到的从事茶叶专业种植的"川

---

① （宋）吕陶：《净德集》卷一《奏为官场买茶亏损园户致有词诉喧闹事状》，第1098册，第11页。
② （宋）吕陶：《净德集》卷一《奏为官场买茶亏损园户致有词诉喧闹市状·贴黄》，第1098册，第15页。
③ （宋）吕陶：《净德集》卷三《奏乞罢榷名山等三处茶以广德泽亦不阙备边之费状》，第1098册，第29页。
④ 《宋史》卷一八四《食货志下》，第4501页。
⑤ 《宋会要辑稿·职官》四三之九八，第3322页。

属"茶园户,其"一二百斤"的产量大体可卖5500文到11000文,即5.5贯到11贯。而那些产量达到"三五万斤"的茶园户,其产业收入则可以高达1650贯到2750贯。可见,产量仅有几百斤的茶园户,卖茶毛收入仅有5.5贯到11贯,若除却田税、杂赋等收入,连口粮钱尚不足用,家庭生活应当相当艰辛。笔者以为,产量相对少的茶园户,其生产的茶叶通常都属于高档茶,价格可能会是普通产的几倍乃至几十倍。若非如此,其有限的产量决不能养活一家老小。而那些产量动辄几万斤的茶园户肯定生活相当优越。

可以看出,宋代乡村家庭的消费在商品化趋势下的兼业和专业经营中日渐呈现出不同于传统粮食种植为主的家庭收入结构的新特色。宋代乡村民户在人稠地狭的社会图景之下,往往出现下户和客户租用上户土地不足的情况。为了增加家庭收入,其只能在有限的土地之上种植收益更高的经济作物,或者从事其他的兼业和专业经营。总体来看,宋代乡村民户从事兼业和专业经营的收益要高于粮食种植,或者至少可以在一定程度上缓解耕地不足造成的家庭收入减少,为乡村民户尤其是少地或无地但又租佃不到足够耕地的乡村下户和客户提供了一条粮食种植以外的收入途径。宋代乡村民户兼业和专业经营涉及的行业门类各种各样,各行各业的收入情况不尽相同,且受到市场机制尤其是市场物价水平波动的显著影响,使得宋代乡村从事兼业和专业经营的民户的家庭收入数量和家庭消费能力与市场紧密地连接在了一起。一方面,宋代乡村民户的家庭兼业和专业经营使得传统的家庭消费结构发生了显著变化。兼业户和专业户既需要面向市场购买自己家庭生活必需的粮食和其他生活用品,也需要面向市场购买维持兼业和专业再生产所需的粮食、原材料乃至劳动力。同时,其兼业和专业产品也必须以市场消费为基础,通过满足其他民户相应的消费需求来实现兼业和专业的生产利润。另一方面,宋代乡村兼业户和专业户的家庭生计能力日益受到市场物价水平和消费能力的影响。如上文中提到的蚕丝户大多为乡村中经济基础相对不强的下户和客户,其维持再生产的本金相对有限,若桑叶价格上涨则意味着其蚕丝产量要相应减少,最终可能导致蚕丝收入减少。

可见,在宋代乡村的商品化发展中,兼业和专业经营虽然可以为耕不足食的乡村民户尤其是下户和客户提供一条除粮食种植以外的谋生途径。但此种经营也因乡村各级市场的变化而面临更多的风险。也就是说,对于乡村民户来说,面向市场的兼业和专业经营虽然收益颇高,或者可以弥补耕地不足造成的收入减少,但此种经营的风险要比粮食种植大得多,并由此导致宋代乡村民户的家庭消费呈现出日益与市场连结并受其影响的新特点。乡村各级市场的存在既保证了乡村民户兼业和专业经营的社会分工下消费需要的结构调整,也为宋代乡村民户的家庭生计带来了更多的不确定因素。

第五章　农商社会下宋代乡村民户的心态更新与行为堕化
——以《夷坚志》为中心的考察

宋代乡村的人稠地狭、民户兼业和专业经营的广泛存在，以及乡村各级市场的成熟发育和农民家庭消费结构的相应变化，都表明宋代乡村社会与前代相比要更加开放和更具活力。随着乡村生产水平的提高、家庭生产结构的调整和租佃关系的发展，宋代乡村民户的人身依附关系相对松弛，农户社会地位提高，拥有了自由支配时间去参与更加广泛的商品化经营。在宋代乡村社会中，求富逐利的商品化价值观念正在形成，并深刻影响了包括乡村上户、下户和客户在内的各个阶层的精神世界。蔡襄在《端明集》中提到，"凡人情莫不欲富，至于农人、商贾、百工之家莫不昼夜营度，以求其利"①。可见，求富逐利已经成为宋代乡村各级民户商品化经营的唯一目的。与此同时，宋代商品经济的发展，也使宋代乡村民户的行为方式发生变化，如儒家的"君子喻于义，小人喻于利"的传统"义利观"，"农业为本，工商为末"的传统重农思想，勤俭持家、量入为出的传统家庭消费观念等，在农民思想意识形态中占据支配地位的价值观念开始发生动摇，尤其是传统的"重农抑末"的经济思想开始在宋代乡村失灵。

重农思想形成于战国时代，发展为制度化和规范化的国家经济思想，并成为左右历代乡村农民家庭生产和生活的观念信条，使经商求富成为畏途。然而，到了宋代中后期，横亘在乡村民户中的这道思想藩篱逐渐被冲开缺口，如范仲淹便曾高呼"此弊已千载，千载犹因循"，"吾商则何罪，君子耻为邻！"② 其后的陈耆卿则更加激进，不仅彻底否定了"重农抑商"

---

① （宋）蔡襄：《蔡襄集》卷三四《福州五戒文》，上海古籍出版社1996年版，第618页。
② （宋）范仲淹：《范文正公集》卷一《四民诗·商》，文渊阁《四库全书》本，第1089册，第558页。

的经济思想，而且认为"士农工商皆本业"，"古有四民，曰士、曰农、曰工、曰商，士勤于学业，则可以取爵禄；农勤于田亩，则可以聚稼穑；工勤于技巧，则可以易衣食；商勤于贸易，则可以积财货。此四者皆百姓之本业"[①]。总之，与前代相比，宋代乡村商品经济获得迅速发展并被强力裹挟进城市商品经济的趋势之中，由此形成的冲击波，猛烈激荡着宋代乡村民户的内心世界，使其传统的价值观念、思想意识乃至行为方式，都受到冲击和挑战，并逐渐孕育出新的心态。宋代乡村兼业和专业经营的普遍存在、各级市场的发育、民户家庭收入和消费结构的变化，以及商品经济的繁荣必然会使其社会心态发生相应变化。鉴于这方面的记载比较多，而且重复分散，下面试以《夷坚志》为中心考察分析乡村民户心态的新特点及消极行为。

第一节　宋代农商社会下乡村民户的心态

宋代乡村因人口增殖过快而出现了空前突出的人地矛盾，乡村下户和客户开始为求生存而广泛从事经济作物种植、家庭手工业生产和出卖劳动力等兼业和专业活动，并将家庭经营活动日益广泛地与乡村各级市场融为一体，孕育并推进了乡村各级市场的发展。显然，宋代乡村民户的商品化经营开始突破前代乡村以男耕女织和自给自足为主要特点的自然经济形态，能够保证在土地数量相对不足的情况下让自己的劳动付出从更加细致的社会分工中获得家庭生计所需的相应收入。不仅如此，商品化经营还为宋代乡村民户实现贫富转化提供了条件，只要乡村民户经营得当，就有可能从乡村社会的最底层成长为富裕的上户，并且可以得到社会的身份认同。显然，在这种乡村社会潮流中，传统儒家的"义利观""伦理观"和"消费观"等价值形态体系必然要在乡村民户追利求富的商品化经营中受到冲击，并孕育出宋代乡村民户社会心态的新特点。

一　乡村民户商品生产意识的增强

宋代乡村人口的迅速增殖导致人地矛盾异常突出，即便在租佃关系日趋灵活的条件下，一些人口密度过大的地区，乡村的下户和客户也不一定能够租佃到足以供养家庭成员的耕地。即便宋代的农业科技和生产技术有

[①] （宋）陈耆卿：《赤城志》卷三七《风土门二·重本业》，宋元方志丛刊，第7578页。

所进步,但其生产力水平大体稳定,仅靠对有限土地精耕细作所得收入毕竟有限。为此,调整家庭生产方式和家庭收入结构,更多地从事粮食种植以外的经济作物种植、手工业生产、劳动力出卖和商业经营,将家庭生产纳入日渐兴起的乡村各级市场之中,进而通过更加广阔的社会分工以兼业和专业的劳动付出获得除粮食以外的报酬收入,成为乡村民户谋生乃至求富的必然出路。因此,无论出于家庭生计的需要还是出于逐利求富的热情,宋代乡村民户家庭生产的商品化意识都较前代显著增强,为交换去生产,为日渐成熟的乡村各级市场提供商品的经营目的越发明确。

宋代乡村中广泛存在的兼业和专业经营活动以及由此催生的诸多兼业户和专业户,足以说明宋代乡村民户的生产意识已经较前代显著增强。乡村出现了一些专门面向市场出售家畜的养殖专业户,《夷坚志》中提到,"江陵民某氏,世以圈豕为业"[1]。乐平县有个乡村民户"畜一牝豕。凡历岁,每生豚必以十数,满三月则出鬻,累积二百不啻,获利已多"[2]。寿春县有乡民姜七"专养母猪,多育豚子,贸易与人,一岁之间,动以百数。用此成立家计"[3]。苏州民户贾循"以货獐为业。常豢饲数十头,每夕宰其一。迨旦,持出鬻于市。吴地少此物,率一斤直钱一千,人皆争买,移时而尽。凡二十余年,赢得颇多"[4]。再如北宋时,房州有民焦氏者,"资产丰裕,耕牛果及千头"[5]。《夷坚志》作者洪迈的"叔父家养羊数百头"[6]。宋代乡村民户的商品生产活动往往呈现出地域特色,很注意灵活运用当地的自然环境条件。如江南水网密布,非常适合饲养鸭鹅。《夷坚志》中提到了一个养鸭的村民,"婺源张村民张时,所居临溪,育雌鸭数十头,日放溪中,自棹小舟看守,岁收卵四五千颗"[7]。

宋代乡村的商品生产种类繁多,形式灵活,除普遍存在的饲养家畜外,在一些适合蚕桑生长的地区还广泛存在养蚕专业户。如《夷坚志》中提到,"湖州村落朱家顿民朱佛人者,递年以蚕桑为业"[8],又如"余干润陂民谭曾二家,每岁育蚕百箔"[9]。宋代乡村中随着人地矛盾的日渐突

---

[1] 《夷坚志》支景卷一《江陵村侩》,第 883 页。
[2] 《夷坚志》支癸卷六《许仆家豕怪》,第 1269 页。
[3] 《夷坚志》三志己卷二《姜七家猪》,第 1313—1314 页。
[4] 《夷坚志》支庚卷二《贾屠宰獐》,第 1150 页。
[5] 《夷坚志》支乙卷四《焦老墓田》,第 825—826 页。
[6] 《夷坚志》丁志卷一一《沈仲坠崖》,第 631 页。
[7] 《夷坚志》三志辛卷六《张时鸭洪胜鸡》,第 1429 页。
[8] 《夷坚志》丙志卷一五《朱氏蚕异》,第 496 页。
[9] 《夷坚志》支丁卷七《余干谭家蚕》,第 1023 页。

出,其有限的土地用以种植粮食所得收入相对有限,但若面向市场种植一些经济作物,则可能获得更高的收益。为此,宋代各地乡村出现了大量从事经济作物种植的专业户。如《夷坚志》记载,"抚州述陂,去城二十里,遍村皆甘林,大姓饶氏居之"①,又如江州小民谢生"家有小园种此果(柑橘)"②,台州仙居小民陈甲"常种蔬菜"以供墟市③。除此以外,宋代乡村中,传统的家庭手工业也开始摆脱作为副业的附属地位,不再局限于以满足家庭日常生活需要的传统范围,开始成为面向市场的重要兼业和专业经营形式,成为宋代乡村民户在农闲之外或粮食种植以外增加家庭收入的重要方式。不仅如此,家庭手工业商品化生产的丰厚利润还促使很多乡村民户干脆放弃粮食种植,成为从事手工商品生产的专业户。如宋代北方乡村民户以食麦为主,因此面粉成为其家庭生活的必需品,并在商品化的社会分工中逐渐演化出一些专门面向市场生产面粉的粮食加工专业户,民户董国庆的小妾,"性慧解,有姿色,见董贫,则以治生为己任。罄家所有,买磨驴七八头,麦数十斛,每得面,自骑驴入城鬻之,至晚负钱以归。率数日一出,如是三年,获利愈益多,有田宅矣"④。在同样存在广泛消费需求的纺织领域中,随着宋代乡村社会分工的细化和商品生产意识的增强,也出现了很多专门生产丝织品和布匹的纺织专业户。丹州民户曹氏"少贫困,以纺绩养父母,故里俗以布子呼之"⑤。市场的存在为各行各业的社会分工和生产协同提供了交换和实现的可能。在此背景下,任何一种家庭需要都可能从自然经济自给自足的传统经济系统中分离出去,成为一种面向市场的商品或服务,并进而发展成为一种专门生产活动。如南剑州所属顺昌县石溪村的民户李甲"伐木烧炭,鬻于市"⑥。

在人稠地狭的人地矛盾中,宋代乡村民户无论出于家庭生计的需要还是逐利求富的热情,都相当自觉地将商品生产作为增加家庭收入的重要出路。凡是市场中可能存在的需求,都会成为宋代乡村商品生产的方向。据《夷坚志》记载,鄱阳民户胡三平时"采菱于江湖",回家后,"事持洗涤,赴绝早上市"⑦,浮梁民户张世宁每当农闲之时,酿酒出卖,显然是

---

① 《夷坚志》丙志卷一二《饶氏妇》,第468页。
② 《夷坚志》三志壬卷五《谢生灵柑》,第1504页。
③ 《夷坚志》支景卷四《宝积行者》,第909页。
④ 《夷坚志》乙志卷一《侠妇人》,第190页。
⑤ 《夷坚志》支甲卷二《丹州石镜鼓》,第725页。
⑥ 《夷坚志》支戊卷第一《石溪李仙》,第1052页。
⑦ 《夷坚志》支庚卷一《张主簿墓仆》,第1142页。

第五章　农商社会下宋代乡村民户的心态更新与行为堕化　165

个酿酒兼业户，"暮冬之月，酿酒五斗，欲趁新春出卖"①，临安民户李三是个屠户，平时自己也会养猪，当春节来临之时，"与妻议，与趁冬至前宰杀，克应人家时节使用，比之长日，可赢得千百钱，妻以为然"②。可见，无论采菱人胡三、兼业酒户张世宁还是屠户李三都非常善于把握市场需求和市场商机，并自觉将自己的家庭生产与市场结合到一起。宋代滨海一带的渔民，多以打渔为生，渔业生产本来就带有很强的商品生产意识。钱塘一带民户沈泉和施永，平时"皆以捕蛙为业"，"往本邑灵芝乡，投里民李安家寓止"，发现"彼处固多蛙，前此无人采捕。沈、施既至，穷日力取之，令儿曹挈入城贩鬻，所获视常时十倍"③，不仅南方，北方一些临湖塘而居的百姓，也常以打渔为生或贴补家用，如今山东菏泽所属的"曹州定陶县之北有陂泽，民居其傍者，多采螺蚌鱼鳖之属鬻以赡生"④，再如都阳渔户汪十四偶然捕"得一鼋，甚巨"，于是将之肢解，"担负出市，售钱以归"⑤。

二　市场逐利意识显著增强

在宋代商品经济的浪潮中，乡村民户求富逐利的心态主要表现为乡村民户善于根据市场需要和行情变化调整自己的家庭生产，从事兼业和专业经营，以实现家庭收入的最大化。如《夷坚志》载，绍兴六年（1136），淮河流域以北桑叶价格骤涨。江阴县有个居住在淮河沙洲之上的民户，其家距离泰州的如皋具非常近，家里养了数十箔蚕蛹，因桑叶价格高昂，男主人便与妻子商量："吾比岁事蚕，费至多，计所得不足取偿，且坐耗日力，不若尽去之，载见叶货之如皋，役不过三日，而享厚利，且无害。"⑥妻子认为这样很对，于是用清水将蚕蛹溺死，埋在桑树之下做肥料。然后，让丈夫把家里所存的全部桑叶用船运到淮河以北贩售。从中可见，此蚕农平时以养蚕为业，虽不能确定其为兼业经营还是专业经营，但其善于依据市场行情的变化随时调整家庭生产结构，在桑叶价格高昂的情况下，能果断作出杀蚕卖桑叶的决定，显然有投机之嫌。但从家庭生计来说，其做法可谓高明，因为桑叶价格上涨带来的高额回报并不比养蚕差，而且风

---

① 《夷坚志》支丁卷七《张方两家酒》，第 1002 页。
② 《夷坚志》三志辛卷一〇《李三夫妻猪》，第 1462 页。
③ 《夷坚志》支甲卷四《钱塘老僧》，第 742—743 页。
④ 《夷坚志》支乙卷一《定陶水族》，第 797 页。
⑤ 《夷坚志》三志辛卷一〇《汪十四鼋》，第 1460 页。
⑥ 《夷坚志》甲志卷五《江阴民》，第 42 页。

险大大减小。可见,宋代乡村中的一些农民在商品化和市场化的商业氛围中,已经历练成具有一定市场商机捕捉能力和市场变动驾驭能力的商业人才。

淳熙十四年(1187),豫章一带养蚕过多,导致桑叶价格暴涨达到平时的几十倍,使得大量的养蚕户陷于绝境之中,以致全家在蚕室中哭泣。于是,养蚕户集资请来僧人诵经,并将蚕蛹倒入江中。家境稍宽裕的大户,有的将蚕蛹放在大木板之上,到了傍晚放上一缗钱,并将写有"下流善友,若饶于桑者,愿奉此钱以偿,乞为育此蚕,期无愧于天地"① 的纸条放在上面,然后顺江放流。其他不忍心弃蚕的民户,也多终日眉头紧锁。此时,南昌县忠孝乡的村民胡二,家里桑叶富余,足以供养自家之蚕。见到桑叶价格高昂的市场行情,便与妻子商议,打算弃蚕贩卖桑叶谋取高额利润。胡二之妻虽不同意,但他仍旧偷偷将家养之蚕全数埋掉,并与人约好第二天把自家桑叶拿到市场上出售。据《夷坚志》载,乾道八年(1172),新州一带也出现了桑叶价格上涨的情形,以致达到每斤百钱的天价。此时,沙溪县有个农民张六翁,家里尚有桑叶千斤可用。一天,他喂好蚕正要入睡时,忽然动起了卖桑叶牟利的念头,于是跟他妻子商议:"吾家见叶以饲蚕,尚欠其半,若如今价,安得百千以买?脱或不熟,为将奈何?今宜悉举箔投于江,而采叶出售,不唯百千钱可立得,且轻快省事。"② 从以上三个弃蚕卖桑叶的事例中我们可以看出,每当宋代出现桑叶价格上涨的时候,乡村中一些从事养蚕经营的兼业户和专业户,往往会依据市场行情的变化,调整自家的养蚕规模,甚至停止养殖,如果家里有剩余桑叶的话,会随机将桑叶出售出去。可见,市场已经成为调控宋代乡村民户养蚕经营的一双看不见的手。同时,市场也成为宋代乡村民户调整养蚕规模和经营方向的指挥棒。其实,从这里可以看出,对于家里有剩余桑叶的民户来说,市场也为其出售桑叶减轻损失乃至赚取比养蚕更高的市场利润提供了流通条件。

三 经商意识明显增强

在乡村人稠地狭的生存压力之下,宋代的乡村民户难免受到社会精英阶层的影响,也逐渐认识到过去为人所不齿的"利"对家庭生活乃至家人性命的重要意义。宋代的乡村农民也许不如社会精英们那样会对义利关

---

① 《夷坚志》支景卷七《南昌胡氏蚕》,第935页。
② 《夷坚志》丁志卷六《张翁杀蚕》,第590页。

系和金钱的看法想得那般深远和复杂，但在整个社会拜金求利的风气使然下，其经商求富的热情在人地矛盾的巨大生计压力中却空前高涨，而是更多地将对利的追求和对钱的争取付诸家庭兼业、专业经营与经商谋利的生产实践之中。对此，蔡襄在《福州五戒文》中指出："凡人情莫不欲富，至于农人、商贾、百工之家，莫不昼夜营度，以求其利。"① 从《夷坚志》中可以看到，宋代大江南北的乡村民户，或挑担走街串巷，沿途叫卖，或从事长途贩运，露宿风餐而不止，或于市镇坐店经营，经年累月而不辍，或起早贪黑，经营乡村餐馆旅店，或充当牙人，居中取利，乃至远渡重洋，贩卖洋货。宋代乡村民户面向市场的多种经营，构成了一副生动形象的商品经营图卷，并成为宋代社会商品经济发展的重要组成部分。宋代乡村民户的经商求富心态较之前任何时代都更显急切，并呈现一些新的特点。

一方面，宋代乡村民户的经商行为几乎囊括了家庭结构中的各个年龄层次，上至老翁、老妪，下至孩童，无不在乡村商品经济的发展中尽显身手。据《夷坚志》载，宋代常州府的真仙堂大门前面，几乎每天都"有小儿卖豆"②。明州一带甚至有七八十岁的老人，终年以贩卖药材为生③，潭州也出现过以售卖药材为生的老妪④。宋代乡村中从事餐饮业经营的民户相当普遍，甚至荒村野店也不稀奇。在乡村餐饮业中，也常出现老妪的身影，而且她们对餐饮业的经营之道非常精通。《夷坚志》中便记述了这样一个故事。湘潭县的县令薛大圭一日在路途之中"望路次小民舍，一老媪在焉。入坐，将买酒，媪曰：'此间村酒二十四钱一升耳，我家却无。'薛取百钱，倩买二升。媪利其所赢，挈瓶去。少顷，得酒来，与媪共饮。媪喜甚，献熟牛肉一盘"⑤。再如，开封城郊之处也有一个老妪经营的"酒肆"，内里环境清幽，装修得体，充分说明此乡村老妇人对经营餐饮业相当在行。

另一方面，宋代乡村民户在多样化的市场经营中表现出坚忍不拔、不避艰难的开拓进取精神。宋代乡村民户的兼业和专业经营使得各地乡村在事实上形成了地域性的社会分工。有的地方从事经济作物种植，那么，此地乡村民户的粮食便要从其他地方购买。有的地方专门从事粮食种植，那

---

① （宋）蔡襄：《蔡襄集》卷三四《福州五戒文》，第618页。
② 《夷坚志》补卷一二《真仙堂小儿》，第1653页。
③ 《夷坚志》补卷二二《鸣鹤山》，第7757页。
④ 《夷坚志》再补卷《卖药媪治眼虫》，第1793页。
⑤ 《夷坚志》支癸卷一《薛湘潭》，第1223页。

么，其粮食便需要贩卖到其他缺粮或不产粮的乡村。同时，各地在乡村社会分工日趋细化的背景下，农村所能出产的产品种类日趋单调，已经突破了自给自足的传统模式。为此，各地乡村之间的商品交流便成为常态。于是，宋代乡村中的一些民户便在农闲之余或累年从事长途贩运。在宋代交通运输条件尚不发达且社会治安并不太好的情况之下，从事长途贩运的艰难与风险非常人所能想象，如果没有坚忍不拔的勇气和勇往直前的信念，很难想象这些长途贩客们能够忍受远离妻子的孤苦和露宿风餐的苦楚。显然，若非出于生计，宋代乡村民户绝不会冒险背井离乡去从事长途贩运的营生。

《夷坚志》提到："宗立本，登州黄县人。世世为行商，年长未有子。绍兴戊寅盛夏，与妻贩缣帛抵潍州，将往昌乐，遇夜，驾车于外，就宿一古庙，数仆击柝持仗守卫。"① 可见，长途贩运风餐露宿之苦仍是小事，若遇杀人越货之徒则性命难保，家仆"持仗守卫"既表明长途贩运之利可能相当丰厚，主家有足够的经济实力雇人彻夜护卫，也反映出沿途社会治安之凶险，若非必要，视财如命的经商民户肯定不愿多花一分钱去雇人守护。长途贩运的凶险可谓多种多样，尤其在宋代这样一个追利求富趋于疯狂的时代，金钱带给长途贩客的凶险可谓防不胜防。

据《夷坚志》载，"鄂岳之间居民张客，以步贩纱绢为业"，一日"主仆行商，过巴陵之西湖湾，壤地荒寂，旅邸绝少。正当旷野长冈，白昼急雨，望路左有丛祠，趋入少憩。李四顾无人，速生凶念，持大砖击张首"，未久"张遂死"②。长途贩客张客之死足以说明长途贩运的凶险和利险共生的道理，在金钱财货的刺激下，朝夕相处的仆人竟然罔顾法度，图人钱财且害人性命。可见，若无义无反顾的精神和勇于冒死的气度，宋代乡村民户绝不会轻易踏上长途贩运的畏途。张客死于仆人之手仅是偶然事件，而宋代乡村中的长途贩客死于路上强盗的事例，则是相对普遍。如建州府浦城县有乡村民人从事长途贩运而死于安徽宣城的③。舒州民人曹一路经连州时，看见十二个从事长途贩运的商户，且随身携带大量金钱货物。于是顿生歹意，佯装成卖茶村民，跑到客商休憩的山岗之上卖茶给他们吃，并将预先准备的蒙汗药偷偷放在茶水之中。众客商喝下后纷纷困到不醒。曹一趁机将他们杀害，收拾客商金银财物往北方逃去。④ 婺源盐商

---

① 《夷坚志》甲志卷二《宗立本小儿》，第 12 页。
② 《夷坚志》补卷五《张客浮沤》，第 1590 页。
③ 《夷坚志》甲志卷五《黄平国》，第 39 页。
④ 《夷坚志》三志己卷四《燕仆曹一》，第 1333 页。

第五章 农商社会下宋代乡村民户的心态更新与行为堕化　169

方客,贩盐行至芜湖境内,遇上强盗。强盗将其仆人杀死投入江水之中。①

宋代的乡村农民不仅从事国内的长途贩运,而且还将长途贩运业务做到了海外。与在国内从事长途贩运相比,到域外经商的凶险和变数自然更大,仅就驾驶船舶行驶在波涛汹涌、变幻无常的大海上来说,其中的惊险自然不可言喻。尤其在古代航海技术尚不发达,且视海航为畏途的社会心理下,若非拜金求富之心非常迫切,若是没有勇往直前的开拓精神,乡村农民绝不会冒着生命危险踏上茫茫大海航船的畏途。宋代乡村农民从事域外经商,船毁人亡或漂流至异国他乡的事例并不少。《夷坚志》中便有很多宋代沿海农民驾船去海外而葬身大海的事例。如福州沿海农民林翁操舟入海后,船毁人亡。福建泉州沿海乡村民户中,有"海贾,欲往三佛齐。法当南行三日而东,否则值焦上,船必糜碎。此人行时,偶风迅,船驶既二日半,意其当转而东,即回柁,然亦无及,遂落焦上,一舟尽溺"②。京东路"密州板桥镇人航海往广州,遭大风雾,迷不知东西,任帆所向。历十许日,所赍水告竭,人畏渴死,望一岛屿渐近,急奔赴之"③。浙江路沿海"温州巨商张愿,世为海贾,往来数十年,未尝失时。绍兴七年,涉大洋,遭风漂,其船不知所届"④。福建路沿海之"福州福清海商杨氏父子三人,同溺于大洋,共附一木,遂漂流鬼国中"⑤。"山东商人,曾泛海遇风,漂堕岛上。"⑥

从以上事例中可以看出,在宋代,沿海乡村农民从事海外长途贩运可以说比较普遍,在当时的航海技术条件下,海外长途贩运虽可带来相当丰厚的利润,但往往需要冒着船毁人亡的巨大风险。同时,我们应当意识到,正是宋代沿海乡村人地矛盾的相对突出和乡村经济的商品化发展,为宋代沿海乡村农民甘冒生死踏上畏途从事域外经商提供了动力和条件。尤其是宋代乡村各级市场的发育和全国统一市场的形成,为宋代乡村农民从事海外运销提供了基本的流通平台。宋代乡村商品化经营所带来的社会分工日趋细化,为地域性乃至国家间的商品交换提供了消费需求,同时乡村民户的多样化经营也相对增加了其家庭收入,从而为消费域外商品奠定了

---

① 《夷坚志》甲志卷四《方客遇盗》,第31页。
② 《夷坚志》甲志卷七《岛上妇人》,第59页。
③ 《夷坚志》丙志卷六《长人岛》,第415页。
④ 《夷坚志》支丁卷三《海山异竹》,第987页。
⑤ 《夷坚志》支癸卷三《鬼国续记》,第1239页。
⑥ 《夷坚志》丙志卷一三《长乐海寇》,第480页。

经济基础。

四 自私自利心态的凸现

宋代乡村商品经济的发展和整个社会逐利求富心态的发育，不仅给宋代乡村提供了一条解决人地矛盾、增加家庭生计收入的经营路径，而且在拜金求利的刺激下，使得宋代乡村一些从事兼业或专业经营的农民逐渐生成了自私自利的市场心态。拜金求富、财富唯上的价值观念不仅冲击着儒家传统的道德伦理防线，而且将大量从事商品化经营的乡村农民裹挟其中，导致原先在儒家伦理调和下和和美美的家庭关系，出现父子绝情、夫妻无义和兄弟反目的人伦悲剧。尽管自私之心历来有之，宋代表现得更加明显露骨。

据《夷坚志》记述："宜黄詹庆者，初业伶伦，深村人也。贫甚，兄嫂稍赡足，不肯相容，乃谋往郡下，其居距城百五十里。临去，乞米一升不获，行丐而前。"[1] "宿州符离北境农民王友闻，居邑之蔡村，与弟友谅同处，娶邑人秦彪女，天性狠庚旧夜潜谅，竟分析出外，或经年不相面。谅尝乞蚕种于兄，秦以火煏而遗之。"[2]《夷坚志》还记载了这样的事例。昌州乡村农民陈祈有兄弟三人，其为兄长。随着兄弟们年龄的增长，按照宋代乡村分家析产的风俗，分家时田产必然要分作三分。考虑到这一点，陈祈便背着父母兄弟，将家里的田地卖给了同村人毛烈，得钱数千缗后私吞。德兴县的乡村上户陆二翁"致力农桑"，成为本村富户。一日，陆二翁出游他乡二十多年的弟弟突然归来，并要求跟陆二翁分家析产。陆二翁听后非常生气，当即将他绑缚县衙要求讼裁。同时，陆二翁事先将全部浮财转移到了好友丁氏家。[3]

可见，在宋代乡村求富逐利的社会风气和自私自利的社会心态下，金钱足以引起兄弟反目。尤其在宋代乡村家庭分家析产已成普遍风俗的背景下，乡村民户因兄弟分家而产生争执的事例可谓不胜枚举。如宋代零都县曲阳铺以东某村中的廖氏兄弟二人，门前有两口池塘，分别有二十亩水面。因当地土地贫瘠，粮食产量有限，所以其家庭收入基本来源于养鱼卖鱼。一日，弟弟突然提议要求平分鱼塘，哥哥无奈，勉强应承了下来。到起鱼的时节，弟弟暗自请巫师做咒符绑在瓦上投进哥哥的池塘，结果导致

---

[1]《夷坚志》三志壬卷四《陶氏疫鬼》，第1496页。
[2]《夷坚志》支甲卷八《符离王氏蚕》，第771—772页。
[3]《夷坚志》支庚卷一《丁陆两姻家》，第1137页。

哥哥没打上一条鱼来。过了不久,哥哥得知其中缘由,便如法炮制,请来那个巫师,制符投进了弟弟的池塘。① 再如《夷坚志》中还记述了这样一个事例,"浮梁安东乡民朱安恬,与兄仲有者异居。仲以贫悴,立所居室契就恬售钱,而挚一女来寄食其男细四。仲所以求索于恬者非一,恬复以屋契界其男,令自为主,仍往妇家赘处。庆元二年,兄弟争小故,仲自拈砖磕脑,欲以挠恬,因去从女壻宿食。至五月,复访恬处,又举首顿地微损。恬扶劝使归,旋得痢疾,越八日而死,细四觅棺于恬不得,邻保怀夙憾,讽之诣县,诘父为叔用杖殴杀"②。

　　宋代乡村家庭之所以在分家过程中会出现如此多兄弟反目的事例,主要是因为在商品经济发展下的拜金求利和自私自利观念已经成为深刻影响宋代乡村农民的普遍社会心态。其实,从某种角度看,宋代乡村之所以会出现分家析产的社会习俗,也与商品经济的发展不无关联。商品经济的发展既为小农家庭提供了粮食种植以外的其他谋生方式,也为其从市场上购买到家庭所需的各种商品,从而为其摆脱大家庭提供了基本条件。也就是说,只要有足够的钱,即便没有大家庭的呵护,也能通过小家庭与乡村各级市场的互动得以生存乃至可以致富。如果能在分家析产中得到更多的财富的话,那么也就具有了与乡村各级市场互动的更多资本。毫无疑问,商品经济的发达和宋代乡村经济的繁荣使得大家庭对于乡村民户生存的重要性显著降低。因为大家庭往往适用于农业生产力水平相对不高的自然经济形态,单个家庭或较小的家庭规模无法完全通过自身的农业经营养活自己,或者仅凭自身的力量无法保证农业生产所需要的各种生产资料。如小家庭无法购买耕牛,若维持大家庭的存在便可以共同购买耕牛。单个小家庭没有能力在农村旱季的水源争夺中取胜,依靠大家庭的力量便有能力为农业生产争取到关乎生死的水源。同样,在关乎农业生产的各种基础设施建设中,如无大家庭的参与,个体小家庭也很难做到。然而,到了宋代,乡村民户的生产结构在与商品市场的互动下发生了显著变化,尤其在一些乡村经济商品化程度较高的地区,农业生产已经降至附庸地位,故而大家庭已经失去了现实需要性。

　　在此背景下,分家析产也就成为必然乃至必需,在分家中出现兄弟反目的事例也就不足为怪了。其实,在宋代乡村民户分家过程中,还有兄弟之间为多谋财产而大打出手的事例。"建阳民陈普,祖墓傍杉一株,甚

---

① 《夷坚志》支丁卷三《廖氏鱼塘》,第985—986页。
② 《夷坚志》三志辛卷一《朱安恬狱》,第1393页。

大。绍兴壬申岁,陈族十二房共以鬻于里人王一,评价十三千,约次日祠墓伐木",陈普之"妻曰:'只为此树,常遭孙侄怒骂,切勿妄言。'明日,王一携钱酒及鹅鸭来祀冢,罢,与众聚饮于普家。饮毕,人分钱千有八十,尚余四十钱,普取之曰:'当以偿我薪直。'一侄素凶狠,夺而撒于地。普怒殴之,至折其足。王一犹未去,惧必兴讼,不复买木,但从诸人索钱,四人不肯还,又相殴,遂诣邑列诉"①。可见,在宋代乡村民户分家过程中,即便一棵树都可能引起叔侄反目。上例中杉木总共卖了十三贯钱,十二房各分得一贯八十钱后,陈普老夫妻仅仅留了四十钱,尚且引起侄子的怨气,以致发展到最终靠诉讼解决的地步。从中足以看出,在商品经济激荡之下的宋代乡村,农民对钱的重视可谓深入骨髓,其自私自利的心态有时完全可以将儒家主导的伦理道德冲击得荡然无存。其实,不惟兄弟和叔侄,即便相濡以沫的夫妻之间,也在金钱和财富的冲击下变得日趋淡薄。如江西金平乡村民人金伯虎去外地贩卖纱绢期间,他的妻子和儿子都死于瘟疫之中。当妻子和儿子尸骨未寒之时,同乡王氏家的小妾要改嫁,并宣称可以配送三百金。金伯虎得悉后欣然前往应下了这桩婚事。②

兄弟、父子、叔侄乃至夫妻之间尚毫厘必争,没有血缘关系的普通社会成员之间,更是唯利是从,不肯相让分毫之利,亦少有出手相助的善举。据《夷坚志》载:"乐平向十郎者,为商,往来湖广诸郡。尝贩茜杯数十箧之桂林,值久雨,憩僧寺中。天乍晴,悉出茜曝于庭。俄一人儒衣入门,相揖问劳,委曲如旧交。良久,率尔言曰:'尊客此物能捐十之一见赠乎?'向笑曰:'鄙人不远数千里来贸易,以觊锱铢之息,归养妻孥,不幸困于雨,进退无计,君何为出此言?且素昧平生,何缘损己以相馈,岂故相戏邪?'其人卑躬下气,求之不已。向大怒,极口诋之。"③ 看来,宋代的乡村农民不仅为了钱财敢于与兄弟亲人反目为仇,乃至到了白日做梦的地步。又如《夷坚志》载,"鄱阳石门屠者羊六,以宰羊为生累世矣",一天"一道人过门,伸扇觅钱,屠谓曰:'尔形躯伟然,且无残患,世上有千行百户,不寻一般做经纪,只是懒惰,我平昔不将一钱与乞道人,伏请稳便'"④。即便出家的道人也将道徒身份当做了谋生的职业,然而,羊屠户的做法也可谓吝啬至极。羊屠户若非爱财如命,一般人家想必不会甘愿得罪道人,尤其在宋代那样一个崇尚鬼神的年代,得罪道人无异

---

① 《夷坚志》丁志卷六《陈墓杉木》,第 585—586 页。
② 《夷坚志》三补《梦前妻相责》,第 1807 页。
③ 《夷坚志》补卷二〇《桂林秀才》,第 1733 页。
④ 《夷坚志》三志壬卷一〇《石门羊屠》,第 1542 页。

于冒犯神灵。不独道人，宋代的僧人也在化缘时遭遇过乡村农民同样的际遇。宋代乡村中不独一般民户，即使那些富甲一方的上户，也有很多为富不仁者。据《夷坚志》载："徽州婺源武口王生者，富甲乡里，为人颇恨可憎，众目为王蛰齿，俗语指恼害邑落之称也。性吝啬，尤恶僧辈，行化至，必骂斥，不与一钱。"① 再如，德兴某村"巨室余氏，余甚富有，数子皆吝啬于财，与人无款曲意"，以致被同乡之人讥讽为"父子一群蛇鼠牛。里俗指俭不中礼者为蛇鼠"②。

从以上事例中，我们可以看出，在一些商品经济相对发达的宋代乡村，金钱已经成为左右人伦道德乃至冲决人性底线的洪流，不惟一般百姓，即便代表神灵庇佑的僧道也不免在那样一个唯利是图的时代中经常为几个小钱而屡屡碰壁。可见，金钱不惟可以冲决伦理网络，乃至可以超越宋代乡村的宗教信仰，神灵且不避讳，至于一般的父子、兄弟和夫妻之情，在与金钱权衡的天平中又重量几何。至于一般的社会成员之间，除商品交易关系之下的财富交换之外，恐怕就更无人情冷暖可言了。总之，商品化趋势激荡之下的宋代乡村，足以让每一个社会成员体会到金钱主导的世态炎凉和人性冷漠的孤寂无助。如《夷坚志》载："一老媪独行双流县田间，挈青囊，携竹杖，龙钟不克行，困坐道侧。行人问之，答曰：'老婆是关西人，年七十矣！欲往峨眉山礼普贤，不幸抱病。'有少年为壮丁，虑其死，与其地有累，逼之使去。媪曰：'我亦无大病，只心神苦烦燥，若得水一盏饮之，便可行。'少年不可，牵其臂疾趋，投诸桥下。见者甚众，皆惨恻不忍而莫敢言。"③ 可见，宋代乡村商品化运行所孕育出的极端利己心态有时表现得非常突出，乃至到了触目惊心的地步。

在商品经济的利欲洪流中，是否符合自己的利益，是否能够实现自己利益的最大化成为宋代一些乡村民户的普遍社会心态和处理成员关系的基本原则，此种心态在宋代乡村民户的诸多行为中体现得淋漓尽致。同时，极端利己的社会心态也使得宋代乡村中的邻里关系有时变得相当冷漠乃至对立。如《夷坚志》记述了这样一个事例。宋代下蔡县的一个村庄，村民夏季多以种植西瓜为业。西瓜在宋代仍然属于时新水果，故价格颇高，获利也颇丰。本村有个村民有瓜田五亩，且快要成熟时，却发现五亩西瓜被人全部连根铲起，已经无法出售。后经查实，此事为其地邻所为，因为

---

① 《夷坚志》支甲卷九《宋道人》，第780页。
② 《夷坚志》三志壬卷五《蛇鼠》，第1507页。
③ 《夷坚志》补卷五《双流壮丁》，第1593页。

两家同种西瓜,而他的西瓜成熟较早,故上市较早,可以卖得高价。其地邻见其可获高利,心理不平衡,因而铲掉其西瓜以泄私愤。此事彻底暴露了宋代乡村农民在极端利己心态下的道德失衡,不仅唯利是图,而且见不得别人发财致富。再如,宋代徽州城外的近山一带,"元有大楮树,郁茂扶疏,数月后顿以枯死,经雨生菌,汪仆牧羊过之,见其肥白光聚,采而献之主人。用常法煠治,味殊香甘,殆胜于肉。今夕摘尽,明旦复然,源源不穷,至于三秋。浸浸闻于外,或持钱来求辍买,悉拒弗与。又畏人盗取,乃设短墙阑护之。邻人嫉愤,夜半踰墙入,将空其根柢"①。在极端利己主义心态主导下,一些乡村中的农民价值观严重扭曲,原先邻里之间的淳朴关系已经荡然无存。

第二节 农商社会下乡村农民的极端消极心态

宋代乡村农民所出现的商品生产意识、市场经营意识、求富逐利意识和自私自利心态尚属商品经济中的正常范围,尽管有些言行已经游走于伦理道德的边缘,但考虑到宋代乡村突出的人地矛盾和巨大的生存压力,尚有一定程度的必然性。但是,在商品经济发展的激荡之下,宋代乡村农民的利欲心态在一些地区还出现了极端化趋势,并使得其在日常生产生活中经常做出一些令人触目惊心的事情,不仅逾越儒家道德伦理的传统界限,甚至出离了人性的底线。

一 坑蒙拐骗、极端自私

宋代乡村经济的商品化和市场化不仅为乡村民户提供了有效应对人地矛盾所带来的生存压力的出路,而且在巨大商业利益的刺激下使得乡村农民开始对金钱盲目崇拜,进而在乡村市场交易中出现了各种欺骗行为,集中反映了其自私自利的极端心态。如据《夷坚志》载,"余干古步,有墟市数百家,为商贾往来通道,屠宰者甚众。王生擅其利数世,每将杀一豕,必先注水沃灌,使若充肥,因可剩获利,人食其肉者,痼疾辄发动。王有七子,积费不胜多,至于买田作室",并且不仅王生如此,"今之屠儿用此法者,比户皆然,至于鸡鹅鱼鸭亦尔"②。从此记载中,我们可以

---

① 《夷坚志》支景卷八《汪氏庵僧》,第943页。
② 《夷坚志》三志壬卷九《古步王屠》,第1536页。

看出，在宋代乡村，注水猪肉便已经存在，且不仅猪肉注水，其他鸡鸭鱼肉销售中的欺骗行为也广泛存在。若非极端自利心态使然，乡村农民不会做出此种极端的损人利己行为。再如，据《夷坚志》载，"庆元元年夏，浮梁北乡桃树村，众户买牛赛神。得一头于淮西商人，极肥腯。享献既毕，分胙而食之。凡七八十人，肉才下咽，悉苦身热腹胀，如中毒状，经三日始愈。徐究其故，乃奸商杀青竹蛇入药，糜碎拌和于藁秸而以饲牛，牛咀嚼甘美，十余日，肤革倍于昔时。商获息过半，乃引余牛往浙东"①。此为典型的食物中毒事件。其实，在古代，耕牛作为重要的生产资料，是不可乱杀的。此地将耕牛杀后分食，也在一定程度上反映出在宋代一些地方乡村面向市场的兼业和专业经营可能已经成为乡村农民谋生的主要方式，而粮食种植对家庭生计和收入的重要性已经显著降低，耕牛的作用已经相对下降，所以会出现杀牛食肉的现象。同时，这个事例也说明，宋代的乡村农民在经商时为了获取更多的利润可谓无所不用其极，乃至不顾买主的身家性命。

售卖注水猪肉和能令人食用后中毒的耕牛都可以做，恐怕再也没有什么可以阻止宋代乡村民户在经商中采用卑劣手段了，至于儒家仁、义、礼、智、信的传统人伦随着宋代乡村生产结构调整步伐的加快在新的商品化和市场化经营中不仅黯然失色，且面临将要完全失灵的窘境，在商品销售中售卖假货、以次充好、掺假使杂已是常事。如据《夷坚志》载，都阳县"城下一客舟载米三百石，客了贪恶无状，皆以水拌湿，仍杂糠壳夹和，将载往下江取厚息"②。又如《夷坚志》载，"衢州江山县峡口市山下祝大郎，富而不仁，其用斛斗权衡，巨细不一"③。再如《夷坚志》中还提到，常熟县乡村富民张三八在做买卖时，"常所用斗，大小各不同，凡十有三等"④。诸如在乡村商品交易中短斤缺两，坑蒙拐骗的事例在《夷坚志》中可谓不胜枚举，每一个事例都充分说明了宋代乡村农民在商品经济孕育的逐利中，其社会心态已经趋于扭曲，传统价值观念也已趋于解体，在商品交易中金钱和利益已经成为主导其商业行为的圭臬，为了谋取更多的商业利益，乡村农民绞尽脑汁，将各种卑劣手段发挥得淋漓尽致。

---

① 《夷坚志》支丁卷五《淮西牛商》，第1009页。
② 《夷坚志》补卷二五《都阳雷震》，第1778页。
③ 《夷坚志》补卷七《祝家潭》，第1611页。
④ 《夷坚志》补卷七《直塘风雹》，第1609页。

二 罔顾人命、利欲熏心

宋代一些地区的乡村，因人口增殖而出现了人地矛盾突出和生存压力加剧的现象。乡村民户为求生求富而踏上兼业和专业经营的商品化生产道路，乃是非常正常的社会现象，既是人性求富求荣的心态使然，也是生存压力客观压迫的产物。然而，宋代乡村农民却在追富逐利的商品化经营中逐渐使得个人对财富和利益的追逐超越了人性的底线，乃至出现杀人越货、谋财害命的极端行为，使得对金钱的追逐走到了人性的完全对立面，着实令人毛骨悚然。尤其在宋代，乡村商品经济发展所激发的求富求利意识因伦理道德的淡化而失去了道德约束、法律管制和舆论监督，以致宋代乡村农民常常无法抵制巨大的财富诱惑，出现既夺人钱财，又陨人性命的极端心态和行为，使得整个宋代乡村社会在商品化的狂躁和不安中又平添了几分血腥乃至恐怖。

在宋代乡村，旅店业已经非常普遍，不独乡村市场和交通要道，即便荒村野外，也有供来往行人住宿和饮食的"鸡毛小店"。如《水浒传》中孙二娘所开的旅店便位于荒郊野外。其中，孙二娘下蒙汗药毒杀顾客的故事也许听来让人觉得不可思议，但在宋代，此种事例却在《夷坚志》中屡屡出现，虽然不是将顾客或行人杀害后做成人肉包子，但其血腥与极端亦有过之而无不及。如据《夷坚志》载，宋代浦城永丰县境有一家附近村民经营的旅店。某日，有严州贩卖丝绸的客商来此住宿数日。旅店主妇非常淫荡，与丝商通奸。后跟其丈夫密谋杀死该丝商，然后将其货物卖掉。当天夜晚，旅店男主人酒过三巡后，操刀直入丝商房间砍杀他。丝商大喊救命。此处人烟稀少，住户不多，仅有邻居一个老头听到呼喊声后赶到了这里。旅店主妇站在门前，不让老头进入，用左手拿了一把丝绸给老头后，老头欣喜离去，丝商于是被旅店男主人杀害。

《夷坚志》还记载了这样一则故事。宋代乐平县永丰乡的村民胡廿四，在附近大梅岭开了一家旅店。一日，一名来自弋阳的客商投宿。到了晚上，客商邀请胡廿四一同饮酒，并借机打探当地麻价。胡店主如实告之。等到酒过三巡，客商拿出两小瓜白金给了胡店主，并委托他代为采购麻油，好回乡出售。胡店主欣然应允，并许诺，"此甚易，一朝可办，且饮酒"。正饮间，胡店主起身去喊其长子胡曾一并悄悄授意他："好个经纪，汝便杀一只鸡，讨好酒来，更吃两三杯，我佯醉先退，汝且陪伴他，真候他烂醉了却作计较。"客商虽然对胡店主数次起身跟其儿子窃窃私语不太满意，并已经意识到其中必有诈，但可惜为时已晚。不一会儿，客商

第五章　农商社会下宋代乡村民户的心态更新与行为堕化　177

便醉得不省人事。胡店主于是赶紧去后院一棵树下挖了一个深坑，然后回客房用毛巾和绳子将客商捆绑完毕，将客商倒竖投进了土窖，将其活埋。①

再如，据《夷坚志》载，婺州乡村农民朱四客，经商前往襄阳，行至九江境内时，在山岭旁碰到一名持枪强盗，强盗身材高大，大声吆喝朱四客跟他走，并翻弄朱四客的行囊。朱四客急中生智，借机从强盗身后将其放倒，推下路堤，然后拿着强盗的长枪上路。夜幕来临，朱四客投宿一家旅邸。店主是一位老妇人，其看到朱四客的矛枪后便上前摸索。于是，朱四客便将之前路遇强盗的事情一一告知。老妇人听后若有所失。至夜，当朱四客将要睡下时。前面提到的强盗一摇一摆的从外面来到店内，长吁短叹的跟店主老妇人说："我今日出去，却输了便宜，反遭一客困辱。"强盗正要详述事情来龙去脉，老妇人摇手打断了他，并悄声告知："莫要说，他正在此宿。"原来，此强盗正是妇人的丈夫。于是，老妇人赶紧给强盗丈夫弄来饭食，并筹划如何在此行凶打劫。朱四客听到后，非常惊恐，从墙壁上打了个洞逃出了旅店，跟仆人趴伏在草丛之间。只看见，强盗夫妇拿着火把到处找寻，到二更天也未见到朱四客人影，且沿大路追出了足足有十几里。朱四客考虑到其已远去，从草丛中跳出，趁机点燃了强盗夫妇的旅店。不久，强盗夫妇赶回，见状，赶忙取水救火。②

宋代乡村商品经济发达，有很多乡村农民在商业交通要道上从事摆渡和运输营生，其中的一些"船户""艄公"和"篙工"利令智昏，也兼做抢劫顾客乃至杀人越货的勾当。如《夷坚志》记述了这样一个事例。成忠郎王佐，从竟陵带着一家老小去沅州赴任，雇了一个船户的船过湖。至中午，船停下来休憩。王佐之妻喊来舟师的媳妇，拿出随身携带的金杯，给其斟满一杯酒，让其解解湖中的寒气，并向其夸耀到："汝寻常固有好酒吃，想不曾得在金杯中。"舟妇谢曰："小家不过识瓦瓯甆盏，何尝见金器乎！"舟妇饮罢，回去告诉舟师，王佐家所用盆瓶诸物全是金制。舟师听后，顿生歹心，告诉他妻子说："我终年劳苦筋骨，受尽寒贱，何曾好得一饱！不如做此一场经纪。"舟师之妻也认为此举甚好。于是，舟师夫妇去找篙工谋划。篙工认为王佐乃命官，不好得罪，怕惹来官司。于是，此事暂时作罢。第二天，船行至金沙滩小憩。王佐之妻取出金器，让仆人在那边就细沙洗涤。只见金器光彩夺目，散布在岸边，共有几

---

① 《夷坚志》补卷六《胡廿四父子》，第 1428—1429 页。
② 《夷坚志》支丁卷四《朱四客》，第 999 页。

十件。舟师见状再次告诉篙工:"至宝落我手,更何所待。"篙工听后,也怦然心动。当天晚上,舟师和篙工合谋将王佐一家全部杀掉,并沉尸湖中。然后,带着全部金器直接去了武陵集市出售。①

《夷坚志》载,江西宜春有舟师父子,平时以摆舟渡人为生。一日,一个秀才登上其家船。舟师的二儿子说自己头疼难忍,抱头缱绻在船板之上。秀才说,我行囊中有药。于是,打开包裹寻找。舟师父子见秀才包袱中有银锭一块。于是,歹心顿生。船靠岸后,秀才离去。舟师父子悄悄尾随,到林草丛生的僻静之处。舟师父子见四周无人,从路旁窜出将秀才残杀,并将秀才尸身绑上大石投到江中,拿上秀才随身行囊扬长而去。② 另据《夷坚志》载,广州商人及其随从一行 28 人,一起登船赴海。船上舟师、篙工人数大体与他们相当,但却各个凶悍伟猛,原是一伙海盗。船师众人见广州商人所携带财货丰厚,于是密谋抢劫。船在海上航行了七八天。一日,船师等与商人一伙饮酒。商人一等酩酊大醉后。其中 26 人被反绑投入海中,仅留下两人给他们做饭。当船行至长乐境内时,有两条船橹折断。海盗头领趁机让两人登岸到南市采购饮食物资。等待采买之人回来的空隙,其余海盗时时登岸抢劫,并胁迫岸上人家妇人女儿登船。每日大醉,寻欢不止。③

《夷坚志》中还记述了一则典型的诈骗案。湖州乡村有农民专门从事从永嘉贩卖生姜的小本营生。永嘉富人王生,还未待商定价格,便将生姜上秤强卖。姜商言语冲撞,王生怒不可遏,殴打姜商背部,致姜商倒地休克。王生大惊,央求左右赶紧施救。良久,姜商苏醒过来。王生赶紧好酒好菜伺候,并送给姜商绢丝一定以谢前过。姜商来到来时渡口,准备乘船还乡。舟子问他绢丝从何得来。姜商将前事详述告之,并感叹,我若是苏醒不过来,今天可能已经成为他乡的孤魂野鬼了。船在江中行驶数里,江中有流尸飘过。舟子见状,计从心来。于是,将姜商的绢丝全数买来,并盖上了姜商的筊篮。等到姜商登岸离去,便将江中流尸用船篙摆弄上岸拖回家中,并用自己衣服将尸体打整一番后,直接来到王生家中告知:"午后有湖州商人过渡,云为君家捶击垂死,云有父母妻子在乡里,挽我告官,呼骨肉直其冤,留绢与蓝为证,不旋踵气绝。绢今在是,不敢不奉报。"王生听后,非常惊恐,其全家哭求舟子不要告官,并答应给舟子二

---

① 《夷坚志》支庚卷第五《金沙滩舟人》,第 1175—1176 页。
② 《夷坚志》补卷五《西江渡子》,第 1594 页。
③ 《夷坚志》丙志卷一三《长乐海寇》,第 480 页。

百贯钱。舟子假惺惺地好像迫不得已的样子，拿过钱后勉强答应了此事，并跟王生一起将尸体埋在了深山之中。谁料，王生家仆闻听此事后，也趁火打劫，数次跟王生索要金钱。王生已心疲力竭，但仆人依然穷索不舍。以致仆人因得不到满足而将王生告到了官府。结果，王生入狱，经不住几轮拷打，便得病而亡。①

从以上事例中，我们可以看出，在宋代乡村，随着商品经济的繁荣，诸多乡村农民开始从事跨地域的商品贩卖，也有部分乡村农民开始在交通路途中从事为客商服务的营生，比如从事渡船、旅店等经营。但在宋代崇富求利的乡村意识下，一些从事商品化经营的乡村农民为了一己私利，利令智昏，乃至作出一些杀人越货、罔顾人命的卑劣勾当。从中也可看出，宋代从事跨地域贩卖的客商，其在忍受旅途劳顿之外，往往还要经受各种飞来横祸的风险。尤其是宋代诸多从事摆渡营生的"船户""艄公"和"篙工"，利欲熏心，常以摆渡为名，从事杀人越货的非法勾当。宋代乡村民户求利之切，手段之劣，可见一斑，且其为争得一时之利，即便是朝廷命官，也敢下手加害。至于一般乡村富户，也可能随时成为乡村农民暗算加害的对象，如最后一例中的乡村富户王生，虽在卖姜过秤时殴打了姜商，但实际是一个胆小心善之人。结果，姜商回家途中一个不经意的信息泄露，却给王生造成了沉重损失，以致冤死狱中。在宋代乡村，尤其是那些商品经济稍显发达的地区，一些乡村农民已经被金钱冲昏了头脑，以致专门干起杀人越货的勾当。若客商或旅途中人不对自己的财物妥善保藏或炫富，就有可能招来杀身之祸。因为，宋代乡村中的一些农民，或出于生计，或出于求富，或出于发泄社会私愤，已经将金钱的重要性凌驾于道德人性乃至国家法度之上。

三 不孝长辈、违背伦常

儒家文化作为中国传统文化的核心内容，向来讲求孝道，且在农村有着扎实的社会基础。农民淳朴善良，在儒家传统文化的滋养下无不以孝敬父母为荣。然而，在宋代的一些乡村，以孝道为核心的儒家纲常伦理却在乡村经济商品化的"浪潮"中受到极大冲击，以致不孝乃至虐待父母的事例屡见不鲜。尤其是在分家析产过程中，父母若稍有不公正，便极有可能招致子女愤恨，酿成家庭事端，有的甚至发展为父子对簿公堂的人伦惨剧。从根源来看，宋代乡村民户父母与子女之间的人伦困境还是因金钱而

---

① 《夷坚志》补卷五《湖州姜客》，第1595—1596页。

生，在宋代乡村农民对金钱的孜孜追求中，以孝道为核心的儒家纲常往往被抛之脑后，从而使得宋代一些商品经济比较发达的地区出现了不孝长辈、违背伦常的人伦危机。

《夷坚志》载，建安人叶德孚，自幼失去双亲，由祖母含辛茹苦一手带大。祖母平时勤俭持家，悉心经营，家资稍裕。建炎三年（1129），为避贼寇破城劫掠，全家拟迁居州城。此时，祖母已经年过七十，不能成行。于是，祖母将平时积攒的五十两黄金和三十锭白银交给孙子，让他携带两个奴婢先出城。临行时，祖母再三嘱咐叶德孚："复回挟我出，勿得弃我。"孰料，叶德孚这个白眼狼，逃出县城后竟扬长而去。县城被贼寇攻破，祖母死于非命。叶德孚来到州城后，用祖母给的积蓄买田贩茶，日渐富足。① 绍熙二年（1191）春天，金溪乡村农民吴廿九打算种春稻，到他老母家中要将母亲随身所穿"皂绨袍"拿走，典卖理由是明天要插秧，没钱雇人帮工。他母亲说，现在早春未暖，我怕冷，况且明天插秧未必能行。你老婆也有棉袄，为什么不拿她的去典卖！吴廿九家里还有十几棵桑树，平时由自己媳妇和小姑分开经营。一天，其小姑误采了侄儿家的桑叶。吴廿九非常生气，来到母亲家中，把她从房中拖出，无耻说道："不借我袄，又采我叶，莫要在此住，自去别处讨饭吃。"说罢，拿起斧头乱砍母亲的木床，将床上席褥剁得七零八落。此时已到黄昏，其母无奈，于是到邻居家央求借宿一晚。孰料邻居说："婆儿子性气恶，我留汝必遭吵闹。"将老妇人拒之门外。老妇人无处可去，回到家中屋檐之下，时坐时站。到鸡鸣之时，老妇人心惊胆战地回到卧房，看到七零八落的席褥，不禁失声痛哭。②

又如《夷坚志》载，福州长溪 农民给一户沿海渔民做了上门女婿，平时以打鱼为生。他的母亲非常想念他，前往探视。见到母亲后，他非常不高兴。母亲打算第二天即返回老家，他未做任何挽留。他的媳妇却执意留母亲多住几天，说："阿姑少留，俟得鱼做杯羹。"他打鱼归来，听到母亲尚未走，将刚打的鱼藏到了后舍，然后骗他母亲说："今日风恶，不获一鳞。"母亲走后，左邻右舍都责备他的妻子说："吾适所得皆鳗鱼，既多且大，常日不曾有此，汝何苦留此媪邪？"③ 鄱阳孝城乡的乡村农民王十二的父母自己花钱买了两口香棺，以备自己百年之用。王十二利欲熏

---

① 《夷坚志》丁志卷六《叶德孚》，第587页。
② 《夷坚志》支丁卷四《吴廿九》，第997页。
③ 《夷坚志》乙志卷一三《长溪民》，第474页。

心，买来信州杉木偷偷替换了香木，他仍不满足，又买来更差的株板更换后出售。他母亲过世后，他又决定将株板棺留给自己用，从市场上买来一般的松木棺收殓母亲。①《夷坚志》中《温大卖木》的故事可以说明宋代乡村农民敢于挑战不孝父母的伦常极限。乾道九年（1173），赣州瑞金县有座石桥垮塌，邑宰孙绍拨款给狗脚寨的巡检翟珪让其购买木材修缮。正好县民温大家里有杉木，这些杉木是几年前他母亲砍掉留作自己百年所用，还没来得及锯断。温大得知翟珪来意后，非常高兴，没有与母亲商议便直接告诉里正胡璋和刘宗仙可以出售。出售后，温大得到了13贯钱，全部据为己有。他母亲得知后掩面而泣，悲痛地说道："吾年八十五，旦暮入地矣，百物无用，送死者唯此木尔。汝为我子，何忍见夺耶？"②

从以上事例中可以看到，在宋代乡村"百善孝为先"的儒家伦常可谓荡然无存，当然这也许只是个别地区的个别事例。从掠夺父母棺板出售的事例可以看出，为了一己私利，乃至连父母生死的大事都不再顾忌了，即便棺板是父母生前自己花钱采购的。其实，宋代乡村民间因不孝引起的纷争还有更荒唐可笑的，如《夷坚志》中还记载了一个因儿子不孝而对簿公堂的事例。临川县后溪村民王四，母亲早逝，自己由父亲一手带大。然而，王四却非常不孝顺父亲，平日经常殴打老父。父亲无奈，打算将儿子告到官府，屡屡被族人劝止。一日，王四再次殴打父亲，老父终于忍无可忍，决定去县城起诉儿子。王四拿着二百钱在路上截住父亲告诉他，拿着这些钱当投诉费用。王四神采飞扬，恬不知耻，意在向父亲表明，你告官也无用，自己并不害怕。③ 宋代乡村的自然灾害也很多，每遇荒年，百姓生活限于困境往往带领一家老小逃荒。《夷坚志》便记述了一个在逃荒途中将老母抛弃的事例。乾道三年（1167），江西一带遭遇水灾，濒江居住的乡村农民大多需要就食别处。丰城有个农民带着母亲、妻子和两个儿子打算前往临川就食，途中经过一条小溪。农民偷偷告诉妻子，现在粮食价格昂贵，难以生活，我们一家五口人很难度过荒年，现在我先把两个儿子背过溪流，你等会自己过来。母亲已经年过七十，又老又病，已经没有啥用处，不过是白白拖累我们，不妨把她扔在这里算了。她靠自己肯定过不了溪流，减去一口人，也是件好事。渡溪后径直往北走去。妻子可怜婆婆年老无力，不忍抛弃，坚持扶着婆婆一路前行。④

---

① 《夷坚志》甲志卷八《不孝震死》，第71页。
② 《夷坚志》丁志卷一二《温大卖木》，第631页。
③ 《夷坚志》丁志卷八《雷击王四》，第601页。
④ 《夷坚志》丁志卷一一《丰城孝妇》，第627页。

《夷坚志》中关于无故虐待父母的事例还有很多。对此，包括作者洪迈在内的诸多时人非常深恶痛绝，并进行了不遗余力的挞伐。宋代乡村不孝之风的滋长，纲常伦理的崩塌，究其根源乃是因为在乡村经济商品化的洪流中追富求利心态的滋长导致人心不古。这也正是宋代理学家们要求以理学匡正时俗，教化民心的用意。同时，在洪迈无情展露宋代乡村珍灭伦常的种种罪恶的同时，他也对宋代乡村中大量敬老孝亲的事例予以充分的褒奖。可见，宋代乡村在商品经济的洪流中，在追富求利观念的刺激下，以孝为核心的儒家纲常伦理实际已经面临巨大危机。

第三节　宋代乡村民户心态变化的社会根源

随着家庭生产逐渐被纳入商品生产的市场体系之中，宋代乡村民户的传统义利观开始逐渐突破儒家传统文化所宣扬的重义轻利范畴，追逐市场利益开始成为宋代乡村民户具有普遍意义的社会心态。随着商品化趋势的席卷、兼业及专业经营的普及，在两宋的很多地区，尤其是农业开发程度较高、人口密度相对较大的江南一些地区，种粮务农在一些乡村民户的家庭经营中开始退居次要位置，而过去为儒家传统文化所唾弃的经商末业开始成为宋代乡村民户维持家庭生计的主要出路之一。在此背景下，经商逐利观念也在精英阶层的讨论中逐渐获得了社会一定程度的认同，对于求生致富心切的乡村民户来说，面向市场追逐利润自然会成为其家庭经营的重要内容，乃至出现了"贱稼穑，贵游食，皆欲货耒耜而买舟车，弃南亩而趋九市"[1] 的社会逐利风气，许多宋代乡村民户每丁秋成之时，到乡村所在附近的市镇"负贩佣工，以谋朝夕之利"，出现了"贾区伙于白社，力田鲜于驵侩"[2] 的乡村图景。

一　精英阶层对于义利关系的新看法

实际上，宋代乡村的经商逐利风气已经成为当时具有普遍意义的社会心态，不仅乡村小民为增加家庭生计和实现贫富转换而求利，精英阶层出于增加国家财政收入的目的，也对传统儒家的重义轻利的义利观发起了挑

---

[1] （宋）夏竦：《文庄集》卷一三《贱商贾》，文渊阁《四库全书》本，第1087册，第168页。

[2] 《文庄集》卷一三《贱商贾》，文渊阁《四库全书》本，第1087册，第168页。

战，不仅大大提高了商人的社会地位，肯定并鼓励了宋代乡村民户经商逐利的经营行为。曾巩曾经论述当时的社会时俗说，"时之人，非皆不知事之本末，势之治乱也。然而举天之务者，惟利而已"①。王安石也称当时的社会世道"贤者不得行道，不肖者得行无道，贱者不得行礼，贵者得行无礼"②。对此，李清臣说得更加透彻："今天下子民，莫不割其室庐，计其桑拓，殊井矍坟墓，离血气色瘠之亲，而邈若历越。其联族而居者，千室无二三焉。奚啻秦俗之薄也！"③ 精英阶层的言论反映的是整个社会经商逐利的社会风气及由此带来的对儒家传统伦理中义利观念的冲击，其思想观点必然会对乡村的社会风气产生影响。

中国古代农民的社会心态长期受到儒家文化的熏染，形成了"重义轻利"的传统义利观，故而将先义后利作为决定利益取舍的基本原则。自先秦以来，"仁"和"义"便成为乡村农民社会心态中重要的伦理认知，"君子喻于义，小人喻于利"的义利信条逐渐深入民心，并成为乡村农民区分"君子"和"小人"的重要标准，尤其是"饭蔬食饮水，曲肱而枕之，乐亦在其中矣"的形象不仅成为文人学者的精神楷模，而且成为古代乡村农民追求的理想生活。其实，儒家从来没有否定过对正当利益的诉求。只不过董仲舒提出"正其义不谋其利，明其道不计其功"，以致完全将"义"和"利"对立起来，使得此后历代对"义"和"利"的理解走向了极端，并且深刻影响了生活在社会最底层的乡村农民。儒家传统的义利观到宋代时遭受到了前所未有的冲击，即便理学家们将"义"和"利"的对立推向了新的高度，如朱熹提出"圣贤千言万语，只是教人明大理，灭人欲"，"革尽人欲，复尽大理，方始是学"等理学观点。将义利对立的观点在宋代却受到了诸多学者的猛烈抨击。如有人认为，儒生考取功名，争名利于朝堂跟乡村小民入市营利并无本质区别，不应有贵贱之分。因而，义和利应当是平等的。无论读书人考取功名，商人入市经商，农民从事兼业和专业经营，其无不以获取财富为目的，在本质上并无不同，应当同等对待。

在宋代乡村，传统儒家文化所主导的伦理道德也在商品经济迅速发展的逐利意识冲击下顿失尊严。如《桯史》中记述了这样一件事，一个富翁对一心想发财的落魄书生说，"大凡致富之道，先法去其五贼。五贼不

---

① 曾枣庄、刘琳：《全宋文》卷一二五九，曾巩《时俗辩》，上海辞书出版社、安徽教育出版社2006年版，第58册，第106—107页。
② （宋）罗大经：《鹤林玉露》乙编卷三《末世风俗》，中华书局1983年版，第165页。
③ 《全宋文》卷一七一六，李清臣《厚俗策》，第79册，第18—20页。

除，富不可致"。乡村书生对此不解，向富翁请教何为"五贼"。这名乡村富户向其解释道，所谓"五贼"，"即世间之所谓仁、义、礼、智、信是也"①。可见，宋代乡村中确有一些经商致富的民户，其伦理价值的基本信念与书生所代表的儒家传统伦理道德显然不同，尤其是儒家所推崇的五伦之义与商人崇尚价值和利益的心态存在冲突和对立。《夷坚志》中也记载了不少宋代乡村民户为求私利而坑蒙拐骗乃至杀人越货的事例。宋代的精英阶层还从思想层面上对"利"进行了重新认识，对过去要义而不要利的道学思想有所突破。最可贵的是，宋代精英阶层中有些人已经认识到义利共生的重要意义。言利重利的思想主张有所抬头，并对儒家传统的义利观点进行了猛烈抨击。自北宋的李觏和王安石，再到南宋的陈亮和叶适等，都曾针对宋代人地矛盾日益突出的生计困难及由此造成的国穷病弱现实对义和利的关系进行过新的思考和讨论。

王安石曾指出，一部《周礼》，理财的内容几乎占了一半，难道我们就可以说周公也是为利吗？本着天下大义去理财，以生产发展推动社会进步才是真正的义。宋人对义利问题的讨论显然为宋代乡村民户从事商品化经营进而逐利求富的家庭生产结构调整提供了思想条件。随着乡村商品经济的发展，乡村民户们对货币的观念也在发生显著变化。乡村农民不再鄙视货币，而是对其表现出越来越强的占有欲，乃至形成了钱越多则越光荣的社会风气，并由此在宋代乡村中掀起了一股拜金求利的商品化狂潮。可以说，对金钱的崇拜在宋代一些地区的乡村已经成为一种带有普遍意义的社会心态，以致一些乡村民户为"一钱之争，至死而不悔"。李之彦便在《东谷随笔》中开宗明义地指出："钱之为钱，人所共爱。"陈与义也在《书怀示友》一诗中形象地说道："有钱可使鬼，无钱鬼揶揄"②。不仅身处世俗的宋代民众，即便出家修行的道士和和尚也不假掩饰地承认："钱如蜜，一点也甜。"③

二 乡村民户争讼与争产风气的出现

宋代乡村民户的逐利求富心态首先表现在其捍卫自己利益的法制观念显著增强。在古代，乡村农民一般认为涉诉争讼是一件非常不光彩的事

---

① （宋）岳珂：《桯史》卷二《富翁五贼》，唐宋史料笔记丛刊，第 16—17 页。
② （清）吴之振编：《宋诗钞》卷四二《陈与义简斋诗钞·书怀示友十首》，文渊阁《四库全书》本，第 1461 册，第 822 页。
③ （宋）惠洪：《冷斋夜话》卷八《钱如蜜》，文渊阁《四库全书》本，第 863 册，第 271 页。

第五章 农商社会下宋代乡村民户的心态更新与行为堕化

情,若非无奈,是轻易不会将争执付诸衙门解决的,而一般选择在农村精英的调解下协商解决。然而,到了宋代,随着乡村经商风气的盛行和逐利求富心态的常态化,乡村家庭因商品化经营而产生的经济纠纷明显增多,且其利用法律维护自己经济利益的自觉性也明显增强。不仅如此,在逐利风气下,宋代乡村家庭的分家析产也往往引起兄弟之间的财产纠纷,并多有付诸诉讼的例子。据曾巩《分宁县云峰院记》载:"分宁人勤生而啬施。薄义而喜争,其土俗然也。自府来抵其县五百里,在山谷穷处,其人修农桑之务,率数口之家,留一人守舍行馌,其外尽在田。田高下硗腴,随所宜杂殖五谷,无废壤。女妇蚕杼,无懈人。茶、盐、蜜、纸、竹箭、材苇之货,无有纤钜,治咸尽其身力。其勤知此,富者兼田千亩,廪实藏钱,至累岁不发。然视捐一钱可以易死。宁死无所捐","父子、兄弟、夫妇相去若棋然。于其亲固然。于义厚薄可知也。长少族坐里间,相讲语以法律,意向小戾,则相告诘。结党诈张,事关节以动视听。甚者,画刻金木为印章,摹文书以给吏,立县庭下,变伪一日百千出,虽笞仆徒死交迹,不以属心"[①]。江西山多地少,人地矛盾相当突出,并由此而孕育了相对发达的商业文化。因而,其民逐利风气相对浓厚。从曾巩的描述中可以看出,宋代江西乡村的逐利争讼风气相当浓重,其民户为了争利,可谓无所不用其极,不仅淡漠了人情世故,且敢于铤而走险,伪造印章,欺骗官府。可见,在宋代一些人地矛盾突出的传统地区,尤其像江右这种人地矛盾异常突出的地方,逐利已经膨胀到足以扭曲人性和改变社会伦理关系的地步。

另外,宋代乡村民户的逐利心态还反映到宋代乡村家庭的分家析产之中。中国古代家庭从汉型家庭到宋型家庭的演变过程中,家庭规模越分越小。到了宋代,乡村家庭一般维持在"三代五口"的规模,当然成年男丁分家另立门户也是宋朝政府的制度规定,由此导致分家析产成为宋代乡村中一种非常普遍的社会现象,并且由于逐利心态的常态化,在宋代乡村家庭分家过程中出现的兄弟纷争现象也非常普遍。如据王令《烈妇倪氏传》一文所载,"近世父母死,兄弟相处以财,遂因缘不相容,必分以居","故今世谓久能相家者为义门。朝里父多之,往往加旌识。复租调以为表劝,而民扰不乐从","天长县西有夏侯氏,兄弟而家者二十年,予固尝疑其久也。已而徵之,乃为勋者力焉。勋善总维,每相求柔之,族赖存久。勋死,虽夏侯氏之族离矣。甫其爨者口丌,性愎拂,不乐相长

[①] 《全宋文》卷一二六一,曾巩《分宁县云峰院记》,第58册,第132—133页。

幼。既利分逼真兄以兵，既而从之。已黩其财田。兼慊于他兄弟，欲稍稍并欺之。间争不为有，则亢强自为利，时时攘寇无忌。其妻耻而谏者数四，已而不从。又欲夺弟之庑门，不得，怒摔弟于阶，坠之伤"①。

分家析产已经成为宋代乡村的一种社会常态，即便官方表彰那些不分家的民户也难以起到示范作用。既然分家，兄弟之间分割原有大家庭的财产时便难免产生纷争，而上述材料中的夏侯开显然为了分得更多财产已经到了完全不顾兄弟情分的地步。其中原因，自然与逐利求富的社会心态成为常态和儒学主导的传统伦理式微有关。其实，宋代乡村民户为逐利求富而造成的种种社会丑态，早就引起了精英知识阶层尤其是理学家的注意。理学家们正是基于宋代包括乡村社会在内的整个社会追利忘义、世风日下的社会现实，而主张"存天理，灭人欲"，企图以理学匡正世俗人心，让人性重新回归伦理轨道，并进而引发了与浙东学派的"义利之争"。浙东地区跟江右一样，都是人地矛盾相对突出且经商逐利风气相当浓郁的地区，而其此种风气的养成，与当地陈亮、叶适等地方精英肯定逐利正当性的社会思潮不无关联。当然，宋代精英阶层所提倡的逐利观念，并非完全不讲求儒家的信义观念，但其对"利"的肯定到宋代乡村民户那里，便往往在严酷的生存压力和迫切的求富热情中不得不付出毁信弃义的代价。

三 乡村经济商品化属性的增强

随着宋代乡村商品经济的发展，乡村农民的价值观念、思想意识和行为方式都发生了潜移默化的变化。过去，在儒家伦理教化下农村所表现出来的淳朴、善良、淡薄和无争心态似乎都消失了，那种日出而作，日落而息，勤于耕种的乡村社会常态也在商品化和市场化的冲击下淡化了，取而代之的是从事各种生产经营的兼业和专业活动。毫无疑问，乡村经济的商品化极大调动了宋代农民生产经营的积极性，为他们发挥聪明才智发家致富提供了新的平台，也使得宋代农民显得更加忙碌。乡村经济商品化虽然为宋代乡村民户追求社会财富提供了传统自然经济以外的新途径，但却在日渐滋长的逐利求富观念中导致宋代乡村农民的心态出现了诸多负面变化，部分农民的心态已经在商品经济冲击下出现了一定程度的扭曲。

宋代乡村民户心态之所以出现如此大的变化，其实在很大程度上与整个社会商品经济发展对儒学造成的冲击有关。因为，随着商品经济发展，整个社会开始对儒家文化中的义利观念、理欲观念和纲常伦理展开反思，

---

① 《全宋文》卷一七四七，王令《烈妇倪氏传》，第 80 册，第 153—154 页。

使得儒家的纲常伦理开始在宋代乡村逐渐失去统领地位。即便自北宋初年起，开始了复兴儒学的理学构建进程，经过周敦颐、张载、程颢、程颐和朱熹等的努力，基本构建了一套新的学术思想体系，并企图以此挽救商品经济激荡下人心不古和世风日下的社会风气，期待能够对宋代乡村义利观念失衡的状态有所改观，但直到南宋末年，理学的影响毕竟有限，且理学在宋代仍然仅限于精英阶层的讨论和推阐，并未对乡村农民产生多少影响。因此，直到南宋灭亡，理学企图重建世俗人心的努力并未在宋代乡村产生实效，受商品经济和利欲观念冲击的农民心态并未出现明显改观，儒学伦理在宋代乡村的影响依然处于不断地消沉之中。

另外，宋代乡村消费观念的变化也对农民社会心态产生了不小影响。宋代乡村农民消费观念的变化其实也是乡村经济商品化的结果。宋代乡村民户因家庭生产结构和收入结构的改变，而有可能在多样化经营中实现贫富转换。即便无地少地的下户和客户，其家庭生计因商品化经营的存在而压力大减。同时，宋代乡村经济的商品化也可以看做是乡村经济的消费化，因为乡村民户任何商品的出售都要建立在别人消费的基础之上。因此，宋代乡村民户的消费意识与前代相比也显著增强，享乐意识明显抬头，以致宋代乡村民户为了满足一己私利敢于去做出泯灭人伦、出卖亲友的不齿勾当。从另一个角度看，宋代乡村农民商品化之下的诸多心态变化实际上也与其日益增长的消费享乐欲望有关，而宋代乡村农民消费享乐欲望的崛起既与乡村经济商品化的刺激有关，也与儒家传统文化对人欲控制的失调有关。宋代理学大师程颐主张"存天理，灭人欲"，其实很大程度上是为了抑制宋代社会的消费享乐欲望的扩张。显然，宋代乡村经济的商品化将农民拜金享乐的欲望魔灵从儒家文化的压制中释放出来，但却没有恰当的社会机制去将它控制在理性和人性的范围内，使它成为游荡在宋代乡村的阴霾，导致宋代乡村生产结构和收入结构及消费结构发生变化的同时，无法对人与人之间的关系做出理性的规范。

第六章 宋代乡村经济的横向对比与时代特色

宋代乡村经济在人地矛盾凸显、土地制度和赋役政策变化以及农业生产技术发展等因素影响下，与前代相比出现了较大变化。从人地关系来看，随着人口数量的增长，宋代乡村尤其是一些农业自然条件较为优越的地区，比如江浙和四川盆地等地，人地矛盾愈发突出，均田制在唐代中期后便因政府掌握的土地减少而难以维持，故在宋朝初年，随着社会秩序稳定和人口数量的恢复与增长，宋政府开始实行"不抑兼并"的自由化土地政策。同时，在赋役政策上，为配合土地制度的变化并保证国家田赋收入的稳定，宋政府开始实行"五等民户制"，将土地和财产多少作为赋役征发的主要依据。在此背景下，宋代乡村民户，尤其是四等民户、五等民户和无地客户为维持家庭基本生计，在种植经济作物尽量挖掘土地生产潜力的同时，还开始大量从事带有商品化属性的兼业和专业经营活动。宋政府针对宋代乡村经济运行模式的变化进行了适应性政策调整，在赋役政策、户籍管理和商业政策上给予相应引导，不仅实现了宋代乡村经济面对人地矛盾突出局面的调适转型，而且在很大程度上推动了宋代乡村经济的商品化进程。宋代乡村民户开始大量从事兼业和专业等与传统农业经济相比具有重大变化的经营活动，不仅使宋代乡村经济呈现出繁荣发展局面，而且日益与区域乃至全国性市场发生更多的交易联系。显然，宋代乡村经济呈现出的这些新变化，相比前代而言，是一系列新的变化。

宋代乡村经济在运行机制和特色上不仅相比前代出现较大变化，且与同时代的少数民族割据政权、周边国家和地区以及"海上丝绸之路"沿线一些拥有重要影响力大国政权治下的乡村经济运行相比也具有鲜明的时代特色。如一些学者的研究认为，宋代经济社会发展水平在当时的世界上处于领先地位，其GDP规模甚至一度占到当时世界的60%。姑且不论宋代GDP是否真的能够达到占当时世界60%的比重，然其经济社会发展处于当时的世界领先地位，应是一个能够让学界普遍接受的基本事实。鉴于此，本章拟通过与同时代的少数民族割据政权、周边国家和地区以及"海上丝绸之路"沿线一些拥有重要影响力大国政权治下的乡村经济运行的横向对比，分析宋代乡村经济运行的时代特色并体现其先进性和创新性，以进一步深化对宋代乡村经济运行机制和特色的研究。

第一节 宋与同时期少数民族政权乡村经济的横向对比

在宋政权存在的 300 多年中，周围相继出现过三个主要的少数民族政权，依照其政权建立时间的先后顺序分别是辽、西夏和金。这三个少数民族政权都起源于我国北方，辽和金先后统一我国北方，西夏虽地处西北，但其因在宋代的地缘政治格局中与宋、辽和金之间曾经发生过紧密的政治、经济和文化的联系，故也是宋代重要的少数民族政权。从中国古代历史上看，两宋存在的 300 多年中，不仅频繁遭到北方辽、金和西北西夏三个少数民族战争的侵扰，不得不长期在边防上面对较大压力，而且两宋政权皆亡于少数民族军事势力的入侵。任何时期，一个国家、一个政权，要凭借军事实力去侵扰其他国家甚至要灭亡其政权，或者将自己的军事实力转化为抵御他国军事入侵的边防实力，都与其经济实力直接相关。显然，在古代那种以农业或牧业为主的经济产业结构下，这种军事实力的直接经济基础将主要仰仗于其乡村经济。从这个角度看，两宋在如此恶劣的地缘政治安全环境下，能维持国祚 300 多年，恰也能从一个侧面反映出其乡村经济运行机制的有效性和其乡村经济在商品化中取得的长足进步，足以说明宋代乡村经济在那个时代中具备的超凡风格，甚至是超越同时代各少数民族政权乃至于域外国家的优越性。另外，辽、金和西夏既然能够在与宋的对垒中常常处于军事优势地位，除与其善于骑射的军事长处有关外，其乡村经济的有效运行也必然为其威胁两宋提供了基本的物质保障，从这个角度看，辽、金和西夏的乡村经济也许没有达到两宋的高度，但至少应当在各自区域取得了长足发展，并在运行中形成了符合自身政权维持和军事征伐需要并各具特色的成熟机制。因而，分析辽、金和西夏乡村经济运行机制及其特色本身便具有较高的学术价值，而以其与两宋乡村经济运行的基本情况进行对比分析，将变得更有意义。

辽灭亡后，其管辖区域被金占领，故在本章的论述中以辽、金和西夏为序，分别分析其与两宋相比在乡村经济运行机制上的特色。同时，鉴于在前文的分析中已经对宋代乡村经济运行中两宋乡村的人地关系、土地制度、赋役政策、家庭经营和社会心态等问题进行了系统研究,故在横向对比中将主要对辽、金和西夏乡村经济运行的基本情况进行阐述,并在此基础上总结两宋乡村经济运行与辽、金和西夏之间的主要区别。

一 宋与辽乡村经济的横向对比

辽为我国北方少数民族契丹族建立的政权,其早期经济形态以游牧为主。辽政权建立初期,随着其统辖地域不断向南扩张,其乡村经济的经营形式也开始出现变化。具体来说,随着辽不断占领一些原来属于农耕区域的地区,尤其是辽东和燕云地区,辽政权内部也曾为在占领区采取何种农业经营形式出现过争论,最终辽政权统治者采纳了汉族官僚建议,实行南北分治的政策,即设置"南面官"和"北面官",在乡村经济的经营中各自保留原有形式,契丹族以及北方的其他少数民族继续从事游牧经营,而新占领区的汉族群众则继续从事农耕种植经营。在此背景下,辽代前期,因各地自然地理环境、统辖区域内民族归属和乡村经营历史经营传统的不同,形成了不同的土地资源利用形式,在塑造不同乡村经济运行机制的同时,也塑造了不同的乡村聚落形态。当然,严格来说,在辽政权辖内的汉族聚居区域,如辽东和燕云地区,基层社会聚落依然是乡村形态,而契丹等少数民族聚居区域则仍然维持其原有的游牧聚落形态。辽代中期后,随着辽政权统辖区域内人口的滋长,过去多种形态的土地利用形式开始向农耕为主转变,并对辽代乡村经济发展产生了较大影响。为此,本节将分辽代前期和辽代后期两个阶段分别阐述辽政权区域内乡村经济的发展状况。

辽朝建立初期,其所属契丹以及辖内从事游牧的各少数民族,主要从事畜牧经营,且在基层社会组织上维持部落形态。《辽史》载,契丹处"大漠之间,多寒多风,畜牧畋渔以食,皮毛以衣,转徙随时,车马为家。此天时地利所以限南北也。辽国尽有大漠,浸包长城之境,因宜为治。秋冬违寒,春夏避暑,随水草就畋渔,岁以为常"[1]。契丹族作为发源于我国东北的古代少数民族之一,早期分为契丹八部,过着半农半牧的生活,在基层社会组织上尚处于部落形态。直到隋朝,契丹各部落开始出现松散的联盟,《隋书》:"分为十部,兵多者三千,少者千余。逐寒暑,随水草畜牧。有征战,则酋帅相与议之,兴兵动众,合符契。"[2] 但部落

---

[1] 《辽史》卷三二《营卫志》,中华书局2016年版,第423页。
[2] 《隋书》卷八四《契丹》,中华书局1973年版,第1882页。

联盟职权尚仅限于军事行动,其各部畜牧经营仍各自为之。唐朝契丹各部开始形成较为稳固的部落联盟,部落联盟职权不再仅限于采取一致军事行动,若"国有灾疾而畜牧衰,则八部聚议"①,表明此时的部落联盟已在一定程度上具有统筹管理其各部畜牧经济的一定权限。作为半耕半牧民族,契丹各部农业经营在唐朝时期便已出现,并在辽政权建立后得到延续,但其农耕经济基本为粗放经营,尚处在刀耕火种阶段。契丹的畜牧业却很发达。牧业经济是契丹各部民众的主要生活来源,也是契丹族发展壮大和建立辽政权的主要物质基础。为此,辽政权建立后,规定由北枢密院管辖契丹故地的牧业经济,并专设林牙一职掌管契丹牧民部籍,辽政权会定期查验簿籍,并将牲畜繁养数量和优劣作为考察牧官政绩的主要依据。②另外,契丹属部中,阻卜、乌古、敌烈、回鹘和党项等少数民族也主要从事游牧。辽朝境内的契丹以及其他从事畜牧经营的少数民族,被编入部落和石烈,在各部落属地从事牧业经营,并向部落和国家缴纳赋税和承担徭役。

辽朝前期,土地资源利用开始出现多样化变化,其中最显著的改变是农业和乡村经济的发展。辽代前期农业经济的兴起原因是多方面。第一个因素便是因为其农耕占领区的扩大。神册元年(916),辽朝攻取"蔚、新、武、妫、儒五州","自代北至河曲,逾阴山,尽有其地"③。天显元年(926),辽灭渤海国,天显三年(938),辽又获得后晋燕云十六州地区。此时,辽朝已占据中原北部的大片区域,其中很多地区属于我国传统农耕区域。另外,辽代初期,尤其是辽太祖和辽太宗时期,因中原处在五代十国的割据纷争之中,中原不少百姓为避战乱北徙。汉族人口的北徙,为辽国带去了大量农耕人口,推动了辽国耕地面积的扩大和农业生产技术的提高。

辽朝占据的中原北部区域大部处在传统的农牧分界线上,故在农业经营中,辽朝在扩大农业经济的同时,也善于因地制宜,采用农牧结合的经营模式。《辽史》载,"太祖创业之地","地沃宜耕植,水草便畜牧"④,"东去四十里,至真珠寨,始食菜","地势渐高,西望平地松林,郁然数十里。遂入平川,多草木,始食西瓜","以牛粪覆棚而种,大如中国冬

---

① 《新五代史》卷七二《四夷附录第一》,中华书局1974年版,第886页。
② 白寿彝:《中国通史·五代辽宋夏金时期》第七卷(上册),上海人民出版社1999年版,第519—520页。
③ 《辽史》卷一《太祖本纪上》,第11页。
④ 《辽史》卷三七《地理志一》,第498页。

瓜而味甘"①。可见，辽上京地区在宋代时土地肥沃，在保有游牧经济的同时，在水土条件较好的平川地区也有农耕经营的存在，已经出现了蔬菜和瓜果的种植，呈现出农牧混合经营的特点。《辽史》还提到，太宗会同二年（939），"以乌古之地水草丰美，命瓯昆石烈居之，益以海勒水之善地为农田。三年，诏以谐里河、肪胸河近地，赐南院欧堇突吕、乙斯勃、北院温纳河剌三石烈人，以事耕种"②。从这条记载来看，辽代初期，辽太祖和辽太宗年间，不仅辽上京附近出现农耕经营，且在辽国境内其他适宜耕种的区域，辽政府也采用了引导和鼓励农耕经济发展的政策，并在土地经营中呈现出农牧混合特点。在农耕和畜牧经营推动下，辽东京道适宜开垦的农田得到开发，并与牧业经济共同存在，而其基层乡村聚落则一般位于农田附近。除农耕和畜牧经营外，辽代基层聚落，如从事农耕的乡村群众还会因地制宜发展副业经济，尤其是在一些山区进行游猎采集和从事林果种植经营。除农牧经营外，辽代农牧区域的乡村农户或部落也存在手工业和商业经营，且经营形式多样，甚至出现了兼业和专业经营的情况。

　　辽代后期，土地经营多样化趋势开始向以农耕为主的单一土地经营模式转型。这种转变在辽圣宗时期尤为明显。之所以出现这种现象，主要是因为辽国境内人口的增长，加剧了人地矛盾，而游牧经济相对粗放的经营形式，难以为大量人口提供饮食所需。辽国人口的增长，除与辽朝经济社会的发展有关外，还与其所处的地缘安全环境得到改善有关，尤其是"澶渊之盟"签订后，宋辽之间维持了100多年的和平局面，也为其人口滋长提供了条件。在此背景下，辽朝农业和畜牧业得到较好发展，并出现了农业超越畜牧业而成为其主导产业的局面。辽代中后期，辽政权引导和鼓励农耕经济发展的政策导向更加明显，如辽圣宗为推动农耕经济发展便曾直接下令让一些契丹百姓迁移更加靠北的遍地游牧戍边，空出了大片适宜开垦的土地以供农业发展所需。在农耕经济超越和取代牧业经济成为辽国主导产业的过程中，牧地不足的问题在辽代后期逐渐显现，并不断见诸史记记载当中。《辽史·耶律引吉传》载，"大康元年，乙辛请赐牧地，引吉奏曰：'今牧地褊陿，畜不蕃息，岂可分赐臣下。'帝乃止"③。可见，早于太康元年，也即公元1078年，辽国便出现了牧地不足的问题，以至于皇帝想赐予大臣牧地而出现了无地可赐的情形。这种情形的出现，与辽

---

① （宋）叶隆礼撰，贾敬颜、林荣贵点校：《契丹国志》卷二五《胡峤陷北记》，中华书局2014年版，第266页。
② 《辽史》卷五九《食货志上》，第1026页。
③ 《辽史》卷九七《耶律引吉传》，第1550页。

国农耕经济的发展不足关系。对于农耕经济，辽政权采取了持续的引导和鼓励政策，如《辽史·食货志》提到，"徙吉避寨居民三百户于檀、顺、蓟三州，择沃壤，给牛、种谷"①。为鼓励农耕经济发展，辽国采取了较为宽和的赋役政策。统和七年（989）六月，辽圣宗"诏燕乐、密云二县荒地许民耕种，免赋役十年"②。可见，辽圣宗不仅开放荒地供民众开垦，还给予十年的赋役减免政策。

辽圣宗以后，辽朝农耕经济逐步超越牧业经济成为主导产业，随着人口滋长以及过度开垦等因素的出现，其人地矛盾也变得逐步突出。《辽史·地理志》载："自过北口，居人草庵板屋，耕种，但无桑拓，所种皆从垅上，虞吹沙所奎。"③ 此为宋人王曾描述辽国北口一带见民众从事耕种为业，但土地沙化现象却很严重。元人所修《辽史》中也曾经提到，"辽地半沙碛"，可见过度耕种造成的土地沙化问题在辽朝已经出现，且在一些地区还较为严重，也说明辽朝人地矛盾的突出。辽朝土地沙化以及人地矛盾的突出，是多重因素叠加造成，且在经济和产业结构的运作中形成一种恶性循环。辽朝境内不断增加的农业垦殖活动以及毁林行为，也是造成其土地质量下降和人地矛盾突出的因素，如辽朝一些基层民众在"深谷中多烧炭为业"，也会造成其土地质量下降，导致其生态环境恶化，并加剧其人地关系。辽朝末年，人地矛盾已经非常突出，尤以辽道宗和辽天祚帝时最为显著。此时，辽朝政局动荡，并日益面对境内少数民族尤其是金人的反抗辽朝，而辽朝农业也呈现出衰败之势。辽代末期农业衰败的重要表现，便是其境内流民和饥荒增多，如大安三年（1087），辽道宗"诏出户部司粟，振诸路流民及义州之饥"④，大安四年（1088），辽道宗下召"振苏、吉、复、渌、铁五州贫民、并免其租税；振庆州贫民；振春州贫民"⑤。

从乡村经济运行机制和发展水平来看，辽代虽在政权建立后积极借鉴中原王朝做法，积极引导和鼓励农耕经济发展，为之制定了较为优惠的政策，如通过减免一定年限赋役鼓励民众开垦荒地和将部分契丹民众迁移到更北的边地等，但与北宋时期宋代乡村经济的发展水平相比，尚存在不小的差距。一方面，辽朝境内虽有一定适宜农耕的区域，但毕竟相对有限，

---

① 《辽史》卷五九《食货志上》，第 1026—1027 页。
② 《辽史》卷一五《圣宗本纪五》，第 145 页。
③ 《辽史》卷三九《地理志三》，第 485 页。
④ 《辽史》卷二五《道宗本纪五》，第 333 页。
⑤ 《辽史》卷二五《道宗本纪五》，第 334—335 页。

且多为苦寒之地，而处在传统农牧分界线上的中原北部地区虽然被辽朝占据，但该地自然生态环境相对脆弱，适度开垦尚可，若一旦把握不好农耕垦殖和自然生态之间的平衡关系，便有可能造成土地沙化等生态问题，最终造成其人地关系的紧张。另一方面，辽朝时期，虽持续引导农耕经济发展，尤其是辽朝后期，农耕经营甚至超越牧业经济成为主导产业，但在自然地理条件的限制下，游牧经济在辽朝仍占据重要地位，并未完全改变其农牧混合经营的基本模式。在此背景下，辽代基层聚落形态中基于农耕经济的乡村得到发展，而作为游牧民族的契丹以及其他少数民族则仍以部落联盟形式存在，且辽朝乡村经济的商品化虽出现，但其发展的广泛性与机制运行的协调性显然与北宋相比尚存在较大差距。

二 宋与金乡村经济的横向对比

金朝是我国历史上由女真人建立的一个政权，原为辽朝境内附属民族，后在反抗辽人暴政的过程中逐渐发展壮大，并最终于 1125 年灭辽，建立起一个统辖东北和辽朝故地的庞大国家，成为与南宋对峙的重要少数民族政权。金朝在灭辽的同时，还在"靖康之役"后占据了原属北宋的大片国土，最终在绍兴和议后与南宋以秦岭和大散关为界，故金在鼎盛时期的疆域囊括了包括今东北、华北、关中乃至俄罗斯远东的大片地区，其境内适宜农耕的区域相比于辽朝大为扩大。金朝作为东北少数民族女真族建立的国家，早期主要以部落形态存在，辽太祖完颜阿骨打时期为进一步加强对女真族的基层经济和军事管理，建立了"猛安谋克制"，而在基层聚落形态上，女真族一般为村寨形态，并以村寨家庭为单位从事半耕半牧的生产经营活动，且渔猎和采集在早期女真族的经济生活中也占到重要地位。

金人在灭辽和侵宋的过程中，尤其是在金太祖、金太宗和金熙宗前期对辽宋故地原有的农业生产关系造成了极大破坏，且持续时间较长，直到 1141 年绍兴和议达成，才进入一个政治社会秩序相对安定的时期，前后历时近 30 年之久，而女真上层在征伐中采取的屠杀掠夺政策进一步加剧了对辽宋故地农业生产关系的破坏。女真骑兵在征伐中"唯务杀戮生灵，劫掠财物，驱掳妇人，焚毁仓库产业"[①]。《金史》也曾记载，"初入中

[①] （宋）徐梦莘：《三朝北盟会编》卷一○六《炎兴下帙六》，上海古籍出版社 1987 年版，第 780 页。

第六章 宋代乡村经济的横向对比与时代特色

夏,兵威所加,民多流亡,士多旷闲"①。

在女真铁骑的屠杀掠夺下,辽宋故地大量乡村被毁,田园荒弃,乡村民众为避战乱大量逃散,不仅辽人控制下的华北北部地区赤地千里,北宋统治下的华北南部地区,如河北中南部、山西、关中平原和河南一带更为惨烈。金人南侵直接造成大量北方民众向南迁移,其时中原沃地,已如无人之境。

金熙宗中期到海陵王中期,随着宋金战争进入相持阶段和金政权的稳固,金朝境内的农业生产关系开始进入一个短暂的修复期,而其境内的乡村经济也得以适度恢复。随着南侵领土面积的迅猛扩大,金熙宗时曾改革女真制度,致力于新占领区农耕经济修复,但因对宋战争的持续未在全国推进。皇统和议的达成为金朝与民休息和发展生产提供了较为稳定的政治社会条件。为此,金朝逐步完善有利于农耕经济发展的政策体系,如积极招抚难逃百姓,适度减免赋役等。对于这一点,在皇统元年(1141),南宋宰相宗弼《上宋高宗第三书》可以得到印证,其提到"淮北、京西、陕西、河东、河北自来流亡在南者。愿归则听之"②。尤其是金朝废除伪齐政权以后,为加强其对辽宋故地民众的统治,"始治均田,屯田军非女真、契丹、奚家亦有之。自本部族徙居中土,与百姓杂处,计其户口给官田,使自播种,以充口食"③,并规定"以京西鹿囿为民田"④。在此背景下,金熙宗时期,金朝境内呈现出"内外皆得人,风雨时,年谷丰,盗贼息,百姓安"⑤的社会局面。

金海陵王前期,金朝农业经济得到持续性恢复和发展。面对华北北部传统农耕地带人口锐减和田地荒芜的局面,海陵王"遣刑部尚书纥石烈娄室等十一人,分行大兴府、山东、真定府,拘括系官或荒闲牧地,及官民占射逃绝户地,戍兵占佃宫籍监、外路官本业外增置土田,及大兴府、平州路僧尼道士女冠等地,盖以授所迁之猛安谋克户,且令民请射,而官得其租也"⑥。可见,为迅速恢复华北北部传统农耕地带的农业经济,海陵王积极推动"猛安谋克户"在政府组织下迁移来耕,在充实当地农业劳动力的同时,也推动着女真族从原始半耕半牧的粗放经营向更为精细的

---

① 《金史》卷四七《食货一》,中华书局2016年版,第1104页。
② (清)张金吾:《金文最》卷五三《上宋高宗第三书》,中华书局1990年版,764页。
③ 《三朝北盟会编》卷二四四《炎兴下帙 百四十四》,第1754页。
④ 《金史》卷四《熙宗本纪》,第97页。
⑤ 《金史》卷七十《完颜思敬传》,第1727页。
⑥ 《金史》卷四七《食货志二》,第1120页。

农耕经营转型。海陵王前期，金朝农业经济在恢复中也获得了较大发展，但《金史》中并无该时期全国户口和田亩的相关记载，但从海陵王在征讨南宋前所做的一次战前的后勤动员中，可以看到其农业经济已经得到较大发展。海陵王入侵南宋前，曾"诏诸路调马，以户口为差，计五十六万余匹，富室有至六十匹者，仍令户自养饲以俟"①，还"诏河南州县所贮粮米以备大军，不得他用，而骡马所至当给刍粟，无可给，有司以为请，海陵曰：'此方比岁民间储畜尚多，今禾稼满野，骡马可就牧田中，借令再岁不获，亦何伤乎。'"②从这条讨伐南宋前海陵王的诏令及其君臣之间的对话中可以发现，金朝在海陵王时期不仅畜牧业获得较好发展，其华北一带的农耕经济也出现了"禾稼满野"的局面，并为其攻伐南宋提供了雄厚的物质基础。

海陵王后期一心消灭南宋，在举全国之力伐宋的同时也因高强度的战争动员和消耗不断激发其统治区域内的阶级矛盾和统治阶层之间的矛盾，最终在金世宗发动的政变中倒台。从海陵王到金世宗的政权更替历史近一年之久，加之契丹族和汉族的农牧民起义不断，再次破坏了金初刚刚恢复的农业生产秩序。金世宗中期后，金朝的政治和农业生产秩序才得以完全恢复，其农业经济得到持续发展，并一直延续到金宣宗前期。金世宗中期后，金朝出现了"群臣守职，上下相安，家给人足，仓廪有余"③的政治经济局面。而其后继者金章宗时期甚至出现了"上封事者乞薄民之租税，恐廪粟积久腐败"④的情况。在持续多年的农业经济发展下，金章宗于"明昌三年始设常平仓，定其永制。天下常平仓总五百一十九处，见积粟三千七百八十六万三千余石，可备官兵五年之食，米八百一十余万石，可备四年之用"⑤。金宣宗中期后一直到金哀宗时期金朝被蒙古灭亡，金朝农耕经济再度遭到破坏。

金朝乡村经济运行的基层社会组织是村和寨。其中，村多为沿袭宋朝旧制，也有沿袭辽朝旧制者，而寨则为女真族的传统。金在南侵占领辽宋土地的过程中，在基层社会组织上基本采取了沿袭辽宋旧制的政策，如占领辽朝国土后，金朝在县下设立乡和村，金太祖还在诏令中称，"兵兴以前，易苏馆、回怕里与系辽籍、不系辽籍女直户民，有犯罪流窜边境或亡

---

① 《金史》卷五《海陵王本纪》，第123页。
② 《金史》卷一二九《李通传》，第2939页。
③ 《金史》卷八《世宗本纪下》，第222页。
④ 《金史》卷四七《食货志二》，第1135页。
⑤ 《金史》卷五十《食货志五》，第1202页。

入于辽者，本皆吾民，远在异境，朕甚悯之。今即议和，当行理索。可明谕诸路千户、谋克，遍与询访其官称、名氏、地里，具录以上"①。

对于辽地的契丹人和渤海人，金朝或将其编入原有部族，或将其就近编入猛安谋克村寨。《金史》中曾经提到，"辽通、棋、双、辽等州八百余户来归，命分置诸部，择膏腴之地处之"，"七月，辽人杨询卿、罗子韦各率众来降，命各以所部为谋克"②。对于渤海人，《金史》也曾提到，"匹里水路完颜术里古、渤海大家奴等六谋克贫乏之民，昔尝给以官粮，置之渔猎之地。今历日已久，不知登耗，可具其数以闻"③。可见，金朝对于渤海人的统治，在基层也主要采取了将其编入猛安谋克村寨的做法。同时，金朝还规定，"猛安谋克部村寨，五十户以上设寨使一人，掌同主首"④。对于宋朝故地，金朝在占领其府州县的过程中，在基层社会组织上仍沿袭其旧制，在县下设置乡和村（或里、庄）。同时，金朝还在宋朝故地推行过女真族的村寨组织，如《伪齐录》中提到，"是年，依仿金房法，乡各为寨，推土豪为寨长"。金朝推行村寨制度并非在所有宋故地，而仅于伪齐统治的核心区域，也即济阳地区，其时在金的主持下，伪齐之济南府济阳县实行村寨化管理，"总万八千四百余户"⑤。

金朝在经济社会组织中实现乡村（寨、庄或里）二级制度，其在政权稳定后依托于基层乡村组织还不断完善其赋役制度和村寨管理机制。在赋役制度上，金朝既延续了其民族特色，也在积极吸收包括宋朝在内的中原历代王朝的赋役制度经验，并在这种转变中建立起一套行之有效的赋役征收和转运机制。比如，金代农村的土地税包括耕地税和财产税两种。耕地税为女真旧制，具有女真民族色彩，征收牛头税、二税和两税等，而财产税则更多借鉴宋朝做法。同时，金朝的乡村基层组织还具备相应的管理职能，承担着查验户口、催督赋税和劝课农桑等基本职能。整体来看，金朝占据我国北方时期，华北北部农业经济经历了几轮破坏与恢复，金朝的农业经济和乡村发展虽远不若南宋，甚至也不曾达到北宋的水平，但也获得一定发展。

---

① 《金史》卷二《太祖本纪》，第35页。
② 《金史》卷二《太祖本纪》，第33页。
③ 《金史》卷二《太祖本纪》，第33—34页。
④ 《金史》卷四六《食货志》，第1105页。
⑤ 《金文最》卷二二《济阳县创修县衙记》，第296页。

三 宋与西夏乡村经济的横向对比

两宋时期，除了北方的辽金外，还有一个少数民族政权长期存在，这个政权便是由党项族建立的西夏。西夏王朝存在的历史有 200 年之久，但长期以来因其留存的史料文献较少，而只能从同时期宋、辽和金的一些相关文献中间接了解到其存在和发展的历史状况，而只言片语间只能对某一方面的问题窥其大概，难以进行系统化的了解，故西夏也成为我国古代上一个长期带有神秘色彩的王朝。但是，自近代以来，随着国内一些关于西夏的文书资料和历史遗迹被发现，尤其是随着大量关于西夏文书的整理及其研究的深入，西夏的神秘面纱正在被不断揭开。在此背景下，关于西夏经济发展中的诸多问题的研究，包括西夏乡村经济的基本面貌，也得以在西夏文书以及一些关于西夏的考古挖掘资料支持下得到开展。显然，西夏能够在宋代成长为堪与宋、辽和金对峙的政权，并能够维持 200 年之久，必然有着足够的能够支撑这个王朝政权生存和发展的物质基础，而这种物质基础应当与其乡村经济得到切实发展直接相关。

从早期史籍关于党项族的记载来看，其在早期发展中基本是一个半定居的游牧民族，其生业与农事基本不相关，而从近些年来关于西夏王朝的一些考古发掘和出土文书资料来看，大量农业生产工具和关于土地经营交易的契约文书的出土和出现，都说明党项族在进入西夏政权时期后建立起了行之有效的具备较为完备的体系性的乡村经济运行机制，并为其王朝存续和军事征伐提供了基本的物质基础。《隋书·党项传》曾提到，党项人"牧养犛牛、羊、猪以供食，不知稼穑"[1]。《旧唐书·党项传》也曾提到，党项人"其屋织牦牛尾及羊毛覆之"[2]。从这些记述来看，隋唐时期，党项人的经济活动中还未出现农业种植活动，主要从事牲畜饲养经营，而其饲养的牲畜主要是犛牛、羊和猪，并以犛牛毛和山羊毛纺织物制作房屋居住，而这种房屋应类似于我国藏族等少数民族的毡房，从党项人饲养的牲畜来看，其饲养猪这种不适合大规模和长距离迁徙的牲畜说明其活动范围并不大。早期党项人在隋唐时期主要面对吐蕃的威胁，并曾因吐蕃侵扰而于武周年间大量内附。天授三年（692），唐政府将内部的党项族拓跋部等二十几万户"移其部落于庆州，置靖边等州以处之"[3]。其后，唐德

---

[1] 《隋书》卷八三《党项传》，第 1845 页。
[2] 《旧唐书》卷一九八《党项传》，中华书局 1975 年版，第 5290 页。
[3] 《旧唐书》卷一九八《党项传》，5292 页。

宗和唐肃宗时，党项诸部又曾内附，并都受到唐政府妥善安置。至唐末，内附之党项人基本被安置在径、陇二州，人数已达十几万之多。

党项族在早期基本是一个半定居的游牧民族，并未从事农耕种植相关的生产活动，而其开始接触农业并从事农业经营应当是宋初以后的事情，尤其是在李继迁占据兴灵之地和李德明占据河西之地后，随着党项人不断占据一些我国西北地区传统农耕区域，其开始接触到农耕技术并拥有了从事农耕经营的土地和灌溉条件。在此过程中，在生产经营形式发生变化的同时，党项族还逐步完成其自氏族公社向封建化的转变。李元昊建立西夏国标志着党项族实现由奴隶制向封建领主制的转变。西夏夏崇宗李乾顺后，党项族开始进入封建地主制阶段，其农业经济此时以农业和畜牧业两种经营形式为主。因关于西夏的现存史料尤其是当时官方的文献资料非常匮乏，故很难对其农业经济运行的具体模式进行细致且系统的分析，但一些考古发现中出土的关于西夏王朝的文书，则为我们了解西夏农业经济运行的一些情况提供了史料依托。

西夏农业经济运行的基本单位是家庭，考察西夏农业经济运行的基本情况很重要的一个立足点便是要对其家庭土地占有情况进行了解。《天盛律令·春开渠事门》有如下一条记载："自一亩至十亩开五日，自十一亩至四十亩十五日，自四十一亩至七十五亩二十日，七十五亩以上至一百亩三十日，一百亩以上至一顷二十亩三十五日，一顷二十亩以上至一顷五十亩一整幅四十日。当依顷亩数计日，先完毕当先遣之。"[①]

从这条记载来看，西夏在春天开渠的工程中需要组织大量劳动，主要是组织税户服劳役，而其劳役征发的单位是家庭，每个家庭服役时间长短要依据其土地数量决定，而从其确定税户服役长短的等次来看，其依据税户家庭土地数量多少共分了六个等次。依此推测，西夏税户家庭的土地占有数量也可分为六个等次，分别为1到10亩、11到40亩、41到75亩、75到100亩、100到120亩和120到150亩。从西夏家庭的土地占有数量来看，与宋朝"五等民户制"所规定的家庭土地占有面积相差不大，在1到150亩之间，而其上限甚至少于宋代的乡村上等民户，如宋"五等民户制"中一等民户和二等民户占有的土地数量在一顷以上，而西夏家庭占有土地数量的上限为150亩，只处于宋二等民户的中等水平。当然，考虑到西夏家庭农业经济中以农业和畜牧业为主的情况，故其税户家庭的实际收入情况和生活水平若只考虑农业经营情况并无法确定。西夏税户家庭

---

① 史金波等译注：《天盛改旧新定律令》，法律出版社2000年版，第496—497页。

占有耕地数量虽在上限上略低于两宋，但基本处在一个水平上。因为在同样采用牛耕和铁质农具的生产力水平下，即便两宋的农业生产力水平可能比西夏略微先进，但每个家庭能够耕种的土地数量毕竟相差不大。

西夏税户家庭土地占有数量上限仅为150亩的情况与西夏采取的限制土地兼并的政策有关。西夏虽允许土地进行交易，但同时规定税户家庭占有的土地数量不得超过150亩，这从俄藏黑水城出土的关于西夏税户纳粮的一些文书中可以找到答案。俄藏黑水城文献中编号为俄 иHR. No. 1755 - 4①和俄 иHB. No. 1178 - 2②的等四件文书中记载了西夏税户进行土地交易的一些情况。从西夏税户的几宗土地交易的情况来看，往往存在一个150亩的土地交易上限，且没有出现一宗交易面积超过150亩的案例。由此可见，为限制土地兼并，西夏很可能规定了土地占有和交易的上限。另外，从《天盛律令》中对于春季修水渠服役时间长短的6个等次的规定以及各等次民户的分布数量来看，西夏对于税户家庭的结构以及规模很可能也有相应规定，且从俄藏黑水城文献中编号为俄 иHB. No. 4991 - 4③ 和иHB. No. 6342④的两条文书资料来看，西夏税户家庭主要存在夫妻型小家庭和父子两代核心型家庭两种类型。每种税户家庭可以占有多少土地以及在家庭结构和规模出现变化后可以占有多少土地并服何种等次的劳役，应该都有相关规定。

从生产方式来看，西夏农业生产中使用耕牛和铁质农具。敦煌书仪提到，"又缘种莳，农器之间，苦无钢铁。先具申请，未有处分。冬不预为，春事难济"。可见，西夏农业生产中铁质农具虽开始使用，但钢铁资源应相对匮乏，耕牛则因其畜牧业较为普遍而并不缺乏。西夏农业生产中，铁质农具虽相对匮乏，但其铁质农具的种类却较为丰富。20世纪80年代，内蒙古鄂尔多斯市准格尔旗和伊金霍洛旗曾几次发现西夏时期的窖藏遗址，从中出土几批铁质农具，其中有铁犁铧、铁犁镜、铁锄、铁杵、铁臼和铁耧角尖等。尤其是铁犁铧出土数量最多，至今已经有十几件之多，说明牛耕在西夏农业生产中已经普及应用，且相对有限的钢铁原料可能被优先应用于铁犁铧等关键农业生产工具的制作，也说明西夏的农业生产虽不若两宋那般精细，但其生产力水平之间并不存在代际差异。另外，从20世纪80年代内蒙古鄂尔多斯市的几次西夏窖藏遗址发掘中还出土了

---

① 史金波：《西夏经济文书研究》附录，社会科学文献出版社2017年版，第467—468页。
② 《西夏经济文书研究》附录，第465—466页。
③ 《西夏经济文书研究》附录，第434—436页。
④ 《西夏经济文书研究》附录，第447—453页。

一些非铁质农具,如准格尔旗西召村便发掘出土了1件非铁质的锛,说明在铁质农具相对匮乏的同时,非铁质农具可能在西夏一些地区的农业生产中也存在。

第二节 宋与同时期"海上丝绸之路"沿线及西欧地区乡村经济的横向对比

在我国漫长的王朝历史中,宋代在经济、文化和科技上取得的成就有目共睹,尤其是两宋即便在长期面对少数民族政权侵扰威胁和领土面积大幅缩小的情况下依然在经济发展中取得了重大成就,甚至有不少观点认为,在两宋时期,宋代的经济实力远远超越了同时期世界上任何一个大国,位居世界首位。姑且不论这种结论是否正确,但宋代经济发展水平相比于同时期世界各地的大国拥有较为明显的相对优势应是一个不争的事实。实际上,在我国古代文明时期,历代王朝在经济、文化和科技上取得的成就与同时期的世界大国相比都往往毫不逊色,正如李约瑟难题中所显示的那样一个事实,中国在人类古代文明的漫漫历史长河中在科技发展中长期处在世界领先地位。在经济形态上,两宋商业经济虽相比于前朝获得了较大发展,甚至在苏州地区的纺织业中出现了雇佣制的劳动关系,尤其是在"海上丝绸之路"的沿线贸易中,两宋在我国到印度航线中取得了对阿拉伯商人的优势地位,并深刻融入阿拉伯商人控制的对欧洲的转口贸易中,成为"海上丝绸之路"国际贸易中一支占据重要甚至主导地位的力量,并在贸易规模、航海技术和商品结构上实现了对阿拉伯商人的全面超越,并在东南亚地区成为地区影响力最大的国家,但两宋依然是一个以农耕经济立国的国家,其政权赖以维持的经济基础,商品经济繁荣发展的基础,乃至于将"海上丝绸之路"发展到鼎盛时期的基础,都在于其乡村经济的有效运行。

宋代"海上丝绸之路"的繁荣发展说明其与海外的联系比以往任何一个朝代都更加紧密。因而,对宋代乡村经济与"海上丝绸之路"的关联性以及宋代乡村经济与同时期世界上主要的大国政权下的乡村经济情形进行对比研究将有助于以更加充分的体现并总结归纳宋代乡村经济的运行机制及特色。鉴于此,本节拟将宋代"海上丝绸之路"划分为东南亚、西亚和北非等几个区域以及西欧地区,将宋与各区域内当时最具代表性的大国乡村经济的运行状况进行对比。

一 宋与东南亚地区安南李朝和吴哥王朝乡村经济的对比

宋代是我国海上丝绸之路发展的鼎盛时期,宋代海上丝绸之路以广州、泉州和宁波三个港口作为重要起点,主要经我国南海和东南亚地区将瓷器、茶叶和丝绸等物资运到印度和阿拉伯沿海港口进行销售,同时经阿拉伯商人的转口贸易,将这些物资运输到地中海沿岸的西欧等地。因而,在宋代海上丝绸之路贸易中,宋人和阿拉伯人掌握的大型海商船发挥着重大作用,而东南亚地区则是宋人和阿拉伯人海运航线的重要重叠区域,也是双方大型海商船开展竞争的重要区域。宋代以前,阿拉伯海商船曾在东南亚区域的海上航线上取得相比于中国商船的优势,但宋代以后,宋人逐渐在该区域取得主导海上丝绸之路贸易的优势地位,并不断扩大在该地区的影响力,而来自阿拉伯和印度地区的穆斯林势力对该地区的影响则退到次要地位。宋代东南亚地区拥有几个地区影响力较大的国家,比如安南的李朝和曾经创造了吴哥窟艺术奇迹的吴哥王朝等。这两个国家在当时的东南亚地区不仅属于大国,而且在政治、经济和文化发展水平上都处于前列。

(一)宋代时安南李朝乡村经济发展的基本情况

安南在历史上曾长期作为我国领土的一部分。五代十国时期,安南在吴权带领下从南汉脱离自立。968年,丁部领在交趾地区称帝,建号"大瞿越"国,安南地区正式成为脱离中原王朝控制的独立国家。安南独立后,自宋到清末,曾长期作为中原王朝的藩属国,故在政治、经济和等文化各个方面受到中原王朝很大影响,尤其是在历史上各个时期,都有大量中国人移居越南,为其带去较为先进的农业生产技术和农业管理经验。但是,关于安南建国早期的官方文献本就匮乏,而关于其农业经济发展状况的记载则更为稀少。越南的法属时期,殖民当局虽发表了一些关于越南农业发展状况以及村社公地和公田的论著,但主要为19世纪到20世纪之间的内容。越南摆脱法国殖民统治后,一些学者开始关注历史上的农业经济发展问题,尤其是其土地制度问题,在不断深化相关研究的同时,也为我们了解宋代安南李朝农业经济发展的相关问题尤其是其土地占有情况提供了重要依据。

宋代时,安南李朝乡村的土地占有形态可以分为三种,分别是国有土地、私有土地和村社公田。国有土地的存在是安南李朝乡村经济发展中的一个重要特点。968年,丁部领统一安南并独立建国后,建立的丁朝,直接没收安南各地使君土地的同时,还将一些大土地主的土地也进行了国有化处置。丁朝后的前黎朝时期期安南还推行过亲躬籍田，要求各王子驻防守卫国内险要地区，享有国王赏赐的食邑。1010 年，李公蕴取得安南政权建立李朝以后，安南又相继经历陈朝和胡朝等朝代，其历朝帝王皆以"替天治民"名义，直接控制国内大片土地，还有把村社公田直接赏赐给贵族和官吏的权力。前黎朝发展到李一臣时期，安南的国有土地制度进一步发展，形成了包括山陵田、籍田、国库田和屯田等在内的多样化的国有土地形式。安南的国有土地形式虽多种多样，但一般要分配给附近村社农户耕种，并收取相应地租。此外，在国有土地经营中，罪犯和俘虏等也参与一些国有土地形式的经营，比如安南的国库田一般由罪犯耕种，而其在屯田中也普遍使用俘虏耕种。

除国有土地形式外，宋代时安南还存在乡村公社的私有土地和公田两种土地占有形式。农村公社作为古代东南亚乡村长期存在的一种聚落形态，在宋代时期的安南也大量存在，甚至成为安南乡村地区最主要的一种聚落形态。即便在五代以前，我国中原王朝统治越南大部分地区时在越南地区建立了郡县制，但农村公社依然广泛存在于越南乡村地区，并在农村公社的基础上建立乡、社组织。《安南志原》载，丘和在唐朝担任交州刺史时，"始于州县内外，分县置小乡、大乡、小社、大社。小社自十户至三十户，大社自四十户至六十户。小乡自七十户至一百五十户，大乡自一百六十户至五百四十户"①。安南李朝时采用连保制，三家一保，李陈时期开始编制户籍，确定全国人丁。1243 年，陈朝将全国划分为十二路，并设官监督和管理村寨。其中，大司社五品，小司设六品，以其兼管三到四个村社。每社又设社正、社史和社监等官，由村社村民推举产生，享有官方认可的品质爵位。另外，此时安南还进一步完善并编制户籍，男子中年龄稍长者称为"大黄男"，年龄较小者称为"小黄男"，六十岁者则成为"老"，更老者成为"癃老"。安南村社民人依据编户户籍承担相应的赋税和徭役。

在土地占有形式上，安南村社开始实行公田制，但 13 世纪时，陈朝曾下令各村寨将公田卖于私人，造成不少村社成为私田村社。与两宋同时期的安南诸朝，农村公社中公田和私田的比重并无确切史料记载，但此时确实出现了不少造成公田私有化的因素。比如，安南一些王朝为了供养军队，有时也会将村社公田分配给归乡的士兵，或者将其赏赐给贵族或官僚。但无论是公田制还是私田制，农村公社的民户都要对国家承担赋役，

---

① 《安南志原》卷第一，河内：法国远东学院 1931 年版，第 60 页。

如陈朝太宗便曾下令，凡人丁有田产者都要缴纳钱粟作为赋税，其中有田一到二亩者缴税一贯，三到四亩者缴税二贯，五亩以上者缴税三贯，而田租方面则要求每亩缴纳粟百升，没有土地者可免国家租税。① 可见，两宋时期，安南的土地政策与宋朝相比存在不小的差异，而其赋役政策虽在具体规定中与宋不同，但却基本确立了依据土地数量确定赋役多少的原则。当然，从陈朝赋役规定来看，此时安南的赋役政策是有利于大土地所有者的，因为其规定有田五亩以上者税三贯。从陈朝赋税征收的粮食作物来看，此时安南水稻的种植也许并不广泛，因为其规定赋税中征收的粮食是粟，而非稻米。在农业生产力上，因安南与我国接壤且在宋代前曾在大部分历史时期内归中原王朝直接统治，故牛耕和铁质农具很早便传入越南。

两宋时期，东南亚地区还有另外一个影响力较大的国家，即真腊（古代对柬埔寨的称谓），此时的真腊正处于其历史上最辉煌的时期，并因其首都在吴哥，故称其为"吴哥王国"。跟安南一样，农村公社是吴哥王国最基本的乡村聚落组织，其农村公社相当于村，即一般由十几到几十户农户组成村落，"每一村或有寺或有塔，人家稍密，亦自有镇守之官，名为买节"②。"买节"即村长，多由村落中威望较高的族长担任，负责管理和分配村社公田。吴哥王朝土地占有形式最突出的特点便是国家一切土地属于国王所有，故村社"买节"的主要职权便是为国王管理和分配村里土地，并征发赋税、徭役以及处理村里日常事务。村社农民对土地只有使用权而无所有权，且其一旦离开原属村社便无法从其他村社得到土地耕种，故只能被捆绑在固定的村社里。吴哥王朝还规定，村社农户耕种国家土地要向国王缴纳十分之一的收入作为赋税，并每年为国王服役几十天，并在服役期间自备所需。吴哥王朝的农业较为发达，而其农业的繁荣与其重视并不断完善水利设施有关。吴哥王朝所处热带地区"大抵一岁中，可三四番收种"③，其"厥土沃壤，田无珍域，视力所及而耕种之。米谷廉平，每两乌铅可博米二斗"④。吴哥王朝得天独厚的农业生产条件为其农业经济的繁荣发展奠定了重要基础，而较为完善的水利灌溉网络又为将

---

① （安南后黎朝）吴士连编：《大越史记全书》卷六《陈纪二》，西南师范大学出版社2016年版。
② （元）周达观著，夏鼐校注：《真腊风土记校注》（村落条），中华书局2000年版，第174页。
③ 《真腊风土记校注》（耕种条），第136页。
④ （宋）赵汝适著，杨博文校释：《诸蕃志校释》卷上《真腊国》，中华书局2000年版，第19页。

肥沃的土地变为良田提供了重要条件。正因如此，吴哥王朝拥有坚实的经济基础去创造吴哥窟的世界奇迹。

二 宋与阿拉伯帝国乡村经济的对比

与两宋存在的时间大体一致，在丝绸之路沿线上的重要国家，还有阿拉伯帝国。阿拉伯人结束拜占庭帝国和萨珊波斯对中东的统治后，相继建立起三个王朝，即倭马亚王朝、阿拔斯王朝和塞尔柱克王朝。阿拉伯人统治中东的四五百年间，中东地区的农业得到了恢复和发展，且大体经历了三个阶段，即7世纪中期到8世纪中期是中东农业的恢复期、8世纪中叶到10世纪是中东农业的繁荣期、10世纪以后是中东农业的衰落期。阿拉伯人统治时期，中东农业得到恢复、发展和繁荣的原因主要有以下几个因素。

一是中东地区拥有了较为安定的农业发展环境。阿拉伯人对中东各地的征服较为顺利，且采取了较为温和的政策，只要被征服地区的群众愿意缴纳赋税或皈依伊斯兰教，就能够免遭战争之蹂躏。正因为采用了如此温和的征服政策，所以阿拉伯人取代萨珊波斯统治的征服行动进展非常顺利，甚至在一些地方，如叙利亚、伊拉克和伊朗的很多地区获得当地民众的夹道欢迎，原拜占庭帝国和萨珊波斯统治下的大多数地区往往以和平缔约的形式投向于阿拉伯的征服者[①]。从倭马亚王朝到阿拔斯王朝初期，阿拉伯帝国的对外扩张基本结束，虽然在阿拉伯人的扩张中，一个地跨亚欧非三大洲的帝国随之产生，但这种扩张本身的温和性并未对中东地区的农业生产秩序造成严重冲击。尤其是阿拔斯王朝建立后，中东地区的农业经济达到了空前繁荣的程度。

二是阿拉伯帝国的历代哈里发政府重视农业经济。阿拉伯帝国的财政收入主要来自农业经济，其历代哈里发为此非常重视农业经济。为推动农业经济发展，哈里发政府投入大量人力和物力在全国各地修建灌溉工程，为阿拉伯帝国农业经济发展打下了坚实基础。哈里发政府还建立了较为完善的灌溉系统管理机制，如在伊朗的木鹿、伊斯法罕、设拉子等地设立专门管理灌溉系统的官员"密拉波"，其地位甚至高于当地行省的行政长官。哈里发政府还鼓励农民垦荒，规定在帝国疆域内，谁开垦地的土地便归谁所有，且对新开垦土地实行较为优惠的赋役政策。同时，哈里发政府还非常重视农业科技的实验与推广。农业在阿拉伯帝国

---

① [美]希提：《阿拉伯通史》，商务印书馆1979年版，第175页。

时代成为一门专门学科,并诞生了一批农业学家。阿拉伯的农学家们还在安达卢西亚设立实验植物园,开展各种农业实验,如曾尝试将引进植物与本地植物进行嫁接,以培育新的农作物品种。阿拉伯帝国时期,农民的生产积极性也因为人身依附、法律依附和土地依附关系的松弛而大大提高。阿拉伯帝国的农业劳动者不仅自由程度随着封建制度的确立而加强,且因哈里发政府实行了较为温和的赋役政策,其受剥削程度也较此前的拜占庭帝国和萨珊波斯时期为轻,甚至比同时期欧洲城邦封建领主制下的农奴也要轻得多。

三是封建性生产关系在阿拉伯帝国的确立。阿拉伯帝国农业经济快速发展的一个重要原因之一是封建土地所有制的确立。阿拉伯帝国土地国有制和土地私有制并存,且土地私有制所占比重更大。阿拉伯帝国的国有土地主要来自原拜占庭帝国和萨珊波斯的贵族土地以及在战争中逃亡的地主土地和无人耕种的土地。哈里发政府将掌握的国有土地登记造册后给租佃给农民耕种,向非穆斯林民众收取人头税和土地税,并向穆斯林民众收取什一税和天课。阿拉伯帝国内,清真寺也掌握着大量土地,实际上寺院掌握的土地相当于私有土地。未逃亡的地主可以继续保有自己的土地,前提是需要缴纳土地税,而大量农民通过开垦荒地也获得了属于自己的土地,形成了大批的自耕农。阿拉伯帝国内,国有土地虽占有一定比重,但自耕农所占比重更大,而掌握在自耕农、地主和清真寺手中的土地则构成了其私有土地的主体。在农业生产中,使用奴隶是阿拉伯帝国的一大特点,但此时的奴隶已经被法律允许保有财产,且在人身依附程度上也较此前的拜占庭帝国和萨珊波斯要轻。因而,阿拉伯帝国的奴隶更加接近于农奴甚至佃农。阿拉伯帝国对境内农民实行的赋役政策要比同时期西欧的农奴制轻得多。8世纪80年代,哈里发哈迪实行穆卡萨玛新税制,开始依照作物收成百分比交纳赋税。按照新税制,丰年政府收入会增加,灾年农民便可少交税。在新税制中,王室土地的具体税率是依照出租期限和土地质量确定,税率往往是佃农收入的四分之一到三分之一,最少时仅有二十分之一。国有土地税率与王室土地基本一致,多在农民收入的三分之一到二分之一。中小地主出租给佃农的税率多定在农作物产量的三分之一。[①] 佃农租佃土地并缴纳租税后,该土地的土地税则由土地所有者缴纳,如此一来,自耕农的土地税负担便相应降低。哈里发政府不止一

---

① 戴小江:《阿拉伯人统治时期中东农业发展的原因》,《曲靖师范学院学报》2006年第1期。

次向帝国的各级官吏强调,收税应当采取温和的方式,不可以鞭打任何人,也不可以掠夺任何人的粮食、衣物和财产,并让纳税人站在太阳底下。

正是由于以上诸因素的存在,阿拉伯帝国时期,中东地区的农业得到迅速恢复和发展,并在阿拔斯王朝统治前中期出现了繁荣局面。繁荣发展的农业经济为阿拉伯帝国的统治奠定了坚实的物质和财政基础,同时孕育了繁荣发展的商业经济,并促进了中东地区城市的大量繁育。阿拉伯帝国时期,得益于繁荣发展的农业经济,阿拔斯王朝的首都巴格达成为当时世界上首屈一指的大都市,其繁华程度不亚于北宋的汴京和南宋的临安,人口在高峰时期曾达到150万人,而同时期的西欧,人口在1万人以上的城市便称得上是大城市。直到14世纪时,英国伦敦的人口也才仅有4万人。[1]但是,10世纪后,随着中亚塞尔柱克人的入侵以及西欧"十字军"的频繁东征,阿拉伯帝国的农业生产秩序遭到破坏,其农业经济也开始走向衰落。阿拉伯帝国农业经济在繁荣时期,虽无法超越两宋,但与同时期的世界其他地区相比,依然属于佼佼者。

三 宋与中古时期西欧乡村经济的对比

在两宋时期,西欧虽未形成统一的国家,但在地理范畴中却是一个较为重要的区域,此时的西欧大体处在其历史上的中世纪时期。中世纪西欧的农业生产条件较为落后,粮食单位面积产量更无法与两宋相提并论,其农业生产自10世纪开始有所发展,12到13世纪经历了农业生产力的较快增长期,但到14世纪时因黑死病肆虐和农业劳动力锐减,西欧农业旋即陷入衰落期。中世纪西欧农业生产与两宋相比,处在一种全方位的落后状态,且落后的程度非常之大,但这样一种落后的农业生产状态却在客观上加速了西欧庄园经济和农奴制度的瓦解,让西欧的封建生产关系和经济结构得以在此过程中得到缓慢调整,为其在17到18世纪后农业资本主义的产生和农业革命的发生创造了条件。但是,中世纪西欧农业生产的落后却是一个不争的事实,造成其农业生产和农业经济落后的原因主要有如下几个因素。

第一,中世纪西欧缺乏发展古代农业的地理、气候和土壤等自然条件。西欧的地理和自然条件非常复杂,大西洋东岸的温带海洋性气候、南部地中海北岸的地中海式气候以及西欧内陆带有大陆性的温带气候都存

---

[1] 孙培良:《中世纪的巴格达》,《世界历史》1980年第1期。

在，且无论哪种气候条件，都很难造成农业生产所需要的一个重大自然条件即雨热同期的出现。西欧复杂的地理和自然条件为农作物的选种提出了挑战，实际上可以种植的农作物较为有限。另外，西欧很多地区的土壤条件也并不适于农作物尤其是谷物的种植。在西欧多国，中世纪时森林、沼泽和沙地遍布。比如，中世纪时，英国和德国很多地区都遍布沼泽和荒地，而大量的砂砾地带，则因土壤浅薄和干燥而很难耕种。[1] 西欧中世纪大量的森林地带，土壤虽然肥沃，但因土壤黏性强而难以耕作，且很多森林地区常因降水较多而成为沼泽。中世纪西欧的这种地理和自然条件决定了其要发展农业就要砍伐森林和排干沼泽，但在当时的农业生产力水平下，这是一件极其耗费体力和时间的事情。

第二，中世纪西欧的农业生产工具和耕作方式也远远落后于两宋。中世纪时，西欧的农业生产工具不仅种类少，而且较为原始落后，其主要农业生产工具有犁、耙、锄、铲、鹤嘴锄、铁杆和斧头等，且大多简单笨重。中世纪西欧的地理和土壤条件决定了其农业生产要开垦大量的森林和沼泽，并且在肥力和畜力匮乏的情况下，需要进行土地休耕，因而耕犁便成为其开垦森林和沼泽获取耕地的关键农业生产工具。但是，中世纪西欧的耕犁技术相当落后，在中世纪初期法国和英国还在使用重犁，需要使用两头以上甚至最多要八头牛或更多的牛才能拉动。中世纪中期，英国虽出现了需要两头牛或马拉动的轻犁，但法国却依然在使用重犁。[2] 我国早于唐代时便开始使用曲辕犁，结构轻巧，设计合理，只需一头成年耕牛便可拉动，两宋时曲辕犁在我国已获得大面积推广。从耕犁这一代表农耕时代生产力发展水平的最为重要的生产工具来看，中世纪西欧与两宋相比，其落后程度便可想而知了。除耕犁落后外，中世纪西欧庄园农业经济中，耕畜的数量也较为稀少，往往一座庄园中仅仅饲养几头牲畜，导致大量耕作劳动不得不使用人力。同时，中世纪西欧在庄园农业经济中对耕畜与耕地之间的合理比例关系理解也不到位，且对土壤肥力的恢复认识不足，造成其土壤肥力下降而无法得到有效恢复，而长时期的休耕又增加了开垦新土地的劳动压力。

第三，中世纪西欧农作物种类少，自然灾害频发。中世纪西欧种植的农作物种类非常少，多为小麦、大麦和裸麦。10 世纪以后，谷物种植开

---

[1] [法] P. 布瓦松纳：《中世纪欧洲生活和劳动（五至十五世纪）》，商务印书馆 1985 年版，第 99 页。

[2] [苏联] 波梁斯基：《外国经济史（封建主义时代）》，生活·读书·新知三联书店 1964 年版，第 252 页。

始在西欧农作物种植中占据主导地位。如 12 到 13 世纪时，谷物重视在德国南部地区开始取代传统的养猪和森林经营相结合的原始农业形式，而法国则直到 15 世纪才出现谷物种植占据农业种植主导地位的局面。但是，谷物种植与西欧地理、气候和土壤等自然条件之间的矛盾在中世纪并未得到完全解决，以至于直到中世纪晚期西欧一些地区才开始种植大麻、亚麻和葡萄等经济作物。中世纪西欧的农业经济还经常遭受自然灾害的冲击，而在农业生产力严重落后的情况下，频繁发生的洪水、地震和鼠疫等自然灾害对西欧农业造成的危害极大。13 世纪时，西欧各地普遍出现过自然灾害，如 1287 年到 1293 年洪水、暴风和地震等自然灾害曾频繁光顾英国南部地区，1314 年到 1316 年之间西欧发生的洪水和风蚀灾害曾造成其谷物收成锐减。[①] 在各种自然灾害中，尤其以发生于 11 到 14 世纪之间的鼠疫给西欧造成的冲击最大，不仅造成其人口锐减，还使得其农业经济在 14 世纪后出现严重的衰退趋势。

第四，中世纪西欧农业政治秩序动荡，农业单位面积产量较少。中世纪的西欧既未形成统一国家，也未形成稳定的地域性政治关系，国家与国家之间，乃至国家内部不同的政治势力之间，经常发生战争，四分五裂的政治局面也无法为农业经济发展提供较为稳定的政治环境。1337 年到 1443 年的英法"百年战争"，既严重消耗的两国国力，也给两国人民带来深重灾难，对两国农业生产环境和秩序造成破坏。同时，中世纪的意大利和德意志内部也因未完成统一而经常出现政治纷争。大小不断的政治纷争和国家战争造成西欧大片田地荒芜，农业经济难以获得稳定的政治环境，其农业单位面积产量也很低。目前，对于西欧中世纪农业单位面积产量虽然数据口径不一，但毫无疑问的是与两宋时期我国农业单位面积产量相比，西欧的谷物单位面积产量落后非常多，甚至存在两到三倍的巨大差距。比如，在 11—15 世纪的英国，丰收年份谷物的亩产量为 293.5 公斤，而同时期我国谷物丰收年份的亩产量可以达到 964 公斤[②]，而英国在中世纪时的农业生产条件和农业生产力发展水平在很长的时期内处在西欧的较高水平，起码比相邻的法国和德国要好。可见，中世纪的西欧与两宋相比，农业经济发展水平要远远落后，甚至与中东地区的阿拉伯农业经济发展水平相比，也存在不小的差距。

---

① H. Heaton, *Economic history of Europe*, New York: Harper & brothers, 1936, p. 162.
② 吴慧：《中国历代粮食亩产研究》，农业出版社 1985 年版，第 194 页。

第三节　宋代乡村经济的运行机制与时代特色

中国古代以农业立国，农业既是传统王朝的经济基础，也是中国古代文化的风貌诠释。乡村经济在中国古代关乎国计民生，既是百姓的生存来源，也是国家财政收入来源。宋代在中国古代历代王朝中，在政治、经济和文化等各个方面，拥有着更多不同于其他王朝的新特点，而其乡村经济的运行机制以及在当时与其他少数民族割据政权抑或"海上丝绸之路"沿线重要的区域性大国政权统治下的乡村及其经济的运行机制相比，也在农业经济发展及其运行机制上形成了诸多独具特色的风格，赋予了宋代乡村经济运行独有的时代特色。宋代与其他王朝相比，在存续的三百年间，长期面对恶劣的地缘政治安全形势，始终没有彻底摆脱少数民族割据政权对王朝的安全威胁，甚至遭到了"靖康之难"的巨大变故。宋王朝为维持自身生存和发展，不得不与辽、夏、金等少数民族政权军事对峙，且征伐不断，必须在割据对峙的前沿地带维持强大的军事防御力量。即便如此，宋代依然在科技文化等诸多方面，取得了骄人的发展成就。尤其是宋代的商品经济繁荣，在很多方面不仅呈现出突破性的变革萌芽，而且远远超越于同时代的境内少数民族割据政权，以及"海上丝绸之路"沿线的区域性大国及其创造的文明。这一切，与宋政府对乡村经济的调适及其塑造的成熟有效的乡村经济的运行机制不无关系，而总结其乡村经济运行机制的时代特色，对于深化宋代乡村经济问题的研究也非常必要。

一　宋代乡村经济的运行机制

乡村经济是一个涉及农村产业结构机制运行方式的系统性问题，其中不仅涉及农业发展，还涉及农村中手工业以及商业发展问题。古代乡村经济的运行，除农村产业本身的问题外，国家政策和市场发育，也是乡村经济运行中不可规避的因素。宋代乡村经济与前代相比，农业生产关系的变革是其乡村经济运行机制调整调适的基础。唐代中期后，随着国家手中掌握的土地数量不断减少以及唐中央对各地藩镇节度使控制能力的减弱，均田制日益变得难以维持。此种情形在宋初已经变得非常突出，故宋朝甫一立国，宋太祖赵匡胤便推动农村土地制度的变革，确立了不抑兼并的土地制度基本国策，实际上实行的是允许土地自由买卖的自由化土地政策。在该土地政策下，政府并不限制农村中土地的买卖和自由流动，实际是以市场机制解决农村最重要的生产要素,也即土地资源的配置问题。宋代自由化土地政策的确立,可谓宋代乡村经济运行机制调适的原动力,也是宋代乡村经济运行机制中最重要的内容和制度设计。

为适应自由化土地政策下宋代乡村出现的土地占有数量分化,并保证宋朝政府财政收入的稳定和增加,宋政府在确立自由化土地政策后又对其赋役征收政策进行了调整,确立了"五等民户"制。在"五等民户"制下,宋政府赋役征收的依据不再是家庭人口数量的多寡,而是乡村中各等民户土地占有的数量及其财产的多寡。土地制度和赋役政策的改变,打破了宋代以前均田制下乡村经济原有的运行机制,并在调适中形成了一种有别于前代的乡村经济运行机制。在该运行机制下,最为显著的特点便是推动了宋代乡村经济的商品化发育发展。自由化的土地政策造成宋代乡村民户持续分化,一些占有土地数量较多的上等民户在将土地租佃给下等民户和无地客户耕种的同时,也开始从事手工业和商业等非农行业的经营活动,而四等以下民户和无地客户则可能由于土地数量不足或没有耕地而不得不租佃一等、二等和三等民户土地耕种,以维持家庭成员基本生计。可以说,租佃制的推广普及在较大程度上缓解了从均田制转化为自由化土地政策时带来的乡村土地数量占有不均的下等民户和无地客户的家庭生计问题,也塑造了一种新的乡村经济的运行机制模式。①

但是,租佃制能够维持上等户与下等户和无地客户在农业经营下下等户和无地客户家庭生计的前提,在于一定地域范围内的乡村上等户拥有足够的可以租佃给所有下等户和无地客户的耕地,且这些被租佃的耕地在产出上要能够维持所有下等户和无地客户的家庭生计,而一旦这样一种平衡被打破,也即一定地域内上等民户可用于租佃的耕地在租佃制下无法满足下等户和无地客户的租佃需求,那么下等民户和无地客户便需要寻找其他的谋生途径。租佃制在宋代乡村经济运行机制中发挥着基础性的重大作用,对于维护宋代乡村社会的稳定和解放宋代农业生产力起到了促进作用。② 因而,随着租佃制在宋代乡村经济运行中的运用以及农业生产力的发展,宋代乡村出现了人口孳长的情形,但人口滋长在一些农业生产条件较好的地区,如江浙一带、成都平原等地区,很快便打破了上等户和下等户与客户之间的土地租佃平衡,造成人稠地狭的乡村社会图景。无法得到有效土地供给的乡村下户和无地客户为谋求生计,便不得不大量开始从事

---

① 漆侠:《宋代封建租佃制及其发展》,《陕西师大学报》1982年第4期。
② 赵俪生:《试论两宋土地关系的特点》,《北京大学学报》1978年第2期。

兼业和商业经营，进而造成宋代乡村各级市场的发育，乡村草市、虚市大量出现，而比这些乡村初级市场规模更大、功能更加完善的乡村"镇市"也大量涌现，并与县域市场联结为一体。宋代乡村各级市场的发育既是其土地赋役政策变革下乡村经济调适发展的结果，也为其在租佃制下解决一些地区不断凸显的人地矛盾提供了可能，甚至成为推动其乡村经济商品化的重要条件。可以说，政府政策供给、租佃制的推广、乡村兼业和专业经营的大量出现以及乡村各级市场的发育发展及其相互间的互动，构成了宋代乡村经济运行机制的基本环节，而其运行机制中最重要的特点便是乡村经济在自然经济的汪洋大海中已经出现了较为明显的商品化趋势。

二 宋代乡村经济的时代特色

宋代乡村经济在前代均田制瓦解后确立自由化土地政策的过程中，从赋役政策变革、租佃制的普及、乡村产业结构变化和乡村各级市场发育等环节上实现了运行机制的重塑，既成功解决了均田制难以实行时乡村经济发展面对的重大问题，也在自由化土地政策确立及其乡村经济运行机制的调适中推动了农业生产力和乡村经济的繁荣发展。尤其是在此过程中，宋代乡村经济运行中各等民户从事兼业和专业经营的情况越来越多，甚至在一些人地矛盾突出的地区成为普遍的乡村社会现象，不仅解决了土地要素配置不均在乡村地区造成的下等民户和无地客户的生计问题，还在客观上促进了宋代乡村商品经济的发展以及各级市场的发育，并在诸多方面对宋代经济社会和文化发展产生了深刻影响。因而，宋代乡村经济与同时代的少数民族割据政权以及"海上丝绸之路"沿线当时具有一定世界影响力的大国相比，其乡村经济在诸多方面颇富时代特色。

首先，宋代乡村经济运行中租佃制发挥着基础性的重要作用。租佃制是封建生产关系中较为成熟的一种土地要素配置模式。与两宋同时期的中国少数民族割据政权，在其统辖范围内，租佃制虽在辽、夏和金已经出现，但远远没有达到像两宋那般普及的程度。北宋初年，随着自由化土地制度的确立，乡村土地的自由买卖造成乡村民户土地数量日益多寡不均，而租佃制的推广普及则解决了土地分配不均带来的土地要素的配置问题，也即实现了乡村民户尤其是下户劳动力与土地的结合，成为维系农业生产的重要基础。与两宋同时期的"海上丝绸之路"沿线国家和地区，社会发展形态各异，经济社会发展水平也不尽相同，除了阿拉伯帝国基本确立封建生产关系且存在较为普遍的租佃制外，尤其是西欧地区并未出现租佃制大量推广的情况。这说明，至少从农业生产关系的角度看，两宋确实在当时处在世界领先的水平。

其次,宋代乡村经济运行中乡村民户的兼业和专业经营已经普遍出现。兼业和专业经营主要是指宋代乡村民户部分或全部脱离农业生产而从事手工业或商业经营的情形。两宋时期,乡村经济运行中大量兼业和专业经营活动的出现,主要原因在于农业生产已经无法在很多地区满足乡村民户生存和发展的需要,尤其是乡村四等和五等民户以及无地客户,在上户土地数量充裕的情况下才可能租佃到足以维持家庭生计需要的土地,而一旦随着人口的滋长,在某个地域出现上户可以租佃的土地无法满足下户和客户的土地租佃需要时,那么脱离农业生产而从事兼业或专业经营便成为一些乡村下户和客户的不二选择。① 两宋虽然面对少数民族政权的威胁,但内部政治局面较为稳定,统治者也高度重视农业生产,同时租佃制的推广也成功解决了自由化土地政策确立后乡村民户土地占有数量严重不均造成的劳动力与土地的分离问题。因而,两宋时期,人口数量增加较快,甚至出现了我国封建时代少有的人口高峰。北宋末年,人口数量已经突破一亿,远远超越了前代。此种情形既说明两宋乡村经济的繁荣发展,但也造成很多地区出现了严重的人地矛盾,并造成大量乡村民户从事兼业和专业经营活动。

最后,宋代乡村经济运行中乡村各级市场发挥着重要作用。自然经济和家庭经营依然是宋代乡村经济的主体,但其乡村经济的商品化趋势已经较为明显,主要体现在其乡村经济运行中兼业和专业经营活动对乡村各级市场的依赖性越来越强,且促进了乡村各级市场的发育。在此背景下,宋代乡村大量的草市、虚市等初级市场得到发育,并在初级市场发育的基础上孕育出一些乡村区域性的中心市场,即在乡村初级市场和县级市场之间开始出现一种起到要素流动纽带作用的比草市和虚市发育程度更高的市场形式,也即"镇市"。在宋代乡村经济的运行中,乡村各级市场发挥着要素流通和配置的重要作用。宋代乡村经济运行中出现的兼业或专业经营活动虽然并不直接从事农业生产活动,但其手工业或商业经营却严重依赖于市场,既要从市场中获得原材料等生产要素,也要将商品拿到市场上进行出售,还要从市场中获得家庭生活所需要的粮食等生活物资,而这些生活物资在土地供给较为充足的情况下,则在过去主要通过家庭的自我经营也即从事农业耕种和副业经营自行解决。在租佃制无法解决乡村民户土地需

---

① 漆侠:《宋代社会生产力的发展及其在中国古代经济发展过程中的地位》,《中国经济史研究》1986 年第 1 期。

求而造成一些乡村民户必须从事兼业或专业等非农经营时,乡村各级市场的发育则为其兼业或专业经营活动提供了最基本的市场平台。宋代乡村经济运行中各级市场的发育也是其乡村经济繁荣发展的重要体现,而各级市场的发育和发展水平也要远远领先于同时期我国的少数民族割据政权以及"海上丝绸之路"沿线的几乎所有国家和地区。

第七章 宋代乡村经济运行的历史影响
——以宋明对比为中心

土地问题是我国古代经济社会发展中的中心问题。我国拥有五千年的文明史，而中华文明被誉为"农耕文明"。可以说，在较大程度上，中华文明在政治、经济和文化领域所取得的成就及其达到的高度，与土地有着非常紧密的关系。宋代乡村经济运行中呈现出了诸多与前代不同的新特点，尤其是乡村经济中"五等民户"与客户的分化、兼业和专业经营的增多、人地矛盾凸显下租佃制的普及、坊郭户户籍管理制度的完善、国家赋役制度的适应性调整以及在此背景下宋代乡村民户社会意识和社会心理的变化等等，都反映出宋代乡村经济在运行中出现了诸多新特色，且这种变化并非孤立现象，而是呈现出系统性和结构性，而将这种系统性和结构性变化中政府在制度和政策上所进行的改革和调整视作一个整体来看的话，两宋关乎乡村经济运行上的制度和政策上为适应或引导这种改变又进行了体系性的改革和调整，或者说两宋在改革和调适中形成了一种适应其乡村经济模式的政策体系。宋代乡村经济运行中出现的一系列变化，追溯其制度或政策的源头可以发现，宋初为适应均田制瓦解的现实而进行的"不立田制"的自由化土地政策改革是造成其乡村经济运行模式出现重大变化的根本原因。正因如此，本书在前文的探讨中对唐代和宋代乡村经济运行的特点等问题围绕从"均田制"瓦解到宋初确立自由土地制度的变革线索进行了较为充分的对比分析，但却并未对宋代以后尤其是明代乡村经济运行的有关问题进行对比，造成宋代乡村经济运行特色及其模式对后世的影响问题实际上并未得到充分体现。

为充分说明宋代乡村经济特色及其运行模式对后世的深远影响，可以将宋代和明代乡村经济运行的特点、模式和规律等问题进行对比分析。本章主要内容为将明代的土地赋役制度及其变革情况与宋代进行对比，在突出宋代乡村经济运行特色的同时探索其与明代土地、户籍和赋役制度之间的关联，以说明宋代乡村经济运营模式对后世的历史影响。在该章讨论中，明代的"赋役黄册"制度、"鱼鳞册制度"、"里甲制度"以及张居正改革中推出的"一条鞭法"等内容所构成的三位一体的明代户籍、土地和赋役管理机制及其变革是对其与宋代乡村经济运行中相关制度和政策进行对比分析将要讨论的主要问题。

第一节　宋明对比视角下明代土地制度的规范化改革

宋代对土地制度进行的变革以及在此基础上对户籍和赋役政策进行的调整，也存在较大弊端。宋代"不抑兼并"的土地制度势必造成乡村出现严重的土地兼并以及由土地兼并造成的悬殊的贫富分化。但是，宋代乡村跟历朝历代乡村一样，并非是一个只有乡村普遍民户构成的完全封闭的社会，而是通过勋戚、缙绅和富商等与政府或者官方势力也会出现较为紧密的联系，尤其是地方的缙绅势力往往对乡村社会产生较大影响。土地兼并以及由土地兼并等因素造成的乡村贫富分化在宋代乡村经济商品化趋势下可以通过民户的兼业和专业等手工业或商业性经营活动予以缓解，但乡村中的上户或缙绅等势力凭借特权以及其他非正当方式隐匿田产甚至将其田产应税额向乡村下户进行转嫁所造成的矛盾，尤其是对国家财政收入造成的冲击，在宋代也是一个非常突出的问题。这充分说明，宋代开始实行的基于土地和财产数量征收赋役的政策及其根植的可以自由买卖的土地制度，在与国家政权相结合的过程中，往往存在一个非常突出的问题，便是一些乡村中的大户或者与政府官方存在较为密切联系的上层势力隐匿或转嫁田产进而造成国家财税收入流失，乃至对国家财政运转和安全造成严重冲击。

明代以后，在宋代自由化土地制度及其配套户籍和赋役政策的基础上，进行更为精细化的制度优化和政策设计，以避免国家财政收入在与乡村经济对接时出现流失，进而维持国家财政收入稳定和国家财政机制的正常运转，便成为明政府维持统治的基础性工作。为此，明政府在宋代土地、户籍和赋役政策经历元代历史性延续的基础上对相关制度和政策进行了适度革新，这些革新在较大程度上反映了其土地制度的基本面。

一　明代"鱼鳞册"和"黄册"制度的创立

宋代土地、户籍和赋役制度在乡村经济运行中曾出现脱逃问题，诸如

"隐匿不报"、富家转嫁等现象都对国家财政收入以及财政运行机制造成冲击。为此，如何有效杜绝此类问题便成为宋代以后明清历代在土地赋役政策调整中着力解决的问题。对于该问题，宋政府不仅已经意识到，并进行了一定的探索，力图予以解决。绍兴十二年（1142）十一月，李椿年上疏陈举"经界不正"带来的十大弊端，危害，并向宋高宗提出推行经界法，即清丈全国土地，对全国乡村中每户实际拥有的土地数目进行清丈核实，重新编造税籍，以让"民有定产，产有定税，税有定籍"。李椿年陈列之内容受到南宋政府高度重视，宋高宗委之以推进经界之法的职权。李椿年遂制定"经界法"二十四条，首先在平江（今苏州）尝试推行，还于转运司中设立"措置经界所"这一机构，专司经界法推行事宜。绍兴十三年（1143）六月，宋高宗擢升李椿年为户部侍郎，并于"户部措置经界所"，将经界法面向全国推进。[①] 在南宋的经界法改革中，李椿年在重新编制税籍时创立了砧基簿。砧基簿的主要内容为记录乡村民户田地四至和权属，每个地块不仅有文字表述，还附加形状图一副以更加形象精确地标明田地四至，田土版籍配图是一个创新。另外，砧基薄作为官方清丈土地的簿籍，也代表着宋政府对土地所有权的确认，因而其还具有为土地所有权提供法律依据的作用。乡村民户所有之土地，若在砧基薄上没有登记记录，而仅仅凭借私家契约，无法得到官方的土地产权认可。砧基薄能有效防止土地漏报，可工作量太大，且乡村豪门大户不愿配合，导致推行难度较大。因乡村豪门大户阻挠，南宋官府在民户自己申报的"自实法"和由官府亲自清丈的"经界法"之间难以决策，摇摆不定。南宋政府为推行"经界法"及其砧基簿制度，并减少乡村大户阻力，还曾派专人以"推排法"进行土地清丈，但终究未取得预期的清丈效果。

  明朝建立后，为有效解决乡村民户土地清丈不清和赋役逃脱的现象，宋太祖在进行多年的摸索后正式施行"鱼鳞册"和"黄册"合一的"两册"制度，即田亩、人口、资财和赋税编审汇册的制度。洪武二十六年（1393），明政府对全国乡村土地进行了第一次清丈，为"两册"制度的施行奠定了统计数据基础。"两册"制度是明朝相比宋代在土地、户籍和赋役制度和政策上进行的最为重大的革新，对其乡村经济发展也产生了非常重大的影响。实际上，"两册"中的"鱼鳞册"和"黄册"既有区别，也有联系，且在土地、户籍、财政和赋役制度、政策和乡村经济的运行机制中还具有相互印证的作用。《明史》称："鱼鳞册为经，土田之讼质焉，

[①] 王德毅：《李椿年与南宋土地经界》，《食货月刊》1972年第5期。

黄册为纬，赋役之法定焉。"① 明末清初江南大儒陆世仪在其《论鱼鳞图册》中提到，"一曰黄册，以人户为母，以田为子，凡定徭役，征赋税则用之。一曰鱼鳞册，以田为母，以人户为子，凡分号数，稽四至，则用之"②，便充分说明了"两册"的区别和作用。从以上两条材料可以看出，明初创立的"鱼鳞册"和"黄册"制度是在宋代土地、户籍和赋役制度与政策基础上为防止土地清丈不实和确保国家财政收入不流失而进行的制度优化，且相比于南宋李椿年在推行"经界法"时创立的砧基薄更为完善，且鱼鳞册主要作用是明确每个地块四至及其产权归属，"如有涉及土地产权纠纷的案件，当事人或政府主管官署，可根据鱼鳞册加以裁定"③，黄册之作用则是明确乡村户籍情形，并与鱼鳞册相互印证以确定乡村民户赋税和徭役之多寡。

宋代乡村经济中出现的诸多新变化，相比于宋代之前历代乡村经济的运行模式来说，是一种带有较大变革性的变化，且此种变化的根源可以追溯到其土地制度的变化，即可以进行自由交易的自由化土地政策的确立。宋代以后，宋政府确立的自由化土地政策基本得到延续，租佃制的土地要素配置方式在我国乡村经济运行中也成为一种最为普遍和最为重要的配置方式得到继承和发展。但是，宋代所确立的自由化土地政策及其在乡村经济运行中已经普遍采用的租佃制土地要素配置方式，和在此基础上所构建的户籍、赋役、财政以及乡村社会运行机制，在很多方面仍然较为粗糙，甚至在国家的制度和政策层面并未得到明确确认，而只是对当时宋代乡村经济发展现实的一种适应性默认。为此，明代在宋代土地制度及其乡村经济运行模式的基础上进行了更为精细化的制度建设，使明代的土地制度在基本继承宋代土地制度及其政策框架的基础上呈现出数据化、规范化乃至格式化的特点。比如，为提高赋役征收中对土地位置和面积的识别能力，明代在土地制度中增加了田图对应，还通过两册对照进一步提高对土地的识别和管理能力，这些制度在明代创立，并在清代至今得到继承和发展，对于提高我国封建社会后期国家或政府对于土地的识别和管理能力起到了重要作用。明代土地制度虽相比宋代在规范化、数据化和格式化等方面进行了更多的政策性建设，但因其对土地产权认识的局限以及在土地制度执行中的随意性等内外部因素，造成其土地制度在明代中后期后逐步趋于失

---

① 《明史》卷七七《食货志一》，中华书局1974年版，第1882页。
② 陆世仪：《论鱼鳞图册》，收入（清）贺长龄编《清经世文编》卷二九《户政》，岳麓书社2004年版，第649—650页。
③ 赵冈：《中国土地制度史》，新星出版社2006年版，第61页。

灵乃至瓦解,并导致其乡村经济运行中出现了因土地兼并和赋役沉重造成的严重阶级矛盾,成为造成明末农民起义频发以至大爆发的重要根源。

从乡村经济发展的角度看,明代属于元代后中华传统经济的恢复发展时期。明代土地制度主要由"两册""赤契"等组成,其制度创立之初,对于加速明初乡村的垦荒、稳定乡村社会和恢复乡村经济发展起到了重要推动作用。与宋代"不立田制"的自由化土地政策相比,明代在此基础上适应宋代乡村土地生产关系及其生产经营形式的新变化进行了更为精细化的政策建设。宋代乡村经济运行中,虽号称"不立田制",实际上其本身便是一种土地制度,且反映出宋政府对于土地生产关系进行调整的一种新思路,即对土地的交易和流转采取放开的态度,这与前代均田制之下政府限制土地交易和流转的思路出现了较大差别。在放开土地交易限制允许土地自由交易的情形下,为了确保宋政府的财政收入不减少甚至增加,其赋役征收政策和整个国家的财政运转机制便需要作出适应性调整。宋政府为适应土地自由交易和乡村民户土地占有情况可能经常出现变化以及部分乡村民户尤其是乡村下户和客户实际并无多少土地的现实,遂对其赋役征收政策也进行了适应性调整,与前代以人丁为依据征收赋役的做法不同,宋政府在乡村征收赋役开始以土地和财产多寡作为基本依据,同时为适应其乡村经济中专业和兼业经营活动增多的现实以及乡村草市和"镇市"等各级初级市场发育的现实开始在乡村中规模相比于草市更大的"镇市"设置场务,征收商税。

从《大明会典》和《后湖志》等史料记载来看,鱼鳞册在统计内容上将田块作为基本单位,上注明某地、某都、某图、地块编号及其具体位置,此外地块的面积、四至、归属者姓名、佃户姓名和地邻姓名等信息,也一并注明。面积四至,业主姓名,佃户姓名,相邻业主姓名。黄册在统计内容上则以"户"作为基本单位,注明某户的乡贯、丁口、姓名、年龄和事产等项。从修制成本来看,编制鱼鳞册需要踏勘并审核全国土地,即便可将该任务依据明代的基本行政建制逐级分解,也需要耗费大量的人力、物力和时间,故编制成本很高,每年编制或隔上几年编制并不现实。因而,从既有记载来看,有明一代对全国土地进行清丈并编制鱼鳞册的活动只有两次,即洪武朝鱼鳞册和万历朝鱼鳞册。鱼鳞册在明代的出现,是对前代土地管理制度的一种创新性变革。唐代中期后,随着"两税法"的推行,土地虽逐渐成为征收赋役的依据,并在宋代自由化土地政策下得到进一步确认,但作为官方来说,要想保证赋役征收的准确性并不出现或很少出现脱漏和脱逃现象,需要政府有能力建立一种有效的土地管理制度。显然，宋代较多出现的土地脱漏和富户转嫁等现象，说明其土地管理机制并不健全。明代确立起来的鱼鳞册制度虽无法完全解决土地脱逃等问题，但相比于宋代来说是封建政府在土地管理中的巨大进步，而其土地管理的思路与当今国家或政府对土地进行管理的思路实际上一致，只是限于当时的物质和技术条件而难以达到今天的管理水平。当然在实际执行中，明代的鱼鳞册制度虽是吸取前代尤其是宋代经验而进行改革创新的产物，但因明代历朝帐籍过于繁芜，依然无法避免大量的脱逃现象，或因无法做到坚持统计并更新数据，而造成鱼鳞册在实际应用中出现并不适用的情形，且这种情形随着时间的推移会变得愈发严重。正因如此，洪武朝鱼鳞册编制后，历朝使用长达近两百年，明朝中后期不得不重新编制了万历朝鱼鳞册。但是，必须肯定的是，明朝土地登记和税赋征收分开的做法，至少可以保证鱼鳞册在籍的土地的真实性。

二 明代赤契制度以及其他土地制度

鱼鳞册和黄册是明代土地制度的根基，在鱼鳞册和黄册制度的基础上，相比于宋代，明代土地制度的规范化和格式化还体现在其对土地交易、官民户土地管理、开荒垦田等事项更为精细化的规定和管理上。土地流通是封建社会生产力和生产要素，也即劳动力与土地配置中必不可少的环节。因而，土地流通是否顺畅关系到作为农业时代的封建社会乡村经济的有效运转，也是其发展的重要条件。宋代虽确立了可以自由流通的土地政策，但在土地交易的管理上尚较为粗放，并未形成一整套可以对土地交易流程有效监管的制度，尤其是在土地流转的过程中容易出现因业主变更而造成土地脱逃的问题，且因土地交易造成的赋税交纳纠纷也是一个非常棘手的乡村社会问题。为解决诸如此类的问题，明代在延续宋代以来允许乡村社会中土地可以进行交易流通的政策的同时，还制定了赤契制度，规定在土地流通时必须履行一个正规手续，确定土地交易中涉及地块的差粮要一起推收过割。在土地交易中，交易双方相应形成交易文契，交易双方只有完成差粮赋税的交割，并由县衙查验确实缴纳契税加盖县印以后才具有国家法律效力，得到国家的认可和保障。在此过程中，因加盖县印后的契约上面有红章，故称之为"赤契"，而未加盖县印红章的契约，则被称为"白契"，因而学界也将该制度称为"赤契"制度。赤契制度并不是明代独创，在唐代"两税法"实行后便已经产生，但明代的赤契制度与鱼鳞册和黄册制度结合使用，在规范乡村民间土地交易中产生的土地交易管理效果更好，且明代的赤契制度规范性更强。我国著名历史学家王毓铨在

《王毓铨史论集》中曾经提到几个明代土地交易的契文案例，其中均明确写明了交易位置、土地位置、面积、四至、地段编号和租赋等，这些案例中出现的"新编鳞字五号，计税五分七厘"，"其田从出卖之后一经买入，自行管业，收苗收税"，"听从本产收割入户供解"①等字样，均能证明明代土地交易中的赤契制度在规范性上达到了较高水平。明朝的土地交易税税率并不高，但赤契则能起到有效保证差粮在土地交易中的推收交割，所以明朝的土地交易凭证，也即契约，其法律效力及其对土地交易的确认保障作用，必须得到国家机构的认可。

明代土地制度允许土地交易流通，但并非所有土地都可以上市交易。明代在户籍管理中实行官民田籍和役籍制度。官民田籍实际上是两种户籍制度，包括官田和民田两种类型，其中官田是指国家掌握的土地，对于这部分土地，明代并不允许交易。其实，官田制度，也即国有土地制度，历朝有之，井田制被废止后，历代王朝为维护统治，保证国家财政收入能够得到国有土地的有效支持，便往往以各种方式掌握一部分土地，也即形成了国有土地，其一般包括未垦地、山林河湖以及宗室与各级政府掌握的土地等，而北魏到隋唐期间，我国还出现了以国有土地为主的土地分配和管理制度，并形成了非常完善的国有土地管理政策。因而，从制度层面看，官田制度并非明代所独创，但明代的官田制度却非常有特色。

明朝在历史上第一次以国家法律形式对官田的土地性质及其类型进行了非常明确的界分。《明史·食货志》载，"土田之制，凡二等：曰官田，曰民田。初，官田皆宋、元时入官田地。厥后有还官田，没官田，断入官田，学田，皇庄，牧马草场，城壖苜蓿地，牲地，园陵坟地，公占隙地，诸王、公主、勋戚、大臣、内监、寺观赐乞庄田，百官职田，边臣养廉田，军、民、商屯田，通谓之官田。其余为民田"②。从这条史料记载可知，明朝的官田可分为十五类，且不仅官田和民田之间拥有明确的界分，十五类官田之间在性质和用途上也界分较为明确，这也是明代土地制度相比于宋代更为规范化的体现。另外，明代官田与民田税额也不一致，且不同类型的官田，其税额也不一致，但官田的税额一般要比民田高。最后，明代的官田除非国家命令准许交易，否则禁止与民田交易转化，不同类型的官田也不允许随便转化。除军屯登记在《军黄册》外，政府在统计地

---

① 《休宁县吴鼎和卖田契》，收入《明清徽州社会经济资料丛编》（第一辑），中国社会科学出版社1988年版，第72页。
② 《明史》卷七七《食货志一》，第1881页。

块面积和核算赋役数额时要注明官田和民田的具体属性,官田与民田要明确注明。明代对于官田的上述制度规定意在确保政府掌握稳定数量的国有土地,并从中获取稳定的财税收入以充裕国库。明朝还改变了过去不同类型的官田之间赋役结构模糊的状况,明确了不同类型官田的赋役内容,并严禁官田和私田之间进行交易转换,同时禁止各类官田之间转换,抑制各种可能改变官田及其类型的兼并现象的发生。

与官田相对应的则为民田,民田在管理上适用明朝的役籍制度,这种按照役类进行户籍分类的做法并非继承自宋代,而是受到蒙元的影响。元明易代之际,为方便进行户籍和相应官僚管理体制的转换,明初接收并延续了元朝的户籍簿册,同时朱元璋出于稳定国内形势的目的也倾向于采用固化性较强的役籍分类做法。明代役籍分类的做法虽反映在黄册上,但其并非说明籍贯,而是体现出民户的不同应役类型,诸如军民户、匠户和灶户(盐户)等,都是明代役籍制度中较为常见的户籍类型。不同类型户籍承担不同类型的国家责任,对应享有不同的土地分配政策,并承担不同程度与类型的赋役,且各类役籍身份及其承担的赋役由国家规定强制世袭,不同类型之间不准随意转换,除民户可分家外,其他役籍类型俱不得分家自立。同时,除民户土地外,其他役籍之土地也不得进行交易,若身死无后则收归国有。可见,从明代官民田籍制度和役籍制度的规定看,只有民户的民田可以进行土地交易,其他形式的土地在性质和类型上被固化下来,成为国有土地或带有国有色彩的土地。这与宋代的土地制度相比,从交易流通的角度看,显然存在一定不同,但其对稳定小农经济和乡村经济运行秩序,并保证国家拥有较为稳定的财税收入,却具有重大作用。

除两册、赤契和管民田籍与役籍制度外,为鼓励民间垦荒发展农业经济,明政府还制定了有利于引导和鼓励乡村民人开荒垦田的制度,即占田制度。封建时代,乡村经济以农业生产为主,而农业经济发展的关键在于实现劳动力与土地要素的结合,让乡村民户拥有足够数量的土地耕种而不致使民力有所富余,或者避免出现一些民户民力富余而缺少土地但也有一些民户土地富余而民力不足的情形出现。为此,历朝历代纷纷制定鼓励开荒垦田的免税和占田政策,尤其是在历代开国之初民间尚有大片荒地待垦之时。明朝也延续了这一做法。明朝开国之初,甫经改朝换代的动荡,人民流离失所,大片田地荒芜。为恢复乡村经济,发展农业生产,洪武初年曾下诏,"令各处人民,先因兵燹,遗下田土,他人垦成熟者,听为己业,主已还,有司于附近荒田,如数给予,其余荒田亦许民垦辟为己业,免徭役三年"①。洪武三年（1370）三月，又诏"徙江南民十四万于凤阳"②，后因"北方近城地多不治，召民耕，人给十五亩，蔬地二亩，免租三年"③。洪武二十八年（1395），朱元璋"诏户部言：百姓供给，繁劳已有年矣，山东河南民，除额入田地照旧科征外，新开荒地，不问多少，永不起科"④。可见，明初非常重视鼓励乡村民户开垦荒地，并为此制定了诸多鼓励垦荒的政策，尤其是在土地产权确认上规定，乡村民户开垦的有主荒地，若原地主返回也不必归还，由政府就近拨付同面积荒地即可，同时明政府还制定了减免一定年限租税的鼓励政策。

为推进占田制度的有效实施，实现人口与土地跨地区范围的迁移整合在明初显得尤为必要，因为"盖自唐末五代以来，人口之繁殖，集中于江南东部一隅，北部因迭受落后部族，重以元末之兵，随处皆荒旷，洪武时因一再移东南之民以实之"⑤。为此，明初曾几次推行大规模的移民制度，以缓解以河北和山东等为主的华北地区人口锐减造成的田地荒芜问题。占田的制度用意还在体现力业相称的原则，即让有民力者能够耕种足够的土地，而其耕种的土地则主要来自开垦荒地。洪武初，朱元璋便下诏，"许民垦辟为己业"，洪武五年（1372）又诏"其间有丁少而旧田多者，不许依前占护，只许尽力耕垦为业"⑥。可见，在鼓励垦田的同时，明朝为避免一些民户即便有余力而过度占田甚至超越了自己的耕种能力的现象出现，也对占田进行了一定的限制，如规定"计口给田""验丁拨付"，而"若有余力听其开垦"也必须"犁到熟田，方许为主"，而"不许过分占为己有"，这里都反映了明政府试图贯彻力业尽量对等的原则。

明朝尤其是明初大力推行占田制度以使民田尽量对等的做法，是在人地矛盾并不突出，或者国内各地乡村尚存在一定数量土地的前提下进行的制度性设计。此种情形在有宋一代并不突出，甚至整体情况恰恰相反。宋朝建立除却统一全国的战争外，并未出现长期的大范围的战争动荡，而其领土的主体部分基本和平的从北周继承而来，故而在宋初并未出现如明代

---

① （明）申时行：《大明会典》卷十七《田土》，中华书局1989年版，第112页。
② （清）嵇璜、刘墉等：《续通典》卷十《户口篇》，（台北）新兴书局1956年版，第1167页。
③ （清）嵇璜、刘墉等：《续通典》卷三《田制下》，第1122页。
④ （清）嵇璜、刘墉等：《续通典》卷三《田制下》，第1123页。
⑤ 李剑农：《中国古代经济史稿》，武汉大学出版社2000年版，第195页。
⑥ （明）申时行二《大明会典》卷十七《田土》，第290页。

那般北方田地大片荒芜的局面。北宋建立后，乡村经济迅速发展，人口增殖较快，人地矛盾较为突出，宋政府制定垦荒鼓励政策的迫切性并不强。因而，明朝以占田制鼓励垦荒的思路虽在历朝有之，但其相比宋代来说规范性更强。

第二节　宋明对比视角下明代赋役制度的改革创新

乡村经济是封建统治的基础，其与国家之间发生关系的纽带则是财政，而封建国家财政收入的主要来源则是其乡村经济的运行体系。在封建时代的乡村经济运行中，国家财政主要依靠征收田赋。同时，乡村经济的运行以及诸多国家统治事项的实现，还需要封建政府向乡村民众征发徭役。因而，田赋和徭役在我国整个古代社会既是封建国家维系统治的基础，也是乡村民户日常生产和生活不可规避的重要事项，并深刻影响到历代乡村经济的运行体系及其秩序，也因之成为讨论古代乡村经济话题时不可规避的重要问题。正因如此，赋役制度是土地制度之外明朝乡村经济运行中非常重要的制度内容。古代社会，赋主要是指田赋，而役则主要是指徭役，田赋是对实物地租的再分配，而徭役则是对劳役地租的再分配，无论田赋还是徭役都与土地密不可分。由宋代到明代，虽中间经历了蒙元一百多年的统治，但从封建赋役制度因革损益的角度看，变化固然多且大，但这种变化也要辩证看待，也许具体的制度设计及其内容有所变化，但就制度用意及其框架来说变动幅度又相对有限。宋代赋役制度中出现了诸多与前代不同的变化，比如田赋征收依据完成了由人丁向土地的转变，而其他税项也主要以乡村民户财产多寡为依据。宋代赋役制度的这种变化主要是适应其土地制度变化的结果，因而从某种程度上来看，土地制度的设计对赋役制度的设计会造成很大影响。在赋役制度设计上，明代虽在土地制度上出现了诸多创新性的变化，但其土地制度的整体框架与宋代相比并非本质变化，而更多是在宋代土地制度的基础上进行的格式化和规范化的变革，是一种在承袭基础上进行精细优化的关系。但是，明代的赋役制度在与乡村经济的对接运行中，已经出现了一些迫切需要解决的问题，并由此引发了有明一代对赋役制度的几轮渐进式改革，从这些改革中可以略窥其赋役制度之一斑，也能在很大程度上对其赋役制度与乡村经济运行的关系有所了解。

一 明代的田赋和役法改革概况

宋代以来，赋役征收中的逋逃问题便一直存在，而在依据政府掌握的土地面积征收赋役的情形下，所谓逋逃现象的出现大多是乡村富商大户进行转嫁的结果。乡村中的富商大户对应当承担的赋役采取诸多方式进行逃避，而将其转移到乡村中一般民户身上，造成乡村民户出现大量的贫困化问题，甚至难以维持生计，是封建政府统治面对的一大隐忧。此种现象在明初非常显著，故明政府和乡村中以富家大户为主的私人地主之间在赋役征收中的矛盾便成为明初开启赋役制度改革的动因。

自南宋以来，江南地区开始成为我国古代的经济中心，该地也成为后来历代王朝财赋的主要来源之地。明朝也如此，且明王朝统治建立的根据之地，基本在江南区域。为维护统治，明王朝高度重视江南区域的经济社会发展，并将其视作维护统治的重要基础。因江南地区农业经济发达，故明朝财赋收入的很大比重来源于此，且该地区乡村中官绅势力与明政府之间的矛盾也因其过度向乡村小民转嫁赋役负担而变得尖锐。因此，明朝的赋役改革开始于江南地区。在上文对明朝土地制度的论述中曾经提到，明王朝为保证拥有稳定的财政收入，掌握着大量的官田，而其为在农业经济发达的江南地区收取更多赋税，则在该区域建立了大量的官田经济，通过大量在江南地区占有官田的方式，将江南地区在其财政收入中起到的作用发挥到了极致。明初，明政府在掌握宋元以来江南地区已有"古额官田"的同时，还在统一战争和维持统治秩序的过程中通过暴力形式大量抄没此地乡村官绅田地，又掌握了大量的"近额官田"。明制，官田与民田执行的赋役制度并不同，官田在经营中由国家的官田管理机构直接向乡村小民佃租土地，故其并不存在田赋之说，实际上征收的是地租，国家作为官田的所有者，与耕种官田的乡村民户之间实际上是一种租佃关系。相比于国家向民田征收田赋来说，租佃关系中的地租往往更重。当然，对于民田来说，若乡村小民耕种之土地为自有耕地，则其田赋负担显然要低于耕种官田之佃户，然若其耕种之田为租佃自乡村中的官绅上户，则其实际承担的地租也与官田之佃户大致相当。因而，对于乡村民户来说，租佃官田耕种承担之地租负担要重于民田之田赋。

明朝建立以来，在江南地区大量掌握官田情形造成自洪武以来便已经存在的"江南重赋"问题。对于明代江南赋税之重，可以从如下几条材料中得到体现。洪武二十六年（1393），明全国耕地的平均纳税额为3.46升每亩，但江南省所属府县却远远高于全国水平，其中苏州府甚至达到了

28.53升每亩，超过全国平均水平7倍多。明初全国耕地在洪武年间达到8.5亿亩左右，其江南省所属苏、松、嘉、湖、常、镇等六府约有耕地3600多万亩，约占明代全国耕地总量的4%。但是，江南省六府年输田赋总额却高达645万石，占全国田赋总额2900多万石的二成还多。[1]"江南重赋"问题的严重不仅在于其向国家输纳的田赋负担沉重，更在于江南省各府县之官绅势力多将税赋向乡村小民转嫁。江南省作为明王朝建立的早期重要根据地，王朝建立过程中的皇亲功勋人员本来就非常集中，且明朝实行"两都制"，本就在江南省保留了大量的国家机构，加之江南读书人多且在明代科举考试中成为政府官员的重要来源地，都造成江南省官绅势力聚集庞大的现实。江南省官绅势力庞大带来的一个严重后果便是其往往凭借手中的特权侵占或购买土地，造成江南地区乡村的土地兼并问题要比其他地区更加严重。江南官绅不仅兼并民田，官田亦不可幸免，以至"田居富室，粮坐下户"[2]的现象在江南地区日益普遍。

江南地区大量乡村小民本身并无多少耕地却要承担沉重的赋税，不得已出现大量逃亡的情况。更加严重的问题是大量官田被侵占后，逋赋的增加造成明政府财政收入的稳定性受到冲击。宣德年间，江南省仅仅苏州府的逋赋就曾高达790万石。[3] 宣德五年（1430），江南省松江府额定起运正粮应为43.9万石，但实际起运数额仅仅为6.6万石。[4] 江南地区官绅势力侵占官田，造成官田赋税逋逃问题日益严重并影响到明政府的财政收入乃至统治稳定，必然引起明朝统治者的强力反弹。早于洪武年间，江南逋赋问题既已出现，明太祖朱元璋为此曾经张榜告谕两浙和江西各省，凡"有田而不输租，有丁而不应役"，务要"改过从善"，否则必"国法不容"[5]。朱元璋以及明初朱元璋的几位继任者们曾力图采取诸多措施解决江南地区日益严重的官僚士绅势力因侵吞官田和转嫁小民赋役负担造成的巨额逋赋问题，却始终未取得实质性效果。正是在这样的背景下，明宣宗朱高煦继位后不得不去探索根治此问题的办法，且因明初历朝的问题累积，江南地区的赋役改革已经出现了刻不容缓的局面。正因如此，明王朝

---

[1] 唐文基：《明代赋役制度史》，中国社会科学出版社1991年版，第86—87页。
[2] 罗伦：《与府县言上中户书》，陈子龙等选辑：《明经世文编》卷八四，中华书局1962年影印本，第746页。
[3] 赵用贤：《议平江南粮役疏》，陈子龙等选辑：《明经世文编》卷三九七，第4287页。
[4] 顾炎武撰，黄坤等校点：《天下郡国利病书》（第六册），上海古籍出版社2012年版，第635—648页。
[5] 《明太祖实录》卷一五〇，"洪武十五年十一月丁卯"，台北"中研院"历史语言研究所1962年校印本，第2362—2363页。

对于赋役制度的改革自江南地区开始。

明王朝对赋役制度的改革首先是从田赋着手。宣德四年（1429），明宣宗朱高炽诏令江南省官田进行改科减征，"每亩旧例纳粮一斗至四斗者减十之二，四斗一升至一石以上者减十之三"①。宣德五年（1430），周忱担任江南省巡抚，主要任务便是实施明宣宗朱高炽的官田田赋改革诏令。周忱巡抚江南省后，发现宣宗的官田田赋改革诏令在省内执行情况各地不一，惟苏州府执行成效最佳，而如常州府所属之江阴县等地则近乎未予执行。②

宣德六年（1431），周忱为了进一步贯彻宣宗诏令并深化改革，旋又推出"平米"法。在明代，平米包括正粮和耗米，而明朝田赋缴纳制度规定，全国各省的正粮又分成运输入京的"京粮"和调拨边防军队食用的"边粮"构成的起运粮与留贮各地支拨的留存粮两种。其中，各地起运粮在起运到京师或各边防驻地时在运输中必然会产生折耗，故需要加征耗米，以达到正粮规定之数，此部分即被称为"耗米"。明宣宗和周忱田赋改革的核心问题在于解决统治者和中小地主之间的矛盾，让中小地主依据田亩多寡承担应该承担的田赋义务，而避免因将田赋负担转嫁给小民造成农民大众与明政府之间矛盾的尖锐化，以维护明朝的统治秩序稳定。各地中小地主也即乡村中的官绅势力压榨乡村小民的常用做法便是将"耗米"转嫁，造成"耗米"全由小民实际承担的情形。为避免此种情况出现，周忱推出"论粮加耗"法，规定正粮每石纳耗若干，并推出"论田加耗"法，对田赋纳税额较轻者规定每田一亩加耗若干。实际上，田赋缴纳中正粮能以"石"缴纳者必然是乡村中田地较多的官绅势力，而田赋正粮缴纳数额较轻者则一般为乡村小民。周忱此举能够有效避免乡村中的官绅势力借机将"耗米"转嫁给无辜小民，有利于减轻乡村小民的赋税负担。明朝前期，周忱的"平米"法改革产生了持续性影响，且影响较广，自景泰到正德年间，明朝江南区域中各省如南畿和浙江等地的田赋改革几乎全部以田赋中的"耗米"改革入手，以"论粮加耗"和"论田加耗"手段打击乡村中官绅势力通过转嫁"耗米"加重乡村小民负担的行为。

在探索田赋改革的同时，明朝也对役法进行过改革探索，其役法改革也是自江南开始。明朝的徭役分正役和杂役两类，其中正役也称"里甲

---

① （明）申时行：《大明会典》卷十七《田土》，第113页。
② 唐文基：《明代赋役制度史》，第9293页。

正役",无论里甲正役还是杂役,基本依托于其里甲基层社会组织实施。明制规定,里甲正役每里中的十个甲排逐年轮流服役,其一里有十甲,故每甲每十年轮流承担里甲正役一次。里甲正役轮值年岁中,里甲中之里长和甲首要亲自担负"催征钱粮"和"勾摄公事"等正役事项。明制对里甲正役的规定,看似每十年才能轮值一次,但却对乡村小民造成沉重的徭役负担。因为在里甲正役的轮值年岁中,每甲中的十户乡村民户需要全年应役,从全国来看,每年所有乡村中有十分之一的乡村民户在承担里甲正役,而若将杂役也计算在内,则每岁全国有两成乡村民户在服徭役。显然,在劳动力资源异常珍贵的农业经济时代,明制对里甲正役和徭役的规定不仅严重束缚了乡村小民的人身流动,而且严重制约着乡村农业经济的发展。因而,随着明初乡村经济的恢复和发展对明制的役法进行改革已经非常必要。在此背景下,周忱在对田赋进行改革的同时,也对明朝的役法进行了改革的尝试。关于周忱对役法的改革,顾起元曾称:"往周文襄公巡抚时,以丁银不足支用,复倡劝借之说,以粮补丁,于是税粮之外,每石加征若干以供支办,名'里甲银'。"① 从这条资料记述中可知,周忱在役法改革中使用"以粮补丁"的做法将过去以户为单位应征的里甲正役折算为费用,并摊入田粮之中,还将此费用折算为白银征收。如此一来,里甲正役对于乡民小民的人身束缚作用大为减轻,其不愿亲自服役便可通过缴纳白银的做法完成里甲正役。周忱的役法改革可谓一种革命性的做法,并对后世我国役法改革乃至田赋征收改革产生了深远影响,其开创的正役折银的思路也为明朝后来的赋役改革,如张居正的"一条鞭法"乃至清除的"摊丁入亩"提供了方向。

二 明代赋役制度改革的货币化趋势

明代前中期对赋役制度的改革,是对宋代以来我国古代赋役制度中存在的既有问题进行解决的探索深化,尤其是明初以来即面对的士绅官僚侵占官田或民田及其在赋役体制运行中对于田赋和附加税的转嫁问题,在宋代同样普遍存在,且宋代的统治者及其官僚集团对该问题并没有很好的解决办法。因而,从制度历史损益的角度看,明代前中期进行的赋役改革探索依然是对宋代以来我国赋役制度的改革优化,但其仅仅是对改革进行了探索,因为并未从根本上解决宋代以来以"两税"为主要内容的赋役体系在运行中存在的内部痼疾,但其意义依然广泛而深远,此后明清两代的

---

① (明)顾起元:《客座赘语》,中华书局1987年版,第62页。

赋役改革基本遵循其开创的思路，尤其是周忱在江南省的赋役改革中采用折银完役和"以粮补丁"的做法为其继任的改革者们提供了将赋役改革推向深入的思路遵循。在此过程中可以看到，我国古代传统的赋役征收做法中开始出现一个重大变化，即白银出现在赋役征收体系中成为乡村民户完成国家赋役任务的一种选择。周忱在改革上的继任者们正是沿着这一思路将明朝中后期的赋役改革继续推向深入。

明代中后期赋役制度改革也可以分为田赋和徭役两个方面。明代前中期田赋改革基本遵循这样一条线索，即改革从田赋的附加税"耗米"的征收开始，逐渐深入田赋正税也即"正粮"的征收标准。明代前中期即便进行了不懈的改革探索，明制中田赋征收中依然存在三个方面的突出问题：一是"耗米"改革只是在江南地区进行了改革探索，并未在全国范围内普及推广，因而从全国的整体来看，士绅势力对"耗米"的转嫁及其对乡村小民造成的沉重负担并未消除；二是士绅势力对"官田"和"民田"造成的土地兼并以及在此过程中造成的"官田"田赋逋逃问题依然存在，且对明王朝的财政收入乃至统治根基造成严重腐蚀；三是"官田"相比于"民田"需要承担的赋税更为沉重，存在税率并不统一的问题。为进一步解决上述三个方面的问题，正德后，明朝的改革者们围绕田赋征收中存在的问题进行了持续的改革探索。正德年间（1506—1521），明朝中期名臣桂萼曾向明武宗朱厚照上奏称，成化年间其于湖州府武康县任职时曾推行"官为一则，民为一则"，对"官田"和"民田"的田赋征收做法进行改革①。这条史料记载虽过于零碎，而桂萼改革也并未留存多少史料，但其说明明代中期后，明朝的田赋改革已经从附加税"耗米"深入科则也即"正粮"的领域。正德十四年（1519），在都御史许庭光与湖州知府刘天和主持下，在"官田"和"民田"的田赋征收中实行"各均为一则"尝试，将"官田"和"民间"田赋征收中"正粮"和"耗米"等附加税纷繁杂乱的状况各自合并为一则。嘉靖十六年（1537），右副都御史巡抚应天十府欧阳铎于江南省推进"牵耗"法，将"耗米"摊入"田亩"之中与"正粮"一并征收，力图实现"计亩均输"。"牵耗"法依然是"官民一则"改革的思路，不管"官田"还是"民田"均依据田亩多少统一征收，逐步消除了"官田"和"民田"田赋征收中税率并不统一的问题。经过这一改革后，江南省之吴县，无论"官田"还是

---

① （明）桂萼：《请修复旧制以足国安民疏》，《明经世文编》卷一八〇，第1835页。

"民田"的"耗米"征收标准约为3.44斗每亩①。"牵耗"法在江南省的改革仅仅是一个开始,此后直到万历前期,江南省之嘉、常、松、宁、应、镇、绍等府以及福建之莆田、江西之浮梁等县都曾进行过类似"牵耗"法的改革尝试。正是在这些渐进的持续的改革探索的基础上,张居正在"一条鞭法"的改革中直接消除了"官田"和"民田"科则标准不一的问题,实现了"官田"和"民田"科则的合并与统一。

自唐代中后期"两税法"施行并在宋代得到进一步延续,到清代初期实行"摊丁入亩",我国封建社会中后期赋役制度改革基本遵循这样一条原则,即在由繁入简的同时贯穿着赋役征收标准从人丁或户籍向田亩转变和折银征收转化的趋势。宋代乡村经济的商品化趋势在明代得到延续,在乡村经济商品化趋势影响下,明代赋役制度改革中田赋和徭役征收依据的田亩化和货币化趋势进一步明显,并在明代中后期的赋役改革中得到更为普遍的采用。其中,明代中期后实行的金花银制度则为推进其赋役制度改革提供了重要条件。正统时期,明政府开始在赋役征收中行"金花银"法,规定南直隶、浙江等江南数省"正粮"的起运粮依据米麦银2.5钱每石之比价折银征收,江南数省当时每年可入金花银81万多两②,约占全国"正粮"折银总价的12%③。在赋役制度改革行"金花银"法后,除江南数省固定采用该法外,其他省份若因逋赋、遭灾或运输成本临时增加等原因而无法及时起运"正粮"时也会临时性采用该法。如此一来,货币化的田赋在明王朝的财政收入中所占比重已经较为可观。

"金花银"法之所以能够在明代中后期的赋役制度改革中起到重要推动作用,不仅在于其可以省去"正粮"和"耗米"的起运之苦,更在于其所定税粮的折价与市价之间存在价格差。其实,我国古代因缺乏有效的市场干预机制,故粮食价格并不稳定,无论宋代还是明代,粮食价格变动都非常频繁,尤其是明代以米麦为主的粮食价格变动更为频繁,年景丰歉、自然灾害、社会动荡等诸多因素都会影响粮价。但是,在"金花银"法的施行中,政府在粮价折银中所定之官价往往低于市价④。比如,嘉靖

---

① 《崇祯吴县志》卷七"田赋",《天一阁藏明代方志选刊续编》,上海书店出版社2018年版,第15册,第641—649页。
② (明)王鏊:《震泽长语》卷上《食货》,丛书集成新编本,商务印书馆1937年版,第20页。
③ 唐文基:《明代赋役制度史》,第139页。
④ 唐文基:《明代赋役制度史》,第188—195页。

十六年（1537），江南省每石米价"自七钱而增至九钱"①，但当时推行"牵耗"法的欧阳铎定每石米所折官价为金花银五钱，基本低于当时江南省每石米七到九钱的市价。又如，正德十四年（1519），湖州府在推行"牵耗"法中官价每石米仅为金花银两钱半，但当时湖州市面上每石米的售价却高达5钱②。

在明代中后期以"牵耗"法或与此法类似的赋役制度改革中，推动改革的官僚群体正是利用税粮折银中官价和市价的差额推进改革，因为其所定官价低于市价可以能够取得一种堪称神奇的效果。一方面，自明初以来便已出现的因士绅群体侵占官田而造成的逋赋问题会因"牵耗法"的"以粮补丁"以及官田与民田的税则合并而消除。另一方面，税粮折价中官价虽高于市价看似增加了乡村小民的负担，但实际上对于乡村小民来说，相比于过去被士绅群体转嫁"耗米"而造成的负担并无明显增加，甚至可能有所降低，且乡村小民在这种赋役折银的改革中获得了更多的人身自由，并有更多的乡村小民可以从繁重的官府徭役中解脱出来，而对于明政府来说，其在并未显著增加乡村小民负担的情况下却因更多避免了士绅群体的逋赋问题而增加了财政收入。比如，嘉靖二十六年（1547），嘉兴知府赵瀛曾推行过类似"牵耗"法的"扒平"之法，规定无论官田还是民田"一例牵摊耗米"，且"正米重者耗减轻，正米轻者耗加重"。赵瀛行"扒平"法后确实取得了意想不到的神奇效果，不仅完成了嘉兴府原定赋额，同时有效缓解了官田的重赋问题。

在将"金花银"法运用于官田以消除官田和民田科则不一问题的同时，明代中后期，明政府还在赋役改革中逐步将"金花银"法向民田推行。明政府在改革中规定，无论官田民田，一律依照淮米2石折银五钱的比率征收田赋，而每年征收金花银的数额则视年景丰歉以及政府需要的粮食数量而定，一般"正米数少则全征本色，正米数多则量派折银"③。如此一来，"金花银"法神奇地消除了自明初以来便存在的官田和民田税则不一而官田负担过重的问题。随着官田和民田在"金花银"法施行中田赋负担差别的消除，明朝"官田"的国有土地属性实际上已经被弱化，因为"官田"的地租与"民田"的田赋在实际负担上的差别也一并消失了。

---

① （明）唐顺之：《与李龙冈论改折书》，《明经世文编》卷二六一，第1759页。
② 《万历湖州府志》卷十一"赋役"，《四库全书存目丛书》史部第191册，第227—228页。
③ 故宫博物院编：《（乾隆）安吉州志》，海南出版社2001年版，第99—100页。

同样得益于"金花银"法的推行,明代的役法改革也得以深化。在周忱改革的基础上,明朝中期后东南各省类似里甲正役以银完役的改革不断增多,其称谓不尽相同,但改革内容大致相似,即把明制规定的里甲正役摊分于田亩,与田赋一并折银收取。同时,官府用里甲正役的折银款项雇用他人完役,同时以此款项购买物料以及其他里甲役项。另外,里甲民户百姓中惟里长应役,甲首不必亲自应役。役法改革的中心内容是可以折银完役,不必亲自赴役,这种改革的意义在于让占到全国人口一成的甲首们从里甲正役中解放出来,进一步放松了土地及其役法对于人身的限制作用,也有助于增加农业劳动力。

除里甲正役外,过去同样依托里甲基层社会机构摊派的杂役也对明代乡村农户造成了极大的人身限制,并造成了农村劳动力资源的浪费。在"金花银"法推行中,完役方式的货币化趋势也逐步从里甲正役推进到杂役部分。正统年间,江西按察司金事夏时在明代首次推行均徭法,将杂役与正役一起均摊于田亩,并折银征收。景泰年间,右金都御史江西巡抚韩雍在江西推行均徭法。弘治年间,均徭法开始在全国推行。均徭法是将过去杂乱无序的杂役进行规范化,将其转变为规范化的有序摊派,关键是对杂役进行分类,分为重差、轻差、力差和银差,改变过去随时点差的做法,对杂役采取与正役相同的做法,即在里甲中实行十年一轮的制度。均徭法改革中的重差、清差和力差开始仍然需要里甲中民户亲自赴役,而只有银差可用白银完役,但在这项改革的延续中后来根据轻重不同被标注上不同的价格。万历年间,福建惠安县儒学中的膳夫一役标价为银20两每名,锦田驿的馆夫一役标价也为银20两每名,县中马夫价格最低,标价为银4两每名[①]。随着"金花银"法改革从里甲正役向杂役的深入,杂役中的各类力役依据出力轻重不同而被定为不同的价格,白银既可被用于代替杂役,也成了显示某种杂役轻重的依据。杂役折银摊入田亩征收,有利于官府招募人力完成杂役,有力推进了用银完役、摊丁入地的进程,也为明代中期后乃至清代持续推进赋役合并,奠定了基础。

三 明代赋役制度改革中的"一条鞭法"及其影响

明代中后期开展的一系列赋役制度改革的尝试,是其土地制度设计本身与诸多社会历史因素交互作用的产物。土地制度和赋役制度是农耕时代

---

① (明)叶春及:《惠安政书》卷三《版籍考》,福建人民出版社1987年版,第52—54页。

影响乡村经济发展的主要制度。明代的土地和赋役制度设计既是对宋代的继承，也在其基础上进行着持续的发展探索。制度设计不可能一成不变，其既是对实践需要的总结，并在一定历史时期内对实践产生引导作用，但任何制度在创设时即便立足实践需要，却不可能预测实践发展中可能出现的一系列造成制度失效的因素的产生。因而，制度的规范化是统治者追求的目标，但规范化的制度又会随着一系列制度运行中突破这种制度的现实因素的产生而被打破。明初在土地和赋役制度上的规范化设计相比宋代确实是一大进步，但这种在优化中的规范化努力不可能一劳永逸。随着明王朝的土地和赋役制度在运行中出现诸多对抗性和矛盾性因素，明代中期后，明王朝对其赋役制度进行了持续性的改革探索。在这种改革探索中，赋役货币化成为明显趋势，即其"正粮""耗米""里甲止役"和"杂役"在被全部摊入田亩的同时还被允许折银缴纳。如此一来，"正粮""耗米""里甲正役"和"杂役"之间过去征收依据不统一的界限便消失了，开始出现一个共同的媒介物，即货币，而其相互之间可以参照统一的标准则来自由市场决定的货币的币值。在此背景下，赋役征收中继续区分"正粮"和"耗米"以及"里甲正役"和"杂役"，甚至区分"赋"和"役"实际上已经在赋役征收的操作层面失去意义。因为，不同的"赋"和各种"役"之间完全可以通过统一的白银货币进行价值的换算。这就为明朝在赋役改革中统一各种赋役奠定了制度演化和实践探索的基础。

除此以外，明代中后期土地兼并日益严重，国家财政支出因抗倭、抵御北方游牧民族袭扰等因素不断增加，而其财政收入却出现收缩。明王朝面对的财政危机在传统的乡村经济运行中却难以得到充分缓解，也是推进其赋役改革继续走向深入的重要因素。在此背景下，从嘉靖九年（1530）到万历九年（1581），明朝对其赋役制度进行了持续的改革尝试。对此，在前文中已经进行了分析，而"一条鞭法"便是对明代中期后这一系列赋役改革尝试的总结。"一条鞭法"之称谓最早由明臣桂粤提出，始由欧阳铎、庞尚鹏和海瑞等于江南数省尝试推广。万历九年（1581），在张居正主持明代进行第二次全国土地清丈并编制万历"鱼鳞册"的基础上正式于全国推行，史称张居正改革的核心内容便是在全国推行"一条鞭法"。"一条鞭法"的主要内容为：

一是实现赋役合并。明初，在"内册"制度基础上实行按照"黄册"登记的户丁征役和按照"鱼鳞册"登记的每户田亩数征收田赋的赋役政策。不仅征收标准不统一，且名目繁多，徭役中又分为"里甲正役"和

"杂役",而杂役一项名目尤为繁多,"田赋"不仅分为"夏税"和"秋税"两税,且两税中又分为"正粮"和"耗米"。赋役合并则实现了田赋、徭役和土贡方物等的合并征收,把各种徭役和土贡方物等并入田赋核算,且赋役合并后的征收依据也实现了统一,在赋役征收中,户籍人丁不再作为赋役征收的依据,而是将赋和役的征收依据统一于田亩。另外,原来"两税"之中的夏秋两税都是征粮,而赋役合并后则规定除苏、松、嘉、湖地区秋税继续征粮外,其余地区统一征银。

二是对全国土地和人丁进行检核登记,核算全国田亩赋役征银数目。明朝中期后,乡村土地兼并情况颇为严重,乡村民户逃亡迁徙较多,明制中规定的依照户籍丁数派发徭役的基层社会组织里甲难以发挥应有作用,因而在"一条鞭法"改革中取消了徭役征发按照户籍丁数征发的做法,改为依据田亩派发徭役。另外,明初田赋中的"两税",也即夏粮和税粮征收中"折色银"的使用还很少。明朝中后期,随着乡村商品经济的快速发展,白银更加广泛地与乡村民户的生产和生活发生联系,不仅"折色银"得到推广,且在赋役改革的长期探索中还出现了"金花银"。"一条鞭法"改革中明确了赋役征收的依据只有土地,户籍人丁则不再作为赋役征收的依据。如此一来,乡村中的无地者则不用缴纳赋役,而少地者也可以仅仅承担较少的赋役,且明初赋役征收中那种乡村士绅势力对乡村小民动辄转嫁赋役的情形也基本得到防止。

三是消除力役,将力役事项改为官家以银雇募完成。"一条鞭法"改革停止了自明初以来的力役征收,改为以官府雇佣劳役的做法完成相关事项。明初役法分为里甲正役和杂役,其中均有要求乡村民户服力役之规定。"里甲正役"和"杂役"的征发均以里甲基层组织为基础,实行十年轮役制,而力役则对乡村民户造成了沉重的负担,每逢服役之年,乡村民户家庭中有能力服役之"人丁"则要完全脱离家庭农业生产应役,在农耕时代的乡村生产生活中,这对于乡村普通家庭来说无异于灭顶之灾,而力役之沉重也是造成乡村民户宁肯违法脱离里甲和背井离乡遁走的重要原因之一。"一条鞭法"规定,此后赋税收入中除了需起运"京库岁需"外,还要拿出一部分"留存"地方,以供地方各级官府开支。地方政府在得到赋税财力支持后,可"一岁之役官为佥募",即在赋役征收中取消力役,可让乡村民户缴纳"金花银"完成过去的力役,再由各级官府自税收中出资雇佣劳动力完成力役事项。

四是赋役钱粮改为实行官收和官解。明初定制,田赋征粮且需要起运,起运之田赋"正粮"和"耗米"又分"京运"和"边运",田赋粮的运输需要由里长和官府委派的粮长共同完成。无论"京运"还是"边运",距离都较远,运输成本较高,且需要占用大量民力。因而,除田赋和徭役之外,田赋税粮的起运对乡村民户也是一项非常沉重的负担。"一条鞭法"在改革中规定在田赋征收中夏税征银,除苏、松、嘉、湖地区秋税继续征粮外,其余地区统一征银,且俱为计亩征收,如此不仅简化了中间人对税粮折耗的侵蚀,也极大减轻了乡村民户的税粮起运负担。

五是简化赋役计算和征收标准。明初在赋税征收标准的确定中将乡村民户按照人丁和应征税粮多寡分成上、中、下三等的同时,还在上、中、下三等中又细分出上上、上中、上下、中上、中中、中下、下上、下中和下下九等,将此作为税粮和徭役征发的依据。这种赋役征收的依据太过烦琐,尤其是随着乡村民户人丁数量的变动,"两册"中的数据也要进行动态更新才能做到较为准确,但在实际执行中,无论"黄册"还是"鱼鳞册"数据的更新,都需要耗费大量的人力、物力和财力。明政府虽每年要求地方县司更新"黄册",对乡村民户的户籍人丁等信息进行查验核定,但因事项烦琐,涉及范围交广,亦难以做到完全准确,而"鱼鳞册"的重新核算,则涉及对全国土地的重新清丈,故有明一代,史料中所见的"鱼鳞册"制定和重修,也仅有两次,即洪武"鱼鳞册"和万历"鱼鳞册"。为此,"一条鞭法"改革简化赋役征收标准,在合并"正粮"和"耗米",也即将"耗米"折入田亩的同时,还将"里甲正役"和"杂役"折入田亩,并允许折银完纳,使赋役征收标准大为简化,乡村民户一般能够较为清晰地知晓自己应当承担的赋役数量。

"一条鞭法"是对前述明代中期后持续探索并不断推进的赋役改革成果的继承和发展,其极大简化了明初以来烦琐复杂的税制征收标准,平衡了乡村社会中各阶级阶层的赋役负担,尤其是减轻了乡村下等民户的赋役负担,并以折银完税和完役的规定让乡村民户从严苛的人身束缚中解放出来,既有助于解放农业生产力,也有助于推动乡村商品经济的发展。"一条鞭法"继承了自唐代中期后开启并于宋代全面推行的两税法改革思路,并为清代继续推进赋役改革最终实现"摊丁入亩"的改革奠定了基础。因而,"一条鞭法"是宋代以来我国历史上具有深远历史影响的一次伟大变革,其改革的动因在很多方面在宋代乡村经济的运行中已经出现,而通过"一条鞭法"的改革,宋代乡村经济运行中存在的诸多问题,至少在制度设计层面基本得到解决。

第三节　宋明对比视角下明代乡村
　　　　经济发展的新特点

宋代在确立"不抑兼并"的自由化土地政策的同时，在赋役征收中也进行了相应的转变，即在"五等民户制"改革中对其赋役征收的依据进行了改革，开始依据田亩和资产多寡作为赋税征收的依据，田亩和资产多寡不同，缴纳的田赋数量也不相同。但是，在田赋征收的内容上，宋代依然以征收实物为主，并分夏秋"两税"收取。同时，在徭役的征发上，宋代依然以人丁作为依据，也就是传统所谓的"人头税"。然而，宋代允许自由买卖的自由化土地政策及其赋役制度相比前代做出的改革却对宋代乡村社会经济发展产生了深刻影响，其中最重要的在于租佃制的乡村土地要素配置方式开始普遍出现，且乡村中土地的兼并以及人口的迅速滋长还造成乡村中一部分下等民户和无地客户们在无法租佃到足够维持家庭生计的土地的情况下，不得不大量从事与农耕关系紧密的或者直接脱离农业生产的专业或兼业经营，进而推动了宋代乡村经济的商品化经营。宋代以来，商品经济的发展尤其是乡村经济的商品化，可以说是推动赋役制度在由宋代到明代的持续改革中逐步实现货币化的重要推动力，甚至从某种角度来看乡村经济的商品化正是推进宋代到明代乃至清代赋役制度改革货币化趋势的原动力。

明代赋役制度改革从"正粮"中的"耗米"入手，并逐步推进到"正粮""里甲正役"和"杂役"之中。在此过程中，明代赋役制度改革呈现出三个主要趋势：一是"正粮"和"耗米"征收中"官田"和"民田"科则的统一；二是"耗米""里甲正役"和"杂役"征收的摊丁入亩；三是"正粮""耗米""里甲正役"和"杂役"征收的货币化趋势。在这三个发展趋势中，赋役改革的货币化是推动改革的重要力量，也是推进改革不断走向深入或者说能够让改革顺利推进并实现改革目的的重要手段。实际上，赋役改革的货币化趋势不仅为后世在赋役改革继续推进中提供了统一赋役征收标准的媒介，也即货币，而且对明代中后期乡村社会经济的发展产生了广泛且深远的影响。

第一，乡村农民生生世世被限制在土地上的情形大为减轻，有助于实现乡村劳动力与土地要素资源更为深入和灵活的结合。将乡村百姓限制在土地之上并让其依据国家的统治需要接受承担赋役是封建国家的基本特点。封建国家运行的基本目的即在于运用手中的政治权力，对农民的乡村经济生活进行干预，并让其承担超经济剥削，而乡村里甲基层组织则架构起了国家对接乡村小民社会经济生活的桥梁，也为农民接受这种超经济剥削提供了组织基础。在这种情形下，自宋代以至明朝前中期，乡村农民的经济生活呈现出这样几个特点：一是里甲对百姓形成事实上的人身限制，因为脱离里甲不仅难以生存，且会因无法及时完成赋役而违法，所谓"凡民邻里，互相知丁，互知务业，具在里甲"[①]；二是乡村百姓变更职业的难度非常大，因而其职业被固定于"黄册"之中。不仅如此，《大明律》也明确规定，"凡军民驵灶医卜工乐诸色人户，并以籍为定"[②]。乡村民户世守其业，若擅自变更职业，与"黄册"所载职业不一致，便会被依法论罪；三是依托乡绅势力和里甲组织强迫乡村民户向封建国家承担赋役。随着明代中期后摊丁入地和折银征收改革的推进，在赋役征发中，"正粮""耗米""正役"和"杂役"对乡村民户人身的控制关系逐渐减弱，使得再控制人丁于土地之上已无意义。这就意味着里甲组织控制人口流动和变更职业的职能随着摊丁入地和折银征收改革的深入推进已经消失。正因如此，明代后期，自万历年间后，明朝全国里甲职能已经转变，从过去限制人口流动和固守职业向维持地方治安和基层社会秩序转变，成为以"缉捕奸盗"为主要职责的保甲。万历年间，福建巡抚耿定向称，"我高皇定籍，十户为甲，甲有首"，"近因户籍梦散，里图错居，始通之为保甲"。从里甲到保甲的转变，意味着我国传统封建社会中乡村经济社会出现了重大的转变，封建国家对乡村民户的人身限制和职业限制大为减轻，为其脱离乡土从事更多的职业提供了可能。

第二，乡村中传统的"重农抑商"思想出现重大转变，乡村富户剩余资本的流向或投资方式出现变化。从资本流向上看，在传统的"重农抑商"思想影响下，明代中期前，乡村中以士绅势力为主的富户阶层，若有剩余资本，则购买土地，从事传统的土地租佃经营，即"以末致富，以本守之"。但是，明代中期后，随着摊丁入地改革在全国的推广，乡村中田地较多的士绅地主要实际承担赋役，造成租佃制之下的土地经营收益收到压缩，而少地或无地的商业阶层却不需要承担赋役，所谓"富商大

[①] 《御制大诰续编·互知丁业》，张德信、毛佩琦主编：《洪武御制全书》，黄山书社1995年版，第795页。

[②] （明）耿定向：《耿定向集》卷十七《牧事末议》，华东师范大学出版社2015年版，第662页。

贾","货或累万计,而竟以无田幸免"于各类徭役①。任何改革在推行中或在改革所处的历史时代中都会面对来自现实的阻力,明代中后期日益推进的摊丁入地举措必然触及广大乡绅地主势力的利益,并因之遭受非议,以致时人曾对此非议称,"古人立法厚本抑末,今人立法厚末抑本"②。当然,即便明朝的统治者也曾对摊丁入地的改革进行过反思,明穆宗朱载垕曾称,今"务本者孑立之身并应租庸,逐末者千金之子不占一役"③。摊丁入地改革对乡村社会的影响颇大,改革前少地或无地的乡村小民需要依据人丁多寡承担"正役""杂役"以及可能被转嫁而来的"耗米",但改革以后因"正役""杂役"和"耗米"不仅被摊入土地,而且其应役依据也要由土地数量的多寡而定,故此其徭役负担大为减轻,但乡村中占有土地数量较多的士绅地主则要承担更多被附着在土地之上的徭役,且相比改革前,土地不仅仅是田赋的承载,而且还成为"正役""杂役"和"耗米"的承载,因而传统的土地经营的难度大为增加,收益也相应降低。如此一来,乡村中资本有富余者便不再热衷于购买土地,以至出现"顾视以为陷阱,是以富者缩资以趋末"的情形④。

第三,乡村中劳动力资源得到释放,且配置方式更为灵活。依照明制规定,里甲正役为每十年轮役,也即每年中全国有两成劳动力需要常年服里甲正役,且大部分"正役"属于驿夫等非生产性役务。徭役被摊入田亩并折银征发后,则有大量劳动力自非生产性徭役中得到释放,使农业生产获得了更多的劳动力资源。因而,徭役摊入田地和折银征发对乡村经济社会发展起到了推动作用。另外,里甲在此过程中继续监管人口流动已无实际意义,获得更大人身自主权的乡村民户从事除农业生产以外的非农职业并进行跨区域流动也成为合法。在此背景下,乡村中有越来越多的人开始脱离农业生产,并从事兼业或专业的非农业经营。嘉靖年间,松江府华亭县何良俊在其著《四友斋丛说》中提到,"正德以前,百姓十一在官,十九在田","自四五十年来,赋税日增,徭役日重,民命不堪,遂皆迁业","大抵以十分百姓言之,已六七分去农"⑤。改革推动人口流动,也是对农村劳动力与土地资源的一次再配置。一些人地矛盾较为突出地区的

---

① (明)黄洪宪等:《(万历)秀水县志》卷三《食货》,成文出版社1970年版,第173页。
② (明)何糖:《均徭私议》,《明经世文编》卷一四四,第1441页。
③ 《明穆宗实录》卷四六,隆庆四年六月壬寅,第1146—1147页。
④ 《明世宗实录》卷五四五,嘉靖四十四年四月丙戌,第8803页。
⑤ (明)何良俊:《四友斋丛说》卷十三《史九》,中华书局1959年版,第111—112页。

百姓开始向土地较多的区域迁徙，如明人丘浚曾提到过江右百姓中不少流向了荆襄一带，"荆湖之地，田多而人少；江右之地，田少而人多。江右之人，大半侨寓于荆湖"①。在明代后期的人口流动中出现了两个趋势，一为自乡村地区流向城市从事非农行业，二为自人口稠密地区流向人口稀疏地区从事垦荒农作以及诸如矿场等其他非农经营。其中，江西、山西和陕西在人口流动中出现了较为明显的非农化情形，多选择从事"去农"行业，尤以矿场、煮盐和制陶等业为多，亦有成为"流民"或沦落为匪者②，而人口流动性的增强以及在人口流动中出现的"去农"现象与明代中后期不断推进的赋役改革有着不可分割的必然联系。

第四，推动商业经济深入发展，市场发育程度不断提高。明代中后期的赋役改革让乡村中传统的租佃制的土地经营不再是士绅地主基层剩余资本投资的首选，出现大量将剩余资本投向城镇非农产业的现象，并因之形成一大批带有地域性文化特点的富商大贾群体，诸如徽商、晋商和闽商等地域性的商人群体便是这一时代的产物，而其出现既反映出明代中后期商品经济的繁荣发展，也说明明朝的赋役改革对当时的经济社会发展产生了深刻的影响。资本流向的转变以及土地对乡村民人人身控制关系的松弛，让其从事跨区域、远距离的大宗商品贸易成为可能，并在全国形成了江南、珠三角、长江中下游、华北和西北等五大经贸区③。明代中后期，不仅国内市场迅速扩大，我国商人也开始走出国门，并与日益兴起的市场连为一体。明朝建立后虽实行"海禁"政策，但自隆庆年间一直到明朝末年，海禁政策在实际执行中并非始终如一，局部性的对外开放也一直在延续之中，不仅荷兰、葡萄牙和西班牙等海外商人来华交易，福建和广东等沿海省份的中国商人中也有不少出洋贸易者，如明末清初著名的反清人士郑芝龙和郑成功父子便参与海商贸易。明王朝在参与世界市场的过程中，凭借丝绸等优势产品常年处在顺差地位，导致海外大量白银流入，让中国成为当时正在兴起的世界贸易中的一个重要环节④。

---

① （明）丘浚：《江右之民迁荆湖议》，陈子龙等选辑：《明经世文编》卷七二，第608页。
② 万明：《晚明社会变迁：问题与研究》，商务印书馆2005年版，第54页。
③ 唐文基：《16—18世纪中国商业革命》，社会科学文献出版社2008年版，第3—5页。
④ 万明：《晚明社会变迁：问题与研究》，第230页。

结　　语

农民是中国古代社会中人口数量最多的一个社会群体，尤其在自然经济占主导地位的情形下，乡村经济发展状况和农村的日常生活几乎代表了古代社会的全部风貌。研究宋代乡村的经济生活虽然应坚持社会史的微观研究视角，但要充分把握宋代乡村经济生活的诸多问题，仍必须对宋代乡村经济运行的宏观环境有所了解。两宋在中国历史上是一个非常特殊的朝代。一方面，从政治与经济发展的角度看，宋代王朝在周边少数民族政权的压迫下，中央集权虽然得以极大强化，但却一直面临严峻的地缘安全问题，生存空间受到极大压缩，且从一个并不完整的大一统政权沦为一个难以偏安一隅的东南政权。因需长期应付少数民族政权的军事侵袭，两宋一直存在财政入难敷用的窘境。为此，在宏观层面上，宋代政府逐渐采取了一条放松对农民人身控制，默认或鼓励民间发展工商业以充裕国家财政收入的发展路向。另一方面，从文化科技的角度看，宋代国家虽然长期积贫积弱，但宋代却是我国古代科技文化大发展的关键时期。中国古代四大发明中，有三大发明在宋代或得到实用推广，或得到改良优化。在思想文化方面，两宋处于我国古代学术思想多元活跃但又孕育新的一统的时代。王安石的新学、浙东学派、濂洛关闽道学传承和三苏的"蜀学"等学术流派异彩纷呈，既对王朝的稳定施治提出了自己的见解，也孕育了自由活跃的思想风气，还在学术思想的多元交锋中孕育出新的思想一统趋势，使得儒学以理学的新面貌开始成为普遍意识形态和官方哲学。

宋代社会发展宏观环境下的新特点必然要对大江南北的乡村和乡村农民产生深刻的时代影响。反之，微观视角下一个个独立存在的宋代乡村，其存在与发展必然会汇成一股足以影响乃至撼动王朝宏观社会生活时态的洪流。在宋代乡村与整体社会、微观与宏观的动态互动和相互调适中，宋代乡村经济及民众社会生活必然要呈现诸多新的特点，展现许多新的面貌。

一是农业生产技术进步下乡村农业生产大规模精耕细作的实现。在农业科技上，宋代灌溉工具和灌溉技术取得显著进步，桔槔、戽斗、辘轳翻车、筒车等灌溉工具技术得以发明或普及。从宋代有关记载看，宋代灌溉工具中最重要的发明或发展应用要数翻车或筒车了。一般认为是后汉张让或曹魏的马钧发明了翻车，到唐代，此工具已在河、渠沿岸广泛使用。到宋代，翻车已经发展出依靠人力手摇或脚踏的翻车、畜力带动翻车和水力翻车等新的技术应用形式，且已成为在全国应用普及的基本灌溉工具技术。其普及应用程度也可从宋人的诗词中略窥一斑，如王安石在《元丰行示德逢》中称："四山悠悠映赤日，田背圻如龟兆出。湖阴先生坐草室，看踏沟车望秋实……倒持龙骨挂屋敖，买酒浇客追前劳。"在《后元丰行》中称："水秧绵绵复多稌，龙骨长干挂梁梠。"① 在古代的农业生产条件下，水力灌溉是保障农业产量的基本条件，翻车或筒车的普及应用在一定程度上说明，宋代乡村的农产品主要是粮食产量可能已经接近当时生产技术条件下的极限水平。

除翻车或筒车等灌溉工具和技术外，两宋的田间耕作管理技术、治水治田技术、农业生产工具和农作物耕作制度等也取得了显著进步。可以说，在虽然面临长期异族安全威胁，然仍整体维持长治久安的社会环境下，宋代农业生产技术的进步为实现宋代大江南北乡村民户对所属田地的精耕细作提供了技术保障和现实可能。另外，占城稻等高产农作物的引进与推广，也使得江南的乡村农业生产在技术进步的基础上又迈向一个新的台阶，使宋代的江南地区取代北方成为中国古代史上第二个经济重心，并一直持续至今。

二是人口剧增下人地矛盾突出的乡村图景。无论何种社会发展理论都肯定人在社会生产发展中的中心地位。人的生存发展需要必须以物质资料的满足为基础。故而一定社会中人口数量及其组织形态的变化必然引起社会经济发生相应变化，即社会经济发展必须进行适度调试乃至发生根本变化以适应人口数量的变化与组织形态改变。宋代乡村与前代乡村相比，一个最为突出的特点在于它站在一个数量超过1亿的人口剧增背景之下。大量文献记载显示，宋代人口数量增长趋势明显。据北宋户部统计，太祖开宝九年（976），全国户数为3090504户，仁宗庆历八年（1048），全国户数已达10723685户，到神宗元丰六年（1083），全国户数已剧增至17211713户，徽宗大观三年（1109），全国户数达到20882438户的最高峰，为宋初

---

① （宋）王安石：《临川先生文集》卷一《元丰行示德逢》、《后元丰行》，中华书局1959年版，第2页。

全国户数的 6.76 倍。业师邢铁先生在《宋代家庭研究》一书中认为，宋型家庭为三代五口之家，以此估算，到宋代仁宗年间，全国户数为 1200 万，就已经接近了唐代开元、天宝年间 6000 万的人口规模，更是超出汉代人口最高峰 5000 万人的水平，而此时距离北宋立国不足百年。到徽宗年间，全国户数超过 20000 户，若以三代五口的家庭规模估算，全国人口可能超过一亿人，远远超过宋代之前的任何一个朝代。

　　人口的剧增显然意味着只有生产足够多的粮食等农产品才能供养，然从国土面积上来看，宋代与汉唐相比，国土面积大为萎缩。在国土面积萎缩而人口却两倍于汉唐的背景下，宋代乡村人地矛盾之突出可想而知。据漆侠先生在《宋代经济史》一书中统计，宋太祖开宝九年（976），全国户数与垦田数分别为 3090504 户和 295332060 亩，户均耕地为 95.96 亩，宋太宗至道三年（997），全国户数和垦田数分别为 4132576 户和 312525125 亩，户均耕地为 75.62 亩，宋真宗天禧五年（1021），全国户数和垦田数分别为 8677677 户和 524758432 亩，户均耕地为 60.47 亩，宋神宗元丰六年（1083），此时北宋立国已超过 100 年，人口数量也已接近 1 亿人的规模，全国户数和垦田数分别为 17211713 户和 461455000 亩，户均耕地 26.82 亩。① 可见，在北宋人口数量剧增且已超过 1 亿人的背景下，虽然全国垦田数量自宋初的不足 3 亿亩增加到了宋神宗年间的超过 4.6 亿亩，但户均耕地面积却从宋初的近百亩直线下降到神宗年间的不足 30 亩。若以三代五口的家庭推算，到神宗年间，宋代乡村民户的人均耕地面积仅为 5.36 亩。人地矛盾凸显之下，宋代乡村必须对土地制度、生产结构和家庭经营模式等作出调整，以保障家庭生存和发展基本需要的满足，巨大人地矛盾下宋代乡村家庭为满足生计之需而努力探索粮食种植以外的多种经营和生存方式也因此成为宋代乡村经济发展与变动的基调。

　　三是租佃制度普及下宋代乡村生产关系的初步调试。自唐末五代以来，以政府授田为基础的均田制因土地集中的发展和政府掌握土地的不足而趋于瓦解。到宋代，政府手中掌握的土地本来就十分有限，且在人口剧增的背景之下，依靠政府授田已经很难满足乡村民户的种植需要。为此，宋代改变以土地面积征收赋税的传统办法，开始将乡村农民依据田产多寡分为五等民户和无产客户，以此作为征税依据。同时，面对如此突出的人地矛盾，土地集中现象不仅未予缓解，反而更加严重，而宋朝也采取了"不立田制""不抑兼并"的土地政策。无论土地怎样集中，古代农业生

---

① 漆侠：《宋代经济史》（上册），第 58 页。

产的核心问题依然在于解决人口与土地的结合问题，即便在土地高度集中的情况下，若能通过适当的生产关系调整，实现乡村民户与土地的结合，农业生产依然可以有效维持，而乡村民户也可凭借自己的劳动付出获得维持家庭生计所需的粮食等必需品。为解决人口与土地的结合问题，宋代乡村在人地矛盾突出且兼并严重的情况下开始普遍采用租佃制，即无地或少地的乡村下户依据自己的家庭种植能力从乡村上户中租佃一定数量的土地，以弥补自家土地的不足。在租佃之下，若一地的土地规模总量足够，理论上来说，即便无地的乡村客户也能通过土地租佃维持家庭生计之需，而那些本身具有一定土地的乡村下户，也可通过租佃弥补家庭耕地不足的现象，依靠宋代相对先进的农业生产技术和田间管理技术辛勤劳作，精耕细作，也可以满足家庭生计之需乃至过得稍微宽裕。

然而，事实上，宋代人口数量过于庞大，而土地整体规模和绝对增量又相当有限，北宋立国之初的100多年，人口数量翻了六七倍，而耕地数量仅增加了不到1倍。因而，即便依靠租佃制可以对耕地进行二次生产分配，但若人口数量与土地规模的比例超越了一定限度，即超越了农民对租佃而来的土地进行精耕细作也难以满足乡村家庭生计之需的极限，仅仅依靠租佃制对耕地的二次生产分配也难以满足宋代乡村民户尤其是乡村下户和无地客户的生存需要。此种现象随着两宋乡村经济的发展和人口数量的持续增加显得愈发突出。尤其到南宋，随着大量北方乡村人口的南徙，江浙路、福建路和四川路等农业生产条件相对优越的长江以南地区人口密度极大增大，人地矛盾更加突出。依靠土地租佃解决乡村民户土地数量不足的二次土地生产分配无法解决乡村家庭生计的现象变得越发普遍，且地域范围越来越大。这意味着，仅仅依靠租佃制和对有限耕地进行精耕细作无法根本解决一些人地矛盾尤其突出的江南等地区的乡村家庭生计问题，此类区域中的乡村民户家庭必须进行更为深层的家庭生产模式调整。事实证明，这条出路便是乡村家庭的商品化经营与乡村各级市场的结合。

四是宋代经济商品化趋势下乡村家庭生产经营模式的深层调试。商品经济理论证明，物资供求需要的产生会产生商品交易行为。在一定地域范围内，若出现农产品等生活物资的短缺，可以通过不同地域间的互通有无来实现。在宋代，虽然长江以南的诸多地域出现了人地矛盾突出、粮食等农产品本地资产难敷自用的现象。但此种现象并非全国性现象，即便在人地矛盾十分突出的江南地区，不同府县之间、不同州路之间，粮食等农产品的产量也会因自然生产条件不尽相同而存在较大差别。可以说，因水利、气候、土壤、地形等自然生产条件所限，各地乡村在农业生产中存在天然分工，有些地区适合粮食种植，粮食产量高且可能出现较大富余，而有些地区并不适合种植粮食，则需要从其他存在富余的地区购进粮食。若从全国范围来看，宋代江南等地人地矛盾的突出仍属局部现象，完全可以通过全国范围的粮食贸易加以缓解。然而，问题在于，粮食贸易的实现需要江南等地的乡村农民生产出可以拿到市场上进行商品交易的农副产品、手工业产品或劳动力以实现劳动价值量和价值的传递。为此，宋代各地乡村民户尤其是人地矛盾相对突出的江浙、四川和福建等路乡村中那些无地或少地的乡村下户和无地客户，开始主动改变以粮食种植为主、兼营家庭副业为辅的家庭生产模式，广泛从事经济作物种植、家庭手工业生产、长短途商品贩运和劳动力出卖等兼业和专业经营活动，借助乡村各级市场的发育和市场价格传导机制下的商品价值传导机制，实现彼此生产生活物资的流通。可以说，乡村各级市场的发育为宋代乡村民户地域之间生产分工和物资流通的实现提供了基本条件。

除地域范围内的交换外，在宋代乡村，五等民户之间土地规模和粮食产量也存巨大差异。宋代乡村中包括一等户、二等户和占地规模达到一定数量的三等在内的上户，其占有土地规模较多，靠自耕和租佃经营所生产的粮食较多，家庭自用之外，富余较多，必须借助一定的市场机制出售出去。同时，宋代乡村中以四等户、五等户为主的下户和无地客户，若在人地矛盾异常突出的情形之下，租佃土地需求得不到满足，但却对粮食等农产品存在刚性需求。然而，乡村上户不可能将富余粮食白白送给下户食用，下户们必须从事上述多种经营，以生产出市场需要的各种经济作物、手工业产品或直接出卖劳动力来完成与上户粮食之间的价值交换。理论性分析也许非常简单，但实际情况往往要复杂得多。在市场机制下，宋代乡村上户与下户间粮食与凝聚着下户们无差等人类劳动的其他物品间的交换往往并非直接进行，而是借助市场机制的价格或价值传递机制进行着更为复杂的市场转换。然而，最终结果是，乡村下户凭借商品化和市场化的兼业或专业经营，以种植经济作物、生产手工业产品、从事商品贩卖或出卖劳动力等可以与市场发生广泛联系的经营方式，从上户手中购得其多余的粮食，以满足其家庭日常生活之需。商品化生产与乡村各级市场的存在为上户与下户之间社会分工的实现也提供了基本条件。当然，此种社会分工并非绝对而言，而是就宋代乡村社会的结构特点相对而言的，因为宋代乡村上户从事商品化和市场化经营的现象也非常普遍，只不过乡村下户和无地客户因土地等生产资料占有数量有限去从事专业和兼业经营并与市场发生广泛联系的欲望更加强烈，需求更为迫切。

五是消费风气下宋代乡村民众社会心态的转变。宋代乡村在人地矛盾凸显的生存发展压力下，进行了土地租佃和商品化、市场化的自我调适。从乡村家庭的角度看，只要人地矛盾足够突出，生存发展压力足够大，无论其是否情愿，其家庭生产都必须进行以市场为中心的经营调整，通过市场机制互通有无的流通机制和价值传递机制实现自身无差等劳动与粮食等生活生产物资的交换。也就是说，在宋代乡村人稠地狭的社会图景之下，一些地区的乡村民户家庭具有典型的消费型特征，即其通过兼业和专业等商品化经营从市场得来的资财必须拿出一部分去消费，以购买日常生活所需的柴、米、油、盐、酱、醋、茶等生活物资和家庭商品化再生产得以延续的生产工具、原材料和劳动力等生产要素，且户等越低，生产规模越小，家庭收入用于消费的比例越高，消费特征也越明显，因为家庭生计的维持必须依靠商品化经营与市场性消费的不间断往复循环得以实现。当然，宋代乡村消费风气和商品化程度都存在地域差别，人地矛盾越突出，此种特征也愈发明显。其实，因商品化生产的存在，宋代乡村也在进行着颇具活力的贫富转换。一般小民，即便少地或无地的乡村下户或客户，其通过商品化经营也可能积累巨额财富，且从事兼业和专业经营的乡村民户无论户等高低都要比单纯从事粮食种植的传统经营收入要高，故而宋代乡村商品化趋势下，其家庭消费有时并不仅仅局限于保证日常生产生活之需，因商致富的乡村民户进行高档消费、奢侈消费的想象也非鲜事。尤其突出的是，在宋代乡村，积极从事商品化经营，以满足各种层次的消费需要在一些商业风气较为浓郁的地区也已成为一种社会风气。

宋代乡村消费风气的养成在一定程度上反映出在宋代一些地区的乡村求富逐利已经成为一种社会心态。理欲关系是中国传统文化中长期辩论和不断求索的理论命题。笔者认为，在农业文明的古代中国，对绝大多数的一般民众而言，物质财富远远无法达到十分宽裕的地步，故而勤俭节约必然成为乡村家庭得以为继的生存之道。正是基于此种原因，作为中国传统文化核心的儒学主张人要适度克制自己的欲望，在义利关系上要求重义而轻利，且各种人伦关系的设定与合理性判定也深受此影响。然而，到了宋代，人地矛盾的凸显意味着宋代民众的生存压力实际要比其他朝代突出，此种情形之下人的欲望更容易得到激发，进而演化成一种难以受到儒学等传统道德模式调控的社会心态。如《夷坚志》中便保存了大量宋代乡村民户颠覆传统伦常的事例，从中可见，在宋代乡村商品化的消费风气下，追富求利已成为普遍社会心态，不仅如此，对物质财富的追求还超脱了传统伦常的调控范围，演化成见利忘义、杀人越货、坑蒙拐骗、不孝父母等个别反"常"现象，凸显出宋代乡村民众的社会心态在"利"的刺激下已经失去了固有道德模式的羁绊。宋代的理学家们正是看到此点，才要不遗余力的复兴儒学、不断充实完善儒学的新内涵，将其发展为道德调控能力更强的新儒学，以实现对宋代乡村民众社会心态新变化的调控。

六是宋代乡村经济运行体系的时代特色。宋代是我国古代商品经济发展的重要里程碑。宋代商品经济发展并未超越自然经济的主体地位，并与乡村农业经济紧密联系在一起，但与同时期的辽、金、夏等少数民族格局政权的乡村经济情形，以及同时期周边国家主要古代王朝政权和以欧洲和西亚为主的地中海沿岸大国政权下统治下的乡村经济运行情形进行对比，宋代乡村经济运行体系的特色非常明显，其农商互动的形式更加复杂，规模更加庞大，对经济社会发展的影响也更加深刻，且宋代乡村经济发展中的农商互动在产业结构、商业结构以及市场结构上形成了较为明显的系统性特征。同时期的少数民族政权，作为与两宋长期进行政治对峙的存在，其乡村经济发展虽不若两宋繁荣，但亦各具特色，且辽、金和西夏乡村经济的运行系统在农业经济发展推动下也出现了农商互动的印记，但在互动形式尤其是市场发育程度上尚达不到两宋的水平。同时期"海上丝绸之路"沿线的区域性大国政权，相处经济运行模式与两宋不尽相同，有些国家如安南、吴哥王朝以及阿拉伯帝国，生产关系发育已经进入封建时代，但其乡村经济运行的体系化发育程度相比两宋要简单得多，而其乡村经济发展中的农商互动特征也远远不如两宋那般密切。阿拉伯帝国虽重视商业，且其商业也较为繁荣，但乡村经济中商业发展与农业经济发展之间的互动关系并不如两宋紧密，因为阿拉伯帝国主要凭借区位优势进行跨区域的转口贸易或凭借国土面积广阔的优势进行长距离的物资交流。

七是宋代乡村经济运行中农商互动的历史影响。宋代乡村经济发展中农商经济的互动模式产生了深远的历史影响。通过对宋代与明代的土地赋役制度及其变革情况的对比分析可以发现，明代土地制度及其租佃形态虽然相比宋代要复杂得多，但整体来看是对宋代确立的乡村经济模式及其农商互动关系的继承和发展。为解决宋代乡村经济运行中存在的一些问题，尤其是赋役制度推行中的田赋逃脱以及徭役负担过重等问题，明代中期以后对其赋役制度持续进行改革，最终在张居正改革中推行"一条鞭法"，既简化了赋税征收形式，也减轻了乡村农民的徭役负担。"赋役黄册"制度、"鱼鳞册制度"、"里甲制度"以及张居正改革中推出的"一条鞭法"等内容所构成的三位一体的明代户籍、土地和赋役管理机制及其变革反映着明代乡村经济及其农商互动的一般特色，也是对宋代乡村经济运行体系及其模式继承和发展的体现。宋代相比前代在乡村经济运行中所进行的相关改革确实带来了我国古代乡村经济运行模式的重大变化，并为后世乡村经济的运行机制提供了基本模式。明代在乡村经济运行中虽采取了一些新制度和政策，但可将其理解为对宋代乡村经济运行模式的继续完善。

综上所述，在人稠地狭的社会图景之下，宋代乡村的土地租佃、商品化经营、市场化消费和社会心态变化，围绕着乡村民户们初为生存后为求富的发展欲望，形成了一个微有瑕疵，但却整体能够实现良性互动的运行体系，使得宋代乡村能够在人地矛盾异常突出的生存压力下能够通过以上诸种方式的主动或被动调试得以缓解，乃至获得更高层次的发展。从社会发展的角度看，商品化和市场化代表了人类社会相对农业自然经济更高层次的发展阶段或发展模式，宋代乡村经济的商品化、专业化和市场化虽然仅在部分地区出现，且远远未达到撼动自然经济主体的程度。但它的出现绝非偶然，乃是中国古代社会缓慢发展的必然结果，预示着中国古代乡村发展到宋代，工业化和城镇化的萌芽已经出现，趋势已不可阻挡。也许学术界有诸多同仁难以赞同宋代资本主义萌芽的观点，笔者认为是否赞同资本主义萌芽说，只是一个程度问题，但宋代乡村经济在人口剧增下所作出的诸种调试及其所孕育出的商品化趋势确实代表了中国古代社会此后前进发展的基本方向，宋代乡村所孕育的新方向却是一个毋庸置疑的大趋势。

参考文献

一 古籍

正史、典志

（唐）魏徵等：《隋书》，中华书局1973年版。
（唐）杜佑撰，王文锦等点校：《通典》，中华书局1988年版。
（后晋）刘昫：《旧唐书》，中华书局1975年版。
（宋）窦仪等撰，吴翊如点校：《宋刑统》，中华书局1984年版。
（宋）王溥：《唐会要》，中华书局1955年版。
（宋）李焘：《续资治通鉴长编》，中华书局2004年版。
（宋）欧阳修、宋祁：《新唐书》，中华书局1975年版。
（宋）叶隆礼撰，贾敬颜、林荣贵点校：《契丹国志》，中华书局2014年版。
（宋）徐梦莘：《三朝北盟会编》，上海古籍出版社1987年版。
（元）脱脱等：《宋史》，中华书局1977年版。
（元）脱脱等：《辽史》，中华书局2016年版。
（元）脱脱等：《金史》，中华书局2016年版。
（元）马端临撰，上海师范大学古籍研究所、华东师范大学古籍研究所点校：《文献通考》，中华书局2011年版。
（元）周达观：《真腊风土记》，商务印书馆2016年版。
（明）申时行：《大明会典》，中华书局1989年版。
《明实录》，台北"中研院"历史语言研究所1962年校印本。
（清）徐松辑，四川大学古籍研究所点校：《宋会要辑稿》，上海古籍出版社2014年版。
（清）黄以周等辑注，顾吉辰点校：《续资治通鉴长编拾补》，中华书局2004年版。
（清）张廷玉：《明史》，中华书局1974年版。

（清）张金吾：《金文最》，中华书局 1990 年版。

（清）嵇璜、刘墉等：《续通典》，（台北）新兴书局 1956 年版。

（清）顾炎武撰；黄坤等校点：《天下郡国利病书》，上海古籍出版社 2012 年版。

（安南后黎朝）吴士连编：《大越史记全书》，西南师范大学出版社 2016 年版。

农书

（宋）陈旉撰，万国鼎校注：《陈旉农书校注》，农业出版社 1965 年版。

（元）王祯撰，王毓瑚校：《农书》，农业出版社 1981 年版。

文集、笔记、类书

（宋）王安石：《临川先生文集》，中华书局 1959 年版。

（宋）叶适著，刘公纯、李哲夫等点校：《叶适集》，中华书局 1961 年版。

（宋）陆九渊著，钟哲点校：《陆九渊集》，中华书局 1980 年版。

（宋）苏轼著，孔凡礼点校：《苏轼文集》，中华书局 1986 年版。

（宋）欧阳修著，李逸安点校：《欧阳修全集》，中华书局 2001 年版。

（宋）范成大：《石湖诗集》，上海古籍出版社 1981 年版。

（宋）苏辙：《栾城集》，上海古籍出版社 1987 年版。

（宋）蔡襄：《蔡襄集》，上海古籍出版社 1996 年版。

（宋）李觏：《直讲李先生文集》，宋集珍本丛刊。

（宋）刘敞：《公是集》，宋集珍本丛刊。

（宋）薛季宣：《浪语集》，宋集珍本丛刊。

（宋）陆九渊：《象山先生全集》，四部丛刊本，上海商务印书馆，1919 年版。

（宋）李元弼：《作邑自箴》，四部丛刊本。

（宋）张方平：《乐全集》，文渊阁《四库全书》本，台湾商务印书馆 1982 年版。

（宋）真德秀：《西山先生真文忠公文集》，文渊阁《四库全书》本。

（宋）曹彦约：《昌谷集》，文渊阁《四库全书》本。

（宋）王柏：《鲁斋集》，文渊阁《四库全书》本。

（宋）陈耆卿：《篔窗集》，文渊阁《四库全书》本。

（宋）程俱：《北山集》，文渊阁《四库全书》本。

（宋）戴栩：《浣川集》，文渊阁《四库全书》本。

（宋）杨时：《龟山集》，文渊阁《四库全书》本。

（宋）范仲淹：《范文正公集》，文渊阁《四库全书》本。

（宋）高斯得：《耻堂存稿》，文渊阁《四库全书》本。
（宋）韩元吉：《南涧甲乙稿》，文渊阁《四库全书》本。
（宋）唐庚：《眉山文集》，文渊阁《四库全书》本。
（宋）彭汝砺：《鄱阳集》，文渊阁《四库全书》本。
（宋）陆游：《渭南文集》，文渊阁《四库全书》本。
（宋）吕陶：《净德集》，文渊阁《四库全书》本。
（宋）吕南公：《灌园集》，文渊阁《四库全书》本。
（宋）吕祖谦：《东莱集》，文渊阁《四库全书》本。
（宋）刘宰：《漫塘文集》，文渊阁《四库全书》本。
（宋）王之望：《汉滨集》，文渊阁《四库全书》本。
（宋）王炎：《双溪类稿》，文渊阁《四库全书》本。
（宋）吴咏：《鹤林集》，文渊阁《四库全书》本。
（宋）孙觌：《鸿庆居士集》，文渊阁《四库全书》本。
（宋）夏竦：《文庄集》，文渊阁《四库全书》本。
（宋）徐积：《节孝集》，文渊阁《四库全书》本。
（宋）曾巩：《元丰类稿》，文渊阁《四库全书》本。
（宋）朱熹：《晦庵集》，文渊阁《四库全书》本。
（宋）刘子翚：《屏山集》，文渊阁《四库全书》本。
（宋）刘挚，裴汝诚、陈晓平点校：《忠肃集》，中华书局2002年版。
（宋）张守：《毗陵集》，文渊阁《四库全书》本。
（宋）庄绰著，萧鲁阳点校：《鸡肋编》，中华书局1983年版。
（宋）周密著，吴企明点校：《癸辛杂识》，中华书局1988年版。
（宋）范成大著，孔凡礼点校：《范成大笔记六种》，中华书局2002年版。
（宋）洪迈著，何卓点校：《夷坚志》，中华书局1981年版。
（宋）朱熹著，黎靖德编、王星贤点校：《朱子语类》，中华书局1986年版。
（宋）沈括撰：《梦溪笔谈》，上海书店出版社2003年版。
（宋）魏泰著，李裕民点校：《东轩笔录》，中华书局1983年版。
（宋）方勺著，许沛藻、杨立杨点校：《泊宅编》，中华书局1997年版。
（宋）岳珂著，吴企明点校：《桯史》，中华书局1981年版。
（宋）罗大经著，王端来点校：《鹤林玉露》，中华书局1983年版。
（宋）惠洪：《冷斋夜话》，影印文渊阁四库全书本。
（宋）陈世崇著，孔凡礼点校：《随隐漫录》，中华书局2010年版。
（宋）吕祖谦：《宋文鉴》，文渊阁《四库全书》本。

（宋）黄休复：《茅亭客话》，文渊阁《四库全书》本。
（宋）黄震：《黄氏日钞》，文渊阁《四库全书》本。
（宋）叶廷珪：《海录碎事》，上海辞书出版社1989年。
（宋）洪迈：《容斋随笔》，上海古籍出版社1978年版。
（宋）秦观：《淮海集笺注》，上海古籍出版社1994年版。
（宋）吴曾：《能改斋漫录》，上海古籍出版社1979年版。
（宋）赵与时：《宾退录》，上海古籍出版社1983年版。
（宋）龚明之：《中吴纪闻》，上海古籍出版社1986年版。
（宋）王得臣：《麈史》，上海古籍出版社1986年版。
（宋）杨亿：《杨文公谈苑》，上海古籍出版社2001年版。
（宋）王曾：《王文正公笔录》，河北教育出版社1997年版。
（宋）陶谷：《清异录》，《全宋笔记》，大象出版社2003年版。
（宋）陆游：《剑南诗稿校注》，上海古籍出版社1985年版。
（宋）道潜：《参寥子诗集》，四部丛刊三编集部，上海涵芬楼影印宋刊本，1935—1936年版。
（元）方回：《续古今考》，文渊阁《四库全书》本。
（明）陈子龙等选辑：《明经世文编》，中华书局1962年影印本。
（明）何良俊：《四友斋丛说》，中华书局1959年版。
（明）耿定向：《耿定向集》，华东师范大学出版社2015年版。
（宋）王钦若等编纂，周勋初等校订：《册府元龟》，凤凰出版社2006年版。
（宋）李昉等编：《文苑英华》，中华书局1966年版。

方志

（宋）王存，王文楚、魏嵩山点校：《元丰九域志》，中华书局1984年版。
（宋）祝穆撰，祝洙增订，施和金点校：《宋本方舆胜览》，中华书局2003年版。
（宋）胡榘：《宝庆四明志》，宋元方志丛刊影印本，中华书局1990年版。
（宋）潜说友：《咸淳临安志》，宋元方志丛刊影印本。
（宋）施宿：《嘉泰会稽志》，宋元方志丛刊影印本。
（宋）谈钥：《嘉泰吴兴志》，宋元方志丛刊影印本。
（宋）刘文富：《严州图经》，宋元方志丛刊影印本。
（宋）陈耆卿：《赤城志》，宋元方志丛刊影印本。
（宋）张津：《乾道四明图经》，宋元方志丛刊影印本。
（宋）凌万顷、边实：《淳祐玉峰志》，宋元方志丛刊影印本。

（宋）常棠：《澉水志》，宋元方志丛刊影印本。
（宋）范致明：《岳阳风土记》，（台北）成文出版社 1976 年版。
（宋）范成大：《吴郡志》，江苏古籍出版社 1999 年版。
（宋）赵汝适：《诸蕃志》，上海古籍出版社 1993 年版。
（明）顾起元：《客座赘语》，中华书局 1987 年版。
（明）叶春及：《惠安政书》，福建人民出版社 1987 年版。
（明）黄洪宪等：《（万历）秀水县志》，（台北）成文出版社 1970 年版。
故宫博物院编：《（乾隆）安吉州志》，海南出版社 2001 年版。
（清）汪日祯：《同治南浔镇志》，上海书店 1992 年版。

石刻、汇编

北京大学古文献研究所：《全宋诗》，北京大学出版社 1999 年版。
国家图书馆出版社辑：《地方金石志汇编》，国家图书馆出版社 2011 年版。
《天一阁藏明代方志选刊续编》，上海书店出版社 2018 年版。
台湾新文丰出版公司编辑部：《石刻史料新编》，（台北）新文丰出版公司 1982 年版。
曾枣庄、刘琳主编：《全宋文》，上海辞书出版社、安徽教育出版社 2006 年版。
中国社会科学院历史研究所宋辽金元史研究室点校：《名公书判清明集》，中华书局 2002 年版。

二　今人专著

安徽省博物馆：《明清徽州社会经济资料丛编》（第一辑），中国社会科学出版社 1988 年版。
《安南志原》，河内：法国远东学院 1931 年版。
白寿彝：《中国通史·五代辽宋夏金时期》，上海人民出版社 1999 年版。
包伟民：《宋代地方财政史研究》，上海古籍出版社 2001 年版。
包伟民：《陆游的乡村世界》，社会科学文献出版社 2020 年版。
曹家齐：《宋代交通管理制度研究》，河南大学出版社 2002 年版。
曹锦清：《黄河边的中国——一个学者对乡村社会的观察与思考》，上海文艺出版社 2000 年版。
陈国灿：《江南农村城市化历史研究》，中国社会科学出版社 2004 年版。
程民生：《宋代地域经济》，河南大学出版社 1992 年版。
程民生：《宋代物价研究》，江西人民出版社 2021 年版。

程遂营：《唐宋开封生态环境研究》，中国社会科学出版社 2002 年版。

刁培俊：《两宋国家与地方社会研究》，中国社会科学出版社 2021 年版。

冻国栋：《中国人口史》（第二卷·隋唐五代时期），复旦大学出版社 2002 年版。

方健：《南宋农业史》，人民出版社 2010 年版。

费孝通：《江村经济——中国农民的生活》，商务印书馆 2001 年版。

冯尔康、常建华编：《中国历史上的农民》，（台北）财团法人馨园文教基金会 1998 年版。

傅筑夫：《中国封建社会经济史》，商务印书馆 1989 年版。

傅宗文：《宋代草市镇研究》，福建人民出版社 1989 年版。

高楠：《宋代民间财产纠纷与诉讼问题研究》，云南大学出版社 2009 年版。

葛剑雄主编，吴松弟著：《中国人口史》第三卷《宋辽金元时期》，复旦大学出版社 2000 年版。

葛金芳：《中国经济通史·宋辽夏金》，湖南人民出版社 2002 年版。

耿元骊：《唐宋乡村社会与国家经济关系研究》，中国社会科学出版社 2021 年版。

谷更有：《唐宋国家与乡村社会》，中国社会科学出版社 2006 年版。

顾宏义：《宋代笔记录考》，中华书局 2021 年版。

郭正忠：《两宋城乡商品货币经济考略》，经济管理出版社 1997 年版。

侯建新：《经济——社会史：历史研究的新方向》，商务印书馆 2002 年版。

侯旭东：《北朝村民的生活世界——朝廷、州县与村里》，商务印书馆 2005 年版。

胡如雷：《中国封建社会形态研究》，生活·读书·新知三联书店 1979 年版。

黄纯艳、战秀梅著：《宋代经济谱录》，甘肃人民出版社 2004 年版。

黄纯艳：《唐宋政治经济史论稿》，甘肃人民出版社 2009 年版。

黄纯燕：《造船业视域下的宋代社会》，上海人民出版社 2017 年版。

黄宽重：《宋代的家族与社会》，国家图书馆出版社 2009 年版。

冀朝鼎：《中国历史上的基本经济区与水利事业的发展》，中国社会科学出版社 1981 年版。

贾大泉：《宋代四川经济述论》，四川社会科学院出版社 1985 年版。

姜锡东：《宋代商人和商业资本》，中华书局 2002 年版。

唐进、郑川水主编：《中国国家机构史》，辽宁人民出版社1993年版。
李伯重：《唐代江南农业的发展》，农业出版社1990年版。
李伯重：《多视角看江南经济史》，生活·读书·新知三联书店2003年版。
李伯重：《理论、方法、发展趋势：中国经济史研究新探》，清华大学出版社2002年版。
李华瑞：《宋史论集》，河北大学出版社2001年版。
李华瑞：《宋夏史研究》，天津古籍出版社2006年版。
李剑农：《中国古代经济史稿》，武汉大学出版社2000年版。
李埏、武建国主编：《中国土地国有制史研究》，云南人民出版社1997年版。
梁方仲：《中国历代户口、田地、田赋统计》，上海人民出版社1980年版。
梁庚尧：《宋代社会经济史论集》，（台北）允晨出版有限公司1997年版。
梁庚尧：《南宋的农村经济》，（台北）联经出版事业公司1984年版。
梁庚尧：《南宋农地的利用政策》，（台北）友坤有限公司1977年版。
林文勋：《宋代四川商品经济研究》，云南大学出版社1994年版。
林文勋、谷更有：《唐宋乡村社会力量与基层控制》，云南大学出版社2005年版。
刘翠溶、伊懋可：《积渐所至——中国环境史论文集》，台北"中央研究院"经济研究所1995年版。
龙登高：《宋代东南市场研究》，云南大学出版社1994年版。
龙登高：《中国传统市场发展史》，人民出版社1997年版。
马玉臣著，杨高凡整理：《一隅斋宋史文存》，中国社会科学出版社2021年版。
韩茂莉：《宋代农业地理》，山西古籍出版社1993年版。
漆侠：《宋代经济史》，上海人民出版社上册1987年版、下册1988年版。
齐涛：《魏晋隋唐乡村社会研究》，山东人民出版社1994年版。
唐启宇：《中国农史稿》，农业出版社1985年版。
史金波等译注：《天盛改旧新定律令》，法律出版社2000年版。
史金波：《西夏经济文书研究》，社会科学文献出版社2017年版。
孙达人：《中国农民变迁论》，中央编译出版社1996年版。
孙景超：《宋代以来江南的水利、环境与社会》，齐鲁书社2020年版。
谭景玉：《宋代乡村组织研究》，山东大学出版社2010年版。

参考文献

万明：《晚明社会变迁：问题与研究》，商务印书馆 2005 年版。

王菱菱：《采冶集》，中国社会科学出版社 2021 年版。

王一胜：《宋代以来金衢地区经济史研究》，社会科学文献出版社 2007 年版。

王玉波：《中国家长制家庭制度史》，天津社会科学院出版社 1989 年版。

王育民：《中国历史地理概论》（下册），人民教育出版社 1987 年版。

王曾瑜：《宋朝阶级结构》，河北教育出版社 1996 年版。

唐文基：《明代赋役制度史》，中国社会科学出版社 1991 年版。

唐文基：《16—18 世纪中国商业革命》，社会科学文献出版社 2008 年版。

吴慧：《中国历代粮食亩产研究》，农业出版社 1985 年版。

吴慧：《中国历代粮食亩产研究》，农业出版社 1985 年版。

吴晓亮、林文勋主编：《宋代经济史研究》，云南大学出版社 1994 年版。

邢铁：《唐宋时期家学传承研究》，人民出版社 2021 年版。

杨念群：《中层理论——东西方思想会通下的中国史研究》，江西教育出版社 2001 年版。

游修龄：《稻作史论集》，中国农业科学技术出版社 1993 年版。

张安福：《唐代农民家庭经济研究》，中国社会科学出版社 2008 年版。

张传玺：《中国历代契约会编考释》，北京大学出版社 1995 年版。

张德二：《中国三千年气象记录总集》，凤凰出版社 2004 年版。

张国刚上编，邢铁著：《中国家庭史》第三卷《宋辽金元时期》，广东人民出版社 2007 年版。

张家驹：《两宋经济重心的南移》，湖北人民出版社 1957 年版。

张锦鹏：《宋代商品供给研究》，云南大学出版社 2003 年版。

张文：《宋朝社会救济研究》，西南师范大学出版社 2001 年版。

张霄鸣：《中国历代耕地问题》，新生命书局 1936 年版。

张德信、毛佩琦主编：《洪武御制全书》，黄山书社 1995 年版。

赵冈：《中国土地制度史》，新星出版社 2006 年版。

郑学檬：《中国古代经济重心南移和唐宋江南经济研究》，岳麓书社 1994 年版。

中国科学院《中国自然地理》编委会：《中国自然地理·历史自然地理》，科学出版社 1982 年版。

周魁一：《农田水利史略》，水利电力出版社 1986 年版。

朱瑞熙等主编：《宋史研究论文集》，上海人民出版社 2008 年版。

朱瑞熙等著：《辽宋西夏金社会生活史》，中国社会科学出版社 1998

年版。
［苏联］波梁斯基：《外国经济史（封建主义时代）》，生活·读书·新知三联书店1964年版。
［日］长濑守：《宋元水利史研究》，东京：国书刊行会，1983年版。
［美］道格拉斯·诺思：《经济史中的结构与变迁》，上海三联书店、上海人民出版社1994年版。
［日］宫崎市定：《宋元的经济状况》，载宫崎市定著，中国科学院历史研究所翻译组编译《宫崎市定论文选集（上）》，商务印书馆1963年版。
［美］H. Heaton, *Economic history of Europe*, New York：Harper & brothers, 1936.
［日］加藤繁：《中国经济史考证》，吴杰译，商务印书馆1959年版。
［美］明恩溥：《中国乡村生活》，午晴等译，时事出版社1998年版。
［法］P. 布瓦松纳：《中世纪欧洲生活和劳动（五至十五世纪）》，商务印书馆1985年版。
［美］施坚雅：《中国农村的市场和社会结构》，史建云等译，中国社会科学出版社1998年版。
［日］斯波义信：《宋代江南经济史研究》，江苏人民出版社2001年版。
［日］斯波义信：《宋代商业史研究》，庄景辉译，稻禾出版社、浙江大学出版社2021年版。
［日］西嶋定生：《中国经济史研究》，冯佐哲等译，农业出版社1984年版。
［美］希提：《阿拉伯通史》，商务印书馆1979年版。
［法］谢和耐：《蒙元入侵前夜的中国日常生活》，刘东译，江苏人民出版社1995年版。
［日］周藤吉之：《宋代经济史研究》，东京：东京大学出版会1962年版。

三　论文

包伟民：《宋代的粮食贸易》，《中国社会科学》1991年第2期。
查清兰：《中国古代社会生活方式的再现——宋代农村词阐析》，《农业考古》2007年第3期。
柴勇：《宋代奢侈禁令与奢侈消费》，硕士学位论文，河北大学，2004年。
陈国灿、陈剑锋：《南宋两浙地区农村家庭经济探析》，《浙江师范大学学报》2005年第4期。
陈国灿：《南宋江南市镇与农村城镇化现象》，《四川大学学报》2006年第 1 期。

陈国灿：《南宋时期江南农村市场与商品经济》，《学术月刊》2007 年第 9 期。

陈国灿：《南宋时期乡村集市的演变及其对农村经济的影响》，《浙江社会科学》2010 年第 4 期。

陈振：《关于宋代"镇"的几个问题》，《中州学刊》1983 年第 3 期。

程洪：《新史学：来自自然科学的"挑战"》，《晋阳学刊》1982 年第 6 期。

程民生：《宋代婚丧费用考察》，《文史哲》2008 年第 5 期。

程念祺：《中国古代经济史中的牛耕》，《史林》2005 年第 6 期。

程念祺：《中国历史上的小农经济——生产与生活》，《史林》2004 年第 3 期。

戴小江：《阿拉伯人统治时期中东农业发展的原因》，《曲靖师范学院学报》2006 年第 1 期。

刁培俊：《宋代乡村精英与社会控制》，《社会科学辑刊》2004 年第 2 期。

方健：《唐宋茶产地和产量考》，《中国社会经济史研究》1993 年第 2 期。

傅俊：《南宋的村落世界》，博士学位论文，浙江大学，2009 年。

葛剑雄：《宋代人口新证》，《历史研究》1993 年第 6 期。

耿元骊：《北宋中期苏州农民的田租负担和生活水平》，《中国经济史研究》2007 年第 1 期。

耿元骊：《宋代"田制不立"新探》，《求是学刊》2009 年第 4 期。

耿元骊：《"土地兼并"与唐宋间地权的流变》，《辽宁大学学报》2008 年第 4 期。

谷更有：《宋代乡村户意识形态研究》，《思想战线》2003 年第 2 期。

谷更有：《唐宋时期从"村坊制"到"城乡交相生养"》，《思想战线》2004 年第 6 期。

郭文佳：《论宋代劝课农桑兴修水利的举措》，《农业考古》2009 年第 3 期。

韩茂莉：《宋代川峡地区农业生产述论》，《中国史研究》1992 年第 4 期。

何炳棣著：《中国历史上的早熟稻》，谢天桢译，《农业考古》1990 年第 1 期。

黄繁光：《宋代民户的职役负担》，博士学位论文，中国文化大学史学研究所，1980 年。

黄谷仙：《天宝乱后农村崩溃之实况》，《食货》第一卷创刊号 1934 年。

吉发涵：《庙会的由来及其发展演变》，《民俗研究》1994 年第 1 期。

贾大泉：《宋代四川地区的茶业和茶政》，《历史研究》1980年第4期。

黎志刚：《宋代牙人与乡村经济的市场化》，《云南社会科学》2006年第1期。

李伯重：《"选精""集粹"与"宋代江南农业革命"——对传统经济史研究方法的检讨》，《中国社会科学》2000年第1期。

李春棠：《宋代小市场的勃兴及其主要历史价值》，《湖南师院学报》1983年第1期。

李根蟠：《长江下游稻麦复种制的形成与发展——以唐宋时代为中心的讨论》，《历史研究》2002年第5期。

李根蟠：《再论宋代南方稻麦复种制的形成和发展——兼与曾雄生商榷》，《历史研究》2006年第2期。

李华瑞：《走出"唐宋变革论"》，《历史评论》2021年第3期。

李慧芬、沈善忠：《西汉到唐末人口徘徊的原因》，《内蒙古社会科学》（汉文版）2003年第3期。

李埏：《经济史研究中的商品经济问题》，《经济问题探索》1983年第3期。

李文涛：《北宋占城稻问题探析》，《辽宁行政学院学报》2008年第1期。

李小红：《计产育子：宋代南方家庭人口的自我调适》，《中国矿业大学学报》（社会科学版）2004年第2期。

李晓：《论宋代小农、小工、小商的三位一体化趋势》，《中国经济史研究》2004年第1期。

梁太济：《宋代五等下户的经济地位和所占比例》，《杭州大学学报》（哲学社会科学版）1985年第9期。

林文勋：《宋代四川茶产量考辨》，《历史研究》1991年第5期。

林文勋：《唐宋富民与灾荒救济》，《思想战线》2004年第6期。

刘春燕：《对北宋东南茶叶产量的重新推测》，《中国社会经济史研究》2000年第3期。

刘树友：《试述宋代城镇雇工发达之原因》，《唐都学刊》2005年第4期。

刘益安：《略论北宋开封的物价》，《中州学刊》1983年第2期。

刘再聪：《村的起源及"村"概念的泛化——立足于唐以前的考察》，《史学月刊》2006年第12期。

刘再聪：《唐朝"村"制度的确立》，《史学集刊》2008年第2期。

刘再聪：《唐代"村"制度研究》，博士学位论文，厦门大学，2004年。

柳平生、葛金芳：《试析宋代海上丝绸之路勃兴的内在经济动因——兼论两宋经济结构变迁与三大文明竞争格局形成》,《文史哲》2021 年第 1 期。

龙登高:《个体小农家庭经营方式的历史演变》,《云南民族学院学报》 1992 年第 2 期。

龙登高:《宋代小农家庭与农村市场》,《思想战线》1991 年第 6 期。

马林涛:《唐代农民的生产经营与心态观念》,博士学位论文,山东大学,2002 年。

马玉臣:《试论熙丰农田水利建设的劳力与资金问题》,《中国农史》2005 年第 2 期。

马玉臣:《宋代家庭规模再推算》,《中国社会经济史研究》2008 年第 4 期。

满志敏等:《气候变化对历史上农牧过渡带影响的个例研究》,《地理研究》2000 年第 2 期。

满志敏:《历史时期柑橘种植北界与气候变化的关系》,《复旦学报》1999 年第 5 期。

潘英武:《唐宋时期长江上游地区的森林分布和人地关系研究》,硕士学位论文,西南大学,2006 年。

漆侠:《宋代封建租佃制及其发展》,《陕西师大学报》1982 年第 4 期。

漆侠:《宋代社会生产力的发展及其在中国古代经济发展过程中的地位》,《中国经济史研究》1986 年第 1 期。

秦开凤:《宋代文化消费研究》,博士学位论文,陕西师范大学,2009 年。

全汉昇:《南宋初年物价的大变动》,《中央研究院历史语言研究所集刊》(第 11 本),1943 年版。

全汉昇:《宋末的通货膨胀及其对于物价之影响》,《中央研究院历史语言研究所集刊》(第 10 本),商务印书馆 1948 年发行。

任欢欢:《宋代女性生活消费研究》,硕士学位论文,河北大学,2011 年。

任仲书:《宋代农民负担问题》,《辽宁师范大学学报》2002 年第 3 期。

施正康:《宋代两浙水利人工和经费初探》,《中国史研究》1987 年第 3 期。

孙培良:《中世纪的巴格达》,《世界历史》1980 年第 1 期。

唐代剑、甘云飞:《宋代乡村旅店业探析》,《江苏商论》2010 年第 1 期。

王德毅:《李椿年与南宋土地经界》,《食货月刊》1972 年第 5 期。

王棣:《宋代乡里两级制度质疑》,《历史研究》1999 年第 4 期。

王晓如:《宋代乡村的无产税户》,《中国经济史研究》1991 年第 1 期。

王学典：《历史研究的民间取向值得倡导——〈两汉乡村社会史〉简评》，《史学理论研究》1998年第3期。

王育民：《唐代人口考》，《上海师范大学学报》（哲学社会科学版）1989年第3期。

王铮等：《历史气候变化对中国社会发展的影响——兼论人地关系》，《地理学报》1996年第4期。

魏天安：《宋代的粮食商品化及其特征》，《中州学刊》1986年第2期。

吴宾：《宋代农民负担与中国古代粮食安全研究》，《西安电子科技大学学报》2007年第7期。

吴晓亮：《略论宋代城市消费》，《思想战线》1999年第5期。

吴旭霞：《宋代江西农村商品经济的发展》，《江西社会科学》1990年第6期。

吴雅婷：《移动的风貌：宋代旅行活动的社会文化内涵》，博士论文，台湾大学，2007年。

武建国、张锦鹏：《从唐宋农村投资消费结构新特点看乡村社会变迁》，《中国经济史研究》2008年第1期。

许惠民：《两宋的农村专业户》，《历史研究》1987年第6期。

严火其、陈超：《历史时期气候变化对农业生产的影响研究—以稻麦两熟复种为例》，《中国农史》2012年第2期。

杨德泉、刘树友：《从〈夷坚志〉看宋代农村社会经济的巨大变化》，《陕西师大学报》（哲学社会科学版）1991年第2期。

杨德泉、任鹏杰：《论熙丰农田水利法实施的地理分布及其社会效益》，《中国历史地理论丛》1988年第1期。

杨际平：《宋代"田制不立"、"不抑兼并"说驳议》，《中国社会经济史研究》2006年第2期。

杨宇勋：《取民与养民：南宋人民和政府收支的互动关系》，博士学位论文，台湾师范大学，2001年。

杨贞：《论宋代农村雇佣劳动力发展的原因》，《商情》2010年第36期。

余江宁：《论宋代京城的娱乐生活与城市消费》，《安徽教育学院学报》2004年第2期。

余也非：《中国历代粮食平均亩产量考略》，《重庆师范大学学报》1980年第3期。

袁震：《宋代户口》，《历史研究》1957年第3期。

曾雄生：《宋代的双季稻》，《自然科学史研究》2002年第3期。

曾雄生：《宋代的早稻和晚稻》，《中国农史》2002 年第 1 期。
曾雄生：《析宋代"稻麦二熟"说》，《历史研究》2005 年第 1 期。
张安福：《唐初农民家庭收支与社会发展》，《齐鲁学刊》2003 年第 6 期。
张安福：《唐代西北地区农民群体的生活世界》，《齐鲁学刊》2008 年第 6 期。
张成福：《唐宋农民比较研究》，博士学位论文，山东大学，2011 年。
张国刚：《唐代农村家庭生计探略》，《中华文史论丛》2010 年第 2 期。
张家诚：《气候变化对中国农业生产影响的初探》，《地理学报》1982 年第 2 期。
张履朋：《宋代田园诗所见的农村经济》，《古今农业》2003 年第 3 期。
张丕远等：《中国近 2000 年气候演变的阶段性》，《中国科学》1994 年第 24 期。
张全明：《简论宋人的生态意识与生物资源保护》，《华中师范大学学报》1999 年第 5 期。
张文：《两宋乡村民间慈善活动的多元结构》，《华中师范大学学报》2006 年第 4 期。
张小林：《乡村概念辨析》，《地理学报》1998 年第 4 期。
张养才：《历史时期气候变迁与我国稻作区演变关系的研究》，《科学通报》1982 年第 4 期。
赵俪生：《试论两宋土地关系的特点》，《北京大学学报》1978 年第 2 期。
钟金雁：《宋代东南乡村经济的变迁与乡村治理研究》，博士学位论文，云南大学，2012 年。
周方高：《宋朝农业管理初探》，博士学位论文，浙江大学，2005 年。
周魁一：《水部式与唐代的农田水利管理》，《历史地理》1986 年第 4 辑。
周魁一：《我国古代的溉灌法规》，《古今农业》1988 年第 1 期。
周魁一：《我国古代水利法规初探》，《中国水利》1988 年第 5 期。
周魁一：《中国古代农田水利》，《农业考古》1986 年第 1 期。
周荔：《宋代的茶叶生产》，《历史研究》1985 年第 6 期。
周玲珍：《从〈夷坚志〉看宋代的农村旅店》，《商业研究》1983 年第 2 期。
竺可桢：《中国近五千年来气候变迁的初步研究》，《考古学报》1972 年第 1 期。
庄华峰、丁雨晴：《宋代长江下游农田开发与水事纠纷》，《中国农史》2007 年第 3 期。

［美］彼得·格雷斯：《宋代乡村的面貌》，《中国历史地理论丛》1992 年第 2 期。

［日］大泽正昭著：《关于宋代"江南"的生产力水准的评价》，刘瑞芝译，《中国农史》1998 年第 2 期。

［美］葛平德：《宋代的中国农村》一山译，《中国史研究动态》1981 年第 5 期。

［日］宫泽知之：《宋代地主与农民的诸问题》，夏日新译，《日本学者研究中国史论著选译》第二卷，中华书局 1993 年版。

［日］柳田节子：《宋代乡村的户等制》，载刘俊文主编，索介然译《日本学者研究中国史论著选译》（第五卷·五代宋元），中华书局 1993 年版。

［日］斯波义信：《南宋米市场分析》，《宋史研究集》第四辑，（台北）"国立"编译馆 1969 年版。

［日］日野开三郎：《宋代农村生活概观》，《西日本史学创立十周年纪念论文集》，后收入《日野开三郎东洋史学论集》卷一三，三一书房，1993 年版。

［日］佐藤武敏：《敦煌发现唐水部式残卷译注》，《中国水利史研究》第 2 号，1967 年版。

后　　记

自我踏入史学门槛以来，在各位恩师引导下逐步步入宋史研究的轨道，再到今天第一部专著即将问世。在本书杀青之际，我确实有一些别样的感悟，遂想在后记中一诉为快。

宋史研究是史学研究中的传统领域，既有雄厚的学术史积淀，也形成了大家云集的学术场景。常听同行讲，宋史研究的不易，因为史料的相对有限性和宋史学者数量"庞大"之间的矛盾很突出，所以力求在运用新史料上做到新突破确实有难度。但是，事情往往具有两面性，宋史研究雄厚的学术积淀和大家云集的学术场景，也为我们宋史研究者立足学术前沿，在学术探究中追求新的学术视角奠定了基础，提出了要求。平心而论，在我国五千年的文明史中，每个时段的专门史研究者，都会讲某某朝代具有其特殊性，但从我国古代文明史和社会史发展演变的规律看，完全可以说，宋代的特殊性更加突出一点，而这一点正是吸引我探究宋史的主要动因。

宋史学界，有些学者讲所谓"唐宋变革"，主要是日本一些学者首倡，并得到国内一些学者认同。对于这个问题，我个人是如此来看。由唐入宋，我国古代社会发展的历史轨迹尤其是其中的规律性确实出现了一定变化，在一些社会领域这种变化还非常的大。对于这种变化的认知，是一些学者提出"唐宋变革"说的主要依据，诸如从均田制瓦解到宋代自由化新型土地政策的确立，及其在国家财经制度、赋役征收政策、户籍管理政策、商业政策和乡村经济运行体系等方面引发的变化，可谓是系统的、全面的，也是复杂的。但若将这种可谓很大的系列变化上升到"变革"的高度，则是仁者见仁，智者见智的事情。依据历史唯物主义的观点，"变革"应是一种社会性质的变化，而判断社会性质变化的主要依据应是社会生产力上要出现"质"的飞跃，并引发生产关系模式的颠覆性发展。显然，秉持历史唯物主义史观这一尺度，所谓"唐宋变革"之说，未免夸大其词。但是，唐宋之间，我国古代社会历史发展出现的这种巨大变化又不得不引起学界的高度重视。正因如此,我讲宋代是我国古代一个特殊的朝代,且其特殊性相比于此前以及此后的历朝历代都更加突出,而这种极大的特殊性又较为集中地体现在其乡村经济发展中的农商互动之中,或者说通过探究宋代乡村经济发展中的农商互动问题,可以对宋代经济社会发展的这种极大特殊性拥有一个更为生动立体的感知,以至深刻理性的认知。

宋代乡村经济发展中农商互动现象的凸显,正是其人地矛盾突出之下人的生存和发展欲望使然,而其乡村社会中人地矛盾突出的社会图景,则与宋在立朝之初确立的"不抑兼并"的自由化土地政策有关。所谓自由化土地政策,即宋政府改编了过去在均田制下不允许土地自由买卖的类似国有土地政策,对乡村社会中的土地交易不再进行限制。自由化土地政策施行的结果,必然造成乡村土地分配的不均衡,也即土地兼并问题,而为了解决土地兼并造成的农村劳动力与土地两种生产要素的再结合问题,租佃制在宋代更加普及。但是,租佃制能够破解自由化土地政策带来的土地分配不均问题的关键在于,一定乡村区域内拥有足够供养地域人口的土地可以租佃。一旦一定乡村区域内可供租佃土地不能满足乡村下户和无地客户的租佃需求,那么新的问题便产生了。

正因如此,宋代一些人地矛盾较为突出的地区,如江浙地区等,反而成为农商经济互动特征最为显著的地区。乡村民户在土地租佃需求无法满足的情形下,为求生计,只能以兼业或专业形式从事传统农耕种植以外的经济作物种植或非农行业,也就是通过种植经济作物提高土地的农业收益,或者从事商业或手工业经营活动。当然,这种变化对宋代的影响是深远的,也是深刻的,因为这种变化并非孤立存在,而是在经济社会系统中引起一种连锁反应,这正是生产关系变化推动经济社会出现发展变化的规律性体现。宋代乡村经济发展中农商互动的这种极大特殊性,从我国古代社会发展的一般规律性来看,并未在生产力或生产关系层面形成"质"的变化,因为农商互动的规模、范围及其体量都未达到挑战小农经济主体地位的程度,甚至小农经济的主导性特征依然很明显。但是,这种极大的特殊性变化却可以被理解为一种新的生产关系的萌芽,或者是萌芽状态之前的一种促成新的生产关系产生的诱因。

宋代乡村经济中农商互动的历史影响同样是深远且深刻的。从横向对比看,宋代乡村经济及其农商互动的模式和特点,尤其是宋代乡村经济和产业结构及其凸显出的宋代乡村经济的发展发育程度,相比于同时期我国的一些少数民族割据政权区域以及"海上丝绸之路"沿线的一些地域性大国，都要发达。同时，从纵向对比看，宋代乡村经济及其农商互动模式并非完美无瑕，其中也存在一些从政府立场出发的瑕疵。为此，明代中期后，以赋役制度改革为中心内容，对这种乡村经济发展模式进行了系统性调整，并通过以"一条鞭法"改革为最终归宿的系列赋役政策改革对农商互动关系进行了进一步的优化，诸如人身关系的进一步松弛和赋役征收的货币化趋势等，都进一步增强了我国古代乡村经济发展中的农商互动属性，并在此基础上促成了资本主义萌芽的产生和缓慢发育。行文至此，本书即将付梓，聊以叨叨之言，抒发自己在探究该问题过程中的一些感悟。最后，本人学力所限，对于本书中的一些观点，若有不当之处，热忱欢迎各路方家指正。